楚文化的南渐

高至喜 著

楚学文库

张正明 主编
刘玉堂 执行主编

长江出版传媒
湖北教育出版社

图书在版编目（CIP）数据

楚文化的南渐 / 高至喜著. -- 武汉 : 湖北教育出版社, 2024.5
（楚学文库）
ISBN 978-7-5564-4386-4

Ⅰ. ①楚… Ⅱ. ①高… Ⅲ. ①楚文化—研究 Ⅳ. ①K871.34

中国国家版本馆CIP数据核字(2023)第112250号

楚文化的南渐 CHUWENHUA DE NANJIAN

出品人	方　平	责任编辑	刘　宁
封面设计	蔡立国	责任校对	李庆华
美术编辑	李　枫　何亦明	责任督印	刘牧原

出版发行	长江出版传媒	430070　武汉市雄楚大道 268 号
	湖北教育出版社	430070　武汉市雄楚大道 268 号
经　　销	新　华　书　店	
网　　址	http://www.hbedup.com	
印　　刷	湖北新华印务有限公司	
地　　址	武汉市硚口区长风路 31 号	
开　　本	787mm×1092mm　1/16	
印　　张	21.5	
字　　数	295 千字	
版　　次	2024 年 5 月第 1 版	
印　　次	2024 年 5 月第 1 次印刷	
书　　号	ISBN 978-7-5564-4386-4	
定　　价	110.00 元	

总　　序

光阴荏苒，岁月不居，弹指间《楚学文库》初版问世已近三十个春秋。蓦然回首，当年的盛况仍历历在目：《楚学文库》甫一亮相，即在北京召开了出版座谈会与楚学研讨会，著名学者季羡林、张岱年、何兹全、任继愈、邹衡、庞朴、黄展岳、俞伟超、黄景略、瞿林东、刘梦溪、王渝生、徐敏、白翠琴和主编张正明等先生欣然赴会，畅所欲言，对《楚学文库》给予了高度评价，称其“是本世纪楚文化研究成果的一次重要总结和集中展示”，为“区域文化研究树立了里程碑”，“对其他地域文化的研究必将产生强大的推动作用”，《光明日报》以《光彩神州，丰润中华》为题，整版刊发了与会学者的精彩发言。李学勤先生因故未能莅临盛会，特意致函主编张正明先生，盛赞《楚学文库》“不愧为楚文化研究的集大成之作”。社会反响异常强烈，文化史学界更是好评如潮，虽多次重印，某些专著仍一书难求。

然而，自《楚学文库》出版以来，有关楚文化的考古发现层出不穷，出土文献联翩而至，相关研究成果亦如雨后春笋，学术界对楚文化的认知已由量的积累上升到质的飞跃，加之初版《楚学文库》已难以购全，因此，增补、修订《楚学文库》成为学术界和广大读者的共同心愿。湖北教育出版社审时度势，毅然决然对《楚学文库》进行增修，堪称远见卓识之举！

相较于原版《楚学文库》，增修版至少有如下优长。

一是体量增大，即所收专著数量增加。初版《楚学文库》共有专著18部，除《楚人的纺织与服饰》尊重作者意愿未纳入外，其他17部全部纳入增修版，并在此基础上增加了3部专著，即张正明先生的《楚文化史》，刘彬徽、刘长武先生的《楚系金文汇编》和宋公文先生的《楚令尹制研究》，共计20部。其中，《楚系金文汇编》弥补了初版有简帛文字研究而无铜器铭文研究的缺憾，与原《楚系简帛文字编》可谓珠联璧合，便于人们在一套丛书中得窥楚文字之全豹；《楚令尹制研究》不仅填补了楚令尹制度研究的空白，还为楚官制研究向纵深推进提供了有益的借鉴，二书的重要意义不言而喻。尤其值得关注的是张正明先生《楚文化史》的收入，该书堪称海内外第一部全面、系统、深入研究楚文化的精品力作，不仅在楚学界具有开榛辟莽之功，而且在中国区域文化乃至中华传统文化研究领域享有盛誉，其影响力并未因时光流逝而消减。回想起1987年《楚文化史》横空出世，旋即在历史文化学界掀起一股先睹为快的热潮，书中锦句如“从楚文化形成之日起，华夏文化就分成了北南两支：北支为中原文化，雄浑如触砥柱而下的黄河；南支即楚文化，清奇如穿三峡而出的长江……”等，一时为楚文化研究者和爱好者广泛征引传诵，几近“有井水处皆歌柳词”之情状。正是由于《楚文化史》一书思接千载，视通万里，新意纷披，文采斐然，故虽屡屡再版，依然洛阳纸贵。此次其被纳入增修版，与初版中的《楚史》相映生辉，更利于人们对楚国历史文化的全面认识和整体把握。

二是内容增加，即每部专著都增添了新的内容。近30年间，随着湖北枣阳九连墩楚墓、河南新蔡葛陵楚墓、湖北宜昌万福垴遗址等的发掘，尤其是湖北荆门郭店楚简和上海博物馆、清华大学、安徽大学珍藏的战国竹简等出土文献陆续问世，极大地丰富了楚文化的内容。各位作者秉持精益求精的态度，对新资料悉心梳理、精细甄别，进而充实到原书相关部分，从而使原著更加丰满。

三是精度更高，即匡谬正误，推陈出新。随着新材料的出现、新方法的运用和新技术手段的推广，楚文化研究高潮迭起。增修版各位作者在充分吸收最新研究成果的基础上，提出了一系列新的见解，纠正了原著中存在的谬误，廓清了初版中某些模糊的认识，调整了不甚合理的结构，文字表述也更加准确、精炼和畅达。

人们常常以章太炎先生的“前修未密，后出转精”来形容作品的初版和修订版的差别，我们虽不敢如此自诩，但增修版的质量超越初版则是毋庸置疑的。时值《楚学文库》初版问世29周年和主编张正明先生仙逝18年之际，湖北教育出版社历经9年艰苦细致的工作，郑重推出《楚学文库》增修版，充分体现出该社对学术的尊崇、对事业的执着和对楚文化研究一如既往的关心与支持，其中也饱含着对张正明先生的敬重和缅怀。

作为忝列张正明先生门墙的弟子，我承蒙湖北教育出版社真诚而盛情的邀请，有幸主持了《楚学文库》的增修工作。受命之日，我即摒弃其他琐务，全身心恭奉其事，未敢有丝毫懈怠。因为从某种意义上说，我把这项工作当作是恩师张正明先生布置的一次特殊作业，只不过评判这次作业的不再是恩师，而是广大热心的读者。

因我学识浅陋和能力有限，各位作者增修的时间也较为仓促，增修版错讹之处在所难免，诚望读者诸君不吝指正。

刘玉堂

2024年4月28日

于武汉东湖之滨

编者献辞 *

楚学是一个正在开拓中的学术园地，从初辟草莱到蔚成气象，还不满半个世纪。

楚学的任务是对楚国的历史和文化做多层面的、全方位的研究，需要众多志士仁人为它献出智慧和辛劳。

楚学的对象自成一个博大精深的体系，从神话、传说到信史，从石器时代、铜器时代到铁器时代，从天文、历法到地理，从物质形态的、精神形态的到制度和风俗，从民族、语言到文字，到玉帛到干戈，从科学到巫术，从老、庄的“玄览”到屈、宋的“流观”，从事象到模式，等等，凡上古文化涉及的一切，无所不包。只靠一个学科或者几个学科的力量，断难窥其堂奥而得其神髓。

中国的古代文化是多元复合的，它的主体华夏文化是二元耦合的。所谓二元，就方位来说是北方与南方，就流域来说是黄河与长江，就代表性的始祖来说是黄帝与炎帝，就象征性的灵物来说是龙与凤，就学术的主流来说是儒家与道家，就风格的基调来说是雄浑、谨严与清奇、灵巧。早在先秦，就形成了这样的格局。春秋战国时代的华夏文化，北方以晋（韩、赵、魏）为表率，南方则由楚独领风骚。近数十年来，学术界论及中国古代文化，大抵重北轻南，重河轻江，重黄轻炎，重龙轻凤，重儒轻道，总之，不免失之偏颇。要全面地认识中国古代文化，不可不研究楚学。

世界的古代文化更是多元复合的，它的主体即旧大陆的古代文化也是二元耦合的。这个二元，简单地说来，就是西方与东方。从公元

---

* 本文系 1995 年版《楚学文库》编者献辞。

前6世纪中到公元前3世纪中，西方的希腊与东方的楚竞辉齐光，宛如太极的两仪。然而，近百余年来，学术界论及世界古代文化，往往重西轻东，也不免有偏颇之失。要全面地认识世界古代文化，也不可不研究楚学。

我们奉献给读者的这套《楚学文库》，结集了晚近的楚学专著，总计有书18部。出齐之后，则非仅一斑，而足使读者获睹楚国历史文化的全豹。

对于学术问题，见仁见智是正常的现象。我们的编纂宗旨是择善而取，不拘流派，不分门户，不求千口一腔。各部专著分开来看，都自成一家言。整套文库合起来看，则可谓："纷总总其离合兮，斑陆离其上下。"

《楚学文库》编委会

目　　录

前　言

楚文化光辉灿烂、博大精深，是古代中华民族优秀文化中最为重要的一部分，被誉为“当时世界第一流的文化”。本书专门论述“南楚”即“江南”地区的楚文化。所谓“南楚”和“江南”，都是狭义的，在本书中系指湖南全省、湖北东南部和江西的赣江流域以西地区。两广所发现的楚文物也是楚文化南渐的遗存，本书也予以论及。本书以近几十年来在江南地区调查发现的丰富的文物考古资料为基础，并结合历史文献记载，论述自西周晚期到战国时期楚文化南渐的历史过程，同时论及楚人开发江南的成就，南楚墓葬的区域特征和它所反映的礼制、风俗，以及南楚文化与周边文化的关系和对秦汉文化的影响等。

20 世纪 90 年代，张正明先生约我撰写《楚文化的南渐》一书，由于笔者当时正担负着湖南省博物馆的行政领导工作，余暇无多，迟迟未敢接受任务。后来由于张先生的一再鼓励，才于 1991 年年初勉为其难地接受了这一任务。从此利用一切可以利用的节假日和其他业余时间，埋头从事资料收集和编写工作。1992 年 1 月，我辞去了主要行政职务，才使写作进度有所加快，其间虽曾去法国西部达乌拉斯文化中心随展工作两个多月，终于在不到两年的时间内写成了此书。

本书某些部分是请下列同志撰写的：

郭胜斌：第二章第二节第一部分《罗国、麇国城遗址》。

聂　菲：第四章第五节《楚人信巫重祀在墓葬中的反映》。

刘彬徽：第五章第六节第一部分《帛书、竹简》。

李正光：第五章第六节第三部分《绘画艺术》。

部分黑白图版由陈美如摄影，马小姣同志协助临摹若干插图。时隔二十余年，书中图版原片已难以找到，扫描文件不能满足印刷要求，只得舍弃。书稿的缮写工作是由我的夫人李月华完成的，她为此付出了辛勤的劳动。此外，作者还得到湖南省文化厅、文物局的有关领导及本馆许多同志的支持。如果没有他们的帮助，本书是难以按时写成的，我在此谨向他们表示衷心的谢意。

2016年春，湖北教育出版社告知《楚文化的南渐》一书入选《荆楚文库》，并嘱作必要修改，我即重新看了一遍，结合出版社提供的审稿意见，改正了一些错误或提法不妥之处。

如将西周时期铜铙的年代，根据近年的研究适当提早，将乳钉铙的年代由西周初年提早至商末周初；将原来提出的“乳钉铙上的乳钉不断升高，在西周成康时期演变为尖锥状和平头柱状”，把“成康时期”提早至“西周初”。将楚墓的墓葬形制“土坑竖穴墓”通改为“竖穴土坑墓”，因为“竖穴”是形容土坑墓的，故应置前。将“龙山时期文化”改为“石家河文化”，“吊龛”改为“壁龛”，“两色剑”改为“复合剑”等。特别是在论述湘乡牛形山1号墓的漆枕时，误认为“是首次看到的楚人的漆枕”，其实早在20世纪50年代河南信阳长台关楚墓中已出土有漆枕。此次作了更正。并补录了1998年陕西扶风出土的楚公冢钟和1993年山西曲沃北赵村出土的6件楚公逆钟。

2019年秋，欣闻《楚学文库》借《荆楚文库》修订之机，将再次整体推动，此学界一大幸事。因本书修订仅两年，加之工作繁忙，此次不再增补新的内容，特此说明。由于水平和时间都有限，书中不妥甚至错误之处在所难免，敬希读者批评指正。

高至喜
2020年10月于长沙

第一章　原始阶段和商周时期的江南

第一节　原始阶段的江南

我们研究楚文化的南渐，有必要先了解一下楚人进入之前江南地区的情况。本文所指的“江南”，主要是指长江以南的“洞庭苍梧”，即现在的湖南省所辖地区，同时包括鄂东南和江西的赣水以西地区。

很长时期以来，人们对江南地区的旧石器时代的面貌很不清楚，直到 1964 年才在湖南桂阳县磐洞的石灰岩山洞堆积中发现了一枚刻纹骨锥，残长 5.2 厘米，属旧石器时代晚期。以后到 1971 年在湖北大冶县湖山乡章山村石龙头发现有旧石器时代中期的石器和哺乳类化石。石器原料以石英岩为主，还有燧石、石英、砂岩和角砾岩。石制品有石核、石片、砍砸器、刮削器。其特点是以粗大的标本为主体，小型标本很少，加工粗糙，器类简单。①

1987 年 4 月，湖南省首次在新晃大桥溪发现旧石器。在以后几年中，又先后在澧县、石门、临澧、津市、怀化、黔阳、芷江，会同、常德、泸溪、保靖、益阳、株洲等 17 个县、市发现出土旧石器的遗址和地点计百余处，分布于湘、资、沅、澧四条水系。其代表性的遗址有沅水流域 㵲水河畔的新晃大桥溪、长乐坪，澧水流域的澧县鸡公垱、津市虎爪山。出土的旧石器总体上都属于华南砾石石器传统。但在澧水和沅水流域之间存在着明显的差异。澧水流域的旧石器的石料以红色砂岩、石英为主，石器浑厚硕大，有第二步加工，石片厚而宽大，半锥体显突，

① 李天元. 古人类研究［M］. 武汉：武汉大学出版社，1990. 299-301.

台面较宽，石器种类有砍斫器、刮削器、大小尖状器、石球、石锤等。而沅水流域的旧石器的石料以黄色条带变质粉砂岩为主，石器个体较小，未见第二步加工，石片宽大而薄，半锥体不明显，台面成弧线形，石器品种只有砍斫器、刮削器、小尖状器，品种较为单调①。袁家荣经过分析研究认为，位于中更新世的三、四级阶地的津市虎爪山遗址属旧石器时代早期后段；位于晚更新世早期至中更新世晚期的二级台地的新晃大桥溪遗址和澧县鸡公垱遗址属旧石器时代中期；位于晚更新世晚期的一级阶地的新晃长乐坪遗址，属旧石器时代晚期。

1987 年以来，还在澧县宋家溪、慈利金台等地发现了以盘状器为基本内容的打制石器文化。这种盘状器选择扁状红色砂岩、石英砂岩砾石为原料，在其周缘的一面打击成圆饼状刃口，器形较为规范精致，这就为以后盛行的磨制石器的产生作了准备。与盘状器同时出土的还有打制的石片和砍斫器。湖南盘状器大体萌芽于旧石器时代晚期，盛行于由旧石器文化向新石器文化过渡阶段，衰落于新石器时代早期。②

江南地区的新石器时代文化，以洞庭湖地区的材料最为丰富。从新石器时代早期起，“即已形成了自己的原始文化体系”。

新石器时代早期文化有彭头山文化，彭头山位于澧县县城西北 12 千米，同一类型的遗址还有澧县的李家岗、八十垱、刘家湾、肖家岗、黄麻岗、湖家坟、曹家湾等十多处。这一带是属于河湖冲积平原，这里的植被多杉木和湿生蕨类孢子植物，属暖性针叶林为主的森林——草原环境，气候暖湿，气温比现代略低。③

从彭头山遗址和墓葬中出土的遗物有陶器和石器，陶器多用泥片贴塑法成形，或直接捏塑成形，胎壁较厚，工艺原始粗糙。陶器上的纹饰大多为拍印或滚压的绳纹，还有剔刺纹、戳印纹、刻划纹和镂孔、花边

①② 袁家荣．略谈湖南旧石器文化的几个问题［C］//中国考古学会第七次年会论文集．北京：文物出版社，1992．

③ 湖南省文物考古研究所孢粉实验室．湖南澧县彭头山遗址孢粉分析与古环境探讨［J］．文物，1990（8）．

等。器形有深腹罐、双耳高领罐、浅腹盘、钵、釜、支座，以及碗、碟、盆、三足罐等。容器的特点是绝大多数为圜底器。石器有细小燧石器、大型打制石器和磨制石器三类。制作石器的原料都是选用河卵石。细石器中有刮削器、锥形器、雕刻器。大型打制石器仅有砍砸器、刮削器、石锤几种。磨制石器有棒形坠饰、石管和石斧，数量虽不多，但加工较精，其加工方法有切割、刮削、细磨、两面对钻成孔、刻划等多种。该遗址的年代经碳十四测定距今 8 000 年左右（未经树轮校正），其年代范围在 8 000 年以上，上限接近 9 000 年，这是我国已发现的最早的新石器时代遗存。①

在彭头山遗址中还有一项重要发现，即在出土的陶片中夹有大量稻壳。由此证明长江中游地区人类稻作农业的历史可以上溯到 8 000 多年前的新石器时代早期，这对于研究稻作农业的发生和起源有特别重要的意义。②

紧接着彭头山文化的是皂市下层文化。这一文化首先于 1977 年冬在石门县皂市遗址下层发现。遗址的年代距今 7 900—7 200 年之间。③ 这一类型的遗址在澧县黄家岗、临澧胡家屋场、邹家山、余家铺、津市罗家台及安乡、慈利、常德、桃源、南县等地发现有近二十处。遗址中出土的陶器仍以夹炭和夹砂陶居多，胎多为黑色，制陶仍用贴塑法。纹饰多交错绳纹，还有刻划纹、篦点纹等。器类除圜底器外，出现了圈足器和少量平底器。器形有釜、罐、钵、盘、器座和支垫等。其中最有特点的是直口折沿高领罐、双耳曲腹罐、镂孔高圈足盘、镂孔高圈足器座、

---

① 湖南省文物考古研究所，澧县文物管理所．湖南澧县彭头山新石器时代早期遗址发掘简报［J］．文物，1990（8）．

② 裴安平．彭头山文化的稻作遗存与中国史前稻作农业［J］．农业考古，1989（2）．

③ 碳十四年代测定报告（六）［J］．文物，1984（4）：96．
碳十四测试年代为距今 6 920±200 年，这是参考树轮校正年代新表而得出的年代数据。

圜底和平底钵等。这些陶器的制法、器形、纹饰均仍较原始，但比彭头山文化中的陶器有了进一步的发展。

遗址中出土的石器多数是用河卵石砸下的石片制作的斧、锛或砍砸器，只将刃口磨光。还有用燧石打制的细石器和通体精磨、形体很小的斧、锛、凿。①

接着皂市下层文化发展起来的是大溪文化。这一文化因于 1958 年首先发现于四川巫山大溪而得名。其年代距今约 6 500—5 300 年之间。②洞庭湖区的大溪文化具有浓烈的地方特点，是大溪文化的一个地方类型。已在安乡汤家岗、划城岗、澧县三元宫、丁家岗、临澧郝家台、南县南湖、华容车轱山、岳阳君山、临湘黄沙岗等地发现大溪文化遗址 60 多处。③ 这些遗址和墓葬中出土的陶器全为手制，除了少数贴塑法外，多采用泥条盘筑法，胎质多为泥质红陶，黑陶和灰陶则随着时间的向前发展而逐渐增多。许多陶器“外红内黑”，很有特点。彩陶开始出现，彩绘纹饰有旋涡纹、横人字纹、网纹、宽带纹、横 S 纹等。陶器的装饰方法除了彩绘之外，还有刻划、拍印、压印、戳印、镂孔等。器形有釜、盘、钵、碗、罐、盆、器盖、器座、大锅、豆、杯、簋、瓮、瓶、壶、鼎、纺轮等，器形愈到后来愈丰富。其中以盆、盘、碗、簋等矮圈足器为多，釜、钵等圜底器也不少，平底器、三足器出现较晚，三足器仅鼎一种。出土的生产工具有砍伐用的石斧、石锛，掘土用的石铲，加工粮食的石杵。石器磨制精致。这时的原始农业已较发达，主要种植的粮食作物是水稻，如在华容车轱山大溪文化的灰坑中发现有成层的炭化大米。④从已发现的房址来看，房屋用编竹夹泥的方法建造，墙的内外均用火焙烧。地面经平整后用火焙烧成硬面，或用红烧土垫平。在遗址的边缘地带，

---

① 参看湖南省博物馆．湖南石门县皂市下层新石器遗存［J］．考古，1986（1）；何介钧．洞庭湖区新石器时代文化［J］．考古学报，1986（4）．

② 中国社会科学院考古研究所．中国考古学中碳十四年代数据集（1961-1981）［M］．北京：文物出版社，1983：90-91．

③④ 何介钧．洞庭湖区新石器时代文化［J］．考古学报，1986（4）．

往往有氏族公共墓地，墓葬分布密集，排列整齐。有的男性墓中多石器等农业生产工具，女性墓中多纺轮。而女性墓中的随葬物品往往较男性墓丰富，如华容车轱山遗址有几个女性墓中的人骨架手臂上套有十一至十二件陶镯①，显示当时女性的地位高于男性。属于皂市下层文化与大溪文化之间的澧县丁家岗遗址下层，安乡汤家岗遗址早期墓中出土有一批用模印、戳印、压印纹饰的白陶盘等十分精美的器物，曾独步一时。

紧接着大溪文化之后发展起来的是屈家岭文化。这一文化因 1954 年首先发现于湖北京山屈家岭而得名。其年代在距今 5 000—4 600 年之间。洞庭湖区屈家岭文化的代表性遗址和墓葬有安乡划城岗遗址中一期遗存，度家岗遗址和墓葬 26 座，澧县梦溪三元宫遗址上层和墓葬 23 座，华容车轱山遗址中层和二至四期墓葬近 300 座等。这一时期的陶器已普遍采用慢轮修整，胎壁均匀，器形规整。泥质黑陶和灰陶器最多，原来流行的圜底器已少见，而以圈足器、平底器、三足器居多。常见的器形有鼎、豆、罐、壶、盆、碗、盂、缸、杯、簋等。这些陶器的纹饰已简化，多为素面，能见到的纹饰也多是简单的弦纹，只有少量的篮纹、绳纹和附加堆纹，彩陶甚少，唯有镂孔较为发达。石器有扁平穿孔石铲、石锛、石斧、石凿，制作技术已相当进步，穿孔、切割、抛光技术均已成熟。纺轮增多，反映出当时的手工纺织又有所发展。那时的经济生活有以稻作为特征的原始农业，住房建筑除了大溪文化已有的经焙烧的编竹夹泥方法外，还出现了干栏式建筑，即在横置成排柱上搭木板，再在其上建房，以防潮湿。②

江南的屈家岭文化与汉水流域的屈家岭文化比较，虽然文化的基本内涵相同，但也有一些地方特点，如小口长颈壶、直壁瓶、豆很多，却没有彩陶纺轮，也未见双腹鼎，等等。可见这里应是另一类型的屈家岭文化。

屈家岭文化之后是石家河文化。这一文化距今 4 500—4 000 年。洞

---

①② 何介钧. 洞庭湖区新石器时代文化 [J]. 考古学报，1986 (4).

庭湖区石家河文化遗址已经发掘的有平江献冲舵上坪、临澧太山庙、澧县道河、华容车轱山上层、时家岗、安乡度家岗、划城岗晚期遗存、益阳县石湖笔架山及湖北通城尧家林等处。[①] 龙山时期的制陶技术又有进步，出现轮制。以夹砂红陶为主，泥质黑陶较少。有用轮制的小型薄胎精致的食器和酒器，也有用泥条盘筑的大型粗厚的炊器和容器。器形以鼎、豆、盘、喇叭形杯、盂、钵、碗等为多，还有鬶、澄滤器，高领平底罐、缸等。纹饰多拍印的篮纹、方格纹、绳纹。

生产工具除了屈家岭文化中原有的铲、斧、锛等石器外，新增加的有石镞、穿孔石刀和网坠。房屋建筑平面呈圆角方形，面积 10 平方米左右，门道内即为灶坑，用土筑墙。

洞庭湖区相当于龙山时期文化的是石家河文化，在洞庭湖西北岸、东岸和南岸各有一些不同的特点。洞庭湖西北岸遗址中夹砂红陶数量多，并在表面刷一层淡薄的黑色，鼎足多为扁平长方形，鬶少见，应是由屈家岭文化直接发展而来。洞庭湖东岸遗址中陶器中的鼎、豆、罐很多，鼎多侧扁式鼎足，方格纹特别发达，并有受东部江西同时期文化的影响而出现的长方形穿孔石刀、有段石锛、有肩石锄和耘田器等。洞庭湖南岸和湘中地区的特点是鬶很多，流行圆锥形足的罐形鼎，有绳纹釜、直口盆、钵，似曾受到广东境内的石峡文化的影响。[②]

湘西地区也发现有一大批新石器时代的文化遗址。新晃姑召溪遗址出土有距今约一万年左右的打制石器，形状似锄似铲。相当于大溪文化的遗址有辰溪征溪口、麻阳火车站、黔阳高庙和怀化市荆坪等处，有的遗址中堆积有两米多厚的螺蛳壳，说明当时渔猎在经济生活中占有一定位置。这一地区的新石器文化曾受到洞庭湖区新石器文化的影响。怀化市高坎垅遗址的文化内涵大体与屈家岭文化相当，但也出土有单耳大罐，单耳杯、黑陶镂孔圈足杯、犬形陶塑等具有地方特色的陶器，而且有特

① 武汉大学历史系考古专业，咸宁地区博物馆，通城县文化馆. 湖北通城尧家林遗址的试掘［J］. 江汉考古，1983（3）：1-12.

② 何介钧. 洞庭湖区新石器时代文化［J］. 考古学报，1986（4）.

大型陶器和贵重器物打碎后埋入墓中的习俗。[①] 靖州笋篷坡遗址发现有建筑遗迹50余座，墓葬近500座，其文化遗物的年代约与石家河时期相当。这是处于湘、黔、桂三省交界地带的一处原始文化遗址，其中有些文化遗物与珠江三角洲的文化遗存有某些联系。[②]

湘南地区的新石器时代的文化面貌还很不清楚，只在道县、双牌等地发现有相当于石家河文化时期的文化遗存，常见的陶器是釜和圜底罐，多绳纹，多大型陶支架，三足器少见。[③] 一部分遗址发现于石灰岩洞穴里。

江西赣水流域以西地区的新石器时代早期的文化面貌目前尚不清楚。新余拾年山第四层文化，距今有5 500—6 000年。出土遗物中有斧、锛、环形穿孔器、镬、励石等石器，有罐、缸、圜底钵等陶器，既有大溪文化因素，也有与东南沿海马家浜文化相类似的器物。[④]

分布于赣水流域的樊城堆文化，距今在4 500—5 500年之间，可分为早、晚两期。重要文化遗址有清江樊城堆、新余拾年山、靖安郑家坳、九江大王岭等处。这一时期的房子平面为圆形或椭圆形，外有一周柱洞，柱间用小圆棍和编织物联结起来后用稻草秆、谷壳和泥土抹壁，居住面垫烧土，这与洞庭湖区大溪文化和屈家岭文化中的建房用编竹夹泥的方法类似。墓葬有“竖穴土坑一次葬”，有“无圹穴二次葬”，瓮棺葬。石器多通体磨光，其中的弓背长形锛、有段锛、梯形刀具有特色。陶器以泥质和夹砂黄褐色陶居多，灰陶次之。常见的器形有鼎、豆、壶、罐、鬶、盆、钵、器盖等。樊城堆文化东北与薛家岗文化、西与岱子坪一期

---

① 舒向今. 怀化地区原始文化综述［M］//湖南考古辑刊：第5集. 长沙：岳麓书社，1989.

② 贺刚. 湖南笋篷坡遗址发掘获重大收获［N］. 中国文物报，1991-3-24.

③ 何介钧. 湖南新石器时代考古的回顾与展望［M］//湖南文物：第3辑. 长沙：湖南大学出版社，1988.

④ 李家和，杨巨源，刘诗中. 江西薛家岗类型文化遗存的发现和研究——四谈江西新石器时代晚期文化［J］. 东南文化，1989（3）：15.

文化、南与石峡文化都有较为密切的联系，是属于面向海洋的东南部地区大文化圈，是通向岭南和珠江三角洲、闽江下游的重要通衢。[①]

与樊城堆文化晚期阶段大体同时发展的还有赣西北修水县的山背类型文化，石器多长条形有段石锛、石镞，还有穿孔石刀、双肩石斧、穿孔石铲等。陶器主要是夹砂红陶，流行装饰凹凸弦纹，器形有罐形鼎、细颈瘦袋足鬶，圜底罐、圈足壶、豆等，与江汉地区的原始文化关系较为密切。

赣水流域以西地区龙山时期的遗址有清江樊城堆第三层，萍乡大宝山、高安县下陈等处。这些遗址的年代距今 4 000 年左右。陶器中有鬶、盘形鼎、豆、壶、罐等，鼎足有羊角式、扁平式等多种形状，流行在足上部刻划有三条以上纵沟，是其特点。其中大宝山文化与湖南龙山时期文化关系密切。[②]

第二节　商周时期的江南

江南地区在龙山时期文化之后，尚没有发现相当于中原地区的二里头文化，现在只在岳阳市铜鼓山和石门皂市等地发现了商时期二里岗下层的青铜文化。

岳阳市铜鼓山遗址濒临长江东岸。出土陶器有鬲、甗、斝、爵、簋、盆、大口尊、罐等一套中原商文化的典型器物，也有少量与长江三峡地区和洞庭湖东岸地区的土著文化有关联的一些文化因素，如夹砂陶器高颈折腹圜底釜、器形高大作卵形腹的大口缸、侧装三角形足的釜形鼎及硬陶器等。同时出土的青铜器有双翼形镞、削、泡等。[③]

---

① 李家和，杨巨源，刘诗中．再论樊城堆—石峡文化——二谈江西新石器晚期文化［J］．东南文化，1989（3）．

② 李家和，杨巨源，刘诗中．江西龙山文化初探［J］．东南文化，1989（1）．

③ 湖南省文物考古研究所等．岳阳市郊铜鼓山商代遗址与东周墓发掘报告［M］//湖南考古辑刊：第 5 集．长沙：岳麓书社，1989．

石门皂市遗址商文化层出土的文化遗物有甲乙两组不同文化因素的器物。甲组是以釜鼎、罐、碗、豆为代表的土著文化，还有大量方格纹大口缸也可能属这一组。乙组是鬲、簋、假腹豆、爵、斝、伞状捉手器盖等典型商文化器物。甲组器物的数量占了绝大多数。遗址中还出土有双翼形镞、锥、鱼钩等青铜器，以及铸造铜器的石范和大量铜渣。遗址的年代相当于商代二里岗下层至殷墟一期。① 由此说明，至迟在商代二里岗期江南地区已进入了青铜时代。在澧县斑竹、文家山，周家湾、保宁桥等遗址中发现有从殷墟三、四期至西周早期的遗物，出土陶器有鼎、罐、盆、豆、钵等，原有属于商文化的陶鬲等已很少见，并趋于消失，而本地文化因素却继续向前发展。从整个商代至西周早期，在这里仍找不到楚文化的因素。

在湘西的泸溪浦市、辰溪潭湾、麻阳兰里、龙山里耶等处，也发现有商时期的文化遗存，特点是以釜、罐为炊器，有附加堆纹大口缸、花边圈足碗和盆，说明这里曾受到澧水流域商时期文化的影响。②

在湘东、湘中地区有浏阳樟树潭遗址上层、炮台坪、岳阳费家河、宁乡炭河里等商文化遗存，出土的代表性陶器为鼎、罐、豆，印纹硬陶占有相当大的比重，费家河遗址还出土大量夹砂红陶大口缸和釉陶，说明这里已属越族文化圈之内。③

湘南地区安仁何古山上层④、零陵菱角塘⑤、衡阳周子头⑥等商周遗址，印纹硬陶占了很大比重。如周子头遗址的印纹中多云雷纹、圆圈纹、曲折纹、方格纹、双线 F 纹等，器形以鼎罐、壶、豆居多，也有铜器发

①③ 王文建. 商时期澧水流域青铜文化的序列和文化因素分析［M］//考古类型学的理论与实践. 北京：文物出版社，1989.

② 何介钧. 湖南省博物馆三十年来的考古发掘与研究［C］//湖南省博物馆开馆三十周年暨马王堆汉墓发掘十五周年纪念文集. 1986.

④ 湖南省博物馆. 湖南安仁新石器时代遗址试掘简报［J］. 考古，1960（6）.

⑤ 周世荣. 湖南零陵菱角塘古遗址调查与清理［J］. 考古，1965（9）.

⑥ 衡阳市博物馆. 衡阳市周子头遗址发掘简报［M］//湖南考古辑刊：第 3 集. 长沙：岳麓书社，1986.

现，是属于典型的越族文化范围。

在湖南境内出土的商代青铜器已达三百余件。除了前面提到的石门皂市、岳阳市铜鼓山商代遗址中出土的二里岗期的小件铜器外，商代晚期的铜器已在湘水流域的宁乡、湘潭、湘乡、长沙、浏阳、衡阳、醴陵、株洲、衡阳、岳阳等地均有发现，资水流域的邵阳、桃江，沅水流域的桃源及澧水流域的石门、华容也有少量发现。器形有尊、鼎、簋、罍、卣、爵、觚、觯、瓿等容器，有铙、镈等乐器，还有斧、钺、矛、镞、戈、刀、刮刀等兵器和工具。其中以动物造型的青铜礼器最为引人注目，如宁乡月山铺转耳仑的四羊方尊、湘潭县九华金盆养鲤的豕尊、醴陵仙霞狮形山的象尊、衡阳市包家台子的牛尊（又名觥）以及宁乡黄材寨子山的人面方鼎等，造型奇特，纹饰瑰丽，铸造精良，反映当时的青铜铸造技术达到了很高的水平。[1] 还有宁乡等地出土的商代晚期的大型青铜乐器兽面纹、象纹、虎纹、云纹大铙等，也很有特色，钲部作合瓦形，下有甬可植于座上仰击，敲击隧部和鼓侧可以发出两个不同的乐音，一般是大三度或小三度；宁乡月山铺转耳仑出土的象纹大铙，重达 221.5 千克，是我国先秦青铜乐器中最重大的一件。[2] 在湖南境内出土的商代铜器中，既有完全是属于中原风格的爵、觚、“癸冉”提梁卣、“己冉”分裆鼎、“旅父甲”尊、兽面纹圆尊等礼器，但也有既不见于中原商器，然而又具有浓重中原风格的四羊方尊、象尊、豕尊、人面方鼎、虎食人卣[3]、两羊尊[4]等重器，还有仅见于南方地区的以粗线条组成兽面纹为主纹的象纹、虎纹大铙，满饰云纹的大铙（宁乡出土），虎饰镈（邵东出土），虎纹椭圆銎钺、线条纹斧、刮刀、镂空云纹宽双翼形镞等具有鲜明

① 高至喜．“商文化不过长江”辨［J］．求索，1981（2）．熊传新．湖南商周青铜器的发现与研究［C］．湖南省博物馆开馆三十周年暨马王堆汉墓发掘十五周年纪念文集．湖南省博物馆商代铜器部分［M］．北京：文物出版社，1984.

② 盛定国，王自明．宁乡月山铺发现商代大铜铙［J］．文物，1986（2）.

③ 虎食人卣据传出土于安化与宁乡交界处，现藏日本京都泉屋博古馆.

④ 两羊尊据传出土于长沙跳马涧，现藏于英国伦敦大英博物馆。

地方特点的青铜器。第一类典型的商代青铜器特别是那些有铭文的铜器，很可能是从中原地区传过来的；第三类具有地方特点的青铜器应是在本地铸造的；第二类青铜器有的可能铸自本地，也有的可能来自中原。

这些商代铜器除了少数出自遗址和墓葬外，绝大多数出自窖藏，且多出自山顶、山腰、河岸、湖边，很有可能是当时人们祭祀山川、湖泊、日月星辰的遗物。①

宁乡、湘潭等地出土的商代铜器中，有“己冈”分裆鼎、“癸冈”提梁卣和“戈”卣等少量有铭文的铜器②；在湘潭县青山桥一铜器窖穴中也出土有商末周初的“冈”爵，“冈”觯和“戈”觯③。“冈”和“戈”本是中原商代铜器中两个常见的族徽，现在江南地区也有铸这两个族徽的铜器出土，说明在商代晚期或末期，他们中的一支曾南迁到了湘中地区。

湖南境内出土的西周铜器，仍以湘水流域为多，如湘潭、湘乡、浏阳、株洲、望城、衡阳、耒阳、资兴等地都有出土。器形以乐器铙、甬钟和镈为主④，还有湘潭青山桥窖藏出土的爵、觯、鼎、凹字形锄等⑤。桃江连河冲出有马簋。⑥

西周时期的铜铙是紧接着商代晚期的大铙发展而来。商末周初的铜铙为乳钉铙，钲的每面有 18 个乳钉。这些乳钉的出现可能有两个来源，其乳钉的排列和数量应来源于商代云纹铙上云纹的尾部的上翘，这有江西新干商代大墓中出土的云纹铜铙为证。乳钉的形状应是对于象纹大铙钲边乳钉的承袭。乳钉铙上的乳钉不断升高，在西周初演变为尖锥状和

① 高至喜．中国南方出土商周铜铙概论［M］//湖南考古辑刊：第 2 集．长沙：岳麓书社，1984．

② 高至喜．湖南宁乡发现商代铜器和遗址［J］．考古，1963（12）；湖南省工农兵群众热爱祖国文化遗产［J］．文物，1972（1）．

③④ 袁家荣．湘潭青山桥出土窖藏商周青铜器［M］//湖南考古辑刊：第 1 集．长沙：岳麓书社，1982．

⑤ 高至喜．论湖南出土的西周铜器［J］．江汉考古，1987（1）．

⑥ 高至喜．马簋的年代与族属考［J］．东南文化，1988（2）．

平头柱状，同时乳钉周围云纹的不断减少，篆间、钲间的逐步形成，大概在康、昭之际，随着旋虫的出现，仰击的铙便演变成为悬击的甬钟了。陕西宝鸡西周康、昭之际的強伯格墓①和长安穆王时期的长由墓②中出土的甬钟，与江南所出甬钟完全一致，应是由江南地区传过去的。因为江南地区由铙演变为甬钟的序列清楚，具有鲜明的地方特点，而陕西地区出土的早期甬钟在本地却找不到渊源。

镈是商周时期流行的一种乐器。其特点是环钮、枚短、铣弇、于平，器身较瘦长，作合瓦形或椭圆形。这是最先流行于江南的一种乐器。现已在湖南的资兴、衡阳、浏阳等地有云纹镈、鸟饰镈出土③，是紧接着商代的铜镈发展而来的。过去长时期以来只知这类铜镈的年代为“周代”，甚至定在“春秋战国之际”，更不知出自何地，现在已有湖南出土和收集的商和西周铜镈 7 件，加上江西新干商代大墓中铜镈④的出土，可知这类铜镈是江南越族的特有乐器，其主要产地在湘水流域及其邻近地区，其年代可早到商代。在北方地区要到西周中期之末才有铜镈出现，如陕西岐山法门寺任村出土的克镈。⑤

在湘水中下游的湘潭、衡阳、岳阳还出土有西周末至春秋时期的动物纹或人像纹的提梁卣，这是首次发现的一种具有地方特色的大型青铜酒器，湘潭县荆州乡金棋村出土的提梁卣上饰有水族动物鲨鳅、青蛙、鳄鱼，水虫，双头 S 形蛇等动物共达 34 只，主纹为大型钺形纹。器高达 45 厘米⑥；岳阳筻口凤形嘴出土的动物人像纹提梁卣，器身高 33.2 厘

---

① 卢连成，胡智生. 宝鸡強国墓地：上［M］. 北京：文物出版社，1988：265.

② 陕西省文物管理委员会. 长安普渡村西周墓的发掘［J］. 考古学报，1957（1）：78，图 3、图 4.

③ 高至喜. 论商周铜镈［M］//湖南考古辑刊：第 3 集. 长沙：岳麓书社，1986：209-214.

④ 《东南文化》1991 年第 1 期封面。

⑤ 陈邦怀. 克镈简介［J］. 文物，1972（6）.

⑥ 熊建华. 湘潭县出土周代青铜提梁卣［M］//湖南考古辑刊：第 4 集. 长沙：岳麓书社，1987.

米，上饰蛇纹、龟、水鸟、鹤、小鹿、蛙、鳄鱼、雷纹等纹饰，特别是有人物右手持刀，或右手持戈和人头，反映了当时的猎头风俗①。这些提梁卣的造型曾受到中原西周提梁卣的影响，但其纹饰却是江南水乡风格，且胎质甚薄，铸造手法亦与中原有别，应是楚人入主湘水中下游之前的本地土著民族——古越人的产品。

在商时期，江西地区有两种类型的文化遗存，一是吴城文化，主要分布在赣江、鄱阳湖流域，其南限在新余市境，东限在进贤县与东乡县接境处；另一种是万年类型文化，主要分布区域在赣东北，但其遗物遍及全省。在有吴城文化遗址分布之地，往往有万年类型文化的遗物共存于一起。②

吴城文化是以清江县吴城遗址的发现而命名的。已经发掘的遗址有清江吴城、德安石灰山、九江神墩、新余度家山等处。吴城文化的年代从相当中原商代的二里岗上层至殷墟晚期，可以分为三期。其文化遗物也可以分为甲乙两组。甲组陶器的罐、尊类是分别成型，然后在肩腹部位黏合总成一体。器形有小口折肩罐、折肩瓮、甗形器、高柄豆、带把鼎等，其中硬陶、釉陶和原始瓷占有较大的比例。纹饰以方格纹、云雷纹、席纹、叶脉纹、圆圈纹、圈点纹、复合纹等几何纹盛行。还有马鞍形陶刀、石刀、凹刃石斧、石锛和铸造铜器的石范等。甲组器物是遗址中的主要因素。乙组器物中的陶器为常见于中原商文化的鬲、盆、假腹豆、长腹罐、甗、大口尊、爵、斝、方鼎、伞状器盖等。石器有斧、锛、镰、镞、戈等。铜器有斝、鼎、甗、刀、戈、凿等。这些石器和铜器都具有浓厚的商文化作风。乙组器物出土数量较少，在吴城文化中居于次要地位。③

---

① 岳阳市文物工作队．岳阳县筻口的出土春秋人像动物纹青铜卣［M］//湖南博物馆文集．长沙：岳麓书社，1991．

② 李家和，杨巨源，刘诗中．江西万年类型商文化研究［J］．东南文化，1990（3）．

③ 李伯谦．试论吴城文化［M］//文物集刊：第3集．北京：文物出版社，1981：137-141．

1989年年底在江西新干大洋洲发现的一座商代晚期大墓中出土有礼器、乐器和兵器、农具等青铜器480余件，其中既有中原商代中期的方鼎、圆鼎、假腹豆、四羊罍、提梁卣和直内戈，也有殷墟时期的甗、鬲、瓿、方腹卣、戣、矛、刀等物，还有具有浓厚的地方特色的镈、云纹铙、带把觚、双尾虎、双面人神器、短剑、单翼镞、靴形器和犁铧等器。出土玉器有琮、璧、玦、环及装饰品等1 072件；还出土有吴城二期（相当中原商代晚期）陶器鬲、小口折肩罐、尊、豆、壶、钵等350余件，其中有的是原始青瓷。这应是江南某一方国的最高统治者的陵墓，说明商代晚期江南地区已有高度发达的青铜文明。① 宜丰县牛形山还出土有商代晚期的兽面纹铜铙，其造型、纹饰与湖南宁乡所出象纹大铙之二相似。②

万年类型商文化首先是在赣江以东的万年县城附近发现而得名。但其遗址、遗物在赣江以西的九江、德安、星子、瑞昌、靖安等地也有发现。其特点是陶器中的罐类多用慢轮拉坯一次成型，炊器以甗形器为主，支座甚多，未见鬲，没有发现铸造铜器的迹象。这两种类型的文化到西周中晚期和春秋时期，已经融合为一体，吴城类型文化的踪影已很难见到，吴城文化和万年类型文化早在商代二里岗期便与中原商文化发生了密切的联系，与周边地区亦有文化上的交往。③

西周时期，在赣江以西地区发现的文化遗址有九江神墩、磨盘墩、萍乡彭高、赤山和宣风河下、靖安高湖，蔡家山、高安潇水洞等处。出土的陶器中炊器以鼎、鬲、甗形器为主，高锥足鬲的足外侧有纵沟，是其特点；食器主要有罐、瓮、豆、杯、缸、盘、壶、钵、碗、碟等。豆类的青瓷器增多，罐类的平底多，凹底器少见。在萍乡、新余、清江等地出土有一

---

① 江西新干发现大型商墓［N］. 中国文物报，1990-11-15（1、4）. 江西省文物考古研究所，江西省新干县博物馆. 江西新干大洋洲商墓发掘简报［J］. 文物，1991（10）.

② 吴绍仁. 宜丰县出土商代铜铙［J］. 江西历史文物，1985（1）.

③ 李家和，杨巨源，刘诗中. 江西万年类型商文化研究［J］. 东南文化，1990（3）.

批越式青铜铙和甬钟。[①]

西周时期周文化对赣鄱地区已产生了一定的影响，新干县西列鼎墓的发现[②]，余干黄金埠应监甗的出土[③]都是例证。《古本竹书纪年》也记载，周穆王“三十七年，伐越，大起九师，东至于九江”。看来西周中期周人的势力和文化影响确已经到达赣鄱地区。

在鄱阳湖、赣江流域不但发现有大量商周时期的青铜器，而且发现了这一时期的矿冶遗址。其中最重要的是瑞昌铜岭遗址。铜岭遗址位于瑞昌西北夏坂乡，遗址的分布范围有 0.5 平方千米，现已清理出古代采掘铜矿的竖井 27 口，平巷 2 条。竖井采用间隔木框架支护，平巷用间隔排架式支护。竖井的支护结构有碗口结和榫卯两种式样。在矿井内发现有当时的采掘工具铜斧，铜凿及辘轳、锨、铲、盘、钩、水槽等木器；生活用具有斝、鬲、罐、瓮、豆、杯等陶器。由出土遗物和碳十四测定其年代的上限可早到商代中期，下限在春秋晚期，这是我国发现的最早的一处古代越人的采铜炼铜遗址。[④] 在赣江、鄱阳湖流域已发现有大量商周时期的青铜器，铜岭矿冶遗址应是其铜料来源之一。

在紧靠瑞昌的鄂东南的阳新港下也发现有西周至春秋早期的开采铜矿的遗址，也发现了竖井和平巷，矿井的支护全用圆木，每一组框架由四根圆木组成。平巷的每一组框架则只用三根圆木组成。在遗址中出土有采矿工具铜锛、铜削、木铲、绳耙、木楔等。生活用品有印纹硬陶片，绳纹鬲足。[⑤] 这也应是古越人的采矿遗址。

---

① 彭适凡. 赣鄱地区西周时期古文化的探讨［J］. 江西历史文物，1987（2）.

② 彭适凡，李玉林. 江西新干县的西周墓葬［J］. 文物，1983（6）.

③ 李学勤认为应监甗“当为康、昭时物”，“甗铭的应监也未必是姬姓应国的监”。“监则为朝廷临时派遣”。“如果甗铭的应在江西北部，当时属于边远，周公定东夷之后，在其地置监，则颇合情理”。此说可信。详见《江西历史文物》1987（1）.

④ 江西省文物考古研究所铜岭遗址发掘队. 江西瑞昌铜岭商周矿冶遗址第一期发掘简报［J］. 江西文物，1990（3）.

⑤ 港下古铜矿遗址发掘小组. 湖北阳新港下古矿井遗址发掘简报［J］. 考古，1988（1）.

最初在大冶铜绿山古矿冶遗址开采铜矿的也应是越人，但其出土遗物以楚人的器物为主，将在下章叙述。

前面简要地叙述了江南地区商周时期的考古资料所反映的当时这一地区的文化面貌。从赣江、鄱阳湖流域以西至湘水和资水流域，在此区域内居住的土著民族主要是越族。澧水和沅水流域一带商时期至西周早期的土著居民的族属，目前尚不能确指，但是尚没有发现楚文化因素是明确的。在《诗·商颂·殷武》中描写商王武丁的事迹时说："挞彼殷武，奋伐荆楚；罙入其阻，裒荆之旅，有截其所，汤孙之绪。维女荆楚，居国南乡；昔有成汤，自彼氐羌，莫敢不来享，莫敢不来王，曰商是常。"《左传·昭公九年》记载周景王的话说："及武王克商，蒲姑、商奄，吾东土也；巴、濮、楚、邓，吾南土也。"由上述两条文献记载来看，早在商殷时期，楚已经存在，应是无可怀疑的。但是，商代的楚在何处，至今意见纷纭，在考古工作中也还没能找到可靠的根据。从已有考古发现资料来看，江南地区没有找到任何在商时期的楚文化的痕迹，因此，商王武丁这次"奋伐荆楚"不可能到了江南。

第二章　楚人南渐的历程

第一节　西周时期楚人开始南进

一、澧水流域西周楚人的村落遗址

《史记·楚世家》记载，周文王时“鬻熊子事文王”，周原出土甲骨文有“楚子来告”的记载，这两者正好可以互相印证。到周成王时，封鬻熊的曾孙熊绎于楚蛮，“封以子男之田，姓芈氏，居丹阳”，说明此时楚已正式立国。但这时的楚还“辟在荆山，筚路蓝缕，以处草莽”，生活还很清苦，居处还很荒凉，国土还很狭小，看来西周早期楚的势力尚未到达江南。事实上，在湘北的西周早期的文化遗址中，也没有发现任何楚文化的因素。文献记载与考古发现又是一致的。到了西周中期，江南的澧水流域已经有了楚文化的线索。据已经发表的资料，至少有澧县澧东乡斑竹和文家山两处遗址中发现有楚文化特点的一些器物。斑竹 T_1（2）—（5）层、文家 H_1、H_2，是属于西周中期地层。出土陶片以泥质红胎黑皮陶、泥质灰陶为主。器形有鬲、盆、豆、罐。[①] 其中陶鬲的出土最引人注目。在文家山 H_1 和 H_2 各出土陶鬲 1 件，为细砂红胎黑衣陶，口微侈，颈微束，腹略鼓，裆较高，锥形足，足跟平，是先作鬲身，再安实足，并拍印有分段绳纹，这与稍晚的典型的“楚式鬲”无甚差异。江南地区原始文化中的炊器主要是鼎，直至商代二里岗期中原的分裆陶

① 何介钧，曹传松．湖南澧县商周时期古遗址调查与探掘［M］//湖南考古辑刊：第 4 集．长沙：岳麓书社，1987：1-10.

鬲传入江南后才首次出现陶鬲，但到殷墟三、四期的时候，由中原传入的“鬲、簋、假腹、豆组合消失”①，直至西周早期常见的陶器仍是“鼎、罐、豆、盆四种”②，而无鬲。因此，这里西周中期出现的陶鬲，应是外来的文化因素。澧水流域的东、西、南三个方向在西周早期都没有陶鬲，那么唯一可能的来源只能是北方。这时居住在澧水之北的是楚人。现已在距澧水流域不远的湖北当阳赵家湖一带，发现有西周后期的楚墓，所出陶器为“鬲、盂、罐”③。所以，有理由推论澧水流域西周中期的陶鬲应是受到楚文化的影响而出现的。

斑竹遗址出土的圆弧壁盘矮圈足豆，也与稍后出现的典型的楚式豆甚少差别，特别是这里的全套器物组合“鬲、盆、豆、罐”与稍晚的楚墓和楚遗址中所出陶器种类“鬲、盆（或名盂）、豆、罐”完全相同。周夷王时，熊渠曾“立其长子康为句亶王”，《史记集解》引张莹说句亶在“今江陵”。澧县距江陵仅约一百千米之遥，当时楚人的势力已达到这里，并有楚式器物出现是不足为奇的。

令人费解的是，在澧水流域西周晚期的楚人遗址和遗物却发现不多。只有澧县黄泥岗遗址可以早到西周晚期④，其他周家坟山、周家湾等楚遗址多是春秋早期的。黄泥岗出土的陶鬲口为三角缘外卷，有肩，裆较高，饰绳纹，器高达 32 厘米；罐为平沿外折，方唇，长弧腹，底内凹；豆盘较深，弧壁，喇叭形圈足，与西周中期的豆很相似。这些陶器与春秋早期的典型楚式器物相比，几无差别。因此，我们认为西周时期楚人已经越过长江到达澧水流域。

---

① 王文建．商时期澧水流域青铜文化的序列和文化因素分析［M］//考古类型学的理论与实践．北京：文物出版社，1989．

②④ 何介钧，曹传松．湖南澧县商周时期古遗址调查与探掘［M］//湖南考古辑刊：第 4 集．长沙：岳麓书社，1987．

③ 高应勤，王光镐．当阳赵家湖楚墓的分类与分期［C］//中国考古学会第二次年会论文集．北京：文物出版社，1982．

二、西周时期的楚国青铜器

至目前为止，西周时期的楚国青铜器仅发现过 6 件。其中有宋政和三年（1113）嘉鱼县出土的楚公逆镈（应名为甬钟，详后）① 一件，湖南省博物馆于 1959 年从废铜仓库中拣选出来的“楚公冢”戈②一件，“楚公冢”甬钟③ 4 件（有三件现存日本京都泉屋博古馆，另一件不知现藏何处）。楚公逆钟也仅有翻刻的铭文，其图像未能流传下来，现存国内的楚国西周时期的铜器仅有“楚公冢”戈一件，也是目前所知楚国最早的一件青铜器，极为重要。此戈为宽援无胡的三角形铜戈，有的名“戣”或“戮”。戈的表面光亮，呈浅绿色，是埋藏地下经长期氧化而形成的，刃口已被磨出紫铜色，戈援表面有黑色椭圆形斑块，每面 16 块，援近栏处有一圆孔，内作长方形，中部有一梭形孔，便于缚绳以便把戈固定于戈柲之上，篆体铭文“楚公冢秉戈”五字由内端绕至内下。戈通长 21.3 厘米，援长 15.3 厘米，内长 6 厘米，宽 4 厘米。关于此戈的真伪、族属和年代曾进行过很长时间的争论，至今尚无一致的看法，特别是关于“楚公冢”的年代分歧更大，有必要再作进一步的讨论。先说戈的真伪问题。主要有四说：

（1）笔者和蔡季襄认为戈是真品，铭文是铸造的④；

（2）于省吾、姚孝遂认为戈和铭文均是“伪造”⑤；

---

① 郭沫若. 两周金文辞大系图录考释：一［M］. 上海：上海书店出版社，1999：铭文 177，考释第 164 页.

② 高至喜. “楚公冢”戈［J］. 文物，1959（12）：60.

③ 何介钧，曹传松. 湖南澧县商周时期古遗址调查与探掘［M］//湖南考古辑刊：第 4 集. 长沙：岳麓书社，1987：图 217-219；樋口隆康. 乐器［M］. 京都：日本京都泉屋博古馆，1976：26.

④ 高至喜. “楚公冢”戈［J］. 文物，1959（12）；高至喜，蔡季襄. 对《楚公冢戈辨伪》一文的商讨［J］. 文物，1960（8、9）.

⑤ 于省吾，姚孝遂. “楚公冢”戈辨伪［J］. 文物，1960（3）.

（3）冯汉骥认为戈是真品，且是“蜀戈”的一种，铭文是后来所伪刻①；

（4）商承祚认为“楚公冡”戈“是一件精美宝贵的文物，绝非赝品”，“文字系后刻而非与器同铸”，“文字附加不早于西周末叶”②。

我们至今认为戈是真品，铭文与戈同铸，戈是楚器，并非“蜀戈”。戈为真品现在似乎已无异议，但对铭文是否与戈同铸，尚未一致。其实只要细审原件，这一问题即可解决。笔者用放大镜仔细观察铭文，并未见刀痕，“字上绿锈与戈内绿锈凝成一片，凝结牢固”，显系铸款。自商至西周时期的青铜器上有铭文者，数以千计，都是铸款，一直到战国时期才流行在铜器上刻铭。从铭文的字体风格看，与西周时期的“楚公冡”甬钟上的铭文字体风格完全一致。李学勤曾仔细观察过此戈，认定“内上铸铭五字”③。因此，此戈应是与“楚公冡”甬钟同一时期所铸造，铭文不可能是后刻的。

其次，讨论是否“蜀戈”的问题。

此戈的形制自冯汉骥提出是“蜀戈”的观点之后，似乎已成定论，至今尚未见有提出异议者。从其形制看，确是与蜀戈中的一种三角形宽援戈相似，甚至相同，但并不能因此就认定其为蜀戈。其实这类宽援无胡的三角形铜戈，本是中原地区商周铜戈中的一种，如在安阳和郑州的商墓中就出土有十多件，并从二里岗时期至殷墟过渡阶段就已开始出现，一直延续至殷墟四期。这类铜戈在陕西关中和汉中地区出土更多，如在蓝田怀真坊和黄沟、眉县小法仪、岐山贺家村等商代墓中都有出土。④城固苏村商代遗址中出土 81 件⑤，陕西省博物馆藏的“戣（七五 27）”

---

① 冯汉骥．关于“楚公冡”戈的真伪并略论四川“巴蜀”时期的兵器［J］．文物，1961（11）．

② 商承祚．“楚公冡”戈真伪的我见［J］．文物，1962（6）．

③ 李学勤．曾侯戈小考［J］．江汉考古，1984（4）．

④ 杨锡璋．关于商代青铜戈矛的一些问题［J］．考古与文物，1986（3）．

⑤ 唐金裕，王寿芝，郭长江．陕西省城固县出土殷商铜器整理简报［J］．考古，1980（3）．

也是这类三角形戈[①]。在黄河流域西周初年的一些墓中，如甘肃灵台白草坡、陕西宝鸡竹园沟、渭南南堡村、长安沣西、山西洪赵永凝堡等地都出有这类三角形宽援戈。[②] 而三角形宽援蜀戈的年代，“一般属于西周后期至战国前期”[③]。由此可知这类“蜀戈”应是受商周三角形宽援戈的影响而出现的，并延续使用至战国前期。楚人继承商周文化并在南方发展，这在楚文化中可以找到例证，如建筑中的夯土台基、台基周围有沟池围绕及宫室的回廊、散水等都是沿袭商代的盘龙城文化而来；还有楚人的人祭人殉习俗、竖穴土坑墓葬和腰坑，以及楚式鬲等，也都具有商人遗风。[④] 春秋早期的“楚国的青铜工艺属于中原周文化系统”，“楚人使用的是周文化系统的器物，这在春秋早期最明显”。[⑤] 那么西周中晚期的楚国青铜器曾受到商周文化的强烈影响是很合情理的事。这件楚戈就是对商周三角形宽援铜戈的直接继承，并有所发展，如有椭圆形黑色斑块，内上之穿为梭形等，因此不必从蜀戈中去寻找楚戈的来源。我们的结论是“楚公冡”戈的形制不是来自蜀戈，而是来自中原地区的商周铜戈。

再其次讨论“楚公冡”戈的年代问题。

关于“楚公冡”戈和甬钟的年代，学术界分歧很大，多数是从古文字学的角度来研究论证的。关于“楚公冡”的年代现在主要有五说：

（1）西周中期说。张亚初从“家、渠声韻相同或相近”和“楚公冡钟没有西周晚期的痕迹”，因此将楚公冡钟的年代定为西周中期之末，即

---

① 陕西省考古研究所，陕西省文物管理委员会，陕西省博物馆．陕西出土商周青铜器（一）[M]．北京：文物出版社，1979：46.

② 杨锡璋．关于商代青铜戈矛的一些问题［J］．考古与文物，1986（3）.

③ 冯汉骥．关于“楚公冡”戈的真伪并略论四川“巴蜀”时期的兵器［J］．文物，1961（11）.

④ 陈贤一．江汉地区的商文化［C］//中国考古学会第二次年会论文集．北京：文物出版社，1980.

⑤ 刘彬徽．楚国青铜礼器初步研究［C］//中国考古学会第四次年会论文集．北京：文物出版社，1983.

周夷王时期，或厉王早期。[①]

（2）西周晚期说。朱德熙、裘锡圭和李家浩认为："豙字从'爪'从'宀'从'豕'声或'至'声（豙或写作𡨦）"，"'挚'与'至'古音极近。疑楚公豙即熊挚。熊挚当周厉王时，其时代与楚公豙钟之形制及铭文字体正合"。[②] 李幼平也主张"铸于周厉王之时"[③]。

（3）西周末期说。郭沫若释"豙盖为爲字之异"，"公豙即熊咢之子熊仪"[④]，年代在西周末期。

（4）春秋早期说。李零认为"楚公豙究竟是哪一位楚公，现在还不能确切断定"，"要以熊徇特别是熊眴可能性较大"[⑤]，熊眴即楚蚡冒，年代在春秋初（公元前8世纪中叶）。

（5）春秋中期之初说。夏渌认为"成王熊恽，铭文作豙（为），字音得以通假"，"楚成王熊恽在位四十六年，国力强大，外交频繁，铸造'楚公豙'钟的可能性实在较大"。[⑥]

上述诸说都有一定的道理，而以第一说和第二说较为可信。如果仅从古文字学的角度来考证，是不能"确切断定"其年代的，因为楚公豙很难与楚国历史上的某一位楚公相对应。如从西周中晚期的熊渠、熊挚红、熊延、熊勇、熊严、熊徇、熊鄂（咢）、熊仪，至春秋初的熊坎和熊眴，都难以与楚公豙联系上。要研究论证"楚公豙"戈的年代，仅从戈的形制上来考察，也很困难，因为楚国早期的铜戈仅此一件，无从比较。这类"蜀戈"又延续的时间很长，也无法从中找到旁证。比较可靠的方法，那就只有从楚公豙甬钟的形制和纹饰等方面去考察其年代。传世的

① 张亚初．论楚公豙钟和楚公逆镈的年代［J］．江汉考古，1984（4）．

② 朱德熙，裘锡圭，李家浩．江陵望山1号墓竹简考释［J］．待刊，转引自《古文字研究》第九辑第334页．

③ 李幼平．论楚乐的分期与演进［J］．江汉考古，1991（1）．

④ 郭沫若．两周金文辞大系图录考释［M］．北京：科学出版社，1957：考释第164页．

⑤ 李零．楚国铜器铭文编年汇释［M］//古文字研究：第十三辑．北京：中华书局，1986：357．

⑥ 夏渌．铭文所见楚王名字考［J］．江汉考古，1985（4）：52-54．

“楚公冡”甬钟共有 5 件。其出土地点不详。现在保存在日本京都泉屋博古馆的有大中小 3 件。①

楚公冡甬钟大号通高 53.2 厘米，重 25.6 千克。舞部和隧部饰云纹，篆间为云纹，鼓右饰一鸟纹。此即《两周金文辞大系图录》一书中的楚公冡钟的第三钟。

楚公冡甬钟中号，通高 44.1 厘米，重 18.8 千克。舞部、隧部均饰云纹，篆间饰双头龙纹，鼓右饰一小象。此即《两周金文辞大系图录》一书中楚公冡钟的第五钟。

楚公冡甬钟小号，通高 36.7 厘米，重 10 千克。篆间、隧部饰云纹，鼓右饰一鸟纹。此即《两周金文辞大系图录》中的楚公冡钟的第二钟。

《两周金文辞大系图录》中的一号楚公冡甬钟无图像，只有铭文拓片，现不知此器藏于何处。四号钟铭文系伪作。

四件楚公冡甬钟的铭文均铸在钲间。小号钟的铭文是“楚公冡自乍宝大林钟，孙孙子子其永宝”。其余三钟的铭文大体相同，只略有差异，由其篆间、鼓右纹饰及铭文均稍有差异来看，这四件甬钟原来虽然不是一套编钟，但应大体是在同一时期所铸。特别是戈上的“楚公冡”三字与小号甬钟上的字体十分相近。

1998 年 7 月，在陕西周原召陈遗址甲区西周大型建筑群基址西侧的土壕断崖内出土有一件楚公冡甬钟。篆间饰双头龙纹，鼓右饰鸟纹。钲间铸铭文 17 字，曰：“楚公冡自乍（作）宝大亩（林）龢钟，孙子：逊（永）宝用。”“用”字为阳文。通高 33.4 厘米，重 8 700 克②。看其刊发的拓片，永宝前还有一“其”字未释，“用”字不清。

楚公冡甬钟的形制与西周中期晚段和西周晚期之初的甬钟形制相类似，而与春秋早期的那种钲部瘦长的甬钟不同。如与西周中期的逆钟③、

① 樋口隆康. 乐器［M］. 京都：日本京都泉屋博古馆，1982.

② 罗西章. 陕西周原新出土的青铜器［J］. 考古，1999（4）.

③ 陕西省考古研究所，陕西省文物管理委员会，陕西省博物馆. 陕西出土商周青铜器（四）［M］. 北京：文物出版社，1984：161.

师丞钟①、二式痶钟②、与痶钟同坑出土的六式钟甲③、?钟④等的形制相近，其年代也应大体相同。从楚公冢钟上的纹饰来看，更是常见于西周中期的甬钟之上。如师丞钟⑤、逆钟⑥、?钟⑦及与痶钟同坑出土的六式钟甲的隧部的云纹⑧，均与楚公冢钟无铭文一面的隧部云纹相同⑨，舞部、篆间的纹饰风格也大体类似。所以楚公冢钟的年代，从其纹饰来看，也应在西周中期晚段。由上述分析，楚公冢钟的器形、纹饰与铭文都与西周中期晚段甬钟的风格相似，说明其曾受到周文化的强烈影响，但楚人并没有完全照搬周人的甬钟，而有自己的某些特点，如楚公冢钟正面铸有铭文的那一面，隧部的旋转密集的云纹、鼓右的小象在周人的同时期的甬钟中未见；楚钟上的双头龙纹也与西周甬钟上的顾龙纹有别；周人的甬钟上的铭文往往较长，除了在钲间铸铭之外，常常扩展到鼓部、钲侧，而楚公冢甬钟的铭文仅在钲间。

楚公冢钟既然有许多西周中期晚段甬钟的特点，同时又出现了一些新的因素，加上周人甬钟流传影响至楚地，到楚人自己铸制甬钟，这还要有一个过程，因此，把楚公冢钟的年代定在西周中期之末或西周晚期之初较为适宜。那么楚公冢戈铸制的年代也就应在同一时期之内。

楚公冢戈的出土地点，虽然不能确指，但从其光绿来看，应是出自湖南境内，很可能在湘北地区。在湖南北部地区发现西周中晚期之际的楚戈是不足为奇的，因为这可以从出土文物和文献记载中找到合理的解释。前节我们已经谈到在湖南北部的澧水流域的斑竹、文家山等遗址中

---

①⑤ 陕西省考古研究所，陕西省文物管理委员会，陕西省博物馆．陕西出土商周青铜器（三）[M]．北京：文物出版社，1979：110.

②③⑧ 陕西省考古研究所，陕西省文物管理委员会，陕西省博物馆．陕西出土商周青铜器（二）[M]．北京：文物出版社，1979：图56，图71.

④⑦ 樋口隆康．乐器 [M]．京都：日本京都泉屋博古馆，1982.

⑥ 陕西省考古研究所，陕西省文物管理委员会，陕西省博物馆．陕西出土商周青铜器（四）[M]．北京：文物出版社，1984：161.

⑨ 郭沫若．两周金文辞大系图录考释（一）[M]．图217-219.

出土的西周中期的遗物就“应纳入楚文化的范畴”①，如果在这一地区出土有西周中、晚期之际的楚国铜兵器应是符合情理的事了。

从文献记载看，楚人也很有可能在西周中期晚段就已到达这一地区。《史记·楚世家》记载：“熊渠甚得江汉间民和，乃兴兵伐庸、杨、粤，至于鄂。熊渠曰：‘我蛮夷也，不与中国之号谥。’乃立其长子康为句亶王，中子红为鄂王，少子执疵为越章王，皆在江上楚蛮之地。”这是西周中期晚段夷王时期楚对长江中游地区的一次大的扩展行动，大概湖南的澧水流域，以及鄂东南的部分地区，这次都曾归入了楚国的版图。嘉鱼县出土有西周晚期的楚公逆钟便是明证。

楚公逆钟原名“镈”，但根据发表的铭文的外围有一长方梯形围框，应是甬钟钲间的框边，而西周时期的铜镈的钲间尚未形成，故不可能有镈的钲间的铭文，故此“镈”应正名为楚公逆钟②。此钟于“宋政和三年获于鄂州嘉鱼县以献”③。器形已佚。流传下来的铭文为翻刻，所以有不少地方失真，使一些字难以辨认。李学勤的释文（正书）是：

唯八月甲申，楚公逆自作

大雷［钟］，厥名曰□□

□□。［楚］公逆其万年寿

□□亡□，孙子其永宝。

此楚公名逆，逆字首先由孙诒让认出，谓咢（咢）与逆同从屰得声，楚公逆就是熊咢，学术界已公认其正确。那么此钟即西周晚期宣王时的楚器，其年代比楚公冢钟和戈要晚。

1993 年山西翼城，曲沃县交界处的天马——曲村北赵晋侯、邦父墓（64 号墓）中出土楚公逆编钟 8 件。均为甬钟，形制相似，均铸铭文。舞部饰宽阴线云纹，旋部有乳钉和云纹，篆部饰蝉纹，隧部饰龙、凤、

---

① 何介钧，曹传松．湖南澧县商周时期古遗址调查与探掘［M］//湖南考古辑刊：第 4 集．长沙：岳麓书社，1987.

② 高至喜．论商周铜镈［M］//湖南考古辑刊：第 3 集．长沙：岳麓书社，1986.

③ 赵明诚．金石录．古器物铭第五［M］.

虎纹，鼓左有穿山甲纹。钲间及鼓右铸铭文 68 字，为：“隹八月甲午，楚公逆祀氒（厥）先高且（祖）考，夫壬四方首，楚公逆出求氏用祀。四方□休適鄀□（融）。𩚀赤金九万钧。楚公逆用作和齐钖百□（肆）。楚公逆其万年寿，用保□大邦。永宝。”钟内有调音槽一道。通高 51 厘米。①

第二节 春秋时期楚人大举南进

春秋时期，江南地区是否已归楚人所有？有哪些地区已归入楚国的版图？过去曾进行过很长时间的争论。清人顾栋高有春秋时楚地不到湖南的论点。顾铁符也认为：“整个春秋时期，亦没有听说过江南归楚国所有”；“江南归入楚国的版图，照一般的说法，是在公元前四世纪初，即悼王的末年”。② 另有一说认为“湖南春秋时属楚”③。根据考古发现的资料，上述两说均不妥当。前一说已为考古发现所否定，我们在前一章已经提到澧水流域已发现西周中晚期的楚人的遗址；后一说过于笼统，楚人进入江南的时间有早有晚，有先有后，大致是进入湘水下游的时间在春秋早中期，进入湘中的时间在春秋晚期，进入湘南的时间已到春秋末或战国初。下面我们可以列举已发现的春秋时期楚人的古城遗址、矿冶遗址和古墓葬，证实上述楚人南渐的大致历程。

一、罗国、麇国城遗址

先秦时期，楚国拓土开疆，雄踞南土。自西周末年灭鄀（约前 779—前 774）至战国晚期灭鲁（前 256），在长达 530 多年的对外扩张中，灭国达 61 个之多。④ 在诸多被灭国中，罗国、麇国是与楚国同被周

---

① 黄锡全，于炳文. 山西晋侯墓所出楚公逆钟铭文初释［J］. 考古，1995（2）.

② 顾铁符. 夕阳刍稿［M］. 北京：紫禁城出版社，1988：67.

③ 梁载言《十道志》；杜佑《通典》；李吉甫《元和郡县图志》.

④ 何浩. 楚灭国研究［M］. 武汉：武汉出版社，1989：8-9.

所封为子爵的邦国，且罗、麇、楚同姓同祖。罗泌《路史·后纪八》称："濮、罗、归、越、賨、滇、鬭、麇、芈蛮，皆芈分也。"可知楚、罗、麇均系祝融氏吴回之孙芈姓季连的后裔。罗国、麇国被楚国兼并后，楚采取"迁权于那处"[1] 的政策，迫迁罗、麇两国遗民离乡背井，栖居异域。楚对罗、麇，终其社稷，绝其祀，亡其国，使之永无复国之望。最后，罗、麇两国遗民迁徙江南，定居在今湖南岳阳市境内汨罗江下游和新墙河畔。

据考证，在周武王灭商时，罗被封为子爵，罗国才正式成为周的属国。[2]《礼记·郊特牲》记："大罗氏，天子之掌鸟兽者也"，《周礼·夏官·大司马》记："罗弊，致禽以祀祊。"说明罗人曾任周朝捕鸟之官。邵思《姓解》说："罗，按颛顼之末裔，受封于罗国，今房陵也，子孙以国为氏。"可知罗国曾世居于房陵即今湖北房县。后来，罗国迁至今宜城县的罗川城。《水经注》记述夷水时说："夷水，蛮水也……其水东南流，历宜城西山，谓之夷溪。又东南迳罗川城，故罗国也。又谓之鄢水，《春秋》所谓楚人伐罗渡鄢者也。"罗人在被楚灭国前，定都罗川城。春秋初期，楚势始兴，因而楚武王公然宣称"欲以观中国之政"，开始对外军事扩张，灭国拓境，争霸称雄。为讨伐趁楚人伐绞之际跟踪楚人的罗国，公元前 699 年，楚武王派屈瑕伐罗。《左传》桓公十三年载："楚屈瑕伐罗……及鄢，乱次以济，遂无次，且不设备。及罗，罗与卢戎两军之，大败之。莫敖缢于荒谷，群帅囚于冶父以听刑。"此役楚军麻痹轻敌，惨遭失败。对此，雄心勃勃的楚武王是不会善罢甘休的。但是，楚师吞并罗国，史书却无明确记载。《古今姓氏书辩证》记："其后，楚复伐罗，并其国，子孙以为氏。"此处也没说明罗国灭亡的具体时间。公元前 690 年（即楚武王五十一年），楚武王第三次伐随，随人臣服于楚，武王死于征途。因此，罗国的灭亡当在楚武王伐随之前。罗境为楚东征随国必经

① 高士奇. 左传纪事本末·楚伐灭小国［M］. 北京：中华书局，1979.

② 何光岳. 楚源流史［M］. 长沙：湖南人民出版社，1988：284.

之道，如罗未灭，楚国不可能越过罗地伐随，汉东诸国随为大，随也不会有罗国这个屏障在前而拱手称臣的。所以，罗国灭亡的时间应当在公元前698年至前691年之间。《路史·后纪八》说：罗“初国宜城，后徙枝江”，《水经注》称“枝江地，故罗国”，说明楚兼并罗国后将其遗民迁到了枝江。《汉书·地理志》长沙国“罗”县下应劭注：“楚文王徙罗子自枝江居此。”《水经注·江水》对罗亡国后遗民南迁记载较详：“（江水）又东过枝江县南，沮水从北来注之……县洲上，故以枝江为称。《地理志》曰：江沱出西，东入江是也。其地故罗国，盖罗徙也，罗故宜城西山，楚文又徙之于长沙，今罗县是也。”由此可知罗子国遗民最后被迫迁到了今湖南罗县。楚灭罗，“空其地，易其民，毁其宗庙则书迁”[①]，使其亡国臣民客居远乡，永无复国之望。

《读史方舆纪要》卷八十说：“罗县城……春秋时罗国也。”杜佑《通典》：“岳州，古罗国也。”二书明确指出罗迁江南后定居岳州境内。《路史·国名纪丙》称：“今潭之湘阴东北六十里有罗故城，秦之罗县，梁为罗州。”据此，罗县的地望当在长沙的湘阴县境内，罗国遗民迫迁江南客居岳州的具体位置即罗故城在湘阴东北六十里。据光绪《湘阴图志》卷六沿革表记：“楚文王灭罗（应为楚武王），而徙都郢，乃从宜城徙罗丹阳，已而又南徙湘水之阴，遂为罗国。”如此，南迁之后的罗国或罗故城，应在湘水之阴。《水经注·湘水》载：“汨水又西迳罗县北，本罗子国也，故在襄阳宜城县西，楚文王移之于此，秦立长沙郡。”综上所述，罗故城应在湘水之阴的湘阴县东北60里的汨罗市（原属湘阴县，1966年设县，后改市）汨罗江（即汨水）下游的罗城。罗城，位于汨罗市西北四千米处的翁家港至马头槽这一宽阔平坦的土洲上。汨罗江（即汨水，因罗水在双江口注入汨水，汨水下游才合称汨罗江）在罗城北约五十米自东而西流经罗城，至翁家港，折向南，流经罗城西至河夹塘（即今河市）。在罗城东有李家河（汨罗江一小支流）自北而南流过，并一分为

① 顾栋高．春秋大事表［M］．北京：中华书局，1993.

二，一水向南经刘墩㙞注入桃木港在河夹塘注入汨罗江；一水折向西，流经罗城南在翁江港注入汨罗江（图 2-1）。这里口碑传说为古罗城。

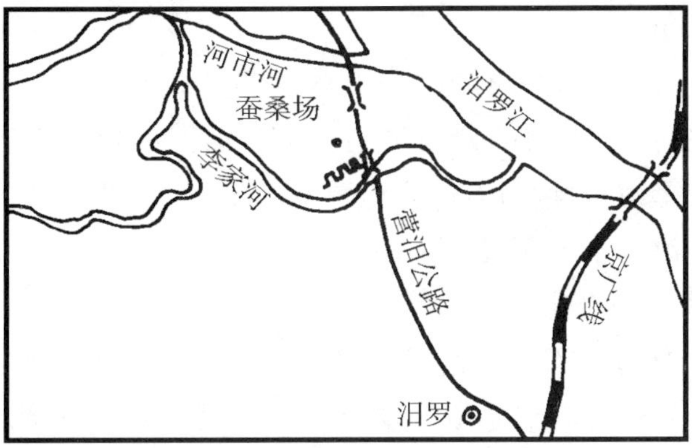

图 2-1　罗子国城址位置图

1957 年湖南省文物管理委员会在罗城进行了勘察及试掘，发现罗城确为一个东周时期的城址。① 城址平面略呈长方形，东西长 490 米，南北宽 400 米。城墙用黄土筑成，版筑痕迹已不十分明显，城墙大体轮廓保存基本完整。墙面宽度一般为 14 米，高约 3 米，地面散见鬲、豆陶片和瓦片。四面均有护城河，现存宽度 5—10 米，深浅不一。在城内西南部位有一名猪形山的小土丘，宽约 7 米、长 25 米、高约 0.5 米，平面呈长方形，其上已为农民挖平种菜。这个土丘的堆积可分四层。下层为红烧土硬壳层。出土物全为绳纹筒瓦、板瓦残片，无一鬲、豆等陶生活器皿残片。这个土丘应是建筑基址。在城址东面的遗址中，出土了灰陶绳纹鬲、灰陶豆和黑衣陶罐等。发掘者根据这些陶隔、陶豆与湖南早期楚墓所出同类器的比较，推测其时代相当于春秋，并说明该遗址的时代应属东周。1985 年汨罗市进行了文物普查。普查发现，罗城城址东面遗址的范围远非以往所认识的那么小，它自与罗城隔李家河相望的马头槽起，向东一直到汨罗市的百丈口村，仍有不少东周的陶器残片。罗城城址南面的鸡

① 湖南省文物管理委员会. 湖南湘阴古罗城调查及试掘 [J]. 考古通讯，1958 (2).

公滩，也是东周遗址。罗城、马头槽、百丈口加上鸡公滩各处遗址的面积总和，至少也有近百万平方米的规模。与罗城隔汨罗江相望有汨罗山，汨罗山亦名黑鱼岭、烈女岭、微山、罗山，汨罗山为一个自东周至隋唐时期的墓地。1983年湖南省博物馆曾在汨罗山的永青墓区与楚塘墓区发掘东周墓67座，其中大部分为楚墓。至今汨罗山仍分布着有不少东周墓，有些战国墓封土堆高达6米，直径30多米。在汨罗山附近的红花双江口有罗水，沿罗水上溯过松溪有罗汭，在屈子祠所在的玉笥山前有罗渊。这些以罗为名的城、水、山等，与罗人灭国以前在河南、湖北活动留下的罗山、罗汭、罗川城相同。因此，汨罗江两岸的罗城、罗山以及罗水、罗渊、罗汭都应该是罗国遗民活动地域。联系到罗城城内文化堆积厚达0.5—0.6米，罗城附近东周遗址面积近百万平方米，罗山分布的东周墓葬及诸多以罗为名的众多罗子国活动范围，不难看出，罗人亡国绝祀迫迁于此后的几乎整整一个东周时期，虽然遵楚制，从楚俗，但始终顽强地保留着自己的国名，似乎复国之望仍未泯灭。①

麋，起初叫微。岑仲勉在《白族源流试探》（载《中山大学学报》1962年第3期）指出："微，即芈之异体，楚族也。"最初，微在南楚丘东北三百里之微乡，《中国历史地理图集》第一册标明微乡所在地是今山东梁山县北运河入黄河之地。《书·牧誓》记周武王伐纣，师渡孟津，"及庸、蜀、羌、髳、微、卢、彭、濮人……"微也助周灭商，受封子爵。1977年，陕西岐山周原出土周人的甲骨文，四号卜骨载有"其微

① 为了做好罗子国城遗址保护规划的编制工作，中国社会科学院考古研究所于2014年10月至12月、2015年9月至10月先后两次对罗子国城遗址进行了考古调查勘探。2015年10月至12月，湖南省考古研究所对遗址进行了考古调查与试掘。发现城门七处（其中水门四处），城内河道三条，T字形道路一条，夯土建筑基址六座，灰坑、窖穴二十四处，红烧土堆积三处，并采集了大量各类标本。因此研究罗子国城遗址及相关课题除了以往考古工作的资料以外，还需结合最新考古发现进行研究。上述新的考古资料应以公开发表的报告为准。（郭胜斌，2016年3月31日）

楚、□毕𢁺师昏舟𢁺”，说明微已为周之邦国。《春秋大事表》指出：“郧县为春秋时麇国地。”《左传·文公十年》所记楚国大会盟，“厥貉之会，麇子逃归”。为此，楚人第二年即伐麇。《左传·文公十一年》载：“十一年春，楚子伐麇，成大心败麇师于防渚。潘崇复伐麇，至于钖穴。”此后，麇国曾结盟伐楚。《左传·文公十六年》载：“楚大饥，戎伐其西南，至于阜山，师于大林，又伐其东南，至于阳丘，以侵訾枝。庸人帅群蛮以叛楚，麇人率百濮聚于选，将伐楚。于是申、息之北门不启。楚人谋徙于阪高。”此时之楚，真所谓危机四伏了。甚至谋徙阪高以避。但是，上书接着说楚人最后决定全力出击，消除麇、庸势力。“（楚师）自庐以往，振廪同食。次于句澨。使庐戢梨侵庸，及庸方城……秦人、巴人从楚师，群蛮从楚子盟，遂灭庸。”但楚灭麇，史无明确记载。只有《路史·后纪八》说：“楚子取麕，麇以国其庶。”却也未说明麇灭国时间。《左传·宣公元年》记楚庄王挥师北上侵陈伐宋，时楚庄王六年即公元前 608 年。据此可以推测，麇灭国当在此年楚侵陈伐宋之前至楚灭庸之间，即公元前 611 年至前 608 年间。因为楚欲北进中原，必须消除后院隐患。楚境北之戎，楚境西之庸、麇不灭，楚想图霸中原即受其牵制。尽管帅群蛮之庸已灭，但率百濮之麇不除仍是心腹之患。只有彻底消除庸、麇的威胁，才能使“百无统长”的群蛮、百濮臣服于楚。庸亡，群蛮盟于楚；麇灭，则百濮自会从于楚。所以在灭庸之后北进伐陈征宋之前灭麇是顺理成章的。应当指出的是，麇，《左传》记为麇，《路史》记为麋。吕思勉《先秦史》论及先秦诸民族时说：“麇麋形近易讹。左氏哀公十四年，‘逢泽有介麇焉’，《释文》谓麇又作麋，其证。庄公二十八年‘筑麋’，《穀梁》作‘筑微’。则潘崇所伐，实当作麋，即《牧誓》之微也。”所以，麇、麋、微，古音义相通。

关于麇国灭亡后，麇国遗民迁徙何处，先秦史籍也无明确记载。唐杜佑《通典》称：“巴陵麋子国。”曾朝佑《楚地今名考》说：“麋，杜注，楚地。按今湖南岳州府巴陵县有麋城。”顾氏《春秋大事表》谓：“麇当为今郧阳府治郧阳县地。”江永《春秋地理考实》云：“吴人居麋，今岳州巴陵县东有麇城，当是楚灭麇，迁麇人于此。”《路史·国名纪丙》在麇国注释中说：“兵志以岳之巴陵为麇子国也，有两城址尚存，相去十里所，楚昭奔随，王使王孙由于城麇者，有麇川。”范致明在《岳阳风土记》中记：“麇有东西二城。春秋，楚昭王城麇即此。”《明一统志》称：“麇城在（巴陵）县东南三十里。”《读史方舆纪要》卷七七说岳州“府东三十里。相传古麇子国，有东西二城。《春秋》定（公）五年：‘秦救楚，败吴师，吴师居麇，楚人焚之。又战，吴师败还。既而楚昭王使王孙由于城麇。’即此”。马素臣在《长江图说》中称：岳州“府东三十里有麇城，先儒以为楚灭麇子国迁之于此”。上述记载不尽一致，或有牴牾之处。今人有认为吴师居麇即指今岳阳的①，或说：“今江南岳阳境内的‘麇城’，既不可能是文十一年的‘麇子国’，也不可能是定五年楚人焚之而又城之的麇城。”② 对此姑且存疑。但上述记载都认定岳阳有麇城。此麇城即麇子国绝祀后南迁于此的。今人似乎无多大争议，认为“岳阳‘麇城’当是楚灭麇后麇人迁此的遗留。”③ 可以认为麇子国灭亡后的确南迁到了岳阳。但麇城在岳阳何处至今仍然是个谜。有的学者提出：“在岳阳地方，有东西二个麇城，其间相隔三十里，其中东麇城在今梅子市，为麇子国遗民所居，西麇城为今岳阳楼附近，滨临洞庭湖口，控扼交通要道，为楚昭王时打败吴于麇的地方……便筑起西麇城，任命王族王孙由于驻兵……”④ 1986 年以来，岳阳市进行了大规模的文物普查，先后几次对梅子市、岳阳楼附近进行专题调查。可惜这两个地点均无稍早的地下文物出土，更谈不上先秦遗物了。在离梅子市不远的白港河附近，曾发现了一个东周遗址，名墓屋山，仅采集有绳纹鬲、灰陶豆之类陶片，但绝非一个城址。在岳阳，与麇相通的地名、水名、山名不少。在岳阳市东南六十里有新墙河，新墙河在《水经注》中即称微水，直至民国，

---

① 何光岳. 楚源流史［M］. 长沙：湖南人民出版社，1988：303.

②③ 何浩. 楚灭国研究［M］. 武汉：武汉出版社，1989：231.

④ 何光岳. 楚源流史［M］. 长沙：湖南人民出版社，1988：303-304.

微水名称未变。微水注入洞庭湖之口叫麋湖口。此外，岳阳境内还有大麋湖、小麋湖、麋子湖等。在普查中，先后在微水上游的游港河附近发现筻口镇莲塘村凤形嘴山东周墓地和龙湾大马村东周城址（图 2-2）。

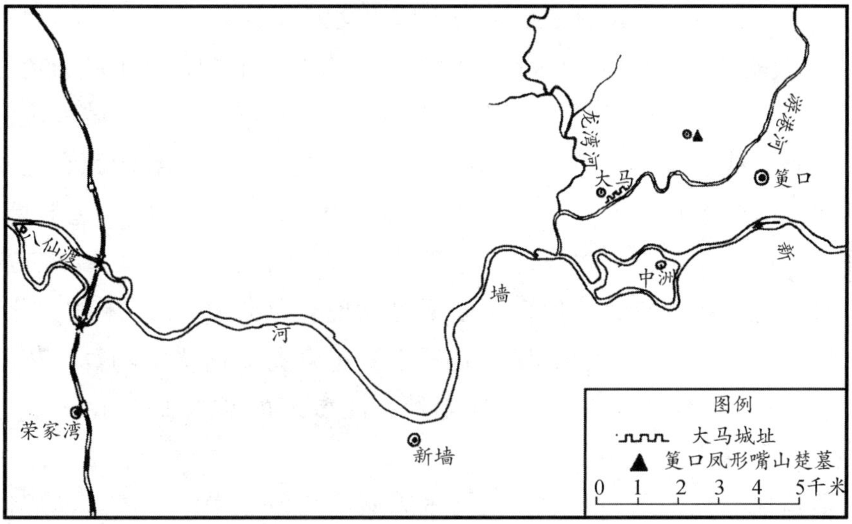

图 2-2　大马城址位置图

筻口凤形嘴山与大马村位于岳阳市东南，距离约六十里。大马村与莲塘村及移山村相连，为一大片低矮山岗相连的丘陵地带。凤形嘴山距大马城址直线距离约两千米。游港河距凤形嘴山约一千米，自东北向西南流经大马城址东南角注入新墙河。1986 年，凤形嘴山出土了人像动物纹青铜卣、青铜鬲、蟠螭纹青铜盆①三件春秋时期的器物。随之又发掘了三座东周墓葬。其中 1 号墓为长方形竖穴土坑，口大底小，墓南北长 5.5 米，东西宽 4 米，深 7.1 米。墓东西向。墓内棺椁仅存朽迹，墓底出土铜戈两件。墓南壁有壁龛。壁龛内随葬一套青铜礼器和一件漆器。漆器已朽，仅存红色痕迹。青铜礼器八件，组合为二鼎、一簠、一盏、一盉、一盘、一匜、一匕。铜器多以蟠虺纹、蟠螭纹、蝉纹、重环纹等

① 岳阳市文物工作队．岳阳县筻口出土春秋人像动物纹青铜卣［M］//湖南博物馆文集．长沙：岳麓书社，1991.

装饰器表，大多器物的器耳、器足、器盖捉手、器鋬、器流均用多条小蛇盘缠结成透空的装饰。值得一提的是盏，其形制似与以往湖北、河南等地楚墓所出同类器相近。但其透空捉手、镂空兽形耳、透空兽头足均是过去所未见过的。特别是内中的篆体铭文尤其引人注目。其铭："愿儿自作铸其盏盂。"初步研究表明，此墓时代为春秋中期，墓主应为楚之贵族。与凤形嘴山墓地相距不远的大马城址，平面略呈方形。城垣轮廓保存较完整。墙基宽 30—70 米，不尽规则。有的地方可能利用原有地形加高筑墙。有的城垣堆积中有绳纹筒瓦与板瓦。城垣内散见零星的板瓦、筒瓦。城内东北部为一片高地，这里堆积较多的板瓦、筒瓦并夹有灰陶豆陶片。城内西部村民住地台子断面可发现有厚 0.5—0.7 米的文化层，筒瓦、板瓦、红陶和灰陶豆残片是其主要包含物。这些红陶豆、灰陶豆残片应是东周遗物，有的可早到春秋。此城址的年代始自春秋是有可能的。

筻口凤形嘴山东周墓地、大马东周城址均位于微水上游，地理位置正在岳阳市东南，似与《明一统志》所载麇城方位吻合。但这仅仅是一种揣测。这些遗迹究竟与麇有无关联，还需有大量的考古调查工作来佐证。至于麇城在岳阳何处，目前仍然是个谜，有待于我们去探索。但是，微水上游游港河畔的筻口、龙湾一带，为麇子国遗民活动的地方是极有可能的。

综上所述，楚国在兼并罗国、灭亡麇国后，先后迫迁两国遗民到江南，罗国遗民活动在今汨罗江两岸，麇国遗民活动在微水一带，尽管文化习俗诸多方面已从楚，但仍以国为氏。

二、铜绿山、九曲湾矿冶遗址

春秋时期，楚为"五霸"之一。楚国之所以能称霸，与它掌握雄厚的铜矿资源有关。楚国在春秋时期铸造了大量的青铜礼器、乐器，春秋中晚期时所铸铜器已显示出楚国铜器自身的特色。如河南淅川下寺的令尹子庚墓（2 号墓）中出土的列鼎、编钟、铜禁等大型铜器达 150 余件，估计总重量在两吨上下[①]，至于当时铸制易于消耗的青铜兵器所需铜料的数量则更大。《史记·楚世家》记载楚庄王八年“观兵于周郊”，“问鼎小大轻重”，王孙满答复“在德不在鼎”，庄王则说：“子无阻九鼎！楚国折钩之喙，足以为九鼎。”楚庄王的话难免有夸张之嫌，但也足见楚国确是拥有数量极大的青铜兵器。也只有有了充足的武器，它才能连年不断地发动兼并战争。在春秋近300年里，楚国先后灭掉了周围的近50个国家。[②] 楚国不但要铸造大量铜器满足自身的需要，还要用铜料作为礼品馈赠。如《左传·僖公十八年》记载：“郑伯始朝于楚。楚子赐之金，既而悔之，与之盟曰：‘无以铸兵！’故以铸三钟。”这里的“金”即指铜。楚国的铜料需要量如此巨大，必有较为稳定的来源。目前我们所发现的湖北大冶铜绿山和湖南麻阳九曲湾古铜矿，应就是楚国当时主要的铜料产地。

铜绿山位于长江南岸，铜矿资源极为丰富。古矿区范围南北长约两千米，东西宽约一千米。在矿区内保存下来的炼铜后弃置的炉渣约达40万吨，估计古代提炼的红铜达4万吨之多。经过发掘，古代矿井垂直向地下开拓深达40—50米。当竖井挖到含有富矿的地方，则向侧壁开挖横巷（或叫平巷）。这些与横巷连接的竖井，它的底部都有“马头门”结构。竖井早期的木构支架是用四根木料用榫卯方法互相穿接而成的；晚期的则为“密集法搭口式”框架，即把圆木的两端砍出台阶状搭口榫，由四根搭接成一幅方框。横巷也用木料作支架，早期也是用榫卯方法构成方形框架，每隔一米有一幅这样的方框。晚期的横巷的框架不用榫卯法结合，两侧立柱的上端为枝杈形，横梁就放在两侧上部的枝杈中，为了不使立柱内侧，在横梁下面紧贴一根“内撑木”，地栿的两端用搭口式接头与立柱相接。在横巷底部常常有向下挖的“盲井”，这种盲井多数用于向深处采掘矿石，也有可能是作为储水仓。当时采矿还有相当完整的

① 顾铁符．夕阳刍稿［M］．北京：紫禁城出版社，1988：119.

② 何浩．楚灭国研究［M］．武汉：武汉出版社，1989：10-12.

排水系统，已发现有专门用于排水的泄水巷道。当时掘取矿石的过程是由竖井→横巷→盲井，同时还有提升、排水、通风等相应的设施。①

在铜绿山的古代弃置的炉渣下发现有八座古代的炼铜竖炉，发掘者推定其年代为春秋时期。② 炼铜竖炉包括炉基、炉缸和炉身三部分。中国社会科学院考古研究所根据发现的炼铜竖炉做过模拟试验，说明这种“竖炉具有较高的冶炼能力”，“可以连续投料、连续排渣、间断放铜，持续地进行冶炼”，“具有生产效率高、炉龄较长、操作比较简便等优点”，“已经掌握了较好的配矿技术”③，这些发现和研究均说明当时的铜矿开采和冶炼方面都已达到较高水平。

在竖井和横巷中出土了一些当时采矿留下的工具，计有斧形凿、锄等铜工具，有斧形凿、四棱凿、锤、凹字锄、六角形锄、斧、耙等铁工具，有辘轳轴子、水槽、船形斗、瓢、桶、钩等木工具，以及装矿石的竹篼箕、竹筐、藤篓等。④ 在铜绿山东北坡发现炼铜竖炉的遗址中，还出土有陶器、石器和铜斧。⑤ 陶器以夹砂红陶和泥质红陶为主，纹饰以间断绳纹和间断压印直条纹为主，还有少量间断方格纹、绳纹、篮纹、暗叶脉纹等。有的陶瓮肩部或腹部加饰一道附加堆纹或小泥饼。器形有鬲、甗、鼎、瓮、罐、豆。鬲足数量最多，鬲有高、矮锥尖足、柱状足。鬲足的外侧多竖划一凹槽，是其特点。

关于铜绿山矿冶遗址的年代，多数认为是春秋战国时代。⑥ 其中“古炉的时代均属春秋”。但是碳十四测定的年代有早至西周的，如Ⅶ号矿体2K-877（巷 19）树轮校正年代为距今 2 810±130 年⑦，10 号炉的热释光年代为距今 2 895±305 年、3 014±320 年⑧，6 号炉旁出土木炭标本距

①③⑥⑧ 夏鼐，殷玮璋．湖北铜绿山古铜矿［J］．考古学报，1982（1）．

②⑤ 黄石市博物馆．湖北铜绿山春秋时期炼铜遗址发掘简报［J］．文物，1981（8）．

④ 铜绿山考古发掘队．湖北铜绿山春秋战国古矿井遗址发掘简报［J］．文物，1975（2）．

⑦ 中国社会科学院考古研究所铜绿山工作队．湖北铜绿山东周铜矿遗址发掘［J］．考古，1981（1）．

今 3 205±400 年、3 110±400 年[①]，因此有学者认为铜绿山古矿遗址的上限年代“可能到西周”[②]。黄石市博物馆的同志根据出土遗物分析，认为铜绿山东北坡第六层的年代应是相当于西周晚期。[③] 从上述多方面的材料看，铜绿山古铜矿的开采和冶炼的年代是可以早至西周的。这不但有碳十四测定的年代为依据，而且在出土遗物中也可以找到例证。据彭适凡的研究，江西九江磨盘墩遗址下层的“炊器为鼎、鬲和甗形器”。鬲类的器足以高、矮锥状足为常见，特别是“在不少高锥状足鬲的外侧刻有一纵沟，一般简称为带槽鬲或刻槽鬲”，其年代“主要应为西周中、晚期”。[④] 而这些特点正与铜绿山东北坡古炉遗址中出土的陶片风格相似，特别是鬲足外侧“刻有一纵沟”的作风相同，两地相距又近，应属同一文化系统，其年代也应大体相近，故铜绿山古铜矿的年代上限是可以早到西周的，但其大规模的开采和冶炼铜矿则应是在春秋战国。

关于铜绿山古铜矿的国属，主要有两说，一说属楚，认为“从铜绿山古铜矿获得的丰富资料，还说明东周时期的楚国在铜矿的开采和冶炼方面都已达到较高的水平”[⑤]。第二说是“两周之际，楚地不到今大冶”，因而“把铜绿山古铜矿西周至春秋早期的主人定为古越族”，“在楚成王时，铜绿山已成为楚国囊中之物”。[⑥] 根据现有资料，当以第二说较为接近实际，即铜绿山铜矿先由越人开采，后归楚人所有，这是很正确的。但是越楚之间在何时易手，目前还缺乏足够的出土文物的证据。古矿遗址中出土的刻槽鬲足应是属越文化系统，而非楚式鬲。东北坡第五层的

① 中国社会科学院考古研究所实验室．放射性碳素测定年代报告（七）[J]．考古，1980（4）．

② 中国社会科学院考古研究所铜绿山工作队．湖北铜绿山东周铜矿遗址发掘 [J]．考古，1981（1）．

③ 黄石市博物馆．湖北铜绿山春秋时期炼铜遗址发掘简报 [J]．文物，1981（8）．

④ 彭适凡．赣鄱地区西周时期古文化的探讨 [J]．江西历史文物，1987（2）．

⑤ 夏鼐，殷玮璋．湖北铜绿山古铜矿 [J]．考古学报，1982（1）．

⑥ 张正明，刘玉堂．大冶铜绿山古铜矿的国属 [M] //楚史论丛．武汉：湖北人民出版社，1984．

Ⅲ式鬲和豆却又与当阳赵家湖两周之际的楚墓所出鬲和豆有相似之处①，但毕竟尚未发现早期的典型的楚式器物，甚至在其附近地区也没有发现春秋早、中期的较重要的楚人的遗址和墓葬，因此，铜绿山古铜矿越楚具体在何时易手开采，尚待将来的考古发现来证实。

九曲湾古铜矿位于麻阳县城东32千米，紧靠辰溪县界。在此已发现古矿井14处，其中一处为露天开采，其余为矿井式地下开采。一般是在地表沿矿脉露头处开口，沿矿脉进行斜井开采。在开采中由于“舍贫矿、取富矿”，故使矿井宽窄高矮不一，很不规则。采幅一般为0.8米至1.4米，最大采幅达3米。为了采矿安全，在斜井内用木柱支撑。先在矿井顶部普遍留有一层厚约40厘米的矿石层不加开采，作为天然护顶，在跨度大的采区还留有“I”字形矿柱或隔墙，并在相邻矿柱之间辅以木支柱，木柱分两排排列，间距为0.35—1.1米。其中黄栎木、白栎木支柱均已腐朽，唯有板栗树支柱未腐，尚存原位。有的木柱顶端加有木楔，使木柱固定，或加长方形木板，以增加木柱支撑的面积。在上下运输线及人行道还铺有地栿，以方便运输和确保安全。经初步估算，此矿开采面积约32 351平方米，共采矿石约175 365吨，按平均品位4.86%计算（实际开采的品位应更高一些），矿含铜金属8 525吨。说明其开采规模较大，开采时间较长。

在矿井淤泥和废矿石中发现的采矿工具有圆柱状铁锤2件，大者重达7.8千克，四棱尖锥状铁凿1件，小铁凿1件，木工具有木槌10件，还有木撮瓢、木舀瓢、木撬棍、木楔、木手铲、藤条，以及供照明用的竹片等。生活用具多是陶器，以泥质灰陶为主，外表有黑衣。器形有折沿鼓腹圜底内凹的罐达51件，上饰粗、细绳纹或间断绳纹，还出有浅盘豆1件。②

---

① 黄石市博物馆．湖北铜绿山春秋时期炼铜遗址发掘简报［J］．文物，1981（8）．

② 湖南省博物馆．湖南麻阳战国时期古铜矿清理简报［J］．考古，1985（2）；吴铭生．楚国采矿工艺综述［M］//楚史与楚文化研究．长沙：求索杂志社，1987．

九曲湾古铜矿的开采年代，发掘者根据 2 202 号和 1 801 号两个“老窿”中的出土遗物，推断其年代“属于战国时期”①。但是 2 202“老窿”出土的木槌经碳十四测定，其年代为距今 2 730±90 年，即使“除去测定时的误差以及树的成长年龄之外”，此矿的开采年代也应在春秋时期。古矿井中出土的绳纹圜底陶罐，是湖南长沙、益阳、常德、溆浦等地春秋晚期至战国早期楚墓中的常见器物②，也常见于湖北当阳、江陵等地③，春秋中晚期的楚墓和遗址中，在溆浦马田坪乡高低村已发现有“比春秋晚期略早的楚墓”④。因此，从出土遗物说明九曲湾古铜矿应在春秋时期就已经开采了。从出土铁锤、铁凿来看，那是战国时期的，说明此矿从春秋直到战国都由楚人开采。

三、湘北、湘中的春秋楚墓

关于春秋楚地已经到达湖南，前面已说到了在汨罗、岳阳发现的春秋时期的罗、麇国遗址和麻阳九曲湾铜矿，但最有说服力的还是春秋楚墓的发现。目前在湖南省境内发现春秋楚墓的地点有澧县、岳阳、汨罗、常德、益阳、桃江、长沙、湘乡等县、市。其中澧县丁家岗和岳阳筻口凤形嘴山楚墓可早到春秋中期。

1. 春秋中期楚墓

1979 年在澧县丁家岗新石器时代遗址中发现有 3 座楚墓，墓为长方形竖穴土坑，均带头龛，墓坑长 1.4—1.8 米，宽 0.6—1.1 米，深 1.3—1.5 米。头龛距墓底 0.8—1.2 米，方向正东。出土随葬品均为陶器（图

---

① 湖南省博物馆，麻阳铜矿．湖南麻阳战国时期古铜矿清理简报［J］．考古，1985（2）．

② 高至喜．再论湖南楚墓的分期与年代［M］//楚文化研究论集：第 1 集．武汉：荆楚书社，1987．

③ 刘彬徽．纪南城考古分期初探［J］．江汉考古，1982（1）：31-36．

④ 怀化地区文物工作队，溆浦县文化馆．溆浦县高低村春秋战国墓清理简报［M］//湖南考古辑刊：第 5 集．长沙：岳麓书社，1989．

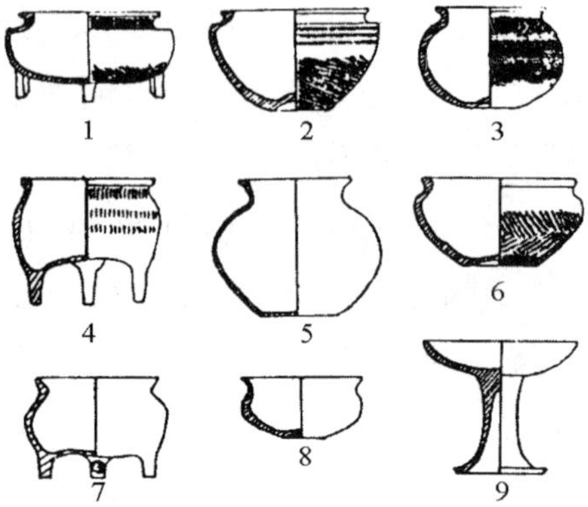

图 2-3　春秋中期楚墓陶器示意图

1. 鼎（M29：2）　2. 盂（M29：1）　3. 罐（M29：3）
4. 鬲（M2：1）　5. 罐（M2：2）　6. 盂（M2：3）
7. 鬲（M7：1）　8. 盂（M7：2）　9. 豆（M7：4）　（均约 1/6）

2-3)，置龛内。2 号墓出鬲、盂、罐，7 号墓出鬲、盂、豆，29 号墓出鼎、盂、罐。[①] 这三座楚墓的年代，报告执笔者定在春秋前期，如与湖北当阳、江陵等地春秋楚墓比较，以定在春秋中期更为适宜。如丁家岗 2 号墓的小陶鬲，为夹砂红陶，有黑衣，口略小于腹，裆较浅，锥足不高，通高 11.5 厘米；当阳金家山 9 号墓所出陶鬲也施黑衣，器形大小均甚相似；丁家岗 2 号墓的陶罐，为平沿、矮颈、鼓腹、平底，器形大小亦与金家山 9 号墓的小罐相比，差别很小[②]，丁家岗 2 号墓的陶盂，为平沿、束颈、深腹、凹底，器表施黑衣，与当阳金家山 2 号墓的陶盂器形相同。丁家岗 2 号墓的全套器物与江陵纪南城陕家湾 1 号墓所出之鬲、盂、罐几乎没有什么差别。[③] 丁家岗 7 号墓的陶豆为浅盘、喇叭形中等圈足，与金家山 9 号墓和 2 号墓出土的陶豆形制一致。当阳金家山 9 号

① 湖南省博物馆．澧县东田丁家岗新石器时代遗址［M］//湖南考古辑刊：第 1 集．长沙：岳麓书社，1982．

② 湖北省宜昌地区文物工作队．当阳金家山九号春秋楚墓［J］．文物，1982（4）．

③ 湖北省博物馆．楚都纪南城的勘查与发掘（下）［J］．考古学报，1982（4）．

墓和2号墓分别是春秋中期甲类楚墓和乙A类楚墓的代表性墓葬。[①] 江陵陕家湾1号墓的年代在春秋中期偏早，可见澧县丁家岗的2号、7号墓以定为春秋中期楚墓为宜。

图 2-4　铜盏铭文拓片

1986年岳阳县筻口凤形嘴山发现有一座竖穴土坑墓，一端有壁龛，出土的青铜礼器有鼎、簠、盏、盉、盘、匜、匕。盏盖及器身内有“愳儿自作铸其盏盂”八字铭文（图2-4）[②]。将这些铜器与湖北春秋中期楚

① 高应勤，王光镐．当阳赵家湖楚墓的分类与分期［C］//中国考古学会第二次年会论文集．北京：文物出版社，1982：49．

② 岳阳市文物工作队．湖南省岳阳县凤形嘴山1号墓发掘简报［J］．文物，1993（1）．

墓中的铜器相比较，发现它们之间有极大的一致性。如湖北的春秋中期楚墓的铜礼器组合为鼎、簠、盏、缶、盘、匜①，与岳阳筻口凤形嘴山楚墓所出铜器相同；湖北当阳金家山 9 号墓出土的铜礼器为鼎、盏、簋、盉②，高应勤、王光镐定为春秋中期的典型楚墓之一。襄阳山湾 15 号墓出土的铜器有鼎、盏、缶、盘、匜③，器物上的纹饰以蟠虺纹、绹索纹、垂叶纹为主，其器形和纹饰均与筻口凤形嘴山所出几无差别，时代属春秋中期后段。江陵岳山一座春秋墓中出土有鼎、簠、盏、缶、盘、匜等楚国的铜礼器④，刘彬徽定为春秋中期楚墓的代表性器物⑤，岳阳筻口凤形嘴山铜器更与其一致，可见其时代相近。因此筻口凤形嘴山楚墓的年代应在春秋中期后段。墓主人应是楚国派到江南地区的统治者之一，故死后采用了楚国流行的一套青铜礼器来随葬。

2. 春秋晚期楚墓

湘北、湘中地区发现的春秋晚期楚墓更多，分布面更广。发现青铜礼器的春秋晚期楚墓就有益阳郊区的 3 座、湘乡何家湾 1 座，长沙浏城桥 1 号墓也可定在春秋战国之际。

1985 年益阳赫山庙一座带壁龛的竖穴土坑墓中出土有青铜尊缶（图 2-5，1），肩腹部饰五组逗点式云纹，腹部有四个兽首环钮，另一座中出土有蹄足铜敦。⑥ 1958 年益阳近郊还出土有饰细蟠虺纹高蹄足铜鼎和铜簠（图 2-5，2）。⑦ 鼎的盖稍隆起，中有提环，高蹄足，饰细蟠虺纹，与襄阳山湾 14 号墓、22 号墓、23 号墓、33 号墓所出铜鼎相似，亦与安徽

---

①⑤ 刘彬徽. 楚国青铜礼器初步研究［C］//中国考古学会第四次年会论文集. 北京：文物出版社，1985.

② 湖北省宜昌地区文物工作队. 当阳金家山九号春秋楚墓［J］. 文物，1982（4）.

③ 湖北省博物馆. 襄阳山湾东周墓葬发掘报告［J］. 江汉考古，1983（2）.

④ 荆州地区博物馆. 江陵岳山大队出土一批春秋铜器［J］. 文物，1982（10）.

⑥ 益阳赫山庙春秋晚期楚墓资料，承益阳地区博物馆馆长盛定国提供。

⑦ 湖南省博物馆［M］. 北京：文物出版社，1984：图 46.

1

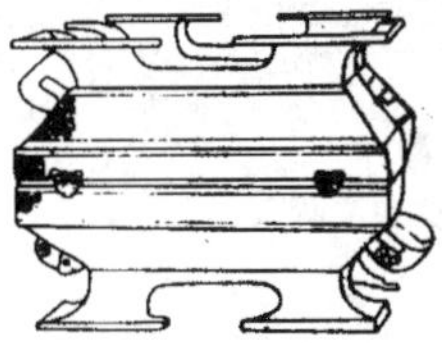
2

图 2-5　春秋晚期铜器示意图
1. 兽首环钮尊缶　2. 蟠虺纹簠
（均益阳市近郊出土）

寿县蔡侯墓所出之铜鼎相近，而这些墓的年代均在春秋晚期。[①] 簠为长方形，全身饰细密的蟠虺纹，其器形纹饰均与襄阳山湾 14 号墓、22 号墓、33 号墓所出之簠相同，是楚国春秋晚期的典型礼器之一，铜敦作球形，盖、身口沿两侧有环钮，盖上饰三个兽形钮，器身下饰三个蹄足，这与襄阳山湾 22 号墓铜敦及采集的一些铜敦[②]的形制如出一范。此类铜敦也见于淅川下寺 10 号墓[③]和寿县蔡侯墓，这种蹄足铜敦是春秋晚期流行于楚国的特有器类。

铜尊缶在楚墓中有较多出土，但已发表的图像不多。湖北谷城良种场禹山庙嘴出土有铜尊缶 1 件，同时出土铜鼎两件，“郜子鬓缶”（浴缶）1 件，年代在春秋晚期偏早。[④] 谷城的尊缶腹部有四个环钮，而益阳的尊缶在四个环钮上还饰以龙纹，但两者的形制却是一致的，也应同时。寿县蔡侯墓也出有铜尊缶，器形较为瘦长[⑤]，应比谷城的尊缶稍晚，可见益阳楚墓中的尊缶的年代应在春秋晚期前段。河南淅川下寺楚墓中出土有尊缶 10 件，为“溜肩，圆腹、平底、浅圈足”，“肩腹饰细密的蟠虺纹”，这些均与益阳的尊缶十分接近。下寺楚墓的年代在公元前 6 世纪[⑥]，

---

① 陈振裕，杨权喜. 襄阳山湾五座楚墓的年代及其相关问题［J］. 江汉考古，1983（1）.

② 湖北省博物馆. 襄阳山湾出土的东周青铜器［J］. 江汉考古，1988（1）.

③⑥ 河南省丹江库区文物发掘队. 河南省淅川县下寺春秋楚墓［J］. 文物，1980（10）.

④ 陈千万.《中子宾缶》初探［J］. 江汉考古，1985（3）；施谢捷. 楚器“郜子鬓缶”跋［J］. 江汉考古，1989（4）.

⑤ 安徽省文物管理委员会. 寿县蔡侯墓出土遗物［M］. 北京：科学出版社，1956.

属于春秋中晚期墓。楚国的尊缶是由矮胖向瘦长发展。而益阳尊缶较为矮胖，该墓应是属于春秋晚期，而不会更晚。

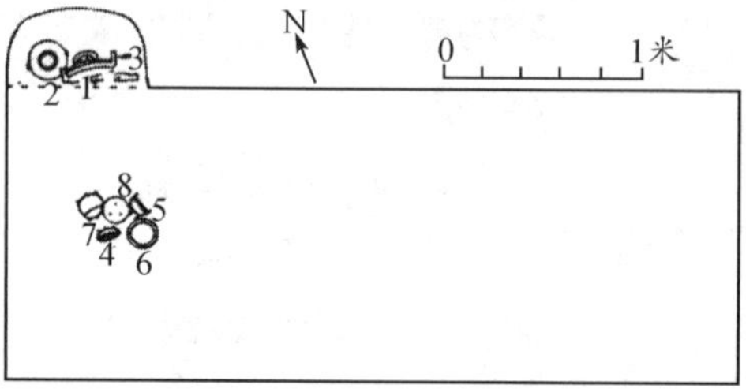

图 2-6　湘乡何家湾 1 号墓平面图

1. 鼎　2. 缶　3. 削　4—6. 鼎　7、8. 敦

采自湘乡县博物馆《湘乡五里桥、何家湾古墓葬发掘简报》

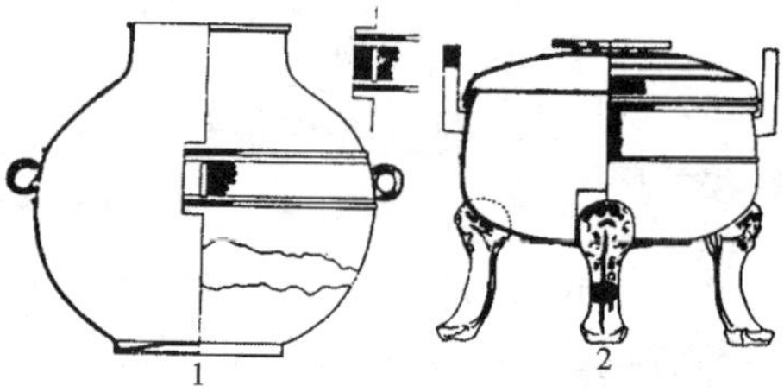

图 2-7　1. 铜尊缶示意图　2. 铜鼎示意图

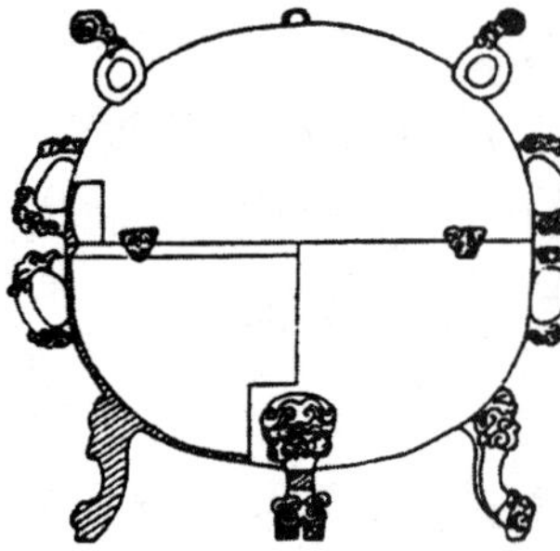

图 2-8　铜敦示意图

1982 年湘乡何家湾 1 号墓为狭长形的带壁龛的竖穴土坑墓（图 2-6），龛距墓底0.7 米，墓中出土铜器有楚式蟠虺纹铜鼎（图 2-7，2）、蟠虺纹铜尊缶（图 2-7，1）、蹄足铜敦（图 2-8）、刮刀等，另有越式铜鼎 3 件。① 原报告定为春秋晚期墓是正确的，但认定为越人墓则不妥。笔者曾指出其为楚人墓的可能性更大。② 原来认为，何家湾 1 号墓的

① 湘乡县博物馆. 湘乡县五里桥、何家湾古墓葬发掘简报［M］//湖南考古辑刊：第 3 集. 长沙：岳麓书社，1986.

② 高至喜. 楚人入湘的年代和湖南越楚墓的分辨［J］. 江汉考古，1987（1）.

墓室较为狭长，且有“吊龛”，似乎属于越墓遗风，现有岳阳筻口凤形嘴山春秋中期楚墓和益阳郊区春秋晚期楚墓的出土，这些楚墓的墓室都较窄长，且有“吊龛”，说明这类墓室形制就是湖南春秋楚墓的特征。至于随葬器物，虽有几件越式器物，但仍以楚器为主。如铜鼎盖上有环状捉手，盖上纹饰有云雷纹、勾连云纹、蟠虺纹和绹索纹，腹部也饰蟠虺纹，有较高蹄足，是典型春秋晚期的楚式鼎，见于襄阳山湾 15 号墓及当阳慈化楚墓，这些楚墓的年代在春秋中期后段或在春秋晚期前段。该鼎还与寿县蔡侯墓出土的鼎亦相似。故将此鼎定为春秋晚期之物应无疑问。同墓出土的饰有蟠虺纹和绹索纹的尊缶，同一类型的尊缶还见于江苏丹徒北山顶春秋晚期的吴墓，同一墓中出土有蟠螭纹缶，尸祭缶盖及缶，墓的年代在公元前 527 年或稍后①，反映了春秋晚期的时代特征。铜敦为蹄足，也是春秋晚期的典型楚器。虽然同墓还出土越式铜鼎 3 件，纹饰相当精美，但从墓葬形制和随葬的主要铜礼器来看，墓主人应是楚国贵族。

1971 年发掘的长沙浏城桥 1 号墓年代有春秋晚期、春秋战国之交和战国早期诸说②，笔者仍认为其年代可以定在春秋战国之交。即认为该墓比寿县蔡侯墓稍晚，但比随州市擂鼓墩曾侯乙墓要早，早可以到春秋末，晚可以到战国初。刘建国通过对陶鬲的比较研究和“综合墓内其他器物时代”，也“推定此墓时代不会晚于春秋战国之际”③，与笔者看法相同。详细情况拟在战国楚墓中论述。

江南地区春秋晚期的随葬日用陶器的小型楚墓，广泛分布于澧县、常德、益阳、长沙、湘乡等地。比较重要的有：

(1) 澧县

1974 年，澧县梦溪三元宫新石器时代遗址中发现一座楚墓，出土夹

---

① 江苏省丹徒考古队. 江苏丹徒北山顶春秋墓发掘报告［J］. 东南文化，1988 (3、4).

② 高至喜. 论长沙浏城桥 1 号墓和杨家湾 6 号墓的年代［M］//湖南考古辑刊：第 1 集. 长沙：岳麓书社，1982.

③ 刘建国. 论楚鬲文化特征的两重性［J］. 中原文物，1989 (4).

砂红陶鬲 1 件，灰陶浅盘豆 2 件。① 年代在春秋晚期。

邵家嘴的楚墓中有 16 号、35 号等墓是春秋晚期楚墓。其中 16 号墓为带边龛的竖穴土坑墓，龛内出小口陶鬲、盂、扁腹罐。35 号墓为无墓道无台阶的竖穴土坑墓，出土陶器有深腹较矮蹄足的鼎、敦、缶。②

（2）常德市

1958 年，常德德山发掘早期楚墓 17 座，有半数带壁龛，有的有台阶。随葬品有鬲、盂、豆、罐、壶、罍形器等陶器，均为低火候的泥质灰陶，个别的夹砂。鬲有小口和大口之分，饰绳纹；壶的肩部有环钮，而无铺首。还出铁刮刀、空茎铜剑及铜矛等。时代定在春秋至战国初。③从已发表的 1、2、3、25 号墓所出陶鬲及绳纹圜底罐等看，这些墓应是春秋晚期楚墓。

（3）岳阳市

1987 年在岳阳市郊铜鼓山清理东周墓 7 座，其中 2 号墓为春秋晚期楚墓。墓室为带台阶的长方形土坑。出土饰间断绳纹的小口陶鬲、平底陶罐和饰粗绳纹的凹底罐，其小口陶鬲和陶器组合与江陵雨台山春秋晚期的 59 号墓相近，报告编写者定为春秋晚期楚墓。④

（4）汨罗市

1983 年，汨罗市的汨罗山一带发掘东周墓 67 座，发掘报告中定为春秋墓的有 66 号墓一座。⑤ 从其发表的器物图像看，还有一些墓也可以早至春秋晚期，如 68、76、77 号墓，似都是春秋晚期楚墓。

---

① 湖南省博物馆发掘资料。

② 曹传松. 澧水下游楚文化的分期及其相关的两个问题［M］//楚文化研究论集：第 1 集. 武汉：荆楚书社，1987.

③ 湖南省博物馆. 湖南常德德山楚墓发掘报告［J］. 考古，1963（9）.

④ 湖南省文物考古研究所. 岳阳市郊铜鼓山商代遗址与东周墓发掘报告［M］//湖南考古辑刊：第 5 集. 长沙：岳麓书社，1989.

⑤ 湖南省博物馆. 汨罗县东周、秦、西汉、南朝墓发掘报告［M］//湖南考古辑刊：第 3 集. 长沙：岳麓书社，1986.

（5）益阳市

1979—1981 年，在益阳桃花仑、天成垸、赫山庙、羊舞岭等地发掘楚墓 93 座，其中早期墓 22 座，除Ⅱ型墓 4 座定在战国早期前段外，其余均在春秋晚期。① 墓葬形制为窄长方形竖穴土坑，多数带头龛和台阶。随葬物以长颈罐、矮颈罐、盂、豆、平底壶等陶器为主。

（6）长沙市

①1976 年长沙杨家山 65 号墓，为带龛和有台阶的竖穴土坑墓，出土陶器为折唇小口鬲、平底壶、盂（钵），还出铜镡钢剑、铸铁小鼎、铁刮刀（图 2-9）。② 年代约在春秋晚期后段。

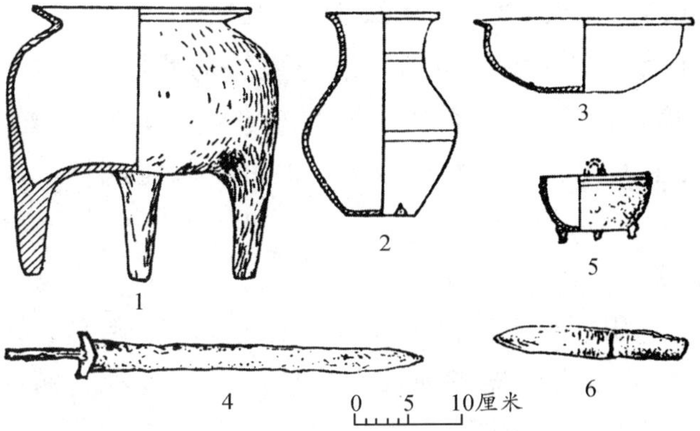

图 2-9　长沙杨家山 65 号墓出土文物示意图

1. 陶鬲　2. 陶罐　3. 陶钵　4. 钢剑　5. 铁鼎形器　6. 铁刮刀

②1956 年沙湖桥 A36 号墓，为长方形竖穴土坑，墓底中部有一腰坑，内置一印米字纹和方格纹陶罐。还有一不规则圆形的边龛，距墓底 90 厘米，内置绳纹陶鬲和印纹硬陶罐。原报告推断该墓年代为战国初期或春秋末期。③

③1952 年至 1956 年在长沙市东南郊发掘的 209 座楚墓中，应有一

① 湖南省益阳地区文物工作队. 益阳楚墓 [J]. 考古学报，1985（1）.

② 长沙铁路车站建设工程文物发掘队. 长沙新发现春秋晚期的钢剑和铁器 [J]. 文物，1978（10）.

③ 李正光. 长沙沙湖桥一带古墓发掘报告 [J]. 考古学报，1957（4）.

部分为春秋晚期楚墓。但由于发表的资料不全，连墓葬登记表也没有，因此无法断定哪些墓是春秋晚期的，从已发表的照片资料看，可以将 52 长黄 84 号墓，55 长廖 23 号墓、52 长黄 61 号墓认定为春秋晚期楚墓。①

④1952 年龙洞坡 826 号墓，为带龛的长方形竖穴土坑墓，出土有绳纹陶鬲、绳纹陶盂、平底陶壶、铜剑、铜素镜、铁刮刀。其年代“早于战国”②，可以定在春秋晚期。

（7）湘乡市

1965 年，韶山灌区的东周早期墓 19 座，其中大部分应是春秋晚期楚墓。墓室较为狭长，有的有生土台阶，有的有头龛。随葬物的陶器组合是鬲、盂（钵）、豆、壶、罐或缺少其中的 1-4 件。③ 其中 1 号墓出土的铜浴缶为春秋时期典型的楚器，但该墓的墓葬形制狭长，且有腰坑。随葬物品中的铜鼎、短剑、刮刀、方格纹陶罐，都是越人墓中常见之物，因此这座墓的主人为越人的可能性大，但也有可能这是楚人统治下的越人墓葬。

（8）溆浦县

1988 年，马田坪乡高低村 9 号墓出土绳纹小口陶鬲、绳纹深腹圜底内凹的盂；2 号墓出土陶器有绳纹大口柱足鬲、浅盘高柄豆、侈口长颈圆腹平底罐，铜器有双翼镞、空首剑和矛。两座墓都是春秋晚期楚墓。④

上面仅仅列举了湖南地区已发掘的一些较有代表性的春秋楚墓，实际上还不止此数。

关于湖南春秋晚期的小型楚墓的年代问题，分歧很大。有的学者把这类以鬲、钵（盂）、豆、罐为组合的小型楚墓，均定在战国早期，甚至

---

① 湖南省博物馆．长沙楚墓［J］．考古学报，1959（1）．

② 顾铁符．长沙 52・826 号墓的发掘和一些不成熟的看法［M］//夕阳刍稿．北京：紫禁城出版社，1988．

③ 湖南省博物馆．湖南韶山灌区湘乡东周墓清理简报［J］．文物，1977（3）．

④ 怀化地区文物工作队．溆浦县高低村春秋战国墓清理简报［M］//湖南考古辑刊：第 5 集．长沙：岳麓书社，1989．

定在战国中期。[①] 有的还否定出鬲、钵（盂）、豆、罐的墓是早期楚墓，即否认它一般要早于出鼎、敦、壶等陶礼器的楚墓。前面已经论证了澧县丁家岗2号墓、7号墓为春秋中期楚墓，至于澧县三元宫、常德德山，以及长沙、湘乡等地的一些早期楚墓，是否可以早到春秋晚期？我们也可以同样采取与湖北江陵、当阳、襄阳等地春秋晚期楚墓比较的办法得出结论。

常德德山3号墓的小口鬲，口沿以下饰绳纹，柱足较高，与纪南城AⅡ式鬲（松渔 T_{1-5}）形制十分相似；2号墓所出大口鬲又与纪南城BⅡ式鬲［西 T_1（6)：1］形制一致，纪南城这两种鬲均定在春秋晚期。[②] 3号墓的小口陶鬲还与江陵雨台山的春秋晚期的59号墓所出小口鬲形制相似[③]，2号墓的大口陶鬲，也与雨台山春秋晚期的160号墓之鬲很相近[④]，因此，常德德山这几座出陶鬲的小型楚墓是可以早至春秋晚期的。

长沙沙湖桥A36号墓带有腰坑，还出两件印纹硬陶罐，这是越人墓的遗风。但墓中所出陶鬲唇向外折，外表印有绳纹，肩上有凹弦纹数周，属春秋晚期的柱足较高的小口楚式鬲，还有距墓底90厘米的壁龛，这些又是楚墓风格。因此该墓应是楚人进入长沙地区以后的墓葬，墓主有可能是越人，也有可能是楚人。但其年代可以早至春秋晚期。

杨家山65号墓出土有钢剑、铸铁鼎等重要文物，原报告将其年代定在春秋晚期，基本上可从。小口绳纹陶鬲近似纪南城春秋晚期的陶鬲，陶壶为侈口、束颈、鼓腹、平底、颈腹处有弦纹，这与江陵雨台山春秋晚期的392号墓所出之陶壶[⑤]甚少差别。故将其年代定在春秋末期是可以的。

至于益阳、岳阳、汨罗、湘乡等地的春秋晚期的楚墓，其所出陶鬲、盂、豆、罐与常德、长沙春秋晚期楚墓的风格相同或相似，时代亦

① 张中一．论楚人入湘的年代［J］．江汉考古，1984（4）．

② 刘彬徽．纪南城考古分期初探［J］．江汉考古，1982（1）．

③④⑤ 湖北省荆州地区博物馆．江陵雨台山楚墓［M］．北京：文物出版社，1984：119-146．

应相近。

由上述分析，从已发现的楚墓即可以证实，楚人至迟在春秋中期已到达洞庭湖沿岸（从发现的文化遗址看，楚人可能在西周中晚期即已进入澧水流域），春秋晚期已到益阳、长沙、湘乡等湘中地区。因此“春秋楚地不到湖南”的论点是没有根据的，应予以扬弃。

第三节　战国时期楚人席卷江南

一、湘西、湘北楚墓

本文所指的“湘西、湘北”系指现今怀化地区、湘西土家族苗族自治州、大庸市和常德市。1956 年在常德市近郊德山首次发掘楚墓 44 座，以后在常德、桃源、汉寿、临澧、澧县、津市、慈利、大庸、古丈、保靖、辰溪、溆浦、黔阳等 10 多个县、市的 30 多个地点发掘有楚墓 1 200 余座。已见于报道的有：

1. 常德市

（1）1956 年在德山清理战国墓 44 座，出土器物 287 件。①

（2）1958 年至 1959 年，在德山发掘楚墓 84 座，出土器物 990 件。②

（3）1983 年在白鹤山官山清理战国墓 2 座，出土器物 15 件。③

（4）1983 年在德山夕阳坡 2 号战国楚墓中出土器物 40 余件，其中有纪事竹简 2 枚。④

（5）1983 年至 1984 年，在德山枉水西岸发掘楚墓 145 座，出土器物

---

① 湖南省博物馆. 湖南常德德山战国墓葬［J］. 考古，1959（12）.

② 湖南省博物馆. 湖南常德德山楚墓发掘报告［J］. 考古，1963（9）.

③ 湖南省常德地区文物工作队. 常德县官山战国墓清理简报［J］. 考古，1985（12）.

④ 熊传新. 常德市德山战国木椁墓［M］//中国考古学年鉴 1984. 北京：文物出版社，1984；杨启乾. 常德市德山夕阳坡二号楚墓竹简初探［M］//楚史与楚文化研究. 长沙：求索杂志社，1987.

1 100 余件。[①]

（6）1985 年至 1986 年，在德郊乡清理战国墓 96 座。[②]

（7）1985 年至 1986 年，在黄土山发掘战国墓 44 座，出土器物 200 余件。[③]

（8）1986 年在德山四运停车场发掘战国墓 19 座，出土器物 156 件。[④]

（9）1985 年至 1986 年在岗市樟树山清理战国西汉墓 101 座。[⑤]

2. 桃源县

（1）1985 年在三汊港三元村发掘 1 号楚墓，出土有“中阳王”铜鼎、错金铭文铜剑、漆器等文物 58 件。[⑥] 1987 年发掘 2 号楚墓，出土遗物 12 件。[⑦]

（2）1984 年在黄楚城狮子山发掘战国西汉墓 70 座。[⑧]

3. 汉寿县

（1）1972 年在风包岭清理木椁墓一座，有一椁二棺，出土龙纹木笭床等文物 17 件。[⑨]

（2）1986 年至 1987 年在朱木山清理战国墓 84 座，出土器物 600 余件。[⑩]

---

① 董国安．常德市德山楚墓［M］//中国考古学年鉴 1985．北京：文物出版社，1985.

② 杨启乾．常德市德郊东周西汉墓［M］//中国考古学年鉴 1987．北京：文物出版社，1988.

③ 潘能艳．常德县黄土山战国墓群［M］//中国考古学年鉴 1987．北京：文物出版社，1988.

④ 刘廉银．常德县四运停车场战国墓［M］//中国考古学年鉴 1987．北京：文物出版社，1988.

⑤ 刘廉银．常德县岗市樟树山战国西汉墓群［M］//中国考古学年鉴 1987．北京：文物出版社，1988.

⑥ 常德地区文物工作队．桃源三元村一号楚墓［M］//湖南考古辑刊：第 4 集．长沙：岳麓书社，1987.

⑦ 王英党．湖南桃源三元村二号楚墓［J］．考古，1990（11）.

⑧ 郑元日．桃源县黄楚城战国西汉墓［M］//中国考古学年鉴 1985．北京：文物出版社，1985.

⑨ 高至喜，熊传新．楚人在湖南的活动遗迹概述［J］．文物，1980（10）.

⑩ 杨启乾．汉寿县朱木山战国墓群［M］//中国考古学年鉴 1988．北京：文物出版社，1988.

4. **临澧县**

（1）1979 年至 1981 年，在九里发掘战国楚墓 23 座，车马坑两个，随葬器物 413 件。①

（2）1980 年发掘的九里 1 号墓是封君级大墓，出土一批大型漆木器及竹简、玉器等文物。②

（3）1986 年在护城乡太山庙发掘楚墓 29 座，出土器物 114 件。③

（4）1985 年在县城东北的九秭姑儿山清理东周楚墓 150 余座。④

5. **澧县**

（1）在近几年的文物普查中，在澧县境内已调查发现楚墓近千座，并已在涔南丁家岗、新洲万家坡、嘉山良种场邵家嘴清理东周楚墓 80 余座。⑤

（2）1985 年在新洲车渚村发掘战国墓一座，出土玉器 15 件及铜剑、陶罐、玻璃珠等 7 件。⑥

6. **津市市**

1984 年在金鱼岭清理东周楚墓 12 座，出土器物 112 件。⑦

7. **慈利县**

（1）1978 年和 1981 年在县城西官地清理战国墓 6 座，出土器物 29 件。⑧

---

① 湖南省博物馆．临澧九里楚墓［M］//湖南考古辑刊：第 3 集．长沙：岳麓书社，1986．

② 湖南省文物局．1979 年以来湖南省的考古发现［M］//文物考古工作十年．北京：文物出版社，1990：211．

③ 湖南文物考古研究所．临澧太山庙楚墓［M］//湖南文物：第 3 辑．长沙：湖南大学出版社，1988．

④ 贺刚．临澧县姑儿山战国墓群［M］//中国考古学年鉴 1986．北京：文物出版社，1988．

⑤ 曹传松．澧水下游楚文化的分期及其相关的两个问题［M］//楚文化研究论集：第 1 集．武汉：荆楚书社，1987．

⑥ 湖南省博物馆，澧县文管所．湖南澧县新洲一号墓发掘简报［J］．考古，1988（5）．

⑦ 津市市文物管理所．津市市金鱼岭东周墓葬［M］//湖南考古辑刊：第 5 集．长沙：岳麓书社，1989．

⑧ 高中晓，袁家荣．湖南慈利官地战国墓［M］//湖南考古辑刊：第 2 集．长沙：岳麓书社，1984．

（2）1987 年在城关石板村发掘有一批战国墓，其中 36 号墓出土铜器 36 件，陶器 10 件，漆木器 6 件，竹简约 800—1 000 枚。[①]

8. 大庸市

（1）1986 年在城区土门岗、大塔岗、四亩塘、二亩塘、枫树岗等 8 处清理战国墓 55 座。[②]

（2）1987 年在市西枫香岗乡周家河村清理战国墓 3 座，出土器物 13 件。[③]

9. 古丈县

（1）1984 年在县城西北白鹤湾清理楚墓 64 座，出土器物 312 件。[④]

（2）1987 年又在白鹤湾清理战国墓 15 座，出土器物 42 件。[⑤]

10. 保靖县

1982 年在县城东北四方城清理战国墓 12 座，出土器物 58 件。[⑥]

11. 辰溪县

1982 年至 1985 年在县城郊发掘楚墓 38 座，出土随葬物品 235 件。[⑦]

12. 溆浦县

（1）1978 年在县城南马田坪发掘战国楚墓 58 座，出土器物 307 件。[⑧]

---

① 湖南省文物考古研究所. 湖南慈利石板村 36 号战国墓发掘简报［J］. 文物，1990（10）.

② 贺刚，宋谋年. 大庸市城区战国至明代墓葬［M］//中国考古学年鉴 1987. 北京：文物出版社，1988.

③ 龙京沙. 大庸市周家河龙盘岗战国墓群［M］//中国考古学年鉴 1988. 北京：文物出版社，1989.

④ 湖南省博物馆，湘西土家族苗族自治州文物工作队. 古丈白鹤湾楚墓［J］. 考古学报，1986（3）.

⑤ 龙京沙. 古丈白鹤湾战国西汉墓[M]//中国考古学年鉴 1988. 北京:文物出版社,1989.

⑥ 湘西土家族苗族自治州文物工作队. 湘西保靖县四方城战国墓发掘简报［M］//湖南考古辑刊：第 3 集. 长沙：岳麓书社，1986.

⑦ 怀化地区文物工作队. 米家滩战国墓发掘简报［M］//湖南考古辑刊：第 4 集. 长沙：岳麓书社，1987.

⑧ 湖南省博物馆. 湖南溆浦马田坪战国西汉墓发掘报告［M］//湖南考古辑刊：第 2 集. 长沙：岳麓书社，1984.

（2）1980 年在大江口维尼纶厂工地清理巴人墓 1 座。①

（3）1982 年又在马田坪发掘战国墓 38 座，出土器物 237 件。②

（4）1983 年至 1984 年在县城西江口清理战国墓 23 座，出土器物 130 多件。③

（5）1986 年在马田坪中林、丰收清理楚墓 9 座，出土器物 48 件。④

（6）1988 年在马田坪高低村清理东周墓 15 座，出土器物 74 件。⑤

（7）1988 年在马田坪芳坪坳清理战国墓 21 座。⑥

13. 黔阳县

（1）1960 年在安江白虎瑙清理楚墓 5 座，出土陶豆、铜剑、凹字形铁口锄等。⑦

（2）1985 年和 1988 年，在黔城镇祭古坪和南头坡发掘战国墓 29 座，出土器物 303 件。⑧

上述 30 多处楚墓，只有少数发表有较详细的材料，而多数只发表简讯，无法进一步据以进行综合研究。下面研究湘北、湘西楚墓时，主要是根据常德德山、桃源三元村，临澧九里、太山庙、津市金鱼岭、慈利

---

① 湖南省博物馆，张欣如．溆浦大江口镇战国巴人墓［M］//湖南考古辑刊：第 1 集．长沙：岳麓书社，1982.

② 湖南省博物馆．湖南溆浦马田坪战国、西汉墓［M］//文物资料丛刊：第 10 集．北京：文物出版社，1987.

③ 溆浦县文化局．溆浦江口战国西汉墓［M］//湖南考古辑刊：第 3 集．长沙：岳麓书社，1986.

④ 怀化地区文物队．溆浦县中林、丰收楚、秦、西汉墓清理简报［M］//湖南博物馆文集．长沙：岳麓书社，1991.

⑤ 怀化地区文物工作队．溆浦县高低村春秋战国墓清理简报［M］//湖南考古辑刊：第 5 集．长沙：岳麓书社，1989.

⑥ 杨祖沛．溆浦县芳坪坳战国西汉墓葬［M］//中国考古学年鉴 1989．北京：文物出版社，1990.

⑦ 高至喜，熊传新．楚人在湖南的活动遗迹概述［J］．文物，1980（10）.

⑧ 怀化地区文物工作队．黔阳县黔城战国墓发掘简报［M］//湖南考古辑刊：第 5 集．长沙：岳麓书社，1989.

石板村、古丈白鹤湾、溆浦马田坪、江口和黔阳黔城镇等楚墓为基础来进行的。

湘北、湘西战国楚墓的墓葬形制，都是竖穴土坑，按墓坑的宽窄大体可以分为长方形窄坑、长方形宽坑和方形三种。窄坑墓都是小型墓，有带头龛的，有设生土台阶的，有既有头龛又有台阶的，也有二者均没有的。头龛有与墓底平的，或稍高于墓底的，高的距墓底达0.84米。

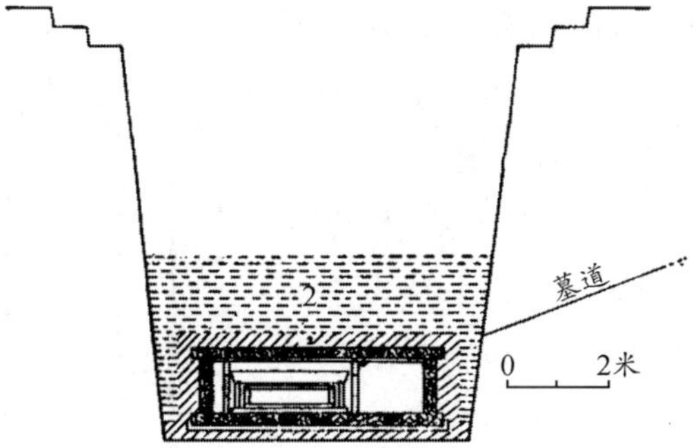

图 2-10 1979 年临澧九里 1 号墓墓坑、棺椁纵剖面图

采自湖南省博物馆等《临澧九里楚墓》

长方形宽坑墓是中型墓。多数四壁垂直，口底约同大，也有口大底小作覆斗状的（如澧县新洲 1 号墓），还有的有墓道和有台阶的（图 2-10），有的带边龛（如黔阳黔城镇 18 号墓）。

方形墓都是大型墓，有多级台阶，并带墓道，如 1987 年临澧九里双封包大墓，墓口长宽均为 34 米，墓坑深 12 米。1980 年临澧九里 1 号墓，墓口长 34.5 米，宽 32.8 米，有 11 级台阶，墓深达 20 米，东边有斜坡墓道，长 19 米。① 这两座墓都是封君级的大墓。墓的方向以东西向居多，南北向较少。也有的墓地南北向的多，东西向的少，如津市金鱼岭墓地②，也有东西向和南北向大体相当的，如溆浦马田坪楚墓③。

湘西、湘北楚墓中保存有葬具的不多，特别是保存完整的很少。由

---

① 湖南省文物局. 1979 年以来湖南省的考古发现［M］//文物考古工作十年. 北京：文物出版社，1990：211.

② 津市市文物管理所. 津市市金鱼岭东周墓葬［M］//湖南考古辑刊：第 5 集. 长沙：岳麓书社，1989.

③ 湖南省博物馆. 湖南溆浦马田坪战国西汉墓发掘报告［M］//湖南考古辑刊：第 2 集. 长沙：岳麓书社，1984.

于在木椁周围使用了白膏泥密封，才能使部分墓的葬具得以保存。从现存葬具看，有两椁三棺、两椁两棺、一椁两棺、一椁一棺多种，还应有无椁单棺，因为这类小墓没有采取密封防腐措施，故均未能保存下来。

两椁三棺墓有 1980 年临澧九里 1 号墓。木椁长宽 8.8 米，内外椁均用长条枋木垒砌而成，在内外椁板之间形成四个边箱，棺为悬底弧棺，但棺板弧度很小，底板也悬空不高。①

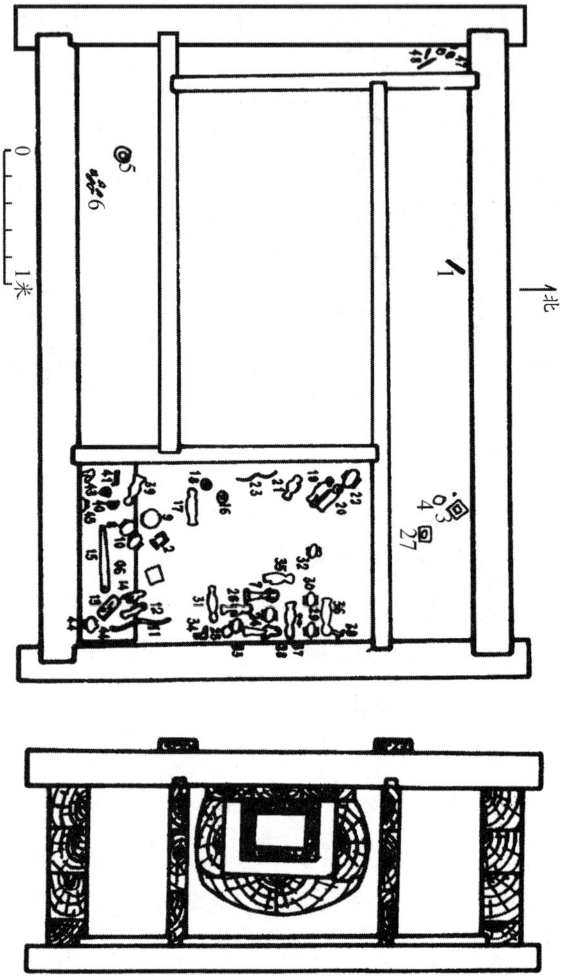

图 2-11　1979 年临澧九里 1 号墓棺、椁平面图、横剖面图（下）

采自湖南省博物馆等《临澧九里楚墓》

两椁两棺有 1979 年临澧九里 1 号墓（图 2-11），外椁长 5.3 米、宽 3.8 米、高 2 米。椁壁板由四根枋木垒成。内外椁之间形成的四个边箱，大小悬殊，如头箱长 2.14 米、宽 1.32 米，而足箱长2.14 米，宽仅 0.24 米。外棺为平底弧棺，长

① 湖南省文物局. 1979 年以来湖南省的考古发现［M］//文物考古工作十年. 北京：文物出版社，1990：211. 棺的形制系笔者在发掘现场所见。

2.46 米、宽 1.26 米、高 0.84 米。这种棺在楚墓中是首次见到。内棺为平底方棺，即作长方盒状，长 1.94 米、宽 0.56 米、高0.42 米，棺均髹漆，内红外黑。①

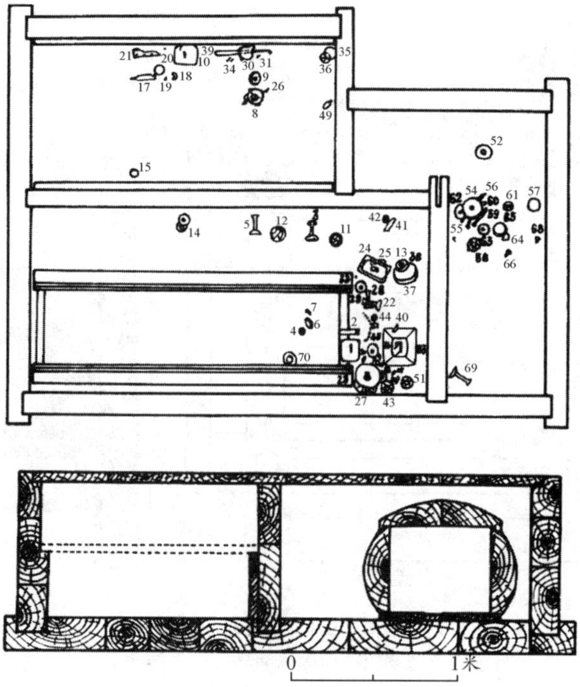

图 2-12　临澧九里 4 号墓墓室平面图（上）、棺、椁横剖图

采自湖南省博物馆等《临澧九里楚墓》

两椁一棺墓仅 1981 年临澧九里 4 号墓一座（图 2-12)。椁的结构特殊。椁长 4.45 米、头部宽 2.6 米、足部宽 3.2 米。头箱呈曲尺形，右边箱为长方形。其实所谓内椁只有头挡板和右壁板，而没有足挡板和左壁板。而在右边箱的内椁板处紧贴有一块厚 6 厘米、高 40 厘米的薄板，外椁壁板在靠底部 40 厘米处也内收 6 厘米，可能是原计划在这一右边箱上加盖一块木板。棺室内除放置木棺外，还有呈曲尺状的头箱和右边箱。

① 湖南省博物馆. 临澧九里楚墓发掘报告［M］//湖南考古辑刊：第 3 集. 长沙：岳麓书社，1986.

在这些边箱中均有随葬品。这种木椁结构，在江南楚墓中是首次发现。棺为平底弧形，长 2.5 米、宽 0.92 米、高 0.68 米，内外髹漆，内红外黑。①

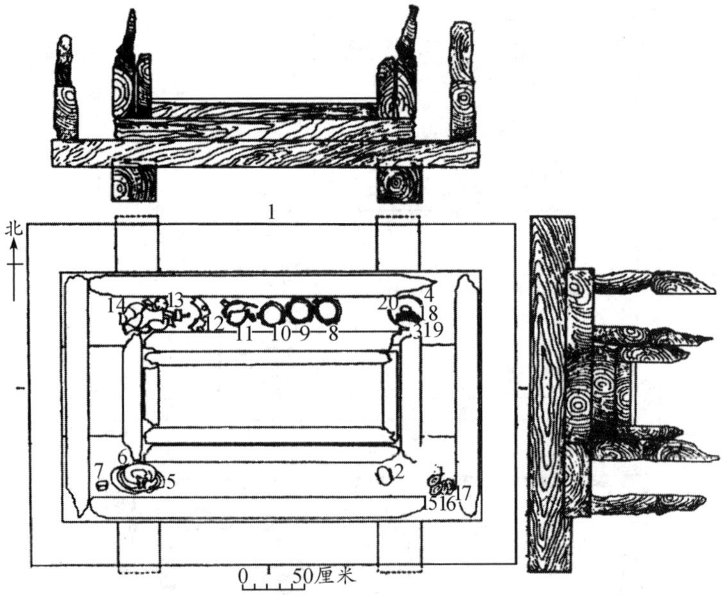

图 2-13　溆浦马田坪 20 号墓平、剖面图

采自湖南省博物馆《湖南溆浦马田坪战国西汉墓》

一椁两棺墓有 1982 年溆浦马田坪 20 号墓（图 2-13），葬具上半部已朽，由其下半部尚可知其结构。椁底板下有两根横置的垫木。椁长3.36 米、宽 1.88 米。椁壁板由两块板叠砌而成，内置平底方棺两具，在外棺和椁壁板之间形成四个相通的回廊式边箱。② 从发表的墓葬平面图看，常德德山 25 号墓也是一椁两棺。③

一椁一棺墓较多，如有慈利官地 1 号墓、桃源三元村 1 号、2 号墓、慈

① 湖南省博物馆．临澧九里楚墓发掘报告［M］//湖南考古辑刊：第 3 集．长沙：岳麓书社，1986．

② 湖南省博物馆．湖南溆浦马田坪战国、西汉墓［M］//文物资料丛刊：第 10 集．北京：文物出版社，1987．

③ 湖南省博物馆．湖南常德德山楚墓发掘报告［J］．考古，1963（9）．

利石板村 36 号墓（图 2-14）、常德德山 47 号墓，汉寿朱木山有 3 座也是一椁一棺。如石板村 36 号墓椁长 3.3 米、宽 1.4 米、高 1.3 米。椁室隔成头箱和右边箱，下有两根横式垫木。棺为悬底弧棺，出土时已向右侧倾倒。① 桃源三元村 1 号墓也有头、右两个边箱，棺为平底方棺②，汉寿朱木山的 3 座保存有棺椁的木棺都是悬底弧棺③。

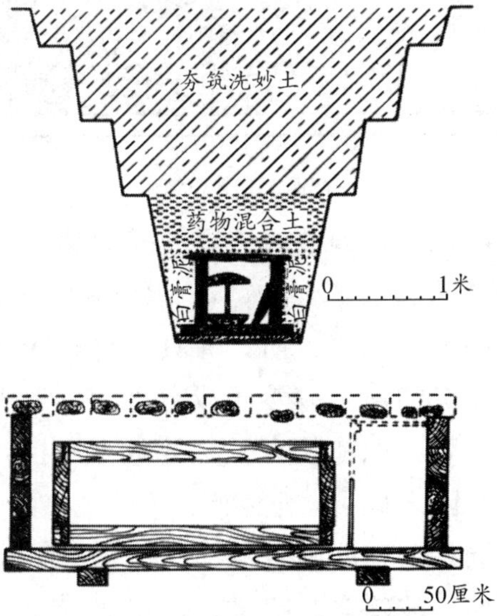

图 2-14　慈利石板村 36 号墓墓室横剖（上）、棺椁纵剖图（下）

采自湖南省文物考古研究所等《湖南慈利石板村 36 号战国墓发掘简报》

有的棺内置笭床即垫尸体的雕花木板，长宽与内棺内同大。使用笭床的情况并不普遍，如在临澧、澧县、慈利、桃源等地楚墓中尚未发现笭床，但在常德、汉寿、溆浦等地却有笭床出土，如常德德山 25 号墓出

---

① 湖南省文物考古研究所．湖南慈利石板村 36 号战国墓发掘简报［J］．文物，1990（10）．

② 常德地区文物工作队．桃源三元村一号楚墓［M］//湖南考古辑刊：第 4 集．长沙：岳麓书社，1987．

③ 杨启乾．汉寿县朱木山战国墓群［M］//中国考古学年鉴 1988．北京：文物出版社，1989．

土几何纹笭床，50 号墓出土变形龙纹笭床（图 2-15）①；1982 年溆浦马田坪地坪 20 号墓出土菱形几何纹笭床②，汉寿朱木山也有笭床出土③。1979 年临澧九里 1 号墓的木椁上铺有一床整竹席，四边还下垂 30 厘米④；桃源三元村 2 号墓棺内还残存有竹席。⑤

图 2-15 笭床

湘北与楚都江陵近邻，因此，这里的战国楚墓的墓葬形制和葬具的特征与江陵接近。如都是竖穴土坑墓，一些较小的墓有壁龛，较大的墓有的有墓道，更大的墓有多级台阶。葬具都有悬底弧棺和平底方棺；都是有的椁上铺竹席，有的棺内有笭床或有竹席；都用白膏泥密封来保护葬具。但也有不同之处，如江陵有较多的悬底方棺，而湘北没有；湘北有平底弧棺，却在江陵未见⑥，仍然有一些地域上的差异。

湘西、湘北战国楚墓中的随葬物品以陶器为最常见，还有铜器、漆木器、竹器、玉石器、玻璃器、铁器等。

陶器是随葬品中数量最多的，且多是专为随葬而制作的明器。质料以泥质灰陶居多，也有夹砂呈黄、红、灰色的。大多数火候不高，质地疏松。器形较早的以鬲、盂、豆、罐较为常见。这一套日用陶器本在春

① 湖南省博物馆．湖南常德德山楚墓发掘报告［J］．考古，1963（9）．

② 湖南省博物馆．湖南溆浦马田坪战国、西汉墓［M］//文物资料丛刊：第 10 集．北京：文物出版社，1987．

③ 常德地区文物工作队．桃源三元村一号楚墓［M］//湖南考古辑刊：第 4 集．长沙：岳麓书社，1987．

④ 湖南省博物馆．临澧九里楚墓发掘报告［M］//湖南考古辑刊：第 3 集．长沙：岳麓书社，1986．

⑤ 王英党．湖南桃源三元村二号楚墓［J］．考古，1990（11）．

⑥ 湖北省荆州地区博物馆．江陵雨台山楚墓［M］．北京：文物出版社，1984．

秋小型楚墓中最为流行，但一直延续到战国早期，有的地区延续的时间可能更晚一些。如澧县邵家嘴 50 号墓的边龛内出有鬲、盂（原文称“钵”）、罐、豆各 1 件。同墓还出鼎、簠、缶、匜等陶器。邵家嘴 32 号墓也在边龛内出陶器鬲、盂、罐各 1 件，还同出陶器鼎、敦、壶一套，这两座墓都是战国早期楚墓。① 根据目前资料，湘西、湘北地区战国早期楚墓中，出陶鬲的墓并不多，而大多数墓地以出陶器盂、豆、罐的为多，如临澧太山庙之 2 号、5 号、6 号、7 号、26 号、27 号战国早期墓中都出有陶器盂、豆、罐。② 其中的盂为深腹圜底内凹，饰绳纹；豆为浅盘矮柄或中柄；罐为折唇矮颈圆腹底内凹，饰绳纹，都还具有春秋晚期同类器物的遗风。黔阳县黔城战国早期楚墓 4 号、15 号、28 号墓中也出盂、豆、罐（有的墓缺盂）③；溆浦马田坪地坪战国早期墓中有 12 座出罐、豆、盂（有的墓缺盂）④；古丈白鹤湾出有陶器盂、豆、罐（原报告中的 A 型壶即本文所名之绳纹圜底罐）的战国早期楚墓有 24 座，有的墓中或缺其中的一至二件⑤。其中以豆的数量较多，这些墓地均未见有陶鬲出土。陶器簋形见于黔城 15 号墓、白鹤湾 17 号墓，马田坪地坪 17 号墓（原报告名“Ⅰ式豆”）、常德德山 14 号墓中（原报告名“Ⅰ式豆”）。⑥ 这类陶簋形器，为其他地区所少见或未见。还有一种陶罍形器也偶有所见，如溆浦马田坪地坪 18 号墓、白鹤湾 54 号墓（原报告名

---

① 曹传松．澧水下游楚文化的分期及其相关的两个问题［M］//楚文化研究论集：第 1 集．武汉：荆楚书社，1987：103、104．

② 湖南省文物考古研究所．临澧太山庙楚墓［M］//湖南文物：第 3 辑．长沙：湖南大学出版社，1988．

③ 怀化地区文物工作队．黔阳县黔城战国墓发掘简报［M］//湖南考古辑刊：第 5 集．长沙：岳麓书社，1989．

④ 湖南省博物馆．湖南溆浦马田坪战国、西汉墓［M］//文物资料丛刊：第 10 集．北京：文物出版社，1987．

⑤ 湖南省博物馆，湘西土家族苗族自治州文物工作队．古丈白鹤湾楚墓［J］．考古学报，1986（3）．

⑥ 湖南省博物馆．湖南常德德山楚墓发掘报告［J］．考古，1963（9）．

“Ⅰ式罐”）、常德德山 16 号墓（原报告名“瓿”）。[①]

湘西、湘北战国楚墓随葬品中的数量最多、且流行时间最长的陶器器形是鼎、敦、豆、壶。从战国早期一直延续到战国晚期前段，有的地区甚至延续到战国末。

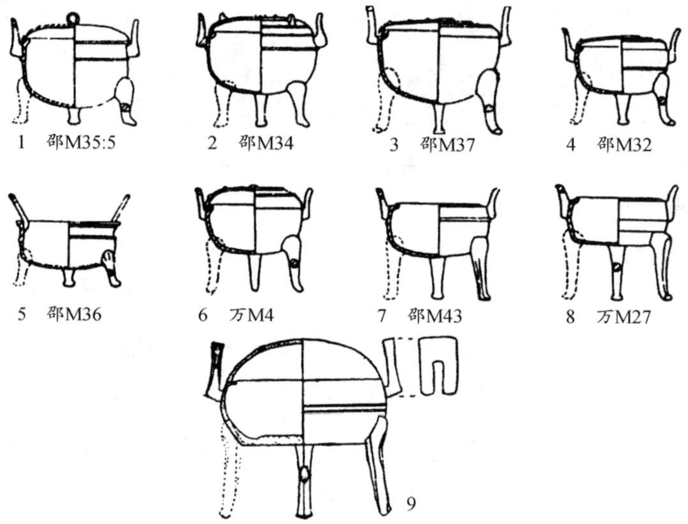

图 2-16　陶鼎示意图

1—8．澧县邵家嘴、万家坡出土（1．春秋晚期；2—5．战国早期；6、7．战国中期；8．战国晚期）9．桃源三元村 2 号墓出土（战国晚期）。1—8 由曹传松提供；9 采自王英党《桃源三元村 2 号楚墓》

湘西、湘北战国楚墓中的鼎，最常见的是子母口盖鼎，也有平底升鼎和小口鼎。子母口盖鼎早在春秋楚墓中已经出现，战国早期的陶鼎为深腹圜底，中等高度的蹄足，以后鼎腹向较深和浅腹发展；底向坦底、小平底和大平底发展；足向高瘦蹄足发展（图 2-16）。[②] 平底升鼎见于澧县邵家嘴 36 号墓。[③] 小口鼎见于慈利石板村 36 号墓（图 2-19，1）。[④]

① 湖南省博物馆．湖南常德德山楚墓发掘报告［J］．考古，1963（9）．

②③ 曹传松．澧水下游楚文化的分期及其相关的两个问题［M］//楚文化研究论集：第 1 集．武汉：荆楚书社，1987．

④ 湖南省文物考古研究所．湖南慈利石板村 36 号战国墓发掘简报［J］．文物，1990（10）．

辰溪米家滩出土的彩绘陶鼎很有特色（图 2-17，2、3）。

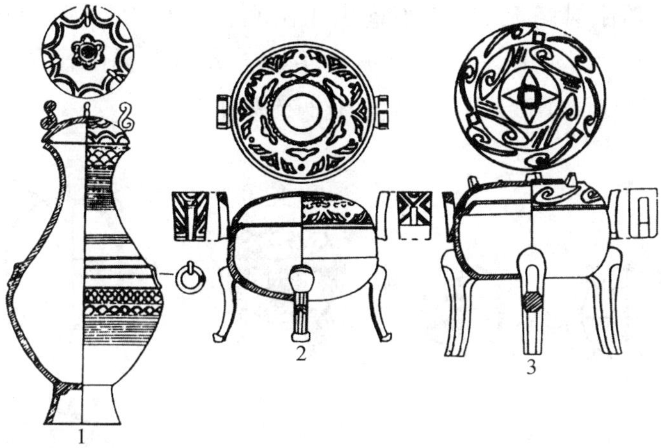

图 2-17 辰溪米家滩出土彩绘陶器示意图

1. 壶（M1：9）2、3. 鼎（M3：2，M29：7）

采自怀化地区文物工作队等《米家滩战国墓发掘简报》

敦在春秋晚期已经出现。战国早期的敦作圆球形，盖身口沿处有环钮，以后向椭圆形或扁圆形发展，口沿两侧环钮消失，盖上和器身的三钮、足，由仿龙形到简化，再变为细长的 S 状，或变为平底，或无足（图 2-18，1-4）。

战国早期的陶敦有澧县邵家嘴 32 号墓出土的一件①；战国中期的敦出土最多，前述各墓地几乎均有出土，战国晚期的敦见于溆浦马田坪地坪 24 号墓②、澧县万家坡 7 号墓③、常德德山 74 号墓的彩绘平底敦等。

豆是楚墓中最早出现的随葬品之一。在湘西、湘北战国楚墓中出土的陶器又以豆为最多。因为，不但在出土日用陶器的墓中常见豆，而且在出土仿铜陶礼器墓中，豆也是常见之物。如津市金鱼岭 22 座楚墓共出

①③ 曹传松. 澧水下游楚文化的分期及其相关的两个问题［M］//楚文化研究论集：第 1 集. 武汉：荆楚书社，1987.

② 湖南省博物馆. 湖南溆浦马田坪战国、西汉墓［M］//文物资料丛刊：第 10 集. 北京：文物出版社，1987.

土陶器 58 件，豆占 26 件[①]；临澧太山庙 16 座楚墓共出土陶器 76 件，豆占 43 件[②]。黔阳县黔城的 21 座墓出土陶豆 52 件。[③] 豆使用的时间虽然很长，数量也大，但其发展变化不甚明显，大体上是战国早期的豆多为浅盘矮柄，到战国中晚期则多浅盘中柄或高柄豆。

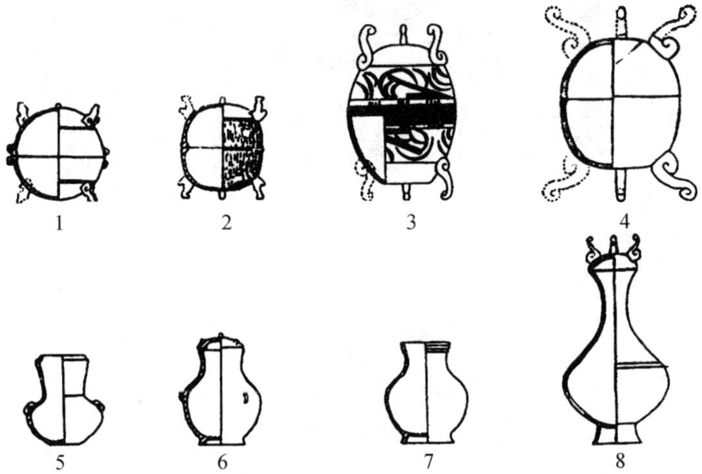

图 2-18 陶敦、陶壶示意图

1—4. 敦（澧县邵家嘴 32 号墓，战国早期；澧县万家坡 26 号墓，战国中期；常德德山 74 号墓，战国晚期；桃源三元村 2 号墓，战国晚期） 5—8. 壶（澧县邵家嘴 20 号墓，战国早期；澧县万家坡 4 号墓，战国中期；澧县万家坡 26 号墓，战国中期；桃源三元村 2 号墓，战国晚期）

图 1、2、3、5、6、7 由曹传松提供

陶壶也是战国楚墓中最常见的器物之一。战国早期的壶的特点是长颈、圆腹，多为平底，或有较矮的圈足，尚无铺首，或有两个环形小耳。到战国中晚期，圈足加高，或变为假圈足。战国后期出现一种瓶状壶

① 津市市文物管理所．津市市金鱼岭东周墓葬［M］//湖南考古辑刊：第 5 集．长沙：岳麓书社，1989．

② 湖南省文物考古研究所．临澧太山庙楚墓［M］//湖南文物：第 3 辑．长沙：湖南大学出版社，1988．

③ 怀化地区文物工作队．黔阳县黔城战国墓发掘简报［M］//湖南考古辑刊：第 5 集．长沙：岳麓书社，1989．

（图 2-18，5-8），为侈口、细颈，腹较瘦长，圈足较高，器形与宋元时期的玉壶春瓶有点相似，这在常德德山楚墓①、桃源三元村 2 号墓②、黔阳县黔城等地楚墓中均有出土③，且仅见于这一地区。辰溪米家滩 1 号墓所出瓶状陶壶上还有彩绘（图 2-17，1）。

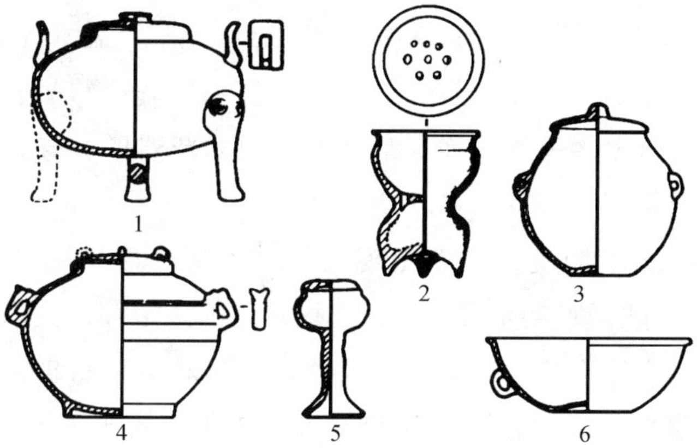

图 2-19　陶器示意图

1. 鼎　2. 甗　3. 双耳罐　4. 缶　5. 高足小壶　6. 单耳盆

在湘西、湘北战国楚墓中还有几种不多见的器形。一是单耳盆，为折沿，敞口，圜底内凹，腹一侧有半环状单耳（图 2-19，6）。二是双耳罐，器身作卵形，有盖，圜底内凹，腹两侧有半环形双耳（图 2-19，3）。这两件陶器均出土于临澧太山庙 17 号墓④，可能是当地土著民族的器物。三是高足小壶，仅在溆浦马田坪乡山门垅 35 号墓中出土 1 件（图 2-19，5）⑤，颈极矮，有盖，制作较粗，年代已到战国晚期中段。这

① 湖南省博物馆. 湖南常德德山楚墓发掘报告［J］. 考古，1963（9）.

② 王英党. 湖南桃源三元村二号楚墓［J］. 考古，1990（11）.

③ 怀化地区文物工作队. 黔阳县黔城战国墓发掘简报［M］//湖南考古辑刊：第 5 集. 长沙：岳麓书社，1989.

④ 湖南省文物考古研究所. 临澧太山庙楚墓［M］//湖南文物：第 3 辑. 长沙：湖南大学出版社，1988.

⑤ 湖南省博物馆. 湖南溆浦马田坪战国、西汉墓［M］//文物资料丛刊：第 10 集. 北京：文物出版社，1987.

类高足小壶是在战国中期由北方地区传至楚地的，曾在湖北鄂城一带的楚墓中流行[①]，也曾流传到楚都江陵、淮阳和湖南等地，但数量甚少。四是一些仿铜器的缶（图 2-19，4）、盉、甗（图 2-19，2）等，数量都不多。陶缶见于慈利石板村 36 号墓[②]、临澧九里 18 号、20 号墓（原报告名“瓿”）[③]；连体甗仅见于临澧九里 16 号墓[④]，盉（原报告名“镳壶”）仅见于溆浦中林 13 号墓[⑤]。此外，还有方壶、熏炉、盘、匜、勺等，在南楚地区大多是战国晚期楚墓中出现的新器形，与其他地方楚墓中所见相同或相似，特点不多。

陶盒是战国晚期楚墓中新出现的一种器形，最早见于江陵雨台山 555 号墓[⑥]，属战国晚期早段（即白起拔郢之前）楚墓。盒出现以后，在战国晚期楚墓中逐渐流行，秦和西汉时极盛。湘西、湘北楚墓中出土的盒甚少，在澧水下游已清理楚墓 80 余座，未见有出土陶盒的楚墓。[⑦] 在已报道的楚墓中，虽然有少量的陶盒，但这些墓似不能确定为楚墓，而是秦墓的可能性大。如黔阳县黔城 29 号墓出土陶器鼎、盒、壶两套，勺 3 件，滑石璧 1 件，鼎为矮蹄足，与高蹄足的楚式鼎有别；壶为盘口垂腹，盖上无钮，壶肩部无铺首与汨罗汨罗山 36 号秦墓中的Ⅱ式壶[⑧]很相

---

① 湖北省鄂城县博物馆. 鄂城楚墓［J］. 考古学报，1983（2）.

② 湖南省文物考古研究所. 湖南省慈利石板村 36 号战国墓发掘简报［J］. 文物，1990（10）.

③④ 湖南省博物馆. 临澧九里楚墓发掘报告［M］//湖南考古辑刊：第 3 集. 长沙：岳麓书社，1986.

⑤ 怀化地区文物队. 溆浦县中林、丰收楚、秦、西汉墓清理简报［M］//湖南博物馆文集. 长沙：岳麓书社，1991.

⑥ 湖北省荆州地区博物馆. 江陵雨台山楚墓［M］. 北京：文物出版社，1984：67、68.

⑦ 曹传松. 澧水下游楚文化的分期及其相关的两个问题［M］//楚文化研究论集：第 1 集. 武汉：荆楚书社，1987.

⑧ 湖南省博物馆. 汨罗县东周、秦、西汉、南朝墓发掘报告［M］//湖南考古辑刊：第 3 集. 长沙：岳麓书社，1986.

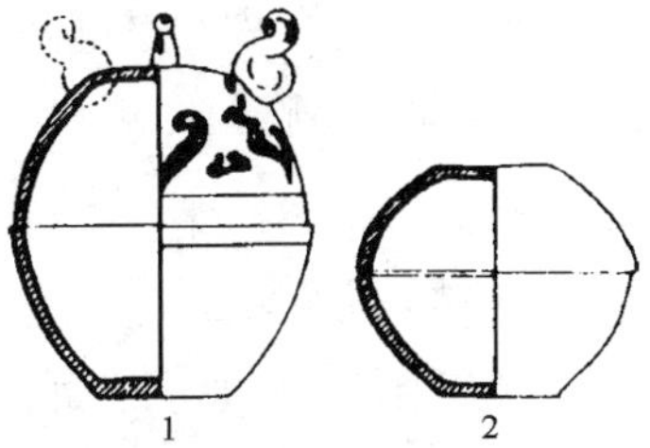

图 2-20　陶盒示意图

1. 彩绘陶盒　2. 平底陶盒

似，因此该墓为秦墓的可能性大。溆浦江口 6 号墓中有陶盒，但所出陶鼎为浅腹大平底，鼎足高度中等且稍弯曲，也与溆浦中林 7 号秦墓中的鼎的风格相近，豆亦同于丰收 17 号秦墓的Ⅲ式豆[①]，故此墓又有属秦墓的可能。唯有 1958 年常德德山 80 号和 81 号墓中出土的陶盒，仍具有由楚式敦演变为盒的轨迹，如 80 号陶盒的盖仍与敦盖相同，上有彩绘，并有三个 S 形钮（图 2-20，1）；81 号墓中的陶盒，身和盖相同，（图 2-20，2）仍可看出是由敦演变而来，同出的陶鼎蹄足较高[②]，楚式风格较浓。这两种盒应属楚墓中之陶盒。

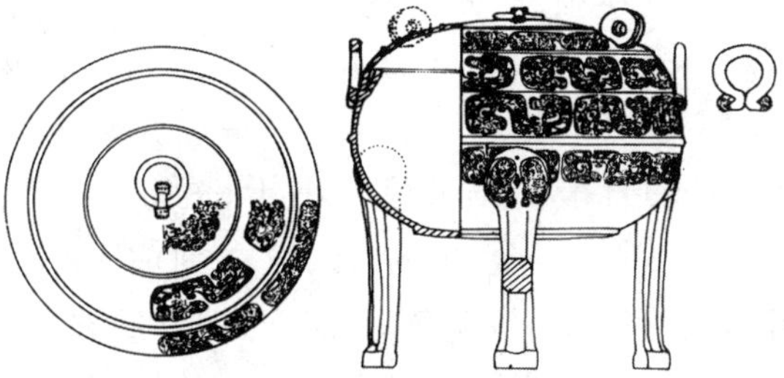

图 2-21　龙纹铜鼎示意图

湘西、湘北楚墓中出土的铜器有鼎、敦、壶、鉴、匜、勺、剑、戈、矛、戟、铍、镞、斧、带、钩、钟、钲、镜、天平砝码、贝、印及车马器等。其中比较重要或具特点的有：临澧九里 4 号墓出土的龙纹鼎[③]，盖、腹的龙纹较精，附环耳，高蹄足（图 2-21）；常德德山 26 号墓出的铜鼎，盖和器腹近口沿处均刻“正易”二字[④]。李零认为“正易”是地

① 怀化地区文物队. 溆浦县中林、丰收楚、秦、西汉墓清理简报［M］//湖南博物馆文集. 长沙：岳麓书社，1991.

②④ 湖南省博物馆. 湖南常德德山楚墓发掘报告［J］. 考古，1963（9）.

③ 湖南省博物馆. 临澧九里楚墓发掘报告［M］//湖南考古辑刊：第 3 集. 长沙：岳麓书社，1986.

名，“地点在今安徽寿县西南正阳关”。① 桃源三元村 1 号墓出土有“审（中）阳王”鼎（图 2-22）②，器身口沿处刻铭文 12 字，李学勤释为：“中阳，王贞（鼎），容廿五□、午之十七”，并认为“中阳”为地名，或宫苑名，“王鼎”是王御用之鼎，“容廿五”下一字不识，但可知为量制单位，并认定：鼎铭此一量制单位即使不是“升”，也是接近的。“午之十七”为器物编号。③ 这是与楚王有关的一件铜器，甚为重要。还有临澧太山庙 17 号墓出土有两件越式鼎，耳侧饰叶脉纹，盖饰 S 形纹和绹索纹，足高外撇。④ 越式鼎还见于津市金鱼岭。⑤

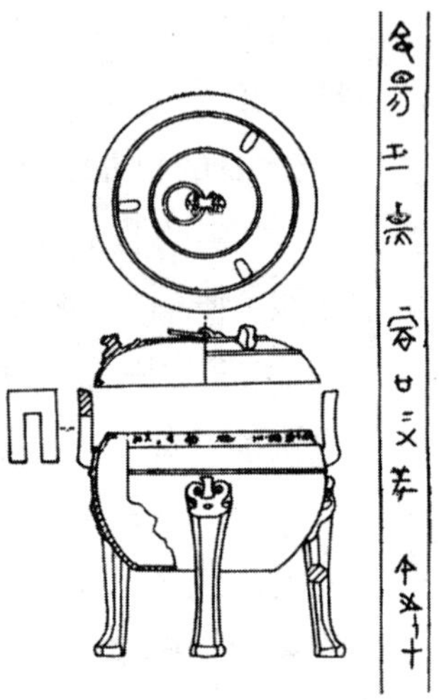

图 2-22　“审（中）阳王”铜鼎示意图
右为铭文摹本

铜兵器中较重要的有错金铭文剑，出于桃源三元村 1 号墓，为空首剑，通长 51.4 厘米，剑首错金四环和云纹，剑镡上错鸟篆文字。⑥ 古丈白鹤湾 45 号墓出土的实茎双凸箍剑，通长 50.8 厘米，剑身上有两排指印纹。⑦ 从剑的形制看是楚式剑，但印指纹的剑在其他楚墓中未见。在湘西、湘北楚墓中常出土有一种宽镡（原名格）短剑，很引人注目，如

① 李零. 楚国铜器铭文编年汇释［M］//古文字研究：第 13 辑. 北京：中华书局，1986：387.

②⑥ 常德地区文物工作队，桃源县文化局. 桃源三元村一号楚墓［M］//湖南考古辑刊：第 4 集. 长沙：岳麓书社，1987.

③ 李学勤. 释桃源三元村鼎铭［J］. 江汉考古，1988（2）.

④ 湖南省文物考古研究所. 临澧太山庙楚墓［M］//湖南文物：第 3 辑. 长沙：湖南大学出版社，1988.

⑤ 津市市文物管理所. 津市市金鱼岭东周墓葬［M］//湖南考古辑刊：第 5 集. 长沙：岳麓书社，1989.

⑦ 湖南省博物馆，湘西土家族苗族自治州文物工作队. 古丈白鹤湾楚墓［J］. 考古学报，1986（3）.

临澧太山庙楚墓中出有3件短剑，镡较宽作长方形，套在扁茎之外，5号墓出土的一件，镡上饰几何纹，19号墓出土的一件饰同心圆纹和谷纹；23号墓出土的一件全长31.6厘米，剑茎扁圆，作束腰状，饰细密规整的雷纹和三角纹，镡上饰雷纹、方格纹和细腰纹。[①] 常德县官山2号墓出土有一件同心圆纹和谷纹短剑，长仅21.5厘米。[②] 慈利官地5号墓出土的一件，长33.2厘米，宽镡上一面饰重圈纹，另一面饰云纹。[③] 同类短剑还见于辰溪米家滩、溆浦马田坪，镡上饰云纹、水波纹、米字格纹和菱形纹。[④] 保靖四方城也出土有宽镡短剑5件，完整的剑长25.2—34厘米，镡作梯形或长方形，纹饰更为复杂，如纹饰有云雷纹、同心圆纹、贝纹（原报告名“四叶纹”）、细腰纹、水波纹、曲折纹、镂空菱形纹等，还有的在茎部饰米字形纹和云纹。[⑤] 由于这类短剑有一部分出土于战国早中期楚墓之中，可知保靖、辰溪等地所出土短剑也应是战国时期的。这类短剑，由目前的资料看，既不属于巴，也未见于越，其他楚地也不见出土，故应是本地某一少数民族的产物。到底属于哪一个少数民族，我们将在第六章讨论。在古丈白鹤湾6号墓[⑥]、溆浦马田坪64号、121号墓[⑦]出土的弧肩柳叶形剑和古丈白鹤湾1号和3号墓出

---

① 湖南省文物考古研究所. 临澧太山庙楚墓［M］//湖南文物：第3辑. 长沙：湖南大学出版社，1988.

② 湖南省常德地区文物工作队. 常德县官山战国墓清理简报［J］. 考古，1985(12).

③ 高中晓，袁家荣. 湖南慈利官地战国墓［M］//湖南考古辑刊：第2集. 长沙：岳麓书社，1984.

④ 陈启家，舒向今，向开旺. 湘西辰溪、溆浦发现的青铜剑［M］//湖南考古辑刊：第2集. 长沙：岳麓书社，1984.

⑤ 刘长治. 湘西保靖县发现几件青铜短剑［M］//湖南考古辑刊：第5集. 长沙：岳麓书社，1989.

⑥ 湖南省博物馆，湘西土家族苗族自治州文物工作队. 古丈白鹤湾楚墓［J］. 考古学报，1986(3).

⑦ 湖南省博物馆. 湖南溆浦马田坪战国西汉墓发掘报告［M］//湖南考古辑刊：第2集. 长沙：岳麓书社，1984.

土的带双环钮和多环钮的矛（图 2-25，2、3）①，类似的铜矛见于四川的巴人墓葬中，这些均应是巴人的遗物，从中可探讨战国时期楚与巴的关系。

戈是楚墓中最常见的勾兵之一。多为常见的楚式戈，保存完整的有慈利石板村 36 号墓出土的两件带柲戈（图 2-23），柲为积竹，柲中心为一菱形木条，外包竹片 20 余根，缠以细线，再髹黑漆，分段彩绘菱形纹和云纹、几何纹组成的变形鸟兽纹，柲长 1.56 米，下有铜镈②，这是“徒戈”。还有古丈白鹤湾 53 号墓中出土一件虎斑纹戈（图 2-24，1）③，很少见；28 号墓出土的“五年”戈（图 2-24，5），内上有“五年桐丘、命脩、工师章（龙）、冶金”11 字铭文，是韩国兵器④；溆浦马田坪三门垅 41 号墓出土有“鄭生库”戈⑤，此戈也当来自韩国；桃源三元村 1 号墓的Ⅱ式戈，援、

图 2-23　慈利石板村 36 号墓出土的带柲戈及柲部纹样

①③湖南省博物馆，湘西土家族苗族自治州文物工作队. 古丈白鹤湾楚墓 [J]. 考古学报，1986 (3).

② 湖南省文物考古研究所，慈利县文物保护管理研究所. 湖南慈利石板村 36 号战国墓发掘简报 [J]. 文物，1990 (10).

④ 湖南省博物馆，湘西土家族苗族自治州文物工作队. 古丈白鹤湾楚墓 [J]. 考古学报，1986 (3)；黄盛璋. 新出五年桐丘戈及其相关古城问题 [J]. 考古，1987 (12).

⑤ 湖南省博物馆. 湖南溆浦马田坪战国、西汉墓 [M] //文物资料丛刊：第 10 集. 北京：文物出版社，1987.

胡部饰虎兽决斗纹①；常德德山 26 号墓（原编号为 35）出土的戈，胡的一面有一些奇特的符号，在另一面有 5 个“棘”字②。这类铜戈与常见的楚式戈不同，而与巴蜀戈接近。

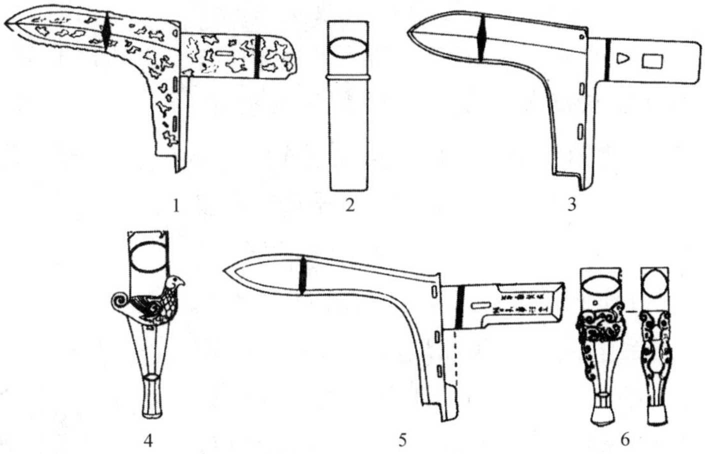

图 2-24　古丈白鹤湾出土铜戈和铜戈镈
1、2 虎斑纹戈及戈镈（M53）
3、4 戈及戈镈（M3）　5、6 韩国“五年”戈及戈镈（M28）

铍，在慈利石板村 36 号墓中出土 2 件，铍身如剑，有脊，身长 60.8 厘米、宽 4 厘米，茎作长方条形，柲为积竹，外髹黑漆，用金黄和朱红色绘云纹（图 2-25，1）。③ 铜铍虽为楚国的重要兵器之一，但出土实物并不多见。弩为远射兵器，弩仅见于常德德山 50 号墓（原编号为 12 号）出土的铜弩机，惜已残破。④

楚国的礼乐器向称发达，但在湘西、湘北楚墓中出土的金属乐器却很少。1980 年，临澧九里大墓出土有大型的编钟簨虡，但铜编钟被盗一

① 常德地区文物工作队，桃源县文化局．桃源三元村一号楚墓［M］//湖南考古辑刊：第 4 集．长沙：岳麓书社，1987.

②④ 湖南省博物馆．湖南常德德山楚墓发掘报告［J］．考古，1963（9）.

③ 湖南省文物考古研究所，慈利县文物保护管理研究所．湖南慈利石板村 36 号战国墓发掘简报［J］．文物，1990（10）.

空。黔阳黔城的14号、18号、20号墓中出土有所谓“编钟”22件，谓其“舞、篆、钲各部均镂空”，最高仅5.8厘米①，其实这不是乐器，这在长沙马王堆1号汉墓的北边箱发现有16件“锡铃形器”，上系有红色丝带，器形与此相同，既非乐器，也与车马器无关。② 古丈白鹤湾33号和64号墓出土有铜磬16件，但形体很小③，应是明器。铜钲在慈利石板村36号墓④、溆浦大江口所谓巴人墓中各出土1件（原报告名“铎”）⑤，钲身作圆筒状，于弧，甬部饰多条直棱纹。这类铜钲只见于湘西北地区。后一墓中还出土铜甬钟1件，形体轻薄，钲身瘦长，乳钉集中饰于钲身上半部，鼓部甚长⑥，这类甬钟也只见于湘西地区。与钲、甬钟同时出土有1件虎钮錞于，高56厘米。⑦ 原来很多人认为錞于是巴人的乐器，亦有学者认为应是苗蛮系统蜑人所创造⑧。大江口这座所谓巴人墓中还出土有典型的楚

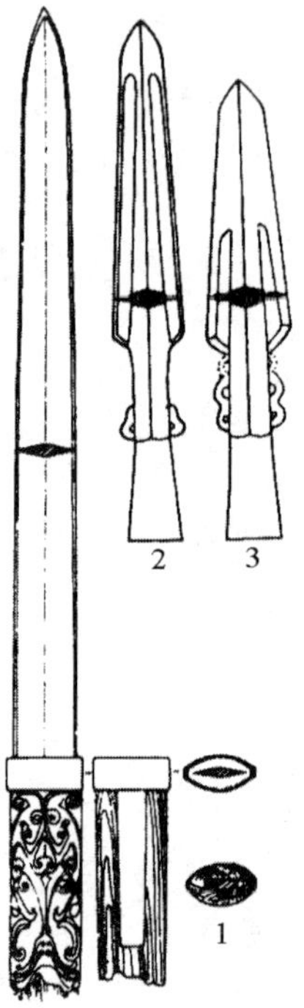

图 2-25　铜兵器
1. 铜铍　2. 铜矛　3. 铜矛

① 怀化地区文物工作队. 黔阳县黔城战国墓发掘简报［M］//湖南考古辑刊：第5集. 长沙：岳麓书社，1989.

② 湖南省博物馆，中国科学院考古研究所. 长沙马王堆一号汉墓：上［M］. 北京：文物出版社，1973：128.

③ 湖南省博物馆，湘西土家族苗族自治州文物工作队. 古丈白鹤湾楚墓［J］. 考古学报，1986（3）.

④ 湖南省文物考古研究所，慈利县文物保护管理研究所. 湖南慈利石板村36号战国墓发掘简报［J］. 文物，1990（10）.

⑤⑥⑦ 湖南省博物馆，张欣如. 溆浦大江口战国巴人墓［M］//湖南考古辑刊：第1集. 长沙：岳麓书社，1982.

⑧ 童恩正. 从出土文物看楚文化与南方诸民族的关系［M］//湖南考古辑刊：第3集. 长沙：岳麓书社，1986.

式陶器绳纹圜底陶罐，浅盘矮柄陶豆，墓葬形制又是长方形竖穴土坑，因此，该墓尚不能肯定为巴人墓，可能是在楚人统治下的某一少数族人的墓。

1

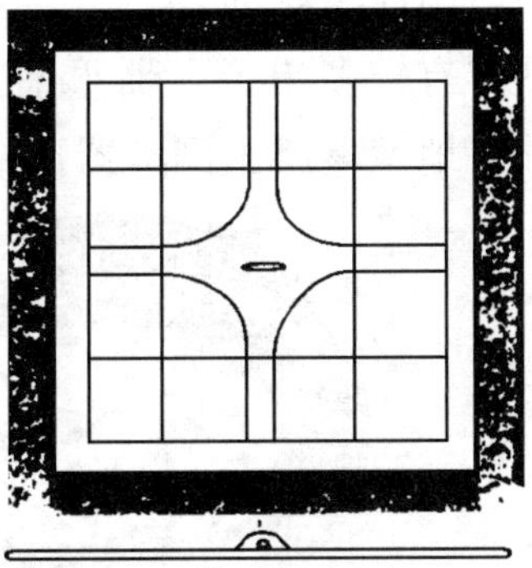

2

图 2-26　铜镜

1. 四山纹铜镜　2. 彩绘铜方镜

铜镜在湘西、湘北楚墓中出土较多。古丈白鹤湾 38 号墓出土有 1 件羽状纹地四山纹镜，山字较为粗大，图案显得较为拥挤，似是早期的四山纹镜（图 2-26，1）。该墓为带头龛的窄坑墓，伴出有绳纹圜底陶罐，平底陶壶，都具有战国早期的风格。原报告定为战国早期后段墓是正确的，是目前所见最早的四山纹铜镜之一。52 号墓还出土有一件凸弦纹镜，属战国中期。① 慈利石板村 36 号墓中出土有一件方镜，镜背髹黑漆，再绘朱色方格纹（图 2-26，2）。② 漆绘方镜在江南楚墓中仅此一见。1956 年常德德山出土有凸弦纹镜、方镜、羽状纹地四山纹镜共 5 件③；1958 年德山又出土有羽状纹地四山纹镜 4 件及五山纹镜、四叶纹镜、兽

① 湖南省博物馆，湘西土家族苗族自治州文物工作队. 古丈白鹤湾楚墓［J］. 考古学报，1986（3）.

② 湖南省文物考古研究所，慈利县文物保护管理研究所. 湖南慈利石板村 36 号战国墓发掘简报［J］. 文物，1990（10）.

③ 湖南省博物馆. 湖南常德德山战国墓葬［J］. 考古，1959（12）.

纹镜、龙纹镜等共 8 件①；溆浦中林 13 号墓出土有羽状纹地菱形纹镜②；溆浦江口 17 号墓出土有四山四叶四竹叶八圈纹镜③、溆浦地坪出土铜镜 5 件，有素镜、十二叶四山镜和云纹地龙凤纹镜④。这些铜镜与长沙等地楚墓中所出风格相同。

铁器有较多出土，器形有凹字形锄、斧、夯锤、刮刀、削、剑等，与长沙等地楚墓所出同类器形相同。

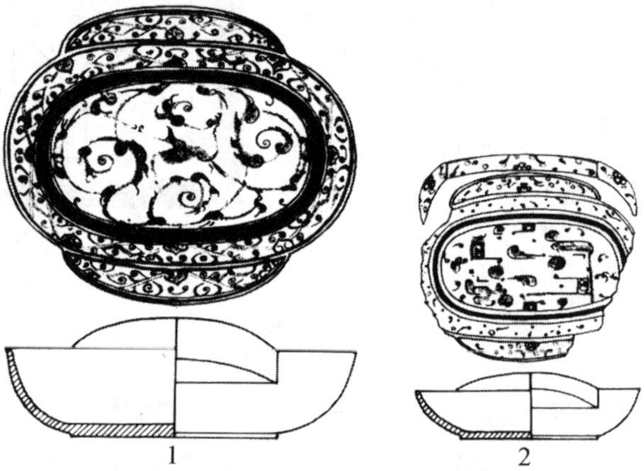

图 2-27　常德德山楚墓出土漆耳杯示意图
采自湖南省博物馆《湖南常德德山楚墓发掘报告》

漆木器是楚墓中很有特色的随葬品。湘西、湘北楚墓出的漆木器有豆、案、几、耳杯（图 2-27）、盆、卮、樽、五边形箱、瑟、双虎座双凤鼓架、座屏、镇墓兽及木俑、笭床、盾、梳、篦等。其中比较重要的有 1980 年临澧九里 1 号大墓中出土的高达 0.97 米的镇墓兽 6 件，还有高柄

① 湖南省博物馆．湖南常德德山楚墓发掘报告［J］．考古，1963（9）．

② 怀化地区文物队．溆浦县中林、丰收楚、秦、西汉墓清理简报［M］//湖南博物馆文集．长沙：岳麓书社，1991．

③ 溆浦县文化局．溆浦江口战国西汉墓［M］//湖南考古辑刊：第 3 集．长沙：岳麓书社，1986．

④ 湖南省博物馆．湖南溆浦马田坪战国、西汉墓［M］//文物资料丛刊：第 10 集．北京：文物出版社，1987．

方豆、五边形箱、双虎座双凤鼓架、瑟等大型漆器①，反映墓主人生前地位之显赫，当属于封君级的贵族。1979 年，临澧九里 1 号墓出土的案，作长方形，浅盘，下有四个矮铜足，在黑漆地上用黄、红、棕黄色绘凤鸟纹、云纹等图案，色彩艳丽美观。长 1.372 米、宽 0.60 米。这是楚墓中很少见的大案之一。② 慈利石板村 36 号墓出土有 1 件漆“奁”，器身作圆桶形，上部略大，直壁、平底，腹两侧有铜铺首，下面有三个小小的铜蹄足，盖隆起，上有提钮。通高 16 厘米、腹径 25.4 厘米（图 2-28）。③ 这类漆器在楚墓中仅出此一件。但同类的铜器在长沙砚瓦池 789 号楚墓中也有出土④，形状全同，只是质地有别。看来应是漆器仿自铜器。“奁”是盛梳妆用具的，过去楚墓中所出盛梳妆用具的漆奁作扁圆形，下无三足，器形较大，如长沙左家公山 15 号墓和杨家湾 6 号墓中即有出土。⑤ 而这类有三足的漆器和铜器出土时，器内空无一物，未见有任何梳妆用品，因此，此类器物不应定名为“奁”，而可能是酒樽的一种。山西右玉大川村出土有西汉河平三年有盖的、直壁、平底、有三矮足的铜器，自铭“温酒樽”⑥，与此器相似，故应定名为樽。

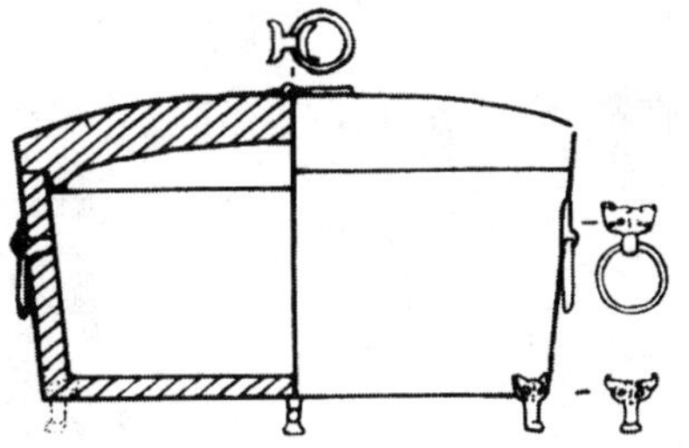

图 2-28 漆樽示意图

湘西、湘北战国楚墓中出土的玉石玻璃器较多。常德德山 37 号墓出土

① 湖南省文物局. 1979 年以来湖南省的考古发现［M］//文物考古工作十年. 北京：文物出版社，1990.

② 湖南省博物馆. 临澧九里楚墓发掘报告［M］//湖南考古辑刊：第 3 集. 长沙：岳麓书社，1986.

③ 湖南省文物考古研究所，慈利县文物保护管理研究所. 湖南慈利石板村 36 号战国墓发掘简报［J］. 文物，1990（10）.

④ 湖南省博物馆［M］. 北京：文物出版社，1983.

⑤ 文物参考资料［J］. 1954（12）：6、15、30、39.

⑥ 郭勇. 山西省右玉县出土的西汉铜器［J］. 文物，1963（11）.

的龙形玉佩2件，为青玉，上饰涡纹和弦纹①；澧县新洲1号墓出土有佩、璧、环、璜、管、条形饰等玉器共15件。其中有龙形玉佩5件（图2-29），涡纹璧2件，双头龙形璜4件（图2-30）②，雕琢甚精，这是目前江南出土玉器最多的楚墓。这些玉器与河南淮阳平粮台16号楚墓③和安徽长丰杨公2号、8号、9号楚墓所出玉器的器形、纹饰风格相似④，原报告将新洲1号墓的年代定在战国晚期白起拔郢前后⑤是恰当的。

图 2-29　玉佩示意图

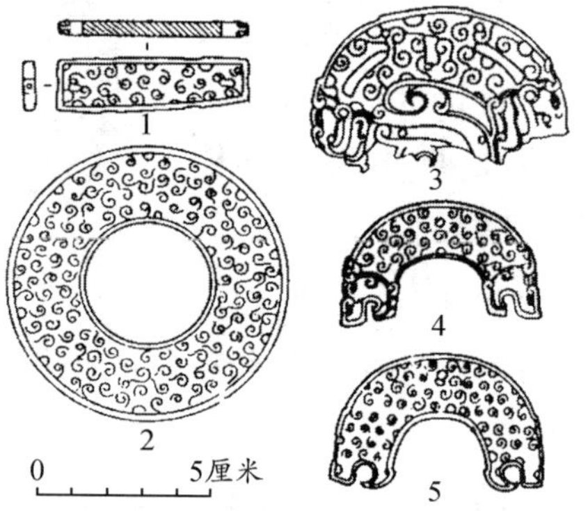

图 2-30　玉器示意图

1. 条形饰　2. 玉璧　3. 玉佩　4. 玉璜　5. 玉璜

玻璃器是江南楚墓中常见的随葬物品之一，在湘西、湘北楚墓中也较常见。如云纹玻璃璧见于临澧九里4号墓⑥，谷纹玻璃璧在溆浦马田

① 湖南省博物馆. 湖南常德德山战国墓葬［J］. 考古，1959（12）.

②⑤ 湖南省博物馆，澧县文管所. 湖南澧县新洲一号墓发掘简报［J］. 考古，1988（5）.

③ 河南省文物研究所，淮阳县文物保管所. 河南淮阳平粮台16号楚墓发掘简报［J］. 文物，1984（10）.

④ 安徽省文物工作队. 安徽长丰杨公发掘九座战国墓［M］//考古学集刊：第2集. 北京：科学出版社，1982.

⑥ 湖南省博物馆. 临澧九里楚墓发掘报告［M］//湖南考古辑刊：第3集. 长沙：岳麓书社，1986.

坪中林 13 号墓[①]和地坪 30 号墓[②]各出土 1 件，常德德山出土 7 件[③]，黔阳黔城出土 4 件[④]。玻璃珠出土有 30 多颗，分别出于常德德山[⑤]、临澧九里[⑥]、辰溪米家滩[⑦]、溆浦高低村[⑧]、慈利石板村[⑨]、黔阳黔城[⑩]等地。玻璃珠的大小有别，都是蜻蜓眼式，与长沙等地所出相同。

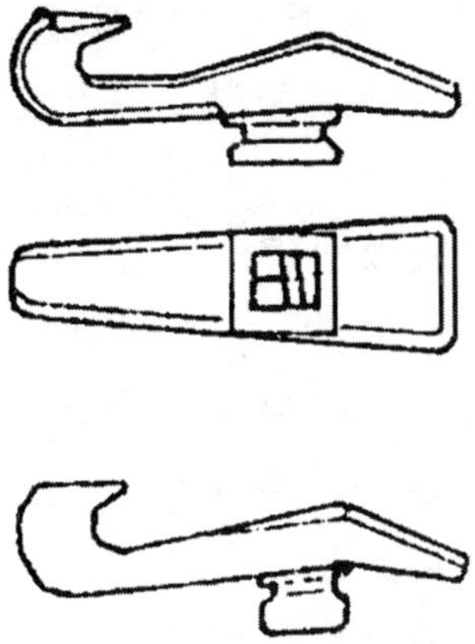

图 2-31　滑石带钩示意图

黔阳黔城墓地出土有一批滑石器，这是楚墓中最早出现的滑石器。滑石为乳白色带青，器形有璧，8 件，其中多数光素无纹，或仅有一道细弦纹；29 号墓出土的 1 件分内外两区饰圈点纹。环 5 件（原报告有 4 件名“瑗”，本文通称为“环”），也是光素无纹，20 号墓还出土有鸟首形、鹅首形带钩 2 件。其中鹅首形带钩圆形钮上有一方栏，方栏内阴刻“士”字（图 2-31）。[⑪]“士”字原报告释“干”。与滑石器同出的陶鼎为大平底，敦的钮和足较瘦长，有的敦出现平底，都是战国晚期风

① 怀化地区文物工作队. 溆浦县中林、丰收楚、秦、西汉墓清理简报［M］//湖南博物馆文集. 长沙：岳麓书社，1991.

② 湖南省博物馆. 湖南溆浦马田坪战国、西汉墓［M］//文物资料丛刊：第 10 集. 北京：文物出版社，1987.

③⑤ 湖南省博物馆. 湖南常德德山楚墓发掘报告［J］. 考古，1963（9）.

④⑩⑪ 怀化地区文物工作队. 黔阳县黔城战国墓发掘简报［M］//湖南考古辑刊：第 5 集. 长沙：岳麓书社，1989.

⑥ 湖南省博物馆. 临澧九里楚墓发掘报告［M］//湖南考古辑刊：第 3 集. 长沙：岳麓书社，1986.

⑦ 怀化地区文物工作队. 米家滩战国墓发掘简报［M］//湖南考古辑刊：第 4 集. 长沙：岳麓书社，1987.

⑧ 怀化地区文物工作队. 溆浦县高低村春秋战国墓清理简报［M］//湖南考古辑刊：第 5 集. 长沙：岳麓书社，1989.

⑨ 湖南省文物考古研究所，慈利县文物保护管理研究所. 湖南慈利石板村 36 号战国墓发掘简报［J］. 文物，1990（10）.

格，原报告定在“中期”，实际上应属战国晚期。29 号墓在前面分析楚墓中的陶器时，认为是秦墓的可能性大。圈点纹滑石璧又在溆浦马田坪中林、丰收的秦墓中出土有 3 件，其中 7 号墓中出土有陶蒜头壶、陶釜甑等典型秦式器物①，进一步证明，29 号墓应属秦墓。由此可知，出于战国晚期楚墓的滑石璧、环为光素无纹，有圈点纹的滑石璧多是秦器。其中无方格纹者较早，有方格纹者较晚。圈点纹较稀者稍早，圈点纹和方格纹较密者稍晚，并延续至西汉。

权衡器和货币，见于常德德山和津市金鱼岭战国楚墓。常德德山 25 号墓出土的天平砝码较为完整，竹竿髹黑漆，长 23 厘米，杆中部和两端有小孔；两个天平盘为圆形小铜盘，盘边有四孔，可以穿丝线系于竹竿两端，盘径 3.2 厘米，虽丝线已朽，但仍可知这是一件等臂天平。砝码 4 个，为环形，分别重 32 克，15.2 克、8.1 克、4.3 克。50 号墓所出一套天平砝码也较完整，杆长 21 厘米，铜盘径 4.2 厘米，砝码有 6 个，分别重 31.2 克、15.5 克、8.44 克、4.4 克、2.16 克、1.25 克②，这与上述那套砝码的重量是很接近的。楚国当时的 1 斤重约 250 克左右③，那么这套砝码应是按 2 两、1 两、12 铢、6 铢、3 铢、2 铢的重量铸制的。1956 年常德德山出土有 3 套铜砝码④，津市金鱼岭在 4 座墓中出土了 8 件铜砝码⑤，但由于铜质已腐蚀，重量不准确。楚国的实用货币仅见辅币铜贝（又名“蚁鼻钱”）一种，出土于常德德山 47 号、50 号墓，共 199 枚，长 1.6 厘米、宽 1.1 厘米、厚 0.3 厘米⑥，重约 2 克。1983 年，

① 怀化地区文物工作队. 溆浦县中林、丰收楚、秦、西汉墓清理简报［M］//湖南博物馆文集. 长沙：岳麓书社，1991.

②⑥ 湖南省博物馆. 湖南常德德山楚墓发掘报告［J］. 考古，1963（9）.

③ 高至喜. 湖南楚墓中出土的天平与砝码［J］. 考古，1972（4）.

④ 湖南省博物馆. 湖南常德德山战国墓葬［J］. 考古，1959（12）.

⑤ 津市市文物管理所. 津市市金鱼岭东周墓葬［M］//湖南考古辑刊：第 5 集. 长沙：岳麓书社，1989.

常德德山夕阳坡 2 号墓出土有圆形锡饼 13 块①，同出有天平盘、砝码、砝码盒等物，看来这些锡饼应是金饼的明器。楚国主要使用黄金货币，有“郢称”长方形金版和圆形金饼等形状，这些锡饼应是代替金饼来随葬的。

湘西、湘北战国楚墓中出土竹简两批。第一批是 1983 年冬常德市德山夕阳坡 2 号墓出土，这是一座小型的木椁墓，为一椁单棺，棺椁之间有头箱和边箱，出土有随葬物品 40 余件。其中有竹简 2 枚，一支长67.5 厘米，另一支长 68 厘米，宽约 1.1 厘米。简一书 32 字、简二书 22 字，共 54 字。杨启乾释为：

> 简一　越涌君鼊逦其众以归楚之岁畱属之□（月）
> 己丑之日王居於栽郢之游宫士尹夻（大）王
> 简二　之步羿愸（昭）哲王之思倍迅郘逯以王命
> 赐絵（予）方途岁悹（谷）

杨认为这是一篇完整的记载楚王给臣下士尹赏赐岁禄的诏书②，这无疑是研究南楚文化很重要的资料。

1987 年慈利石板村 36 号墓出土有竹简 800—1 000 枚，但均残断，现为 4 557 片，完整者估计长 45 厘米，共 2 万余字。用毛笔墨书，字体不一，可能不是出于一人之手。经初步整理，这是“记事性的古书”，“内容以记载吴越二国史事为主，如黄池之盟、吴越争霸等等，可能与《国语》《战国策》《越绝书》等某些记载相同”。③ 只有待详细资料发表后，才可作进一步的介绍。

---

①② 杨启乾．常德市德山夕阳坡二号楚墓竹简初探［M］//楚史与楚文化研究．长沙：求索杂志社，1987.

③ 湖南省文物考古研究所，慈利县文物保护管理研究所．湖南慈利石板村 36 号战国墓发掘简报［J］．文物，1990（10）.

二、湘中、湘东楚墓

本文所指的湘中、湘东包括今长沙市、湘潭市、株洲市、益阳地区和岳阳市。这一地区——特别是长沙地区，是江南发现楚墓时间最早、发掘楚墓最多和江南出土楚文物最多的地区，对研究江南楚文化具有代表性。

早在20世纪30年代，长沙近郊便陆续有战国楚墓发现，并出土有一些重要的文物。如长沙北郊穿眼塘楚墓出土有“廿九年”（前278）漆樽①；1936年在长沙嵩山镇，三眼塘等地发现有楚墓，棺椁保存较好，出土有漆器、铜器等文物，有的衣衾、尸骨尚存②。20世纪40年代，有长沙子弹库出土的帛书③、长沙黄泥坑出土的铜龙节④、长沙陈家大山出土的人物龙凤帛画⑤、彩绘木雕双蛇座对鹤鼓架⑥、“钧益”砝码⑦等极为珍贵的楚文物。但这些文物都是盗掘出土，或在无意中发现，缺乏科学的记录和有关共存文物的资料。

湘中、湘东地区楚墓的科学发掘，是从1951年开始的。以夏鼐为队长的中国科学院考古研究所长沙工作队在长沙近郊进行了发掘。此后1952年顾铁符、商承祚等考古学家相继来长沙配合基本建设进行抢救性发掘。1953年湖南省文物清理工作队成立，以后有关地、市也陆续建立了文物工作队，配合基本建设进行了大规模的考古发掘，已在10多个县、市发掘战国楚墓约3 000座，为研究江南楚文化提供了极为丰富的

①② 楚文化研究会. 楚文化考古大事记. 北京：文物出版社，1984：11-13.

③ 楚文化研究会. 楚文化考古大事记. 北京：文物出版社，1984：13. 现藏美国华盛顿沙可乐美术馆。

④ 流火. 铜龙节［J］. 文物，1960（8、9）. 现藏中国历史博物馆。

⑤ 郭沫若. 关于晚周帛画的考察［M］//文史论集. 北京：人民出版社，1957. 现藏湖南省博物馆。

⑥ 文物，1960（3）：4. 现藏美国克利夫兰美术馆。

⑦ 高至喜. 湖南楚墓中出土的天平与砝码［J］. 考古，1972（4）. 现藏湖南省博物馆。

资料。先将各地已见于报道的一些较为重要的资料列后。

（一）发现

1. 长沙市

（1）1951 年在陈家大山、伍家岭、识字岭、五里牌、徐家湾发掘楚墓 73 座，其中 406 号墓出土棺椁较完整，并出土龙凤纹漆盾、竹简等器物。①

（2）1952 年，在近郊龙洞坡、颜家岭、黄泥坑、砚瓦池等地发掘楚墓 150 余座，其中有龙洞坡 826 号墓和颜家岭乙 35 号墓等重要墓葬，出土有狩猎纹漆樽、玉具铁剑等器物。②

（3）1952 年南郊扫把塘 138 号墓，出土弩机 1 件，还出有竹弓、漆器等 30 余件。③

（4）1953 年仰天湖 25 号墓，出土有遣策竹简 43 支及木俑等器物。④

（5）1954 年在南郊左家公山发掘的 15 号墓，棺椁、人骨架保存完好，出土有毛笔、天平砝码、皮甲、漆器等器物。⑤

（6）1954 年在北郊杨家湾发掘的 6 号墓，保存有人骨架，墓中随葬品漆器、木俑、竹简等保存较好，是战国晚期有代表性的楚墓。⑥

（7）1954 年在南郊魏家大堆附近清理战国墓 19 座，出土陶器 115 件，铜器 37 件。⑦

---

①② 楚文化研究会. 楚文化考古大事记［M］. 北京：文物出版社，1984：17、18.

③ 高至喜. 记长沙、常德出土弩机的战国墓［J］. 文物，1964（6）.

④ 湖南省文物管理委员会. 长沙仰天湖第 25 号木椁墓［J］. 考古学报，1957（2）.

⑤ 湖南省文物管理委员会. 长沙左家公山的战国木椁墓［J］. 文物参考资料，1954（12）.

⑥ 湖南省文物管理委员会. 长沙杨家湾 M006 号墓清理简报［J］. 文物参考资料，1954（12）.

⑦ 李正光. 湖南省文物工作队在长沙市南门外魏家堆附近清理了一批战国至元代墓葬［J］. 文物参考资料，1955（10）.

（8）1955年在丝茅冲A区清理战国墓62座①，D区4号墓是一座小型木椁墓，边箱有隔板可以旋转，出土木斧等随葬品共20件②。

（9）1956年在黄泥坑清理战国楚墓12座，其中20号墓的棺椁保存较完好，棺上有铜铺首6个。③

（10）1956年在子弹库（发表时用“紫檀铺”）30号墓中出土带鞘铜剑和带积竹柄的铜铍等重要随葬物品。④

（11）1956年在北郊沙湖桥一带清理战国墓61座，出土随葬物品334件。⑤

（12）1956年在南门纸园冲6009工地清理战国墓11座，其中有3座楚墓出土陶盒。⑥

（13）1956年在广济桥省银行干校工地清理的5号墓，有两椁一棺⑦；4号墓的木椁上发现有圆形烙印文字，文曰“沅昜于國”⑧。

（14）1956年南郊黄土岭41号墓，出土有铁棺钉及“黄铸”铜印。⑨

（15）1952年至1956年在东南郊发掘的部分楚墓209座（上述有一

---

① 丝茅冲工作小组．长沙北郊丝茅冲工地第一工区的古代墓葬［J］．文物参考资料，1955（11）．

② 湖南省文物管理委员会．湖南长沙丝茅冲战国小型木椁墓清理记［J］．考古通讯，1957（5）．

③ 湖南省文物管理委员会．长沙黄泥坑战国、汉、唐、宋墓清理简报［J］．考古通讯，1956（6）；长沙黄泥坑第20号墓清理简报［J］．文物参考资料，1956（11）．

④ 湖南省文物管理委员会．湖南长沙紫檀铺战国墓清理简报［J］．考古通讯，1957（1）．

⑤ 李正光．长沙沙湖桥一带古墓发掘报告［J］．考古学报，1957（4）．

⑥ 湖南省文物管理委员会．湖南长沙纸园冲工地古墓清理小结［J］．考古通讯，1957（5）．

⑦ 湖南省文物管理委员会．长沙广济桥第五号战国木椁墓清理简报［J］．文物参考资料，1957（2）．

⑧ 吴铭生．长沙战国墓木椁上发现烙印文字［J］．文物参考资料，1956（12）．

⑨ 周世荣．长沙黄土岭战国墓的清理［J］．考古通讯，1957（4）．

部分墓葬包括在内），出土的随葬物品较为丰富，且具有代表性[①]，但是发表的资料不全。

（16）1952 年至 1957 年在长沙近郊发掘的楚墓共 1 056 座[②]，曾编写成《长沙楚墓发掘报告》，未刊。

（17）1957 年在东郊陈家大山发掘战国墓 21 座，出土随葬品 97 件。[③]

（18）1957 年在南门外小林子冲清理战国墓 14 座，出土有凹字形铁锄及长达 80 厘米的铜剑等随葬品。[④]

（19）1957 年在省博物馆前坪清理 3 座战国墓，其中第 3 号墓出土云纹提梁铜壶和“棘”字铜戈等器物。[⑤]

（20）1957 年在市南郊左家塘新生砖厂清理的战国晚期的 15 号墓中出土有铜弩机。[⑥]

（21）1957 年在南郊左家塘发掘的 44 号战国墓的棺内出土有一批锦、绢残片及纱手帕等丝织品。[⑦]

（22）1957 年在南郊子弹库 17 号墓中，出土有悬底弧棺，随葬品有髹漆木鼓框等器物。[⑧]

（23）1958 年在烈士公园烈士塔基下发掘的 3 号墓中，在外棺内壁东、南挡板上出土有龙凤图案的刺绣。[⑨]

---

① 湖南省博物馆．长沙楚墓［J］．考古学报，1959（1）．

② 高至喜．从长沙楚墓看春秋战国时期当地经济文化的发展［C］//中国考古学会第二次年会论文集．北京：文物出版社，1982．

③ 湖南省文物管理委员会．湖南长沙陈家大山战国墓葬清理简报［J］．考古通讯，1958（9）．

④ 湖南省文物工作委员会．湖南长沙小林子冲工地战国、东汉、唐墓清理简报［J］．考古通讯，1958（12）．

⑤ 周世荣．长沙烈士公园清理战国墓葬［J］．考古通讯，1958（6）．

⑥ 高至喜．记长沙、常德出土弩机的战国墓［J］．文物，1964（6）．

⑦ 熊传新．长沙新发现的战国丝织物［J］．文物，1975（2）．

⑧ 周世荣，文道义、57 长．子．17 号墓清理简报［J］．文物，1960（1）．

⑨ 高至喜．长沙烈士公园 3 号木椁墓清理简报［J］．文物，1959（10）．

（24）1958 年在东郊杨家山、新开铺等地清理战国墓 11 座，出有活动铜带钩等。[①]

（25）1959 年在市东郊柳家大山清理战国墓 32 座，出土有“郑左库”铜戈、“敬”字骨印等。[②]

（26）1959 年在市东郊五里牌清理战国墓 3 座，出有彩绘凤纹和方连纹的笭床。[③]

（27）1971 年在东区浏城桥清理了一座未经盗掘的木椁墓，有一椁两棺，随葬品共 262 件，其中的长兵器、漆器、乐器、仿铜陶礼器等都具有重要的研究价值。[④] 关于此墓的年代有春秋晚期、春秋战国之交、战国早期诸说，拟定为春秋末或战国初[⑤]。现列入战国楚墓叙述。

（28）1973 年在东南郊子弹库发掘的 1 号战国楚墓的木椁盖板下的顶板上出土有一幅人物御龙帛画，1942 年被盗掘出土的有名的战国帛书，即出于此墓。[⑥]

（29）1974 年在东南郊树木岭发掘的 1 号墓中，除出楚式器物外，还出有 1 件越式的人形柄铜匕首。[⑦]

（30）1974 年在南郊黄土岭魏家大堆清理的 1 号墓，出土仿铜陶礼器鼎、敦、钫等 27 件，属战国晚期楚墓。[⑧]

（31）1974 年在东区识字岭清理 2 座战国墓，出土随葬品共 24 件，

---

① 湖南省博物馆．长沙市东北郊古墓葬发掘简报［J］．考古，1959（12）．

② 湖南省博物馆．长沙柳家大山古墓葬清理简报［J］．文物，1960（3）．

③ 湖南省博物馆．长沙五里牌古墓葬清理简报［J］．文物，1960（3）．

④ 湖南省博物馆．长沙浏城桥一号墓［J］．考古学报，1972（1）．

⑤ 高至喜．论长沙浏城桥一号墓和杨家湾六号墓的年代［M］//湖南考古辑刊：第 1 集．长沙：岳麓书社，1982．

⑥ 湖南省博物馆．长沙子弹库战国木椁墓［J］．文物，1974（2）．

⑦ 高至喜．湖南发现的几件越族风格的文物［J］．文物，1980（12）；湖南省博物馆．长沙树木岭战国墓阿弥岭西汉墓［J］．考古，1984（9）．

⑧ 湖南省博物馆．湖南长沙黄土岭魏家大堆战国墓［M］//文物资料丛刊：第 3 集．北京：文物出版社，1980．

其中有“长郪”铜戈、铁足铜鼎，铜殳、铜匜、石璧等楚器。①

（32）1958 年至 1979 年在近郊发掘楚墓 595 座。②

（33）1979 年在工农桥一座战国墓中出土随葬物品 31 件。③

（34）1980 年在东郊火车站邮电大楼工地清理的 3 号战国晚期楚墓，出土有十弦琴、漆绘云凤纹的木虎子、“单踖讨”铜戈等器物。④

（35）1982 年在浏城桥发掘 3 座战国墓，距浏城桥 1 号墓仅 10 米。3 座墓中共出土随葬物品 82 件，其中有 28 颗蜻蜓眼式的玻璃珠及铅鼎等。⑤

（36）1983 年在东郊张公岭清理战国墓 62 座，随葬物品有陶器 155 件，铜器 100 件，其特点是铜兵器成套出土，多出越式铜鼎。⑥ 后又继续进行发掘，战国墓增至近 200 座，基本上是战国中期墓。⑦

（37）1985 年在北区留芳岭发掘了一座木椁墓，葬具为一椁一棺，棺为悬底弧棺，出土随葬品 19 件。⑧

（38）1986 年在南区火把山清理的 4 号战国墓，出土随葬物品 28 件，其中有陶礼器鼎、盒、钫，有铜、铁兵器及“郏冟厂”铜印，是一座有代表性的战国晚期楚墓。⑨

---

① 单先进，熊传新．长沙识字岭战国墓［J］．考古，1977（1）．

② 高至喜．从长沙楚墓看春秋战国时期当地经济文化的发展［C］//中国考古学会第二次年会论文集．北京：文物出版社，1982．

③ 长沙市文物工作队．长沙工农桥一号战国楚墓［J］．文物，1983（6）．

④ 长沙市文物工作队．长沙市五里牌战国木椁墓［M］//湖南考古辑刊：第 1 集．长沙：岳麓书社，1982．

⑤ 张一兵．长沙浏城桥发掘出三座战国墓［N］．湖南日报，1982-4-5：3．

⑥ 黄纲正．长沙市张公岭战国墓群［M］//中国考古学年鉴 1984．北京：文物出版社，1984．

⑦ 黄纲正．战国长沙楚城初论［M］//楚文化研究论集：第 2 集．武汉：湖北人民出版社，1991．

⑧ 长沙市文物工作队．长沙留芳岭战国墓发掘简报［M］//湖南文物：第 1 辑．长沙：湖南大学出版社，1986．

⑨ 长沙市文物工作队．长沙火把山楚汉墓［M］//湖南文物：第 3 辑．长沙：湖南大学出版社，1988．

（39）1986 年在北区荷花池发掘一座战国木椁墓，有两椁两棺，外棺为悬底弧棺，“内椁四周均有特殊的门楣结构”，随葬物品共 63 件。①

2. **益阳市**

（1）1978 年在益阳县新桥山发掘战国墓 25 座，出土随葬物品 215 件；在赫山庙一带发掘战国墓 22 座，出土随葬物品 208 件。其中赫山庙 4 号墓出土铸有“敚作郙王戟”铭文的铜戈。②

（2）1980 年在益阳县羊舞岭县农机厂清理的 3 号战国墓，出土随葬物品 40 多件，其中有木雕展翅飞鸟、口吐长舌的镇墓兽等。③

（3）1979 年至 1981 年，在益阳桃花㟃、天成垸、赫山庙、羊舞岭等地清理战国墓 93 座，共出土随葬品 820 件。④

（4）1984 年在益阳县赫山镇清理东周墓 21 座，出土随葬物品中有越式铜鼎、错金壶盖、铁剑等。⑤

（5）1985 年在益阳县南区陆贾山清理楚墓 57 座，出土随葬物品 510 余件，其中有几座为春秋晚期楚墓，大多数为战国墓，随葬品的组合和器物特点与湘北楚墓接近，没有铜镜，极少玻璃器，与过去益阳所出楚墓有所不同。⑥

（6）1958 年在益阳县羊舞岭乡天子坟村发掘楚墓 110 多座，出土随葬物品 900 余件。⑦

---

① 长沙市文物工作队．长沙市荷花池一号战国木椁墓发掘报告［M］//湖南考古辑刊：第 5 辑．长沙：岳麓书社，1989.

② 湖南省博物馆，益阳县文化馆．湖南益阳战国两汉墓［J］．考古学报，1981（4）.

③ 益阳地区文物工作队．益阳羊舞岭战国东汉墓清理简报［M］//湖南考古辑刊：第 2 集．长沙：岳麓书社，1984.

④ 湖南省益阳地区文物工作队．益阳楚墓［J］．考古学报，1985（1）.

⑤ 盛定国．益阳县赫山镇东周墓［M］//中国考古学年鉴 1985．北京：文物出版社，1985.

⑥ 盛定国．益阳陆贾山东周墓葬［M］//中国考古学年鉴 1988．北京：文物出版社，1989.

⑦ 舒华昌．益阳县天子坟东周墓群［M］//中国考古学年鉴 1987．北京：文物出版社，1988.

（7）1987年在益阳县赫山镇菜子坝清理战国墓19座，其中有鬲、罐、豆、壶陶器组合的早期楚墓。①

（8）1988年在益阳县天成垸清理战国墓11座，出土随葬物品59件，其中有1件铰链提梁铜方壶。②

3. 湘乡市

（1）1965年在韶山灌区湘乡境内清理楚墓75座，除少数几座可早至春秋晚期外，绝大部分是战国楚墓，出土随葬物品580多件，其中有勾连云纹铜豆等精品。③

（2）1975年至1976年，在牛形山发掘了两座较大型的战国楚墓，均为两椁三棺。1号墓出土随葬品223件。④

（3）1985年在城关长桥粮库工地清理楚墓208座，出土随葬物品700余件；同时在其附近的万家冲红砖厂工地清理战国墓52座。⑤ 在长桥粮库工地有3座楚墓有打破关系，有助于研究楚墓的相对年代。⑥

（4）1986年在湘乡冻肉厂工地清理楚墓65座，少数为春秋晚期楚墓，多为战国楚墓。⑦

4. 湘潭市

1959年在下摄司清理9座战国墓，出土随葬物品近20件；后又清

① 胡平. 益阳县赫山镇菜子坝战国西汉墓［M］//中国考古学年鉴1988. 北京：文物出版社，1989.

② 邓建强. 益阳县天成垸战国、西汉墓群［M］//中国考古学年鉴1989. 北京：文物出版社，1990.

③ 湖南省博物馆. 湖南韶山灌区湘乡东周墓清理简报［J］. 文物，1977（3）.

④ 湖南省博物馆. 湖南湘乡牛形山一、二号大型战国木椁墓［M］//文物资料丛刊：第3集. 北京：文物出版社，1980.

⑤ 谭国才. 湘乡县城关长桥战国墓群［M］//中国考古学年鉴1986. 北京：文物出版社，1988.

⑥ 袁建平. 略论湘乡枫树仑三座有打破关系的楚墓［M］//湖南博物馆文集. 长沙：岳麓书社，1991.

⑦ 谭国才. 湘乡市冻肉厂东周墓群［M］//中国考古学年鉴1987. 北京：文物出版社，1988.

理7座。[①]

5. 株洲市

（1）1955年在市区内洋屋岭清理战国墓10座，随葬品中出土陶豆较多。[②]

（2）1957年在株洲县三门（原属醴陵县）清理楚墓8座，出陶豆较多。[③]

6. 攸县

1985年在新网岭、八鸡岭、驼背岭清理东周和西汉墓葬51座，其中部分为战国楚墓，有的楚墓中出土泥璧。[④]

7. 浏阳市

（1）1966年在大瑶西洋山清理两座战国楚墓，出土随葬品8件。[⑤]

（2）1978年在北星纸背村发掘战国墓一座，出土有一套环钮编钟9件。[⑥]

8. 汨罗市

1983年在城关北的永青村、楚塘村、楚南村清理东周墓67座，其中绝大多数为战国楚墓，出土随葬物品204件，其中的双耳陶罐、矮领广肩平底陶罐具有地方特点，还出土越式铜鼎和铜矛。[⑦]

9. 岳阳市

（1）1971年在城陵矶清理战国墓3座，出土随葬品14件。[⑧]

（2）1987年在岳阳市北郊铜鼓山清理战国楚墓4座，出土随葬品19

---

① 周世荣. 湖南湘潭下摄司的战国墓［J］. 考古，1963（12）.

② 高至喜. 湖南株洲战国墓清理［J］. 考古，1959（12）.

③⑤⑧ 高至喜，熊传新. 楚人在湖南的活动遗迹概述［J］. 文物，1980（10）.

④ 郑元日. 攸县网岭镇东周、西汉墓葬［M］//中国考古学年鉴1986. 北京：文物出版社，1988.

⑥ 湖南省博物馆，熊传新. 湖南新发现的青铜器［M］//文物资料丛刊：第5集. 北京：文物出版社，1981.

⑦ 湖南省博物馆. 汨罗县东周、秦、西汉、南朝墓发掘报告［M］//湖南考古辑刊：第3集. 长沙：岳麓书社，1986.

件，其中有战国早期的仿铜陶礼器和铁剑。[①]

10. 临湘市

1988 年在江南乡鸭栏村义子山与鹞子坡发现楚墓群，已清理其中的 11 座，多为早期的小墓。[②]

11. 华容市

1984 年鲇市镇三潭发现楚墓一座。棺为悬底弧棺。出土的黑衣灰陶器有：大口长颈壶、折沿深腹圜底内凹的盂、浅盘豆，是战国早期楚墓。

上述 10 多个市、县 60 余处地点共发掘有约 3 000 座楚墓，但已发表有较详细资料的只有长沙、益阳、湘乡、汨罗等处的楚墓。下面就根据这些资料来综合概括湘中、湘东地区的战国楚墓情况。有些问题在以后的专门章节中还要论及的，这里就不细说。

（二）墓葬形制

1. 封土

湘中、湘东战国楚墓原来一般都应有圆形封土堆。如在益阳近郊、湘乡牛形山一带就保存有成群的封土堆，除了大夫级以上楚墓封土较大之外，士及平民楚墓的封土堆都很小。而已发掘的春秋楚墓均未发现有封土堆。看来江南地区墓上起坟堆的习俗，可能要到战国时期才兴盛起来。

2. 墓圹

这一地区战国楚墓的墓葬形制都是竖穴土坑。很少一部分墓由于使用白膏泥密封葬具，使棺椁得以保存下来。从墓葬分布来看，一般埋在山脊或山腰以上。从墓圹的大小来分，大体上可以分为长方形窄坑、带墓道长方形坑和长方形宽坑。一般平面作长方形，个别的作梯形。在长方形窄坑墓中，有不少带有台阶，多为四周带台阶，也有仅在两侧有台阶，或者仅在一端有台阶。这类墓的墓坑都很窄小，当属于单棺墓，设

---

① 湖南省文物考古研究所．岳阳市郊铜鼓山商代遗址与东周墓发掘报告［M］//湖南考古辑刊：第 5 集．长沙：岳麓书社，1989.

② 何钦法．临湘县鹞子坡东周、东汉墓［M］//中国考古学年鉴 1989．北京：文物出版社，1990.

台阶的目的可能是便于在棺上再铺上一层盖板，以表示“木椁”。不过这未能在考古发现中见到实物。这类窄坑墓，由于墓坑很窄小，仅能容棺，往往向墓室一端掏一小壁龛以放置随葬物品。这种小壁龛形状多不甚规则，一般在头部，或与墓底平行掏进，或在台阶处掏进去。

长方形墓坑，比上述窄坑墓较为宽大，长宽比例约为三比二，也有接近方形的。数量较多，但设壁龛和台阶的墓已大大减少，有很少的墓设有“边龛”。由于墓室加大加深，为便于运送棺椁和随葬物品，有的在墓室一端设有斜坡墓道。墓道底距墓底的高度高的达 3 米左右。

墓坑都挖在网纹红土层，深的已接近砾石层。填土多用较纯净的网纹红土捣碎回填，再夯紧。有少部分墓室在木椁周围用白膏泥或青膏泥密封，凡密封较好的，棺椁往往可以保存，或部分保存下来。

墓的方向南北向，东西向均有，而以南北向居多，东西向较少。①

3. 棺椁

由于墓主人生前地位财富的差别，葬具的大小也存在很大的差别，可以分为单棺、一椁一棺、一椁两棺、两椁一棺、两椁两棺和两椁三棺多种。棺髹漆者，内红外黑。而椁板则均不髹漆。

单棺墓都是窄小的墓，数量很多，但由于没有采用白膏泥防腐，故其木棺均未能保存下来。因其墓室窄小，仅能容下一棺，有几件随葬物品也放在头龛里，故可推测其为单棺墓。

一椁一棺墓较多，由于棺椁规模的不同，又有边箱多少之别。最小的木椁墓仅有一个边箱，如 1955 年长沙市丝茅冲 D 区 4 号墓，墓室为长方形竖穴，没有墓道，木椁内长仅 2.13 米，宽 0.91 米，内置一长方形盒状木棺，棺之南侧与木椁之间留有空间，形成左边箱，放置随葬物品 20 件。边箱内有七块薄板，下有小榫，置于椁底板的榫孔内，圆四方三，如将四块带圆榫

---

① 上述湘中、湘东地区战国楚墓墓葬形制情况系根据作者在田野工作中考察所见，并参考下列文献写成。长沙发掘报告［M］. 北京：科学出版社，1957；长沙楚墓［J］. 考古学报，1959（1）；湖南湘乡牛形山一、二号大型战国木椁墓［M］//文物资料丛刊：第 3 集. 北京：文物出版社，1980.

的木板旋转，则可把边箱构成三个长方形木框（图 2-32）①，这种结构甚为少见。

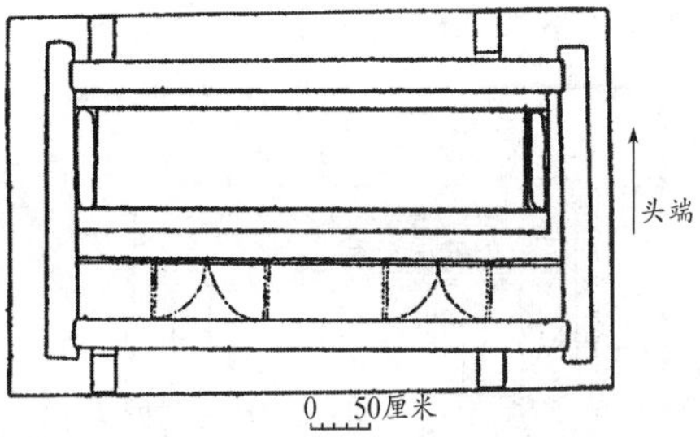

图 2-32　长沙丝茅冲 D 区 4 号墓棺椁平面图

两个边箱者有 1954 年长沙左家公山 15 号墓，为带墓道的长方形竖穴土坑墓，由于木椁四周用很厚的白膏泥密封，故木棺椁保存完好，在长方形木椁内的靠东、北边置平底方形木棺，在靠木棺的南、西边置两块薄板，形成头、左两个彼此相通的边箱，呈曲尺形（图 2-33）。② 1985 年长沙留芳岭 3 号墓，也是有头、左两个边箱，但头箱和左边箱之间有薄板隔开。棺为悬底弧棺。③

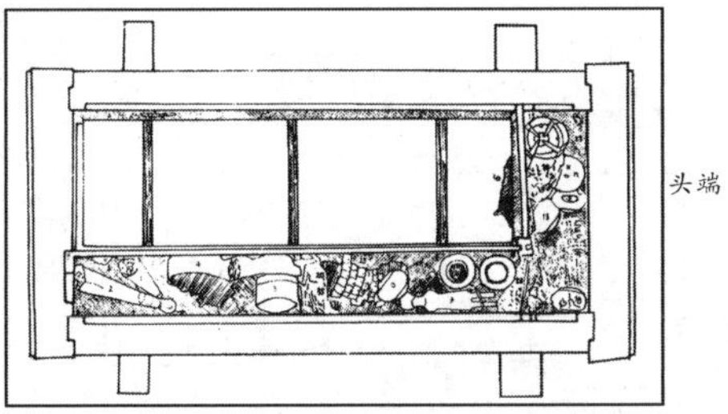

图 2-33　长沙左家公山 15 号墓墓室棺椁平面图

---

① 湖南省文物管理委员会. 湖南长沙丝茅冲战国小型木椁墓清理记［J］. 考古通讯，1957（5）.

② 湖南省文物管理委员会. 长沙左家公山的战国木椁墓［J］. 文物参考资料，1954（12）.

③ 长沙市文物工作队. 长沙留芳岭战国墓发掘简报［M］//湖南文物：第 1 辑. 长沙：湖南大学出版社，1986.

有三个边箱者有 1954 年长沙杨家湾 6 号墓，墓室东端有斜坡墓道，棺置于木椁内靠墓道一端的中间，棺之两侧各嵌一块薄板，形成左、右、足三个彼此不相通的小室（图 2-34）。①

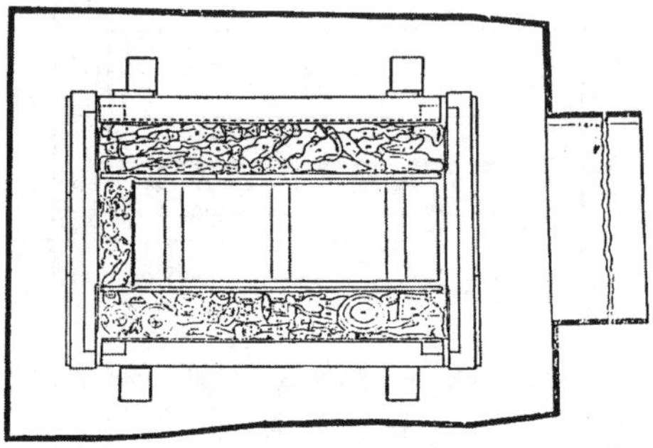

图 2-34　长沙杨家湾 6 号墓墓室棺椁平面图

两椁一棺墓有 1965 年湘乡陈家湾 70 号墓，墓坑长仅 3.04 米，宽 2.14 米，却有内外两层椁板，但在内外椁之间只有左、右两侧留有空间形成两个边箱，而在头、足的内外椁板之间空隙很小（图 2-35），这也不多见。②

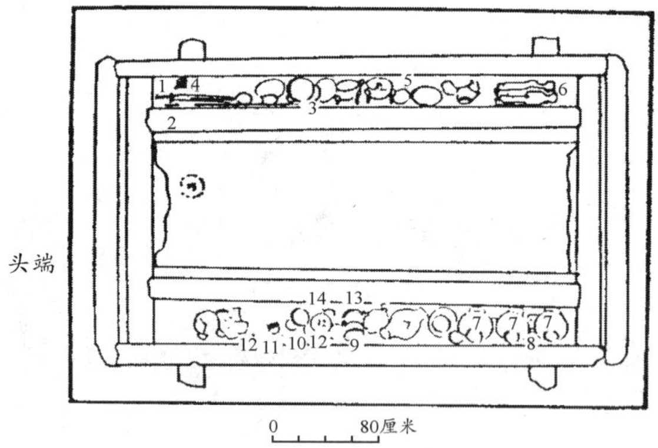

图 2-35　湘乡陈家湾 70 号墓墓室棺椁平面图

① 湖南省文物管理委员会. 长沙杨家湾 M006 号墓清理简报 [J]. 文物参考资料，1954 (12).

② 湖南省博物馆. 湖南韶山灌区湘乡东周墓清理简报 [J]. 文物，1977 (3).

一椁两棺墓较多。如 1971 年浏城桥 1 号墓，是此类墓中规模较大且保存完整的一座。墓道在东端。墓底长 5.84 米，宽 3.97 米，有四级台阶。木椁四周填有厚约 60 厘米的白膏泥，故棺椁保存完好。椁长 4.5 米，宽 2.88 米，高 2.04 米。外棺（原报告误作“内椁”，从其形制看应是棺）为平底方形，用 8 厘米厚的木板做成，紧靠北椁板。内棺为悬底弧棺，出土时已倾倒。从部分璧、环、琮等装饰品压在竹席下来看，是由于这类悬底弧棺“头重脚轻”，后因墓室内积满水，使棺浮动而倾倒的，并非原先埋葬时有意将棺侧倒放置。在外棺与椁板之间在头（东）、左、足部留有空间，形成头、左、足三个彼此相通的边箱（图 2-36）。足箱内还有陪葬小棺一具，长 1.9 米，宽 0.47 米，高 0.54—0.57 米，也是悬底弧棺。这在湖南地区尚属初见。①

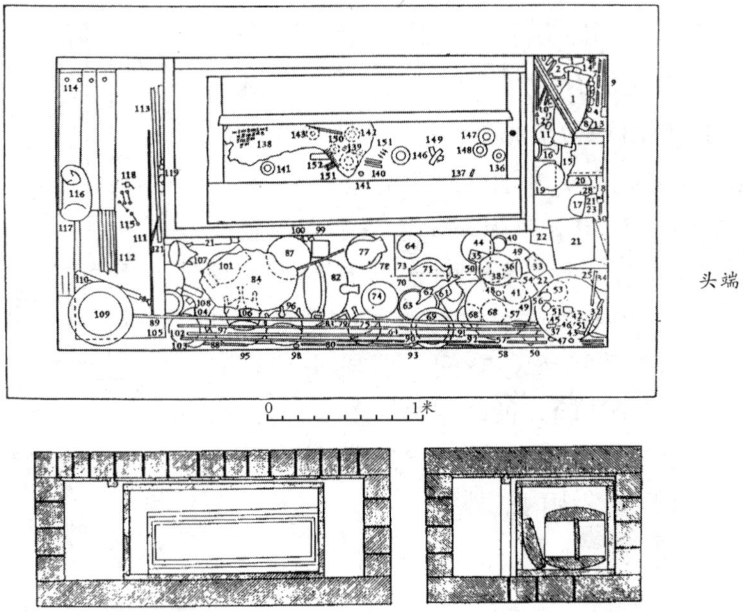

图 2-36　长沙浏城桥 1 号墓墓室平面图（上）、棺椁纵剖图（下左）、横剖图（下右）

① 湖南省博物馆. 长沙浏城桥一号墓［J］. 考古学报，1972（1）.

1956 年长沙黄泥坑 20 号墓①和 1958 年长沙烈士公园 3 号墓，都是一椁两棺。棺均为平底方棺（图 2-37）。②

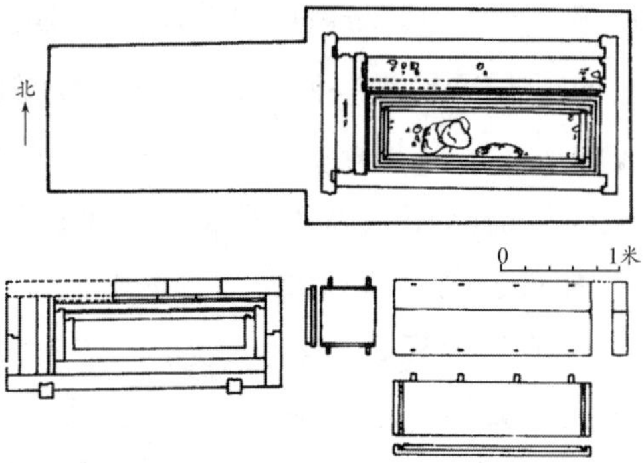

图 2-37　1958 年长沙烈士公园 3 号墓墓室平面图（上）、棺椁纵剖图（下左）、外棺结构图（下右）

两椁两棺墓有 1953 年长沙仰天湖 25 号墓，有内外椁两层，内椁头部（东端）挡板紧靠外椁，在左、右、足部留有空间，形成三个彼此相通的边箱，内、外棺均为平底方棺。③ 外椁全长 3.54 米，宽 2.7 米，高 1.8 米（图 2-38）。④

1951 年长沙市五里牌 406 号墓是规模较大的两椁两棺墓，在椁盖板的四周有围框，长 4.2 米，宽 3.2 米，这在江南楚墓中是首次见到。内、外椁之间留有空间，形成头（东）、足、左、右四个边箱，彼此相通（图 2-39）。两层套棺置内椁中，都是平底方棺。外棺内外涂黑色，内棺的髹漆为内红外褐。⑤

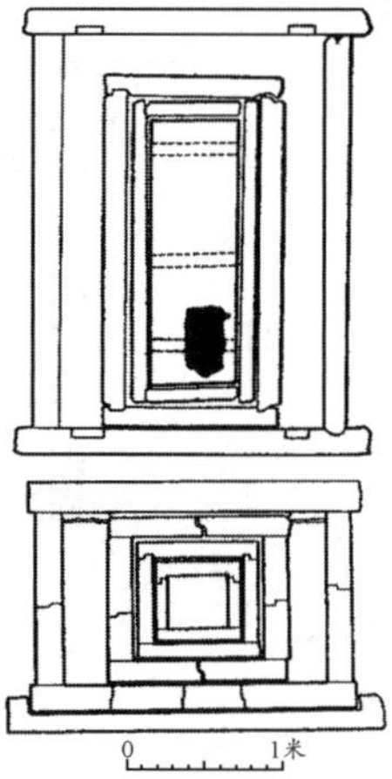

图 2-38　长沙仰天湖 25 号墓棺椁平面图（上）、棺椁横剖图（下）

---

① 湖南省文物管理委员会．长沙黄泥坑第二十号墓清理简报［J］．文物参考资料，1956（11）．

② 高至喜．长沙烈士公园 3 号木椁墓清理简报［J］．文物，1959（10）．

③ 湖南省文物管理委员会．长沙仰天湖 25 号木椁墓［J］．考古学报，1957（2）．

④ 湖南省文物管理委员会．长沙出土的三座大型木椁墓［J］．考古学报，1957（1）．

⑤ 中国科学院考古研究所．长沙发掘报告［M］．北京：科学出版社，1957：8-18、26.

1986 年，长沙市荷花池木椁墓为两椁两棺墓，规模不大，却有特殊的门楣结构。墓道在正东边。墓室上大下小。外椁长 3.52 米，宽 2.82 米。内椁由四根梁木围成上层框架，下用立柱支撑，四面均有门楣结构，“除北向只通棺室不通外箱外，其余三面均沟通了棺室与盛置葬品的器物箱”，“这类门楣结构应是墓主人生前生活、居住处的浓缩图样”。[①] 在内外椁之间的东、南、西三面留有空间，形成头、左、足三个边箱。

图 2-39 长沙五里牌 406 号墓墓室棺椁平面图

两椁三棺墓有 1976 年湘乡牛形山 2 号墓。外椁长 5.2 米，宽 3.9 米，在内外椁之间形成回廊形空间，构成头、足、左、右四个边箱。外棺为平底方棺，中棺为平底弧棺，内棺为平底方棺。中棺外表在褐漆地上绘朱、黄色几何云雷纹和龙纹。内棺外表在黑漆地上绘朱、黄色几何云雷纹和龙凤纹。[②]

牛形山 1 号墓比 2 号墓的规模略小，同样为二椁三棺。椁用枫木，棺用梓木。内棺上漆绘有龙凤纹和三角形云雷纹等。[③]

4. 笭床

在湘中、湘东地区战国楚墓中盛行在内棺内使用笭床，即雕花木板，用以承垫尸体。最早见于 1951 年在长沙近郊的 124 号和 257 号墓中出土的龙纹笭床，和 125 号墓中所出的几何纹笭床。[④] 以后在长沙近郊、湘乡牛形山等地的十多座战国楚墓中出土有笭床。从其雕刻纹饰看，基本上是两种

---

① 长沙市文物工作队. 长沙市荷花池一号战国木椁墓发掘报告［M］//湖南考古辑刊：第 5 集. 长沙：岳麓书社，1989.

②③ 湖南省博物馆. 湖南湘乡牛形山一、二号大型战国木椁墓［M］//文物资料丛刊：第 3 集. 北京：文物出版社，1980.

④ 中国科学院考古研究所. 长沙发掘报告［M］. 北京：科学出版社，1957：63、图版 6.

类型。一种是透雕的龙纹，仅见于这一地区，如 1953 年长沙仰天湖 25 号墓[①]所出，长 1.8 米，宽 43 厘米，厚 4 厘米，中间透雕双身龙两条，龙身蜷曲缠绕，两端各雕卷成 8 字形的小龙两条，全器共有龙六条，并用两环连接成一个整体，雕刻甚精。长沙仰天湖 14 号墓[②]、1951 年长沙 124 号墓所出笭床与此相同，而长沙 257 号墓所出龙纹笭床雕刻粗糙，且是件半成品[③]。另一种是几何形纹笭床，透雕“L”“+”“T”“τ”等图案和半雕透的三角形纹相结合。这类图案的笭床于战国中期就在楚都江陵地区流行，如透雕“L”“+”“T”等图案的几何纹笭床见于江陵雨台山战国中期偏早的 323 号墓和 169 号墓[④]；三角形纹笭床最早见于江陵李家台 3 号墓，年代属战国中期偏早[⑤]；较晚的见于江陵马山 1 号墓[⑥]。上述两种笭床最早的均只有两组花纹，往后发展到多组。而湘中、湘东地区楚墓中的笭床图案，则是把上述两种类型的图案结合起来。如 1951 年长沙 125 号墓[⑦]、1953 年长沙仰天湖 26 号墓[⑧]、1955 年长沙丝茅冲 D 区 4 号墓[⑨]、1958 年长沙烈士公园 3 号墓[⑩]、1959 年长沙五里牌 13 号墓[⑪]、1973 年长沙子弹库 1 号墓[⑫]、1975 年湘乡牛形山 1 号墓[⑬]所出笭床，都属此型。笭床纹饰相同，说明这些墓的年代应大体相近，即

---

① 湖南省文物管理委员会. 长沙出土的三座大型木椁墓［J］. 考古学报，1957（1）.

②⑧ 湖南省博物馆. 湖南省文物图录［M］. 长沙：湖南人民出版社，1964：图版 45.

③⑦ 中国科学院考古研究所. 长沙发掘报告［M］. 北京：科学出版社，1957：63、图版 6.

④ 湖北省荆州地区博物馆. 江陵雨台山楚墓［M］. 北京：文物出版社，1984：38、35.

⑤ 荆州博物馆. 江陵李家台楚墓清理简报［J］. 江汉考古，1985（3）.

⑥ 湖北省荆州地区博物馆. 江陵马山一号楚墓［M］. 北京：文物出版社，1985：8.

⑨ 湖南省文物管理委员会. 湖南长沙丝茅冲战国小型木椁墓清理记［J］. 考古通讯，1957（5）.

⑩ 高至喜. 长沙烈士公园 3 号木椁墓清理简报［J］. 文物，1959（10）.

⑪ 湖南省博物馆. 长沙五里牌古墓葬清理简报［J］. 文物，1960（3）.

⑫ 湖南省博物馆. 长沙子弹库战国木椁墓［J］. 文物，1974（2）.

⑬ 湖南省博物馆. 湖南湘乡牛形山一、二号大型战国木椁墓［M］//文物资料丛刊：第 3 集. 北京：文物出版社，1980.

都属战国中期。部分筝床的三角形纹，已由两组发展为三组。其中只有两组三角形纹的较早，有三组三角形纹的较晚。如烈士公园 3 号墓要早于仰天湖 26 号墓。此型筝床的纹饰往后演变是三角形纹得到发展，“+”形透雕纹减少，如 1954 年长沙左家公山 15 号墓所出筝床，“+”字形纹消失，三组三角形纹大大加长。① 1954 年长沙杨家湾 6 号墓所出几何形纹筝床，“+”“T”“τ”形透雕纹消失，三角形纹发展到四组，占据了全部雕刻版面。② 由墓中所出随葬物品也可证明这一发展顺序，如湘乡牛形山 1 号墓、长沙丝茅冲 D 区 4 号墓、子弹库 1 号墓等墓中都出土有仿铜陶礼器鼎、敦、壶等，这要比出鼎、盒、钫的墓为早，其具体年代应在战国中期或稍晚。而出四组三角形纹筝床的杨家湾 6 号墓中，出鼎、盒、钫、熏炉、盘、匜，年代在战国晚期前段偏晚。③ 同类的三角形纹筝床也见于江陵马山 1 号墓④，而马山 1 号墓的年代“为战国中期偏晚或战国晚期偏早”⑤，由此把杨家湾 6 号墓的年代定在战国晚期前段偏晚是恰当的。这类三角形纹筝床最晚见于安徽长丰 8 号墓，三角形纹已增至 16 组⑥，年代在战国晚期之末，即楚国被灭亡之前不久。可见三角形纹筝床确是由二组发展到三组、四组，再至多组。仰天湖 25 号墓等墓所出形象化龙纹的筝床，不见于楚都江陵地区，仅见于长沙地区，看来应是本地所独创。它与几何形纹筝床可能是大体同时发展，或稍晚出现，

---

① 湖南省文物管理委员会．长沙左家公山的战国木椁墓［J］．文物参考资料，1954（12）．

② 湖南省文物管理委员会．长沙杨家湾 M006 号墓清理简报［J］．文物参考资料，1954（12）．

③ 高至喜．论长沙浏城桥一号墓和杨家湾六号墓的年代［M］//湖南考古辑刊：第 1 集．长沙：岳麓书社，1982．

④ 湖北省荆州地区博物馆．江陵马山一号楚墓［M］．北京：文物出版社，1985：图版 2．

⑤ 湖北省荆州地区博物馆．江陵马山一号楚墓［M］．北京：文物出版社，1985：94、95．

⑥ 安徽省文物工作队．安徽长丰杨公发掘九座战国墓［M］//考古学集刊：第 2 集．北京：中国社会科学出版社，1982．

而不可能是由三角形纹笭床发展演变而来，因为在两者之间看不出任何演变发展的轨迹。如仰天湖25号墓中出有仿铜陶礼器鼎、敦、壶，其年代应在战国中期偏晚，或战国晚期偏早，而不会比出鼎、盒、钫的杨家湾6号墓为晚，大量考古发现证明，鼎、盒、壶、钫的陶器组合始于战国晚期，盛于秦和西汉早期。

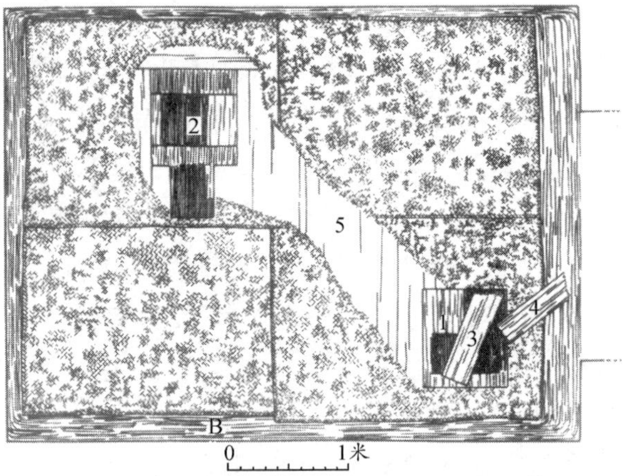

图 2-40　长沙五里牌406号墓木椁顶竹席

5. 竹席

与葬具有关的还有竹席。有的是在椁盖板上加铺竹席，用以防御尘土，即是《仪礼·既夕礼》所说的“抗席”。如1951年长沙406号椁顶有竹席4张（图2-40）[①]，1956年长沙黄泥坑20号墓[②]、广济桥5号墓[③]的椁盖板上均铺有人字纹竹席。有的在棺盖上置竹帘，如1985年长沙留芳岭3号墓的棺上加有竹帘。帘用11根竹条编成[④]；1958年长沙烈士公

① 中国科学院考古研究所. 长沙发掘报告［M］. 北京：科学出版社，1957：8、9.

② 湖南省文物管理委员会. 长沙黄泥坑第二十号墓清理简报［J］. 文物参考资料，1956（11）.

③ 湖南省文物管理委员会. 长沙广济桥第五号战国木椁墓清理简报［J］. 文物参考资料，1956（12）.

④ 长沙市文物工作队. 长沙留芳岭战国墓发掘简报［M］//湖南文物：第1辑. 长沙：湖南大学出版社，1986.

园 3 号墓的外棺盖上也铺有 4 块双层的内夹竹叶的竹席①。还有的在内棺底或笭床上铺竹席，编织成人字纹。如 1971 年长沙浏城桥 1 号墓棺底尚残存有竹席，由于悬底棺倾倒，将原来佩戴在尸体上的玉璧、玉环、玉琮等已压在竹席之下②，说明原来内棺底是铺有竹席的；1954 年长沙左家公山 15 号墓③、1973 年长沙子弹库 1 号墓④的笭床上都铺有竹席。

（三）随葬物品

湘中、湘东战国楚墓的随葬物品，以陶器为主，还有铜器、铁器、漆木竹器、玉石玻璃器、铅器、丝麻织品等。

早在春秋晚期，楚人已进入湘中、湘东地区。到战国时期，反映在楚墓中的随葬物品方面，原有的越文化因素越来越少，而在典型楚文化基础上独创的一些具有地方特点的文化因素不断增加。

1. 陶器

湘中、湘东战国楚墓中的随葬品以陶器为最多。春秋晚期曾在小型楚墓中流行的日常生活用器鬲、盂（钵）、豆、平底壶、罐等，在战国早期继续存在，有少量延续至战国中期。到战国时期，仿铜陶礼器迅速增加。如用鼎、敦、壶随葬的风气曾盛极一时。到战国晚期还流行钫、盒、盘、匜、勺等。在战国楚墓中也还有少量的盉、簠、缶、簋、鉴、方炉、熏炉、高足小壶、碗及泥饼、珠等器。越式硬陶只有罐、杯等，为数不多。

战国早期的小墓中除鬲、盂（钵）、豆、罐、平底壶之外，新出现有一种罍形器，为矮领、广肩、深腹、平底，肩有双耳。而常与盂（钵）、豆同出，只有一例与陶鬲共存。在长沙地区 1963 年以前发掘的 144 座早期楚墓中有 13 座墓出罍形器。⑤

---

① 高至喜. 长沙烈士公园 3 号木椁墓清理简报［J］. 文物，1959（10）.

② 湖南省博物馆. 长沙浏城桥一号墓［J］. 考古学报，1972（1）.

③ 湖南省文物管理委员会. 长沙左家公山的战国木椁墓［J］. 文物参考资料，1954（12）.

④ 湖南省博物馆. 长沙子弹库战国木椁墓［J］. 文物，1974（2）.

⑤ 高至喜. 试论湖南楚墓的分期与年代［C］//中国考古学会第一次年会论文集. 北京：文物出版社，1982.

陶鬲是楚文化中一种很有特点的炊器，与周人的鬲相比较，有较高的柱足，而且比中原地区使用延续的时间要长。在江南早期的小型楚墓中，常见有两种陶鬲，即绳纹小口鬲和绳纹大口鬲，属日常用器。而战国初年的长沙浏城桥 1 号楚墓中，除同时出土这两种属日常用器的绳纹陶鬲之外，还出土有仿自青铜器的 8 件小陶鬲。① 这种小鬲有三道扉棱，在春秋时期流行于中原地区。

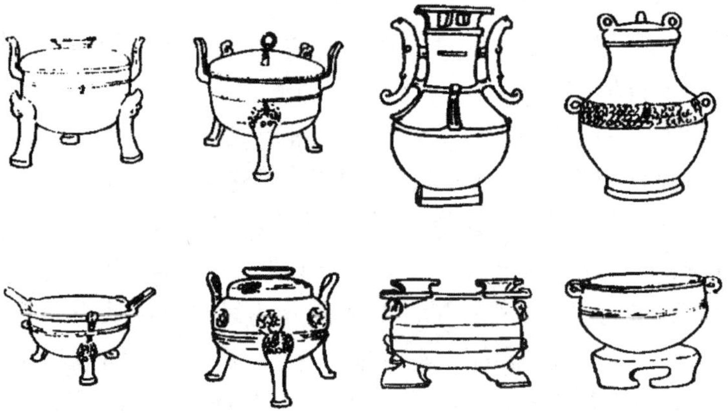

图 2-41　长沙浏城桥 1 号墓出土的陶器示意图

上排左起：鼎、鼎、方壶、缶；下排左起：鼎、鼎、簠、簋

李正光绘图

鼎是权力和等级的象征。长沙浏城桥 1 号墓是战国初年的中型墓，墓中出土的仿铜陶礼器中鼎最具代表性（图 2-41），既有大型的镬鼎，鼎内有猪骨，还有圆盖鼎，其中中等的有两件，小的两件，总的应是 5 件成套，配 4 簋；另有无盖、侈耳、平底的升鼎 3 件，配两簋加两敦②。可见楚人在战国初年仍在较严格地沿用周人礼制。还有两件环耳、有盖、圜底、蹄足印圆圈纹的小口鼎，较为少见。战国中期的陶鼎有 1986 年长沙市荷花池 1 号墓所出的两件，有圆盖，深腹，圜底稍平，蹄足稍有加

---

① 湖南省博物馆．长沙浏城桥一号墓［J］．考古学报，1972（1）．

② 湖南省博物馆．长沙浏城桥一号墓［J］．考古学报，1972（1）；俞伟超．先秦两汉考古学论集［M］．北京：文物出版社，1985：98．

高，并有彩绘云纹。① 战国中期的大镬鼎见于湘乡牛形山1号墓（图2-42，1）。战国晚期的陶鼎，蹄足不断加高，有的腹越来越浅，如长沙五里牌3号墓出土的陶鼎（图2-42，2），或多平底。如1954年长沙杨家湾6号墓所出陶鼎，彩绘菱形纹，蹄足直而瘦高（图2-42，3）②；1986年长沙火把山4号墓出土的陶鼎足高而且直，都与陶盒和钫同出，应是典型的战国晚期楚式鼎（图2-42，4）。

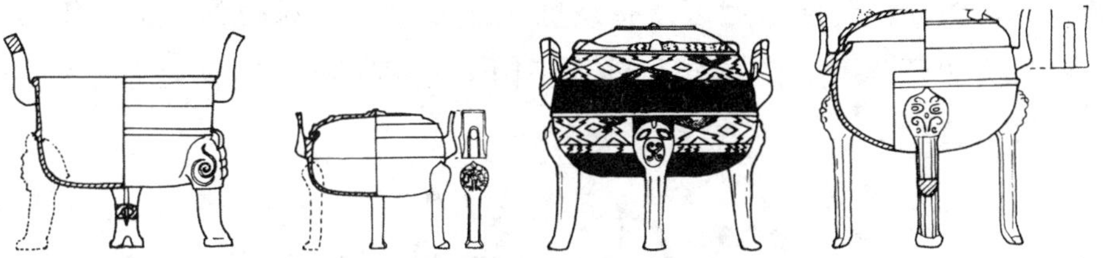

图2-42 陶鼎示意图

1. 采自湖南省博物馆《湖南湘乡牛形山一、二号大型战国木椁墓》 2. 采自长沙市文物工作队《长沙市五里牌战国木椁墓》 3. 采自湖南省博物馆《长沙楚墓》 4. 采自长沙市文物工作队《长沙火把山楚汉墓》

敦是盛黍稷稻粱之器。自春秋晚期在楚地兴起，到战国时期极盛，其中又以湘中、湘东地区最为盛行。如长沙东南郊209座东周楚墓中，就出土陶敦197件，数量仅次于陶鼎和陶壶，大大超过了陶豆。③ 与江陵雨台山楚墓的簠多而敦少④，也明显有别。

江南楚墓中最早的陶敦，出于战国初的长沙浏城桥1号墓。底、盖同大，整体作球形，盖上有三个S形钮，下有三个蹄足，身、盖近口沿处均有一对环钮⑤，这应是仿自春秋晚期的铜敦。战国中期的陶敦蹄足

① 长沙市文物工作队. 长沙市荷花池一号战国木椁墓发掘报告［M］//湖南考古辑刊：第5集. 长沙：岳麓书社，1990.

② 湖南省文物管理委员会. 长沙杨家湾M006号墓清理简报［J］. 文物参考资料，1954（12）.

③ 湖南省博物馆. 长沙楚墓［J］. 考古学报，1959（1）.

④ 湖北省荆州地区博物馆. 江陵雨台山楚墓［M］. 北京：文物出版社，1984：66、67.

⑤ 湖南省博物馆. 长沙浏城桥一号墓［J］. 考古学报，1972（1）.

消失，出现仿龙形的钮、足，或作同向双卷钮，或作 S 状，出现彩绘，或身、盖近口沿处的环钮省略。如 1975 年湘乡牛形山 1 号墓所出陶敦[①]和 1986 年长沙荷花池 1 号墓所出陶敦即是。[②] 到战国晚期，陶敦的钮、足向中心敛聚，更趋简化，或变为平底的碗形敦，且数量不断减少，直到绝迹。如 1980 年长沙五里牌 3 号墓所出之陶敦，钮、足向中心敛聚，作异向双卷（图 2-43）。[③] 1951 年长沙 250 号墓所出陶敦之足仅有“突起的三点，敛聚在腹底”，“可能是从敦过渡到盒的一种过渡型式”。[④] 1954 年杨家湾 6 号墓[⑤]和 1986 年长沙火把山 4 号墓等战国晚期楚墓中已经由盒代替了敦。

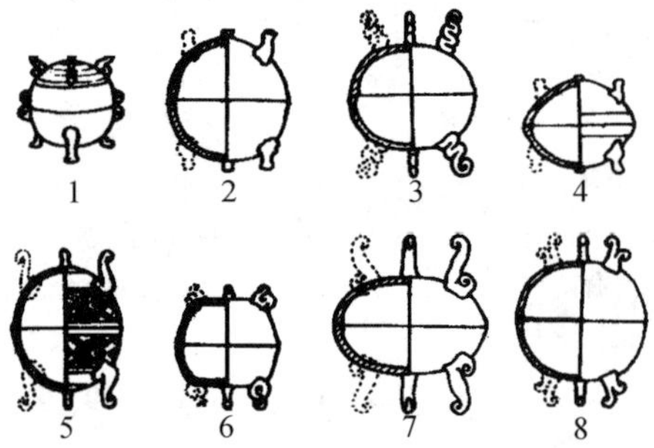

图 2-43　长沙、益阳出土陶敦示意图

1. 长沙浏城桥 1 号墓（战国早期）　2. 益阳赫山庙 16 号墓　3. 益阳桃花仑 6 号墓　4. 益阳天成垸 10 号墓（以上均属战国中期）　5. 益阳赫山镇 15 号墓　6. 益阳赫山庙 32 号墓　7. 益阳赫山庙 17 号墓　8. 长沙五里牌邮电大楼 3 号墓（以上属战国晚期）
采自湖南省益阳地区文物工作队《益阳楚墓》、长沙市文物工作队《长沙五里牌战国木椁墓》

① 湖南省博物馆. 湖南湘乡牛形山一、二号大型战国木椁墓［M］//文物资料丛刊：第 3 集. 北京：文物出版社，1980.

② 长沙市文物工作队. 长沙市荷花池一号战国木椁墓发掘报告［M］//湖南考古辑刊：第 5 集. 长沙：岳麓书社，1989.

③ 长沙市文物工作队. 长沙市五里牌战国木椁墓［M］//湖南考古辑刊：第 1 集. 长沙：岳麓书社，1982.

④ 中国科学院考古研究所. 长沙发掘报告［M］. 北京：科学出版社，1957：31.

⑤ 湖南省文物管理委员会. 长沙杨家湾 M006 号墓清理简报［J］. 文物参考资料，1954（12）.

壶是盛酒之器，也是楚墓中的主要随葬品之一。曾在楚都江陵等地于春秋晚期至战国早期流行的长颈陶壶，但在湘中、湘东的楚墓中甚为少见，仅有长沙楚墓中有少量出土。① 战国初期的陶壶除了平底壶之外，已出现圆腹圈足壶，肩腹外已有双环耳，但尚无铺首，如浏城桥 1 号墓所出即是。② 战国中期的陶壶已流行铺首，且有彩绘者，如长沙荷花池 1 号墓③和湘乡牛形山 1 号墓④所出。战国晚期之壶已趋简化，或盖上无钮，或无铺首，或无盖（图 2-44）⑤，甚至为钫所替代。⑥

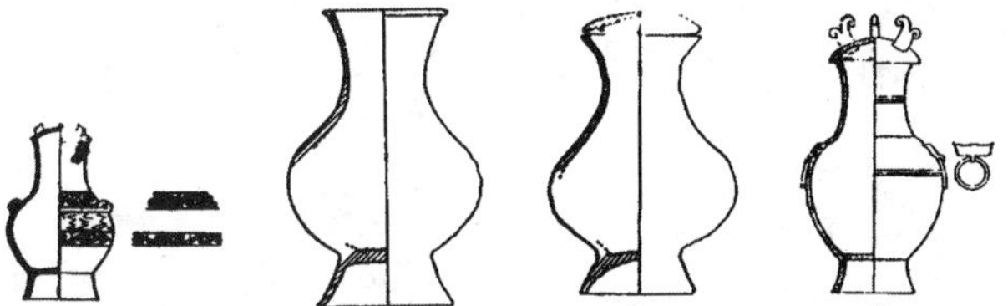

图 2-44　陶壶示意图

1. 湘乡牛形山 1 号墓出土（战国中期）　2. 长沙伍家岭 223 号墓出土　3. 长沙伍家岭 215 号墓出土　4. 长沙五里牌邮电大楼 3 号墓出土（2—4 均属战国晚期）

1. 采自湖南省博物馆《湖南湘乡牛形山一、二号大型战国木椁墓》

2、3. 采自中国科学院考古研究所《长沙发掘报告》

4. 采自长沙市文物工作队《长沙五里牌战国木椁墓》

豆也是楚墓中常见的随葬品之一。春秋时流行，战国时，在湘中、湘东的益阳、湘乡、株洲、汨罗等地的楚墓中，陶豆仍有大量出土，如益阳楚墓中出土的陶豆的数量与陶鼎、陶壶大体相同⑦；汨罗楚墓中的

---

① 湖南省博物馆. 长沙楚墓 [J]. 考古学报，1959 (1).

② 湖南省博物馆. 长沙浏城桥一号墓 [J]. 考古学报，1972 (1).

③ 长沙市文物工作队. 长沙市荷花池一号战国木椁墓发掘报告 [M] //湖南考古辑刊：第 5 集. 长沙：岳麓书社，1989.

④ 湖南省博物馆. 湖南湘乡牛形山一、二号大型战国木椁墓 [M] //文物资料丛刊：第 3 集. 北京：文物出版社，1980.

⑤ 中国科学院考古研究所. 长沙发掘报告 [M]. 北京：科学出版社，1957：32.

⑥ 湖南省文物管理委员会. 长沙杨家湾 M006 号墓清理简报 [J]. 文物参考资料，1954 (12).

⑦ 湖南省益阳地区文物工作队. 益阳楚墓 [J]. 考古学报，1985 (1).

陶豆还超过了鼎、壶的数量①；唯独长沙地区，除早期楚墓中出有较多的陶豆之外，战国墓中一般是出敦就不出豆，敦、豆同出者甚少，故其数量要少得多。如长沙东南郊 209 座楚墓中出有鼎 226 件、壶 249 件，而豆仅有 48 件②，其中还包括春秋晚期楚墓中相当多的一部分陶豆。这应是属于地域性的特征。

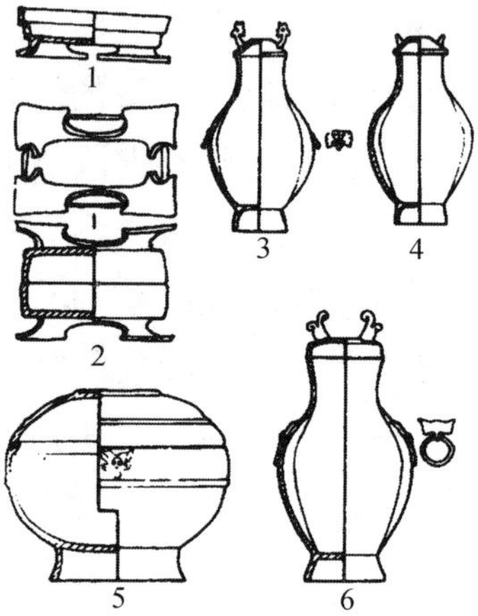

图 2-45　陶器示意图

1. 簠　湘乡牛形山 1 号墓出土（战国中期）　2. 簠　益阳羊舞岭 19 号墓出土　3、4. 钫　长沙火把山 4 号墓出土　5. 盒　长沙火把山 4 号墓出土　6. 钫　长沙五里牌邮电大楼 3 号墓出土（2—6 战国晚期）
采自湖南省博物馆《湖南湘乡牛形山一、二号大型战国木椁墓》、长沙市文物工作队《长沙火把山楚汉墓》、长沙市文物工作队《长沙五里牌战国木椁墓》

簠也是盛稻粱之器。湘中、湘东地区，早在春秋中、晚期楚墓中就有铜簠出土（参见本书第二章第二节第三部分）。仿铜器的陶簠最早的见于战国初期的长沙浏城桥 1 号墓，共有 3 件③；战国中期的陶簠仅有湘乡牛形山 1 号墓中出土的 1 件（图 2-45，1）④；战国晚期的也仅见于益阳羊舞岭 19 号墓中的 2 件（图 2-45，2）⑤，1952 年长沙黄泥坑 102 号墓 2 件⑥，数量如此之少，这与楚都江陵一带楚墓中出土有大量陶簠，形成鲜明对照。如江陵雨台山的 558 座楚墓中有 90 座墓出土陶簠

① 湖南省博物馆．汨罗县东周、秦、西汉、南朝墓发掘报告［M］//湖南考古辑刊：第 3 集．长沙：岳麓书社，1986.

②⑥ 湖南省博物馆．长沙楚墓［J］．考古学报，1959（1）.

③ 湖南省博物馆．长沙浏城桥一号墓［J］．考古学报，1972（1）.

④ 湖南省博物馆．湖南湘乡牛形山一、二号大型战国木椁墓［M］//文物资料丛刊：第 3 集．北京：文物出版社，1980.

⑤ 湖南省益阳地区文物工作队．益阳楚墓［J］．考古学报，1985（1）.

213件[①]，表现出明显的地域差别。湘中地区战国早、中期的两座出陶簠的墓规模都比较大，其墓主人应当也是来自楚都江陵的贵族，故带来和保留了楚都地区的一套礼器。

陶缶是盛酒的礼器。铜缶在春秋中晚期就已在楚地流行，有尊缶与浴缶之分，前者是酒器，后者是水器。湘中地区战国楚墓中也有仿铜尊缶的陶缶出土，但极少见。如战国初年的长沙浏城桥1号墓中出土2件（即Ⅰ式壶），形似壶，盖和腹部各有四个环钮，并印圆圈纹，过去往往将其列入“陶壶”之内（图2-41，上排4）[②]，因其仿自铜尊缶，故应名陶缶或陶尊缶为妥。战国中期的陶缶仅见于湘乡牛形山1号墓中出土的2件（即Ⅱ式壶）[③]，形制与浏城桥1号墓所出相近，但未印圆圈纹。至战国晚期已经绝迹。陶缶在楚都江陵地区却很流行，如雨台山楚墓区就出土陶尊缶（原报告名“一型壶”）190件，约与陶壶、陶敦的数量相等。[④]

钫即方壶，也是酒器。春秋时已有所见，陶方壶至战国初期才开始出现，战国中期也偶有所见，均只见于大夫级以上贵族墓中，如长沙浏城桥1号墓（图2-41，上排3）、湘乡牛形山1号墓中即有出土。陶钫至战国晚期才较为流行，就是小墓中也常有出土。如益阳出有10件[⑤]，湘乡出有6件[⑥]，长沙火把山4号墓和五里牌邮电大楼3号墓各出陶钫2件（图2-45：3、4、6）[⑦]，在杨家湾6号墓中所出为木钫5件[⑧]，1951年长沙近郊的

---

① 湖北省荆州地区博物馆. 江陵雨台山楚墓［M］. 北京：文物出版社，1984：66、67.

② 湖南省博物馆. 长沙浏城桥一号墓［J］. 考古学报，1972（1）.

③ 湖南省博物馆. 湖南湘乡牛形山一、二号大型战国木椁墓［M］//文物资料丛刊：第3集. 北京：文物出版社，1980.

④ 湖北省荆州地区博物馆. 江陵雨台山楚墓［M］. 北京：文物出版社，1984：64、65.

⑤ 湖南省益阳地区文物工作队. 益阳楚墓［J］. 考古学报，1985（1）；湖南省博物馆. 湖南益阳战国两汉墓［J］. 考古学报，1981（4）.

⑥ 湖南省博物馆. 湖南韶山灌区湘乡东周墓清理简报［J］. 文物，1977（3）.

⑦ 长沙市文物工作队. 长沙市五里牌战国木椁墓［J］. 湖南考古辑刊：第1集. 长沙：岳麓书社，1982.

⑧ 湖南省文物管理委员会. 长沙杨家湾M006号墓清理简报［J］. 文物参考资料，1954（12）.

73 座战国墓中[①]和长沙东南郊的 209 座楚墓中却未见陶钫出土[②]，说明长沙地区用钫的情况并不普遍，直到西汉时才大量流行。

盒是战国晚期才兴起的一种器物。比中原地区出现的时间要稍晚，湘中地区的陶盒大约始于战国晚期前段偏晚，或战国晚期中段，最早的是长沙杨家湾 6 号墓所出的 2 件[③]，其形制与江陵雨台山 555 号墓中的陶盒相似，都有圈足[④]。到战国晚期后段，陶盒已较为流行，在益阳、湘乡、汨罗、长沙（图 2-45，5）等地楚墓中均有较多的陶盒出土。如汨罗汨罗山出有陶盒 13 件[⑤]，1955 年长沙皇坟堆发掘的 5 座战国墓中，有 4 座墓出土有陶盒[⑥]，1951 年长沙近郊发掘的 73 座楚墓中有 6 座墓出有陶盒，有的与敦同出[⑦]。战国晚期楚墓中出现的陶盒有两个来源，一是接受中原地区的陶盒，主要应是受秦文化的影响；二是由陶敦演变而来。[⑧] 有的学者将湖南地区所有出陶盒的墓均定为秦墓或西汉墓是不确切的，在湘中、湘东地区战国晚期的陶器组合为鼎、盒、壶的墓，其中的多数应是楚墓。因为以鼎、盒、壶为组合的墓已见于楚都江陵[⑨]，及湖北鄂城[⑩]、河南淮阳[⑪]和安徽长丰[⑫]等地的战国晚期楚墓中，地处江南的湘中、湘东，被秦

---

① 中国科学院考古研究所. 长沙发掘报告［M］. 北京：科学出版社，1957.

② 湖南省博物馆. 长沙楚墓［J］. 考古学报，1959（1）.

③ 湖南省文物管理委员会. 长沙杨家湾 6 号墓清理简报［J］. 文物参考资料，1954（12）.

④ 湖北省荆州地区博物馆. 江陵雨台山楚墓［M］. 北京：文物出版社，1984：67、68.

⑤ 湖南省博物馆. 汨罗县东周、秦、西汉、南朝墓发掘报告［M］//湖南考古辑刊：第 3 集. 长沙：岳麓书社，1986.

⑥ 周世荣. 长沙黄土岭战国墓的清理［J］. 考古通讯，1957（4）.

⑦ 中国科学院考古研究所. 长沙发掘报告［M］. 北京：科学出版社，1957：169、170.

⑧ 高至喜. 论战国晚期楚墓［J］. 东南文化，1990（4）.

⑨ 见于江陵雨台山 555 号墓，铜器的鼎、盒、壶组合见于江陵张家山 201 号楚墓，载《江汉考古》1984 年第 2 期第 14 页。

⑩ 湖北省鄂城县博物馆. 鄂城楚墓［J］. 考古学报，1983（2）.

⑪ 河南文物研究所. 河南淮阳马鞍冢楚墓发掘简报［J］. 文物，1984（10）.

⑫ 安徽省文物工作队. 安徽长丰杨公发掘九座战国墓［M］//考古学集刊：第 2 集. 北京：科学出版社，1982.

人占领很晚，不可能不接受其影响。同时与陶盒同出的随葬品大都是楚式器物，而无典型的秦文化器物。因此，鼎、盒、壶的组合曾经成为楚墓最晚的一种组合形式应是没有疑问的，不过它流行的时间不长，而其最盛行的时代已到秦代和西汉。

随葬品中的陶器还有盉、熏炉、盘、匜、勺、方炉、高足小壶、碗、珠等，或因数量少，或因特点不多，这里从略。在已发表资料的湘乡、益阳、汨罗等地战国楚墓中几乎未见印纹硬陶出土；长沙地区也只有极少几座墓中出硬陶罐和杯①，这一现象值得注意。印纹硬陶本是越文化的典型器物。当楚人入主湘东、湘中之前，这一地区的土著居民就是越人。而这一地区的印纹硬陶如此之少，看来这里的越人对先进的楚文化的接受既迅速又较为彻底，这与湘南地区的战国楚墓中尚保留有大量的越文化因素明显不同。

2. 铜器

湘中、湘东战国楚墓中出土的铜器以铜兵器和铜镜为最常见，而铜容器的数量较少。铜容器的器形有鼎、敦、壶、提梁壶、盒、盘、匜等。战国初年的铜鼎有长沙浏城桥 1 号墓中的 4 件，二大二小，附耳、有盖、圜底，蹄足还不高，胎甚薄。大鼎口径达 39.1 厘米。盖上纹饰是在星点地纹上饰兽纹，腹部饰由重环纹组成的蟠虺纹。小鼎也是以星点纹为地纹，腹部饰云纹或兽纹为主纹，盖径 25.3 厘米（图 2-46，1）。② 这是这一地区战国初年典型的楚式铜鼎。

战国中期的楚式铜鼎为数不多，与战国早期的附耳圜底铜鼎形制差别不大，如 1986 年长沙荷花池 1 号墓的铜鼎③和汨罗汨罗山 82 号墓所出云雷纹铜鼎（图 2-46，2）。④ 在战国早、中期较多见的铜鼎反而是一种

① 中国科学院考古研究所. 长沙发掘报告［M］. 北京：科学出版社，1957：35、37.

② 湖南省博物馆. 长沙浏城桥一号墓［J］. 考古学报，1972（1）.

③ 长沙市文物工作队. 长沙市荷花池一号战国木椁墓发掘报告［M］//湖南考古辑刊：第 5 集. 长沙：岳麓书社，1989.

④ 湖南省博物馆. 汨罗县东周、秦、西汉、南朝墓发掘报告［M］//湖南考古辑刊：第 3 集. 长沙：岳麓书社，1986.

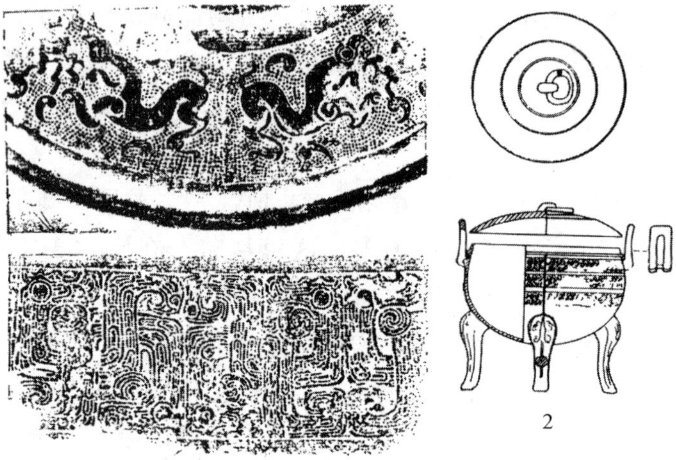

2

1 (上,盖上;下,腹部)

图 2-46　铜鼎纹饰拓片及铜鼎示意图

1. 铜鼎上的纹饰拓片　2. 云雷纹铜鼎

带越族风格的环耳敛口垂腹、足高瘦而外撇的铜鼎，有的饰 S 纹、重环纹等。这类铜鼎见于长沙 301 号墓①、汨罗汨罗山 72 号墓②、长沙黄泥坑 5 号墓③、树木岭 1 号墓④、益阳赫山庙 22 号墓、天成垸 1 号墓⑤、浏阳北岭⑥等地。这应是由楚人仿照越式鼎而铸制的，而不大可能来自楚人统治势力尚未达到的越人地区。

战国晚期的铜鼎中新出现两个特点，一是有一种足很高而直的铜鼎，如 1986 年长沙火把山 4 号墓所出⑦；另一特点是出现了铁足铜鼎，如 1974 年长

① 中国科学院考古研究所. 长沙发掘报告［M］. 北京：科学出版社，1957：38.

② 湖南省博物馆. 汨罗县东周、秦、西汉、南朝墓发掘报告［M］//湖南考古辑刊：第 3 集. 长沙：岳麓书社，1986.

③ 湖南省博物馆. 长沙楚墓［J］. 考古学报，1959（1）.

④ 湖南省博物馆. 长沙树木岭战国墓阿弥岭西汉墓［J］. 考古，1984（9）.

⑤ 湖南省益阳地区文物工作队. 益阳楚墓［J］. 考古学报，1985（1）.

⑥ 湖南省博物馆. 湖南浏阳县北岭发现青铜器［J］. 考古，1965（7）.

⑦ 长沙市文物工作队. 长沙火把山楚汉墓［M］//湖南文物：第 3 辑. 长沙：湖南大学出版社，1988.

沙识字岭 1 号墓所出，铁足锈蚀严重[①]；1951 年长沙 315 号墓出土 2 件[②]；中华人民共和国成立前在长沙近郊木椁墓中出土 1 件铁足铜鼎，铁足尚保持原状，反映了当时已熟练地掌握了铜铁合铸的技术，盖上、盖内、器底内三处均刻有“右圣刃”三字铭文，字体笔画刚劲有力[③]。

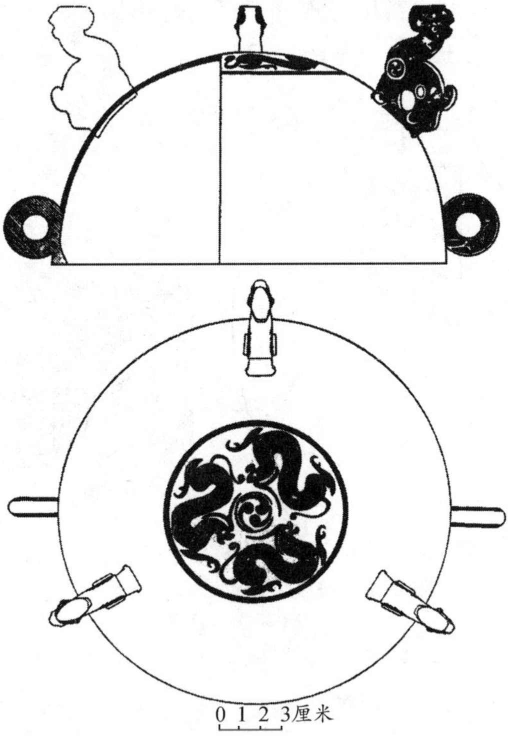

图 2-47　兽纹铜敦示意图

敦本是楚国青铜礼器中最富特征的器物之一，几乎流行于整个战国时期，但在战国楚墓中出土的铜敦却甚少。1951 年长沙 315 号墓出土 1 件铜敦，以三卧兽为足，器腹底原镶嵌有三蟠兽的花纹，但镶嵌物已失，仅存凹槽（图 2-47）[④]。1986 年长沙市荷花池 1 号墓也出土 1 件铜敦，

① 单先进，熊传新．长沙识字岭战国墓［J］．考古，1977（1）．

②④ 中国科学院考古研究所．长沙发掘报告［M］．北京：科学出版社，1957：39．

③ 楚文物展览会．楚文物展览图录［M］．北京：北京历史博物馆，1954：图 68．

钮、足作龙形。[①] 长沙东南郊209座楚墓中竟未见一件铜敦出土。铜敦为什么如此少见，其原因之一可能是用铜敦随葬的大、中型楚墓绝大多数已被盗掘，故很少有铜敦留存下来；另一原因是战国时已盛行用仿铜陶礼器随葬，所以陶敦甚多，而铜敦极少，如战国初年的大夫级的长沙浏城桥1号墓未被盗掘，曾出土铜鼎4件，却不出铜敦，而只出陶敦2件。[②]

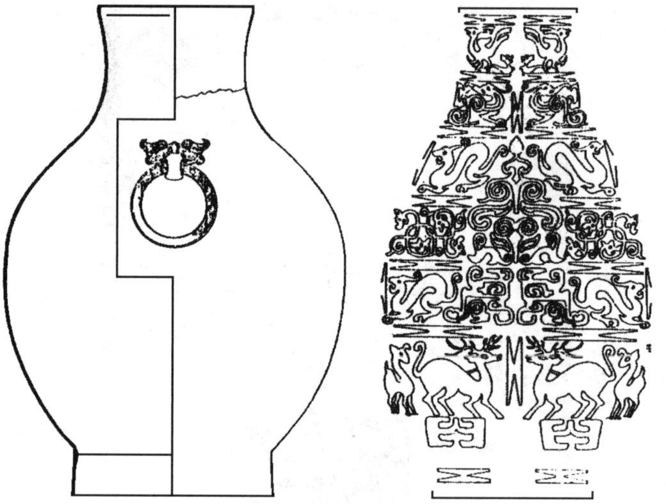

图2-48 镶嵌红铜动物纹铜壶示意图

湘乡五里桥1号墓出土

采自湘乡县博物馆《湘乡五里桥、何家湾古墓葬发掘简报》

壶也是战国楚墓中的主要随葬品之一。与铜敦的情况类似，即铜壶甚少，而陶壶极多。铜壶有带两个铺首的镶嵌红铜动物纹铜壶（图2-48）、素面长颈壶[③]、云纹长颈壶（图2-49）[④] 和器形瘦高的云纹提梁

① 长沙市文物工作队. 长沙市荷花池一号战国木椁墓发掘报告［M］//湖南考古辑刊：第5集. 长沙：岳麓书社，1989.

② 湖南省博物馆. 长沙浏城桥一号墓［J］. 考古学报，1972（1）.

③ 中国科学院考古研究所. 长沙发掘报告［M］. 北京：科学出版社，1957：39、图版12，4.

④ 湖南省博物馆. 长沙楚墓［J］. 考古学报，1959（1）.

壶①，后者多见于战国晚期楚墓中。

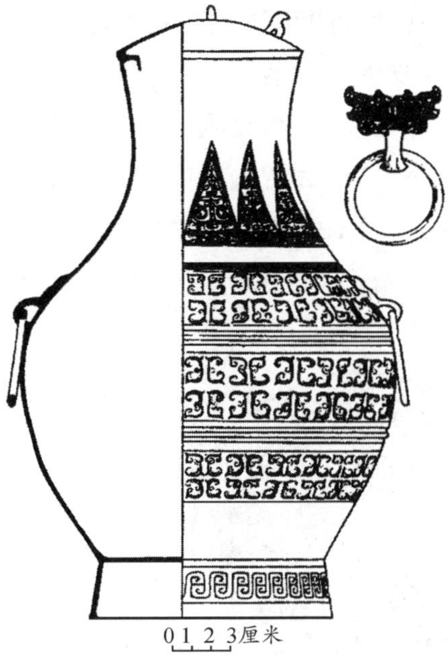

图 2-49　云纹铜壶示意图
长沙丝茅冲 A 区 33 号墓出土

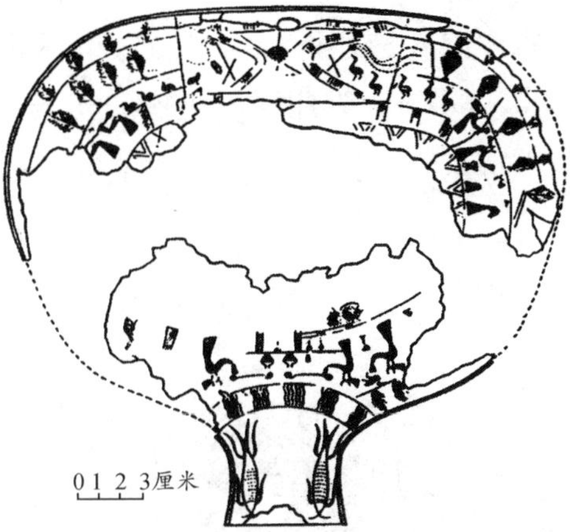

图 2-50　刻纹铜匜示意图

圈足铜盒在楚墓中出现年代大致在战国中晚期之交，如湖北江陵张家山 201 号墓中即出土 1 件②，长沙市长岭 7 号墓出土有 1 件错银圈足铜盒③，其年代应与张家山 201 号墓的年代相近。陶盒是仿照铜盒而制作的明器。

青铜盘和匜在春秋楚墓中常有出土，战国时期反而少见。湘中、湘东战国楚墓中也偶见铜盘、铜匜④，多数为素面，数量也少。战国晚期仿铜盘、铜匜的陶质明器才在楚墓中流行。值得注意的是 1954 年长沙黄泥坑 5 号墓中出土的刻纹铜匜（图 2-50）⑤，墓中出土有鼎、壶、罐等陶

① 周世荣．长沙烈士公园清理的战国墓葬［J］．考古通讯，1958（6）．
② 荆州地区博物馆．江陵张家山 201 号楚墓清理简报［J］．江汉考古，1984（2）．
③ 原物藏长沙市博物馆，承该馆馆长黄纲正见告。
④ 单先进，熊传新．长沙识字岭战国墓［J］．考古，1977（1）．
⑤ 湖南省博物馆．长沙楚墓［J］．考古学报，1959（1）．

器，有镜、盆、勺等铜器，年代约在战国中期，但铜匜的形制和刻纹内容却与江苏丹徒王家山春秋末期的吴墓中出土的刻纹铜匜①风格一致，如匜的流内的鱼、鱼尾处的弧形双线内有波折纹的装饰，鸟、树及人物姿态和这些人物所着深衣等，几乎一模一样。而这类刻纹铜匜具有吴文化的特色②，因此，这件铜匜很可能是春秋末期由吴人所制造，大概吴亡以后才流入楚地长沙的。当然也不排除吴国工匠流入到楚国后制造的可能。1964 年浏阳北岭出土有长流方形铜匜③，在楚墓中极为少见，具有地方特点。

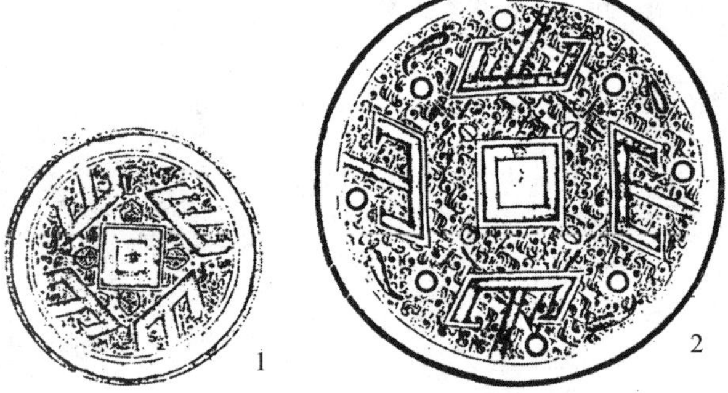

图 2-51　四山纹铜镜示意图

1. 四叶四山纹镜　益阳赫山庙 19 号墓出土　2. 四叶四竹叶八圆圈四山纹镜　长沙 8 号墓出土　1 采自湖南省益阳地区文物工作队《益阳楚墓》　2 采自李正光等《长沙沙湖桥一带古墓发掘报告》

铜镜是江南战国墓中数量很多和极富特点的随葬品之一。其中又以湘中的长沙、益阳等地出土较为普遍。仅长沙地区所出楚镜已超过 470 面，长沙东南郊的 209 座楚墓中就出土铜镜 45 面④；1952 年至 1957 年长沙地区发掘的 1 056 座楚墓中共出铜镜 266 面，大约有四分之一的楚

① 镇江博物馆. 江苏镇江谏壁王家山东周墓［J］. 文物，1987（12）.

② 刘建国. 春秋刻纹铜器初论［J］. 东南文化，1988（5）.

③ 湖南省博物馆，张欣如. 湖南浏阳县北岭发现青铜器［J］. 考古，1965（7）.

④ 高至喜. 从长沙楚墓看春秋战国时期当地经济文化的发展［C］//中国考古学会第二次年会论文集. 北京：文物出版社，1982.

墓中随葬有铜镜①，其普及程度可见一斑。益阳近郊 93 座楚墓中也出土铜镜 15 面②。楚镜可分为 6 型 22 式，共计有 50 多个不同的品种，大多数都可以在这一地区找到标本。战国早期墓中常出已在春秋晚期出现的素镜和有一道较粗的凸弦纹的铜镜。较简朴的羽状纹地四山纹铜镜也在战国早期开始出现。纯羽状纹镜、羽状纹地四叶镜（图 2-54，1）、八叶镜也较为流行。到战国中晚期，以四山纹为主纹的铜镜纹饰越来越复杂，如加有四叶（图 2-51，1）、八叶、或十二叶，或有八叶四花（图 2-52，1），十二叶四竹叶（图 2-52，2）、四叶四竹叶再加八个小圆圈（图 2-51，2），纹饰变化很多。山字纹镜中还有五山纹镜。

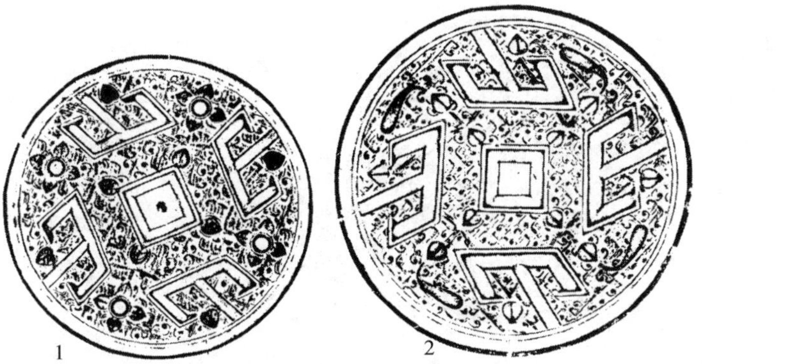

图 2-52　四山纹铜镜拓片

1. 羽状纹地八叶四花四山铜镜　长沙九尾冲 15 号墓出土　2. 羽状纹地十二叶四竹叶四山铜镜　长沙下大垅 4 号墓出土

以羽状纹为地纹的铜镜中还常见一种菱形纹（方连纹）镜，有的作四行菱形纹排列（图 2-53，1），或把菱形作折叠式，空间补以四花及花瓣（图 2-53，2），构图格外清新而美观。羽状纹地兽纹镜也以长沙、益阳出土较多，多以四个似狐面鼠耳长卷尾的怪兽为主纹，以十分简洁的线条，表现出怪兽的生动神态。也有简化而变形的兽纹。约在战国中期后段，

① 高至喜．从长沙楚墓看春秋战国时期当地经济文化的发展［C］//中国考古学会第二次年会论文集．北京：文物出版社，1982．

② 湖南省益阳地区文物工作队．益阳楚墓［J］．考古学报，1985（1）．

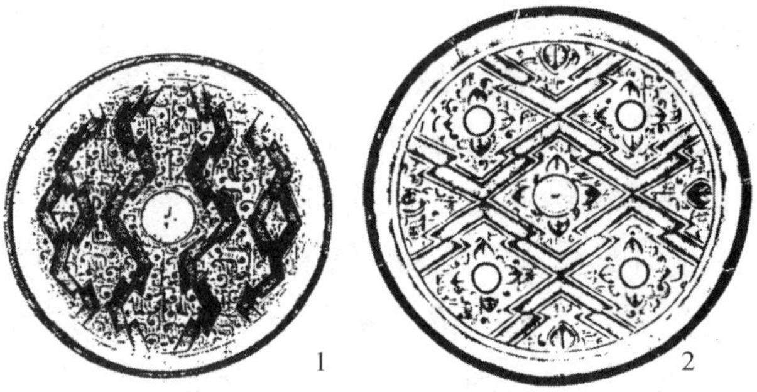

图 2-53　**菱形纹铜镜拓片**

1. 羽状纹地菱形纹铜镜　益阳赫山庙 29 号墓出土　2. 羽状纹地菱形纹铜镜　长沙廖家湾 38 号墓出土　1 采自湖南省益阳地区文物工作队《益阳楚墓》

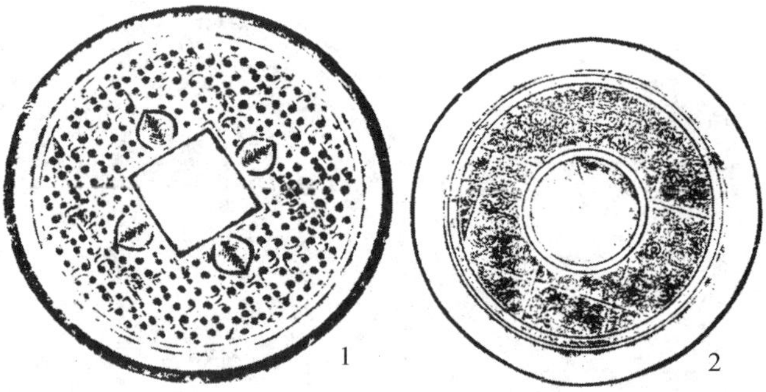

图 2-54　铜镜拓片

1. 羽状纹地四叶铜镜　长沙月亮山 18 号墓出土　2. 纯云雷地纹铜镜　长沙肖家冲 3 号墓出土

开始出现以云雷纹为地纹的铜镜，盛于战国晚期，少数为纯地纹镜（图 2-54，2），多数有主纹，如有四叶、龙凤、连弧等。龙纹中有二龙、三龙、四龙盘曲者（图 2-55），还有三龙与菱形、三龙三叶、四龙四叶、三龙三凤、四龙四凤、变形龙凤纹及与连弧纹相组合的纹饰（图 2-56），真是花样翻新，变化无穷。除圆镜外，也出有少数方镜，上有附加堆龙纹；个别羽状纹地兽纹镜上绘有红色菱形纹。① 这一地区出土的铜镜以其数量之多，图案之精，冶铸之好，充分显示出当时南楚地区铸镜业的发达

① 高至喜. 论楚镜 [J]. 文物，1991 (5).

和铸镜工艺的高度水平。

楚国制造的青铜乐器是很有名的，但在湘中战国楚墓中所出青铜乐器数量却不多，器形有编钟、铎、钲几种。1978 年浏阳北星纸背村出土有环钮铜编钟一套共 9 件，多数完整，大小依次递减，饰有精细的蟠螭纹①；铜铎出有两件，一件出于长沙黄泥坑 20 号墓②，第二件出于浏阳北星纸背村，(原报告均名为“铙”）其形体扁宽而小，

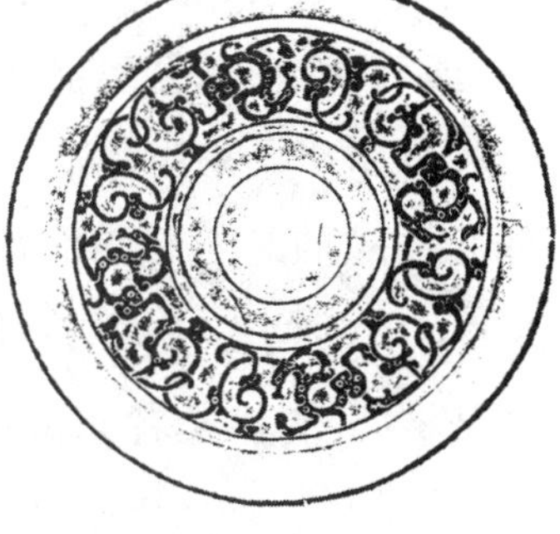

图 2-55　云纹地蟠龙纹铜镜拓片

长沙下大垅 18 号墓出土

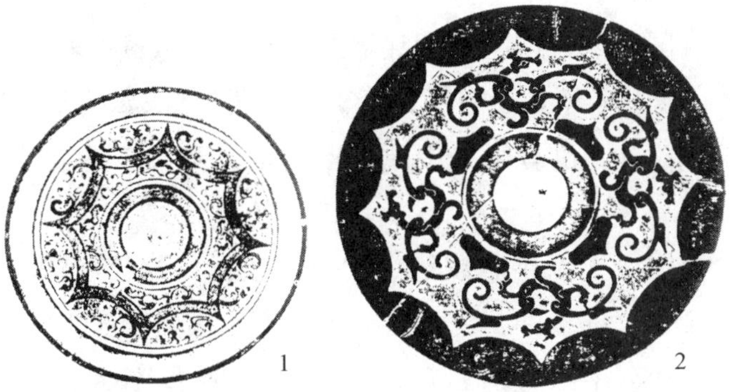

1　　2

图 2-56　铜镜拓片

1. 连弧纹铜镜　益阳桃花仑 1 号墓出土　2. 连弧纹蟠龙纹铜镜　长沙赤岗冲 27 号墓出土　1 采自湖南省益阳地区文物工作队《益阳楚墓》

高仅 6.2 厘米，甬为长方形，高仅 1.1 厘米，可以安木柄③，用手执敲击。同类之铎，也见于江陵雨台山 448 号墓。器形有铭之铎与“郘郢率铎”和“□外卒铎”相类同④，故应改名为铎。钲共出 4 件，均见于长沙楚墓，钲身较瘦长，于弧，有长柄，有的柄端有环钮，有的作葫芦形，1953 年长沙黄泥坑 6 号墓所出的铜钲，柄端有环钮，柄和钲身均饰精细

---

①③　湖南省博物馆，熊传新．湖南新发现的青铜器［M］//文物资料丛刊：第 5 集．北京：文物出版社，1981．

②　湖南省博物馆．长沙楚墓［J］．考古学报，1959（1）．

④　李纯一．无者俞器为钲说［J］．考古，1986（4）．

的蟠螭纹、云纹和绹纹①，也是手执敲击而鸣。这类钲原报告多名为“铎”或“钩镶”，在吴越地区出有类似青铜乐器，在其铭文中自名为“钩镶”，如“配儿钩镶”“姑冯钩镶”②，但两者之间在柄部略有差异，如配儿钩镶柄的断面作长方形，而楚的钲柄部有的作六棱形，柄端作葫芦形③，有的柄端或柄的一侧有一环钮，钲在古器物中称作“征城”，或作“钲铖”。有铭文者如冉钲、徐䣄尹钲，故应名钲。④ 看其主体钲部形状却是一致的，如均作瘦长的合瓦形、均可发双音，其用途都是用于祭祀和宴飨。

3. **兵器**

湘中、湘东战国楚墓中出土的铜兵器品种众多，数量很多。最常见的是剑、戈及戈镈、矛及矛镦，还有弩、箭、镞、戟、铍、镦、殳、匕首等。除了大量的楚式兵器外，也有来自中原地区的铜戈和属于越族的剑、戈、矛、匕首等。

这一地区楚墓中出土铜兵器数量之大令人注目。如长沙浏城桥1号墓中出土的铜兵器有：剑4件、戈7件，矛4件、箭镞46件⑤；长沙东南郊的209座小型楚墓中出有铜剑82件，铜矛15件，铜戈12件⑥；益阳新桥山25座楚墓中共出土铜兵器70件，其中有剑15件、戈15件、矛13件⑦。1951年在长沙近郊发掘的73座楚墓中出土铜剑22件⑧；益阳近郊的93座楚墓中出土铜剑20件⑨。上述楚墓中出土铜兵器的情况，

①⑥ 湖南省博物馆. 长沙楚墓［J］. 考古学报，1959（1）.

② 绍兴市文管会. 绍兴发现两件钩镶［J］. 考古，1983（4）；沙孟海. 配儿钩镶考释［J］. 考古，1983（4）.

③ 中国科学院考古研究所. 长沙发掘报告［M］. 北京：科学出版社，1957：49、49.

④ 李纯一. 无者俞器为钲说［J］. 考古，1986（4）：354.

⑤ 湖南省博物馆. 长沙浏城桥一号墓［J］. 考古学报，1972（1）.

⑦ 湖南省博物馆. 湖南益阳战国两汉墓［J］. 考古学报，1981（4）.

⑧ 中国科学院考古研究所. 长沙发掘报告［M］. 北京：科学出版社，1957：42-44.

⑨ 湖南省益阳地区文物工作队. 益阳楚墓［J］. 考古学报，1985（1）.

反映出如下几个问题：第一，兵器数量多，反映出楚人的尚武精神；第二，楚人仍以使用铜兵器为主；第三，铜剑是楚人随身佩带的武器。

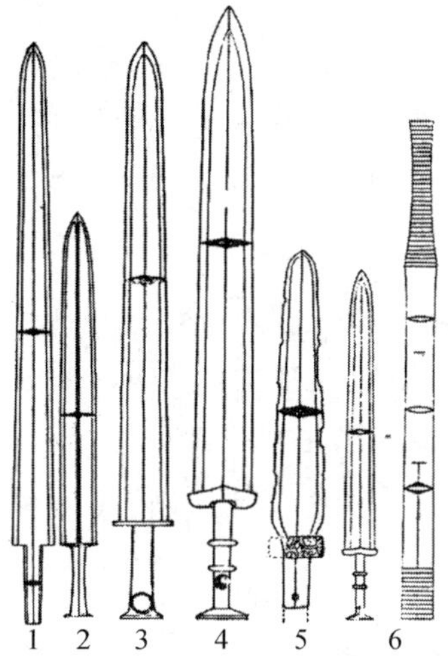

图 2-57　铜剑示意图

1. 扁茎剑　长沙识字岭 306 号墓出土　2. 空茎剑　长沙伍家岭 329 号墓出土　3. 空茎剑　益阳新桥山 4 号墓出土　4. 实茎剑　益阳新桥山 10 号墓出土　5. 宽镡剑　益阳新桥山 5 号墓出土　6. 剑和剑鞘　长沙五里牌邮电大楼 3 号墓出土

1、2. 采自中国科学院考古研究所《长沙发掘报告》

3、4、5. 采自湖南省益阳地区文物工作队《益阳楚墓》

6. 采自长沙市文物工作队《长沙五里牌战国木椁墓》

图 2-58　“王作君”铜剑

上有铭文

陈美如　摄影

铜剑中较常见的有柱状茎短剑、喇叭形空茎剑、扁茎剑和实茎双凸箍剑（图 2-57）等。还有一种复合剑，即剑脊和剑刃用两种不同的合金成分合铸而成，即剑脊含锡较少（占 10.276%），求其柔韧，不易折断；剑刃含锡较多（占 18.416%）①，求其坚利。1983 年湘潭易俗河县一中校内出土

① 湖南省博物馆. 长沙楚墓［J］. 考古学报，1959（1）.

有一把鸟篆铭文的双凸箍铜剑，铭文在剑身近格处，为“王乍（作）□君”四字（图 2-58），意思是王为某君所作之剑。① 这是在楚剑中很少见的鸟篆铭文铜剑之一。益阳赫山庙 4 号墓中出土有一柄“越王州句”铜剑，铭文铸在铜镡上，有“越王州句，自作用鐱”八字鸟篆铭文，剑身有黑色菱形花纹，铸制甚精。② 出越王州句铜剑楚墓的规模不大，可能是越被楚灭亡后流入益阳地区的。

1978 年益阳县新桥山 5 号和 16 号墓中各出土 1 件宽镡短剑，为扁茎宽叶，宽镡上有不规则花纹，5 号墓所出长仅 28.8 厘米（图 2-57，5）③。这类宽镡铜剑在湘中地区的数千座楚墓中仅此 2 件，而在湘北、湘西地区却较多见，这与楚式剑的风格迥然不同，当系某一地域文化的产物（详见本书第六章第二节）。剑之墓主人应为在楚国军队中服役的士兵。关于这类宽镡短剑的年代是否属于战国，曾有人提出疑问，但在益阳新桥山 16 号墓中，这种宽镡短剑与鼎、敦、豆等典型的战国楚式陶器同出，其年代属于战国应无问题。

剑要佩带，每剑都应有剑鞘，但只有少数使用有白膏泥密封木椁的墓中所出铜剑保存有剑鞘。鞘是用两块有棱脊的薄木片相合做成，髹有黑褐色漆，有的还绕以丝线或缠以布条加固后再髹漆。④ 长沙浏城桥 1 号墓中出土的战国初年的剑鞘几与剑身等长⑤；战国中期的长沙仰天湖 25 号墓中出土一柄短剑，而剑鞘几乎比剑身长一倍，剑鞘尾部有白玉剑珌，靠近剑镡处中部有青白色谷纹玉剑珥，剑茎处用丝织的“蒴缑”交互绕

---

① 古湘．湘潭县出土战国鸟篆铭文铜剑［M］//湖南考古辑刊：第 4 集．长沙：岳麓书社，1987.

② 原物陈列于湖南省博物馆湖南历史文物陈列战国室。

③ 湖南省博物馆．湖南益阳战国两汉墓［J］．考古学报，1981（4）.

④ 长沙市文物工作队．长沙市五里牌战国木椁墓［M］//湖南考古辑刊：第 1 集．长沙：岳麓书社，1982.

⑤ 湖南省博物馆．长沙浏城桥一号墓［J］．考古学报，1972（1）.

成人字纹①，这使我们首次看到了楚人的一柄较为完整的“玉具剑”。1954年左家公山15号战国中期偏晚的墓中出土有带鞘铜剑，剑通长62厘米，出土时是存放在木椟内②。1980年长沙五里牌邮电大楼工地3号墓出土的战国晚期的剑鞘，长79厘米，宽4.5厘米，髹黑漆，铜剑通长56厘米（图2-57，6）③，剑鞘也要比剑身长30多厘米。

戈是勾兵。铜戈也是楚人的主要兵器之一（图2-59）。往往与剑同出。战国早期的铜戈有长沙月亮山44号墓出土的铜戈，援长内短，仍具有春秋戈的遗风④；长沙浏城桥1号墓出有铜戈7件，其中有宽援三穿戈3件，仍然是援长而内较短，有窄援戈3件，为长胡四穿，援、内均较长，还有一件无内戈⑤；战国中期的戈常见的形制是援略上昂，内长一般大于援长的二分之一，内上往

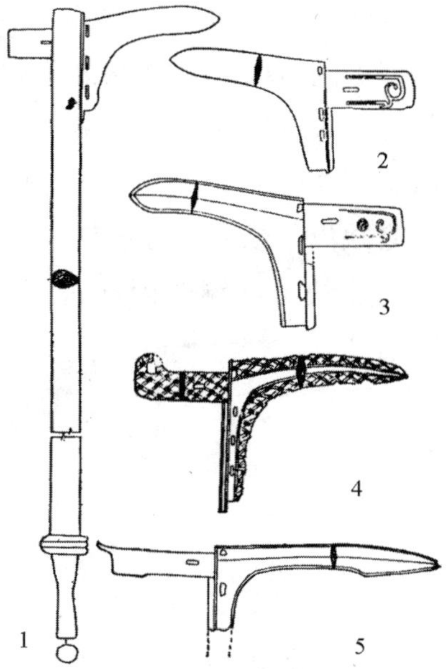

图2-59　铜戈示意图

1. 短柲戈　长沙浏城桥1号墓出土　2. 长沙识字岭318号墓出土　3. 汨罗汨罗山63号墓出土　4. 益阳新桥山7号墓出土　5. 益阳新桥山10号墓出土

2采自中国科学院考古研究所《长沙发掘报告》

3采自湖南省博物馆《汨罗县东周、秦、西汉、南朝墓发掘报告》　4、5采自湖南省博物馆等《湖南益阳战国两汉墓》

① 湖南省文物管理委员会. 长沙仰天湖25号木椁墓［J］. 考古学报，1957（2）.

② 湖南省文物管理委员会. 长沙左家公山的战国木椁墓［J］. 文物参考资料，1954（12）.

③ 长沙市文物工作队. 长沙市五里牌战国木椁墓［M］//湖南考古辑刊：第1集. 长沙：岳麓书社，1982.

④ 湖南省博物馆. 长沙楚墓［J］. 考古学报，1959（1）.

⑤ 湖南省博物馆. 长沙浏城桥一号墓［J］. 考古学报，1972（1）.

往有双线勾边装饰，如 1959 年长沙五里牌祇园庵 14 号墓所出①。还有内有斜刃的，内作鱼尾状的，内末端向上伸出的，或饰斜线银点纹的，通体饰“银斑”的，形制和纹饰多种多样。② 战国晚期的戈有不少是沿用战国中期的形制，援部变得较细长，也有援甚宽的，内部增长，内末下部有缺齿，或胡部有孑刺。③在所出战国铜戈中较重要的有：在汨罗汨罗山出土的 1 件铜戈内部有双线勾边，内末端下部有缺齿，内上饰涡

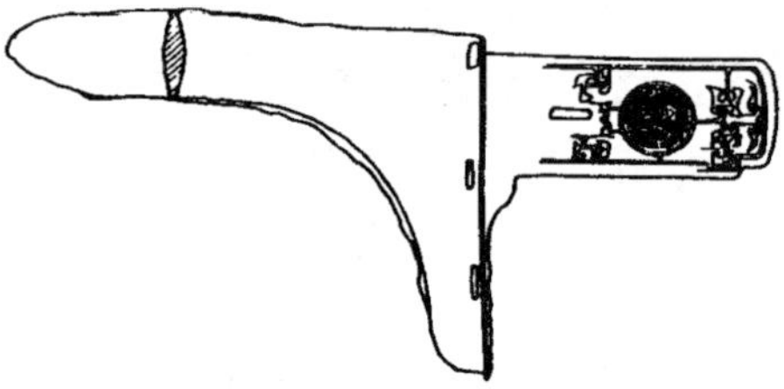

图 2-60 铜戈示意图

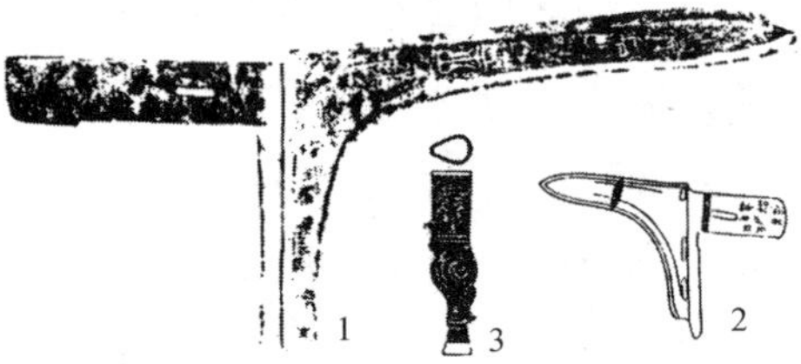

图 2-61 铜戈及戈镈示意图

纹和云纹，应是楚戈（图 2-60）④；1978 年益阳赫山庙 4 号墓出有 1 件窄长援的戈（图 2-61，1），上铸“敚作郲王戟”五字铭文（原报告释“郲”为“楚”，现从刘雨说改），字体是“楚文化特有的艺术化了的‘蛇脚书’”，春秋时湖南有莱山⑤，有学者推测“此莱或可能与戟铭之郲有一定关系”⑥；1974 年长沙识字岭 1 号墓中出土有“长郵”戈（图 2-62）（原报告释“长邦”，现从李学勤说改释“長郵”）“長”为长

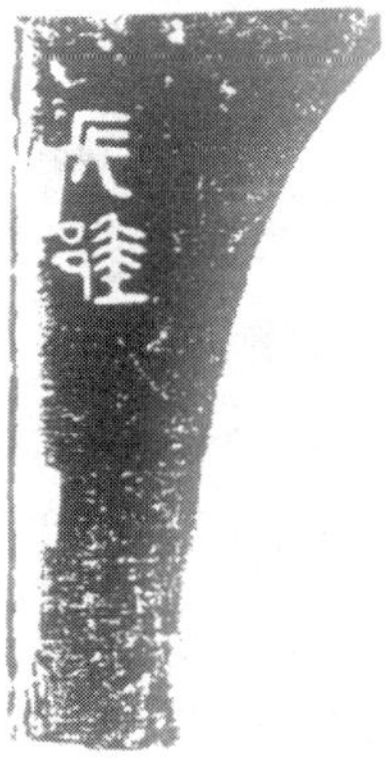

图 2-62 “长郵”铜戈拓片

① 湖南省博物馆. 长沙五里牌古墓葬清理简报［J］. 文物，1960（3）.

②③ 金则恭. 湖南东周时期铜戈的分期及有关问题［M］//湖南考古辑刊：第 2 集. 长沙：岳麓书社，1984.

④ 湖南省博物馆. 汨罗县东周、秦、西汉、南朝墓发掘报告［M］//湖南考古辑刊：第 3 集. 长沙：岳麓书社，1986.

⑤《左传·昭公五年》：“楚师济于罗汭，沈尹赤会楚子，次于莱山。”罗汭即汨罗，莱山亦应距益阳不远。

⑥ 刘雨. 益阳出土的敚戟铭商榷［J］. 考古，1982（2）.

沙之省，由此戈说明当时长沙已有邮，此戈为“当地邮驿人员使用的防御武器”①；何琳仪、刘彬徽等学者释为长沙。1955 年长沙丝茅冲 A 区 170 号墓中的“玄镠蜚铝”鸟篆戈②、1954 年长沙工农桥 1 号墓的“永用”变形鸟篆铭文戈③、1954 年长沙靳家祠堂 2 号墓出土的“甞戈”，胡和内上饰变形鸟纹④。还有的为奇字难识。1952 年长沙砚瓦池 784 号墓和 1957 年长沙烈士公园 3 号墓各出有一件“棘”字戈，并有奇特的符号⑤，其形制与巴蜀式铜戈近似。还有来自中原地区的“郑左庫”戈⑥、“单譖討作用戈兰万”（图 2-61，2、3）⑦ 等。

戈要用于作战，必有戈柲，但保存有戈柲的很少。长沙浏城桥 1 号墓中出土的 7 件铜戈均保存有戈柲，有两件铜戈出土时尚嵌于戈柲之上。柲有长短之分，短的有髹漆云纹木柲，断面前窄后圆（图 2-69，1），全长 1.4 米，应是“徒戈”；长柲有髹漆的木柲，为了增加其坚韧度，由一根菱形木棒和周围各加一根弧形薄木条拼合而成，再绕丝线髹漆，全戈长达 3.14 米，这种木戈柲是首次发现；长戈柲中还有“积竹”，即中心用一菱形木棒，外包青竹篾 16 根，再用丝线密绕后髹黑褐色漆，断面也是前窄后圆，使用起来既坚又柔，不易折断，长度在 3 米以上，从而验证了《考工记》中所说的“庐器”，即积竹柲的真实面目。这类 3 米以上的长柲戈，应是适应于车战而制作的车兵。还有一种髹黑漆的木戈柲，雕刻为竹节形，并绘褐色云纹，戈柲长仅 91 厘米，极为少见。⑧ 长沙近郊楚墓中曾出土有一件全戈，戈柲顶端还有一鸟形铜戈籥，以加固戈柲与

---

① 李学勤. 湖南战国兵器铭文选释［M］//古文字研究：第 12 辑. 北京：中华书局，1985：331.

②③④ 湖南省博物馆. 长沙楚墓［J］. 考古学报，1959（1）.

⑤ 周世荣. 长沙烈士公园清理的战国墓葬［J］. 考古通讯，1958（6）.

⑥ 湖南省博物馆. 长沙柳家大山古墓清理简报［J］. 文物，1960（3）.

⑦ 长沙市文物工作队. 长沙市五里牌战国木椁墓［M］//湖南考古辑刊：第 1 集. 长沙：岳麓书社，1982.

⑧ 湖南省博物馆. 长沙浏城桥一号墓［J］. 考古学报，1972（1）.

铜戈的嵌合，防止使用时戈头脱出（图 2—63，1）。[①] 湖南等地出土的铜戈鐏，铸制精，品种多，有鸟形、兽形、鸡形多种形制。[②] 戈柲的下端即手握处还有铜戈镈，有的仅饰两道粗凸弦纹的，多数饰有多种形态的鸟纹（图 2-64）[③]，断面与戈柲一样，作前窄后圆，手握戈镈即可知道戈援的方向，可勾可啄。有的铜戈平时是装在髹漆的木戈笺内的。[④]

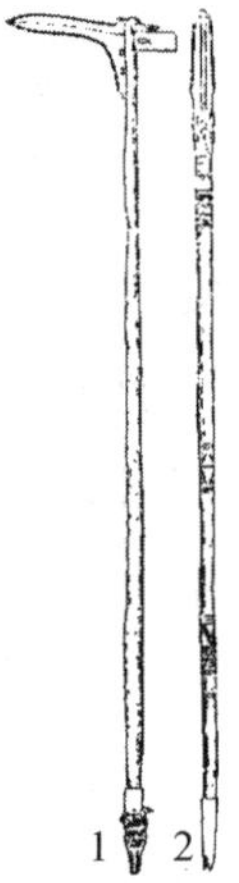

图 2-63　兵器示意图
1. 全戈　2. 全矛　湖南省博物馆藏

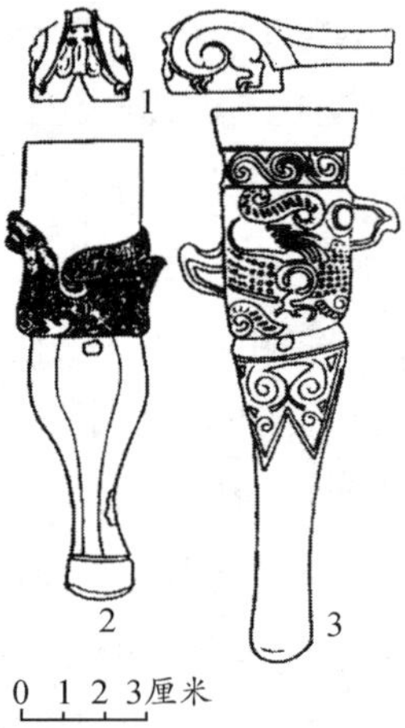

图 2-64　兵器局部示意图
1. 铜戈鐏　长沙月亮山 41 号墓出土
2. 铜戈镈　长沙子弹库 29 号墓出土
3. 铜戈镈　长沙月亮山 44 号墓出土
采自湖南省博物馆《长沙楚墓》

矛是刺兵。铜矛也是楚墓中最常见的三种兵器之一，所出数量大体与铜戈相当。如益阳近郊楚墓出铜戈 17 件，出铜矛 18 件[⑤]；新桥山楚墓出铜戈 15 件，出铜矛 13 件[⑥]。战国初年的铜矛见于长沙浏城桥 1 号墓

① 北京历史博物馆．楚文物展览图录［M］．北京：北京历史博物馆，1954：40.
② 湖南省博物馆．湖南省文物图录［M］．长沙：湖南人民出版社，1964：图 2-3.
③ 湖南省博物馆．湖南省文物图录［M］．长沙：湖南人民出版社，1964：图 2-4.
④ 中国科学院考古研究所．长沙发掘报告［M］．北京：科学出版社，1957：63.
⑤ 湖南省益阳地区文物工作队．益阳楚墓［J］．考古学报，1985（1）.
⑥ 湖南省博物馆，益阳县文化馆．湖南益阳战国两汉墓［J］．考古学报，1981（4）.

中的 4 件，矛较为短小，銎作圆筒状，銎口平，骹部一侧有一个鼻钮；有一件矛脊两侧铸有蝉纹，骹部铸有一“王”字（图 2-65，1）。[①] 这类铜矛也见于益阳新桥山 11 号墓。[②] 战国中晚期常见的铜矛仍以这种较短小的单钮圆骹平口矛为主（图 2-65，2、4）。楚式铜矛中有铭文者甚少，较重要的有 1953 年长沙子弹库 37 号墓出土的“金”字矛，全身布满奇字和符号，多不可识，仅“金”字可识，从矛的形制看，当属楚式矛。[③] 长沙近郊楚墓还出土有云纹和奇字的铜矛。[④] 还有一种长骹两侧有多个环钮的铜矛，见于益阳羊舞岭 15 号墓[⑤]和新桥山 3 号墓（图 2-65，6、7）[⑥]，与常见的楚式铜矛风格不同，可能是楚国境内具有区域特征的兵器（详见第六章第二节）。墓中还常出一种宽叶、骹椭圆、銎口向内凹或向内弧的越式风格的铜矛，如《长沙发掘报告》中的Ⅱ式、Ⅲ式

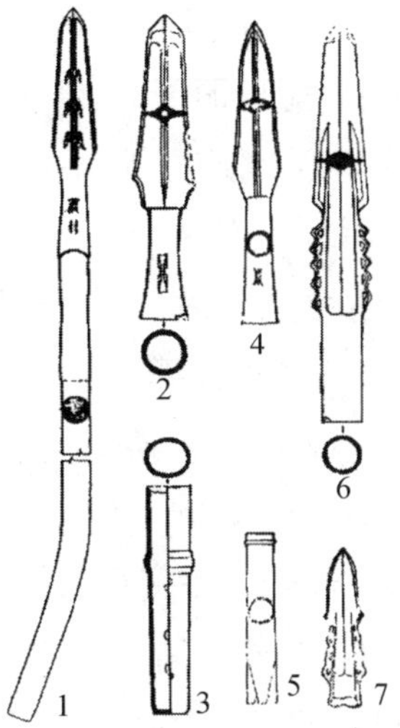

图 2-65　铜矛及矛镦示意图

1. 矛　长沙浏城桥 1 号墓出土
2、3. 铜矛及矛镦　益阳天成垸 22 号墓出土
4. 矛　益阳新桥山 17 号墓出土
5. 矛镦　益阳新桥山 9 号墓出土
6. 益阳羊舞岭 15 号墓出土
7. 矛　益阳新桥山 3 号墓出土
2、3、6 采自湖南省益阳地区　文物工作队《益阳楚墓》
4、5、7 采自湖南省博物馆等《湖南益阳战国两汉墓》

---

① 湖南省博物馆. 长沙浏城桥一号墓［J］. 考古学报，1972（1）.

②⑥ 湖南省博物馆，益阳县文化馆. 湖南益阳战国两汉墓［J］考古学报，1981（4）.

③ 湖南省博物馆. 长沙楚墓［J］. 考古学报，1959（1）.

④ 周世荣. 湖南楚墓出土古文字丛考［M］//湖南考古辑刊：第 1 集. 长沙：岳麓书社，1982.

⑤ 湖南省益阳地区文物工作队. 益阳楚墓［J］. 考古学报，1985（1）.

矛；益阳羊舞岭砖瓦厂 4 号墓出土的铜矛通体饰暗斑菱形格纹①，前一种越式风格的宽叶铜矛，不一定来自越地，有可能是楚人仿越矛而铸；后一种越式铜矛则应是典型的越矛。长沙近郊还出土一件鸟篆“越王”铜矛，矛身较窄，饰有蝉纹，銎口作鱼尾状。② 矛柲中也有“积竹柲”，与戈的积竹柲的制法相似，不同之处是柲的中心为一圆木棒、外包竹篾 18 根，再丝线密绕髹黑漆，长达 2.97 米，直径 2.8 厘米。③ 矛以木柲居多，长柲中有以树藤为柲的，长达 2.8 米，短柲长仅 1 米多。④ 长沙近郊楚墓中还出土有一种全矛，木柲上彩画几何形花纹（图 2-63，2）。⑤ 矛柲的下部手握处装有铜镦，作圆筒形，有的末端作三叉形，有的中部有数道宽凸弦纹，装饰比戈镈要简朴得多。

属于刺兵的武器还有铜鍦。鍦即长矛，1955 年长沙左家塘 21 号墓中出土的铜鍦长达 36 厘米，骹部作椭圆形，上有“宜章”二字铭文。⑥ 铍是剑属，但装有长柲。1956 年长沙紫檀铺（即子弹库）30 号墓出土的铜铍保留有残存的积竹柲和错金银云纹的铜镦，作葫芦状，断面作椭圆形，全长 1.62 米。⑦ 由考古发掘资料得知，矛、鍦、铍均是刺兵，其区别在于矛的柲和镦的断面都为圆形，而鍦、铍的柲与镦的断面均作椭圆形；鍦为长矛，而铍为“剑属”，且铍无銎口可以装柲，而是用两块木板将铍的基部夹住，再用“丝织物层层缠绕，外髹黑漆”⑧，这是它们三者之间的主要区别。

戟是戈矛合体，可钩可刺。战国早期的铜戟见于长沙浏城桥 1 号墓，

---

① 益阳地区文物工作队. 益阳羊舞岭战国东汉墓清理简报［M］//湖南考古辑刊：第 2 集. 长沙：岳麓书社，1984.

② 周世荣. 湖南楚墓出土古文字丛考［M］//湖南考古辑刊：第 1 集. 长沙：岳麓书社，1982.

③④ 湖南省博物馆. 长沙浏城桥一号墓［J］. 考古学报，1972（1）.

⑤ 北京历史博物馆. 楚文物展览图录［M］. 北京：北京历史博物馆，1954：43.

⑥ 湖南省博物馆. 长沙楚墓［J］. 考古学报，1959（1）.

⑦⑧ 湖南省文物管理委员会. 湖南长沙紥檀舖战国墓清理简报［J］. 考古通讯，1957（1）.

为长矛、窄援、弯内，有积竹柲，柲长达 2.835 米。[①] 较晚的戟有 1954 年长沙左家公山 15 号墓出土的木戟，戈为长胡四穿，木矛头甚短，柲、镈均为木质，柲长 1.45 米，木戈用丝带缚于木柲上，穿绕方法作“→”形[②]，此戟虽为明器，却反映了当时戈缚于柲上的真实情形，木矛头甚短，不便使用，恐有残断。

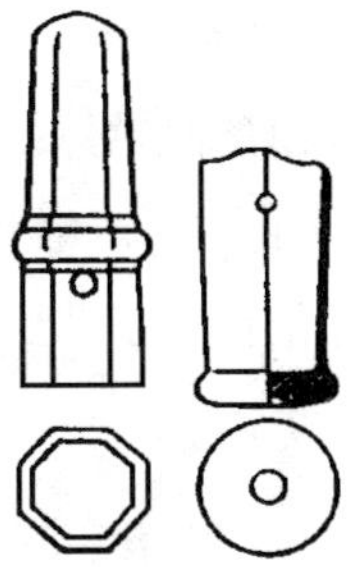

图 2-66　铜殳头及殳镦（右）示意图

殳是击兵，与戈、戟、酋矛、夷矛合称“五兵”。1974 年长沙识字岭 1 号墓中出土有铜殳头和殳镦各 1 件（图 2-66）。[③] 殳头无刃，作八棱筒状，顶端较小，末端稍大，长 6.2 厘米，直径 2.1 厘米。殳镦作圆筒状，长 5.5 厘米，有底，末端伸出镦身，手握时可防止滑出。原报告中的“铜帽”应为殳镦，而“镦”则应为殳头（图 2-66）。《说文》释殳：“以杸殊人也。礼，殳以积竹，八觚，长丈二尺，建于兵车。”出土之殳头为八棱形，即“八觚”。殳柲已腐，原来应是以“积竹”为主，由殳头与殳镦之间的距离可知全殳长 1.64 米，则比“长丈二尺”为短（当时一尺长约 23 厘米，“长丈二尺”应长 2.76 米）。根据湖北随州曾侯乙墓中所出无刃之殳 14 件，在伴出的竹简中称之为“晋杸”[④]，则此件应是“晋杸”中之徒兵所用者。

在短兵器中，在 1974 年长沙树木岭 1 号墓中出土有 1 件人形柄铜匕首，通长 20.8 厘米。断面作棱形，柄为一人形，人高 8 厘米，头顶有圆饼形发髻，大眼、高鼻、脑后垂长辫至肩部，耳上戴粗大的耳坠；两手

---

① 湖南省博物馆. 长沙浏城桥一号墓［J］. 考古学报，1972（1）.

② 湖南省文物管理委员会. 长沙左家公山的战国木椁墓［J］. 文物参考资料，1954（12）；长沙楚墓［J］. 考古学报，1959（1）：图版 14，9.

③ 单先进，熊传新. 长沙识字岭战国墓［J］. 考古，1977（1）.

④ 湖北省博物馆. 曾侯乙墓［M］. 北京：文物出版社，1989：294、295.

叉于臀部，手指伸开，袖子在手腕处打结；胸部露出乳房，腰间系短裙，上有尖角形和条形图案；两足并立，脚趾分开。[①] 这类铜匕首常见于东山文化中，而在楚墓中仅此一见，其人物装束也与楚人装束迥异，因此有学者认为此匕首是“骆越族的遗物”[②]，由此证明，当时楚人与骆越曾有过联系和交往。

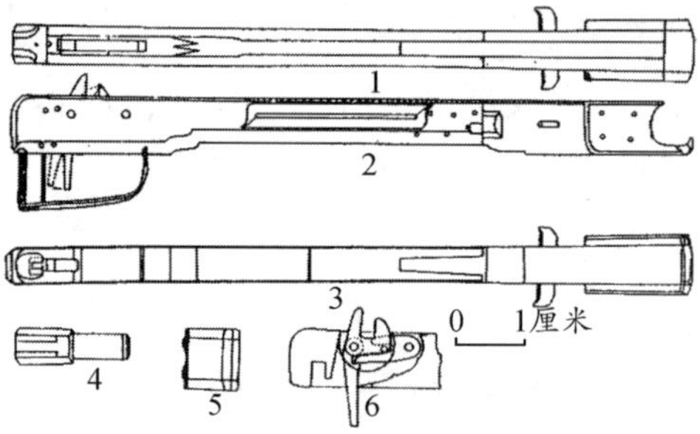

图 2-67 战国全弩及弩机结构图

1. 正面 2. 右侧面 3. 底面 4. 柄后全弩及 5. 前面 6. 弩机剖面

远射兵器弩、弓、箭等在湘中、湘东楚墓中有较多的发现。1952 年长沙南郊扫把塘 138 号墓中出土有 1 件全弩，长 51.8 厘米，弩臂用坚木制成，弩机用铜依杠杆原理制成。时代约在战国中期，是目前所见最早的全弩（图 2-67）。[③] 1957 年长沙左家塘新生砖厂 15 号墓中出土有铜弩机，有牙（钩括）、钩心、悬刀（扳机）等机件（图 2-68），弩臂已腐蚀。[④] 1951 年长沙 406 号墓中也曾被盗掘出土有铜弩机[⑤]，同墓出土的竹简中还有“幾一”的记载，可能就是指“弩机”[⑥]。据《吴越春秋·勾践

---

① 高至喜. 湖南发现的几件越族风格的文物［J］. 文物，1980（12）；湖南省博物馆. 长沙树木岭战国墓阿弥岭西汉墓［J］. 考古，1984（9）.

② 童恩正. 从出土文物看楚文化与南方诸民族的关系［M］//湖南考古辑刊：第 3 集. 长沙：岳麓书社，1986.

③④ 高至喜. 记长沙、常德出土弩机的战国墓——兼谈有关弩机、弓矢的几个问题［J］. 文物，1964（6）.

⑤ 中国科学院考古研究所. 长沙发掘报告［M］. 北京：科学出版社，1957：26.

⑥ 中国科学院考古研究所. 长沙发掘报告［M］. 北京：科学出版社，1957：56、57.

阴谋外传第九》记载，楚琴氏“横弓着臂，施机设枢，加之以力，然后诸侯可服”，证之以出土实物，看来铜弩机确是先由楚人发明，然后影响到周边地区。

弓有竹弓和木弓两种。战国初年的弓有 1971 年长沙浏城桥 1 号墓中出土的竹弓 3 件，是“用三块竹片叠合而成。先用两块竹片以较薄的两端上下相叠，再在相叠部分加上一块竹片，然后用丝线缠紧髹漆”，弓长 125—130 厘米①，按《周礼·考工记》的记载，弓干取材的优劣依次为柘、檍，檿桑、桔、木瓜、荆和竹，此弓干为竹，应系弓材中的最下等。战国中期的弓有 1951 年长沙 406 号墓中出土的竹弓，全长 1.4 米，“中间一段用四层竹片叠成”，外缠以胶质薄片，再用丝线缠绕髹黑褐色漆。弓分为五部分，中间为“干”，干两旁的两段为“畏”，畏两端安有弓弭。弓弭为角质，长 5 厘米，上有刻槽，用来挂弦弧。弓上的丝弦保存良好，黄褐色，长 80 厘米，径 0.7 厘米，弦的两端有弦弧，可以挂在弓珥上锲中。②《周礼·考工记》中提到制弓要用六种材料，即“干、角、筋、胶、丝、漆”，在这一件竹弓上几乎全都看到了，也说明《考工记》中关于制弓的记载与战国中期的制弓情况大体上是相符的。同墓中出有铜弩机，此弓应是弩上所用。

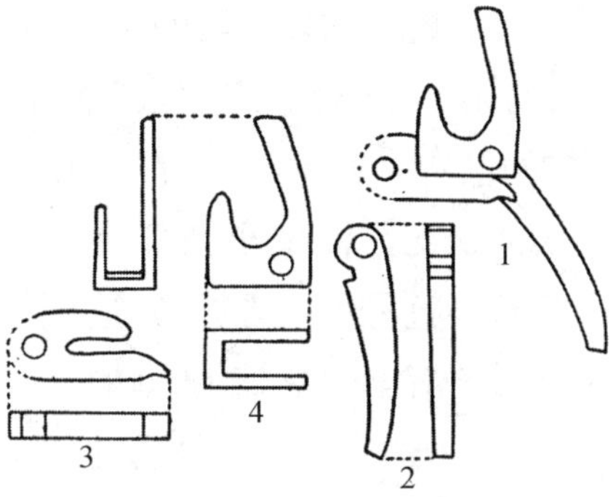

图 2-68　铜弩机构件图
1. 全形　2. 悬刀　3. 牛　4. 牙（均约 1/3）

1952 年长沙扫把塘 138 号墓中出土有竹弓 1 件，同墓出有全弩，此弓当为弩弓。③ 木弓以 1953 年长沙月亮山 41 号墓中出土的一件最为完整④，全长

① 湖南省博物馆. 长沙浏城桥一号墓［J］. 考古学报，1972（1）.

② 中国科学院考古研究所. 长沙发掘报告［M］. 北京：科学出版社，1957：59、60.

③ 高至喜. 记长沙、常德出土弩机的战国墓［J］. 文物，1964（6）.

④ 湖南省博物馆. 长沙楚墓［J］. 考古学报，1959（1）.

157 厘米，系用一根整木棒制成，中间的“干”较窄而厚，干两旁的“畏”宽而较薄，两端有安弦弧的刻槽。此弓笔直，用意在于“射深”。此弓用木，当比用竹制者为优。

与弩和弓配合使用的还有箭、镞。较完整的箭有：1971 年长沙浏城桥 1 号墓出土的 8 支，杆用小竹竿制成，杆长 68.4 厘米，直径 0.6 厘米，连铜镞全长 75.5 厘米，箭尾端有长 14.5 厘米设羽①，这与《考工记·矢人》中说的“五分其长而羽其一”十分接近。箭尾末有一缺口，长 0.7 厘米，这就是“比”（即括）。这八支箭出土时放置在一个竹矢箙内。竹矢箙是用两块半边竹子做成，在黑漆底上绘红色几何云纹（图 2-69，2），长 81 厘米，合成后的直径 3.4 厘米，竹矢箙两端有孔，穿绳可把箭夹住。② 战国中晚期的箭有 1954 年长沙左家公山 15 号墓中出土的 6 支，全长 70 厘米，其中羽长 16 厘米，箭出土时置于一髹黑漆的梯形木矢箙内，上宽下窄，通长 77 厘米。③ 铜镞较常见的有柳叶形、三棱形、平头柱状镞等几种。圆柱状平头无刃的铜镞，可能是作投壶之用。

图 2-69 兵器示意图

1. 漆戈柄 2. 漆矢箙上的纹饰
长沙浏城桥 1 号墓出土

防御武器有盾和甲。盾有漆盾和木盾两种。长沙 406 号墓中曾出土有漆盾两件，用皮革制成，近似葫芦形，在黑漆地上用红、黄色绘出精

①② 湖南省博物馆. 长沙浏城桥一号墓 [J]. 考古学报，1972 (1).

③ 湖南省文物管理委员会. 长沙左家公山的战国木椁墓 [J]. 文物参考资料，1954 (12).

美的龙凤纹和云纹，如此精美的漆盾，不似是实用的武器，可能是一种“舞器”。① 1954 年长沙左家公山 15 号墓出土有 1 件木盾，高 61 厘米②。皮甲于 1971 年长沙浏城桥 1 号墓出土 1 件，可惜已散乱，只存多种形状的残片③。1954 年长沙左家公山 15 号墓所出 1 件皮甲，一半用小块皮革连缀而成，另一半为丝织物，原貌也难以弄清。④

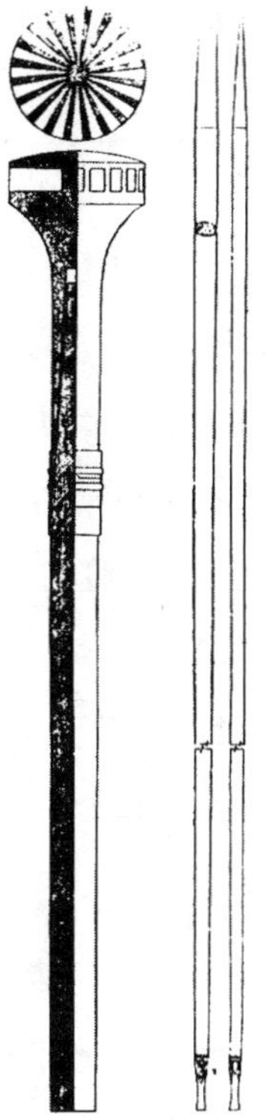

图 2-70 车伞部件示意图
左 车伞帽、伞柄（1/6）
右 车盖弓（1/6）

湘中战国楚墓中的车马器见于长沙浏城桥 1 号墓和湘乡牛形山 1、2 号墓。浏城桥 1 号墓中车伞盖较为完整，伞柄、伞帽、盖弓及铜盖弓帽均有（图 2-70），伞柄和帽全长 1.13 米，伞柄套入伞帽，交接处有铜箍加固；盖弓 20 根，每根长 1.387 米，均髹黑漆，其伞的形制是相当大的。⑤同墓还出龙形髹漆木车辕两件，长 75 厘米（图 2-71）。未见车轮和车舆，却出有铜车軎 4 件。湘乡牛形山 1 号墓中出有 1 件木车模型，两个彩绘车轮由牙、辐、毂、軎、辖等构成，轮径 50 厘米，有辐 22 根；车舆、车辕、车伞均有残件出土，伞盖弓也是 20 根，可惜均难以复原。牛形山 2 号墓中也出土有车

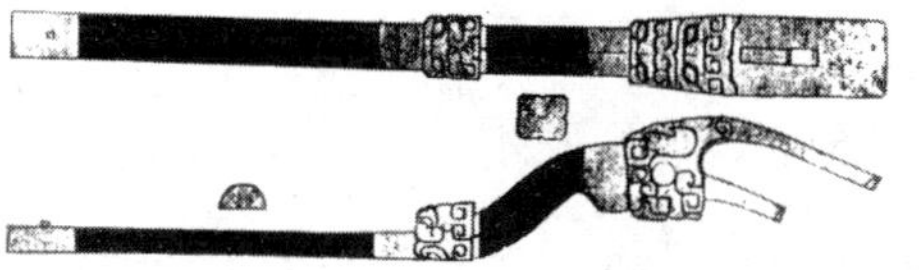

图 2-71 漆车辕（1/6）

---

① 中国科学院考古研究所. 长沙发掘报告［M］. 北京：科学出版社，1957：57、58、彩版 1 至 3.

②④ 湖南省文物管理委员会. 长沙左家公山的战国木椁墓［J］. 文物参考资料，1954（12）.

③⑤ 湖南省博物馆. 长沙浏城桥一号墓［J］. 考古学报，1972（1）.

伞、铜车軎等残件。[①] 铜马衔出土较多，其他马饰却甚少见。

4. **铁器**

湘中、湘东战国楚墓中出土有较多的铁器。品种有兵器剑、戈、戟、矛、戈镦、矛柄、镞铤；工具有锄、斧、锛（斤）、铲、夯锤、刀、削、刮刀、锤、锉、钻；日常用具有容器，有带钩、环、夹子、钩形器、码子、条、钉等约有 30 种，可见当时铁器的使用已相当普遍。数量也相当多。长沙地区据至 1964 年止的统计数字，便有 186 座战国墓中出土铁器 241 件。[②] 益阳 93 座楚墓中出土铁器 29 件。[③] 在这些出土铁器中，以凹字形铁口锄、斧、锛（斤）等生产工具值得注意。在长沙出土的 241 件铁器中锄、斧、锛（斤）占 55 件[④]，益阳的 29 件铁器中锄、斧、锛（斤）占 10 件[⑤]。这些铁工具大多数并非有意随葬，而是无意或有意丢弃在填土中的，说明这些铁工具是已能大量生产的普通的工具。这些“坚牢而锐利”的铁工具除了用于挖掘墓室之外，自然可以用于砍伐森林、开垦荒地，并极大地推动农业和手工业生产的发展，大大地加快了开发江南的进程。

5. **漆木竹器**

在长沙、湘乡等地战国楚墓中出土的漆木竹器很多。除前面已谈及漆棺、笭床和兵器中的弩、弓、箭杆、矢箙、盾、皮甲及戈、戟、矛的柲与车器等漆木器之外，漆器中的日常用器有耳杯、奁盒、方形套盒、樽、豆、盘、案、几、枕；乐器有鼓、瑟、竽、琴；还有镇墓兽、梅花

---

① 湖南省博物馆. 湖南湘乡牛形山一、二号大型战国木椁墓［M］//文物资料丛刊：第 3 集. 北京：文物出版社，1980.

② 高至喜. 从长沙楚墓看春秋战国时期当地经济文化的发展［C］//中国考古学会第二次年会论文集. 北京：文物出版社，1982：59.

③⑤ 湖南益阳地区文物工作队. 益阳楚墓［J］. 考古学报，1985（1）.

④ 高至喜. 从长沙楚墓看春秋战国时期当地经济文化的发展［C］//中国考古学会第二次年会论文集. 北京：文物出版社，1982：61.

鹿、虎子、虎座飞鸟、绕线棒等众多的器物，说明当时漆器的使用已相当广泛，制作也相当精美。主要用木胎，也有竹胎（如竹矢箙）和皮胎（如甲、盾）。髹漆一般是黑地绘花。常见的色彩是朱、黄、金、白等色，对比强烈。纹饰以龙、凤、云纹、几何纹为主，也有花瓣纹、菱形纹、狩猎纹等。①

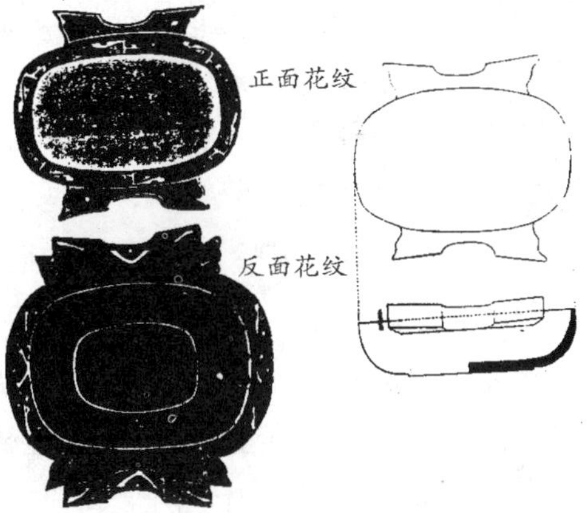

图 2-72　漆耳杯示意图

耳杯（即羽觞）是出土楚漆器中数量最多的一种，是用于喝酒或喝汤的食具。有圆耳和方耳两种，用整木雕凿而成，漆绘云纹、几何纹，或龙凤纹。耳杯在战国早期墓中未见，到战国中晚期使用已相当盛行，如长沙左家公山 15 号墓出土 4 件②，湘乡牛形山 1 号墓出土 30 余件③，杨家湾 6 号墓中出有 20 件（图 2-72）④。奁盒也是战国楚墓中较常见的器物，一般作扁圆形，上面往往绘有生动的云纹和龙凤纹图案，这是盛放梳妆用品的器具。如长沙左家公山 15 号墓出土的漆奁盒内，放有一面素面铜镜⑤；长沙杨家湾 6 号墓出土大小两件漆奁盒，大的直径达 34 厘米，高 10 厘米，盒盖内和盒底外均阴刻有“王二”二字，应是作器者之姓名。另一件小奁盒内放有小漆盒、铜镜和竹简等物⑥。在长沙马王堆 1、3 号西汉早期墓中所出这类

---

① 高至喜. 从长沙楚墓看春秋战国时期当地经济文化的发展［C］//中国考古学会第二次年会论文集. 北京：文物出版社，1982：63.

②⑤ 湖南省文物管理委员会. 长沙左家公山的战国木椁墓［J］. 文物参考资料，1954（12）：6.

③ 湖南省博物馆. 湖南湘乡牛形山一、二号大型战国木椁墓［M］//文物资料丛刊：第 3 集. 北京：文物出版社，1980.

④⑥ 湖南省文物管理委员会. 长沙杨家湾 M006 号墓清理简报［J］. 文物参考资料，1954（12）.

扁圆形漆盒也多是盛梳妆用品的，同墓所出竹简遣册中自名为“检”（如简二三〇、二三一、二三三）。[①]

漆樽是一种圆筒状器具，过去的一些考古报告中多名之为“奁”，这是不对的。1952 年长沙颜家岭 35 号战国中期墓中所出之樽尚无盖，下面的三个铜蹄足直接装在樽的底部，樽身在黑漆地上绘红色云纹和生动的狩猎纹。[②] 长沙杨家湾 6 号战国晚期墓中出土两个漆樽，上有盖，盖上有三个铜环钮，底下的三个铜蹄足是铸在一个铜箍上，再嵌于樽底，这样安装的铜足就牢固得多了，也就是“扣器”。樽身在黑漆地上漆绘红色的云纹、菱形纹和生动的凤纹（图 2-73）。出土时内盛有“灰白色的糊状物”。[③] 1974 年长沙黄土岭魏家大堆 1 号墓出土有夹纻胎的铜扣小樽，一侧有铜圆鋬。[④] 由出土实物证明漆樽是属于盛酒或汤的饮食具，而与盛梳妆用品的奁盒无关。

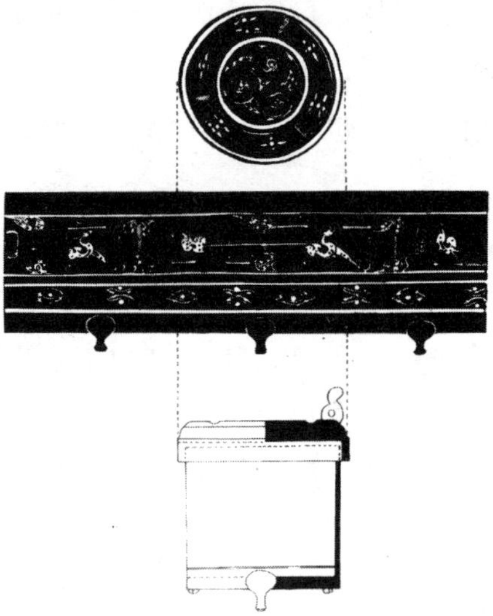

图 2-73　漆樽（摹本）

漆豆在湘中地区仅见于较大型的湘乡牛形山 1、2 号墓中，1 号墓中出土 16 件，由豆盘、豆柄和豆座三部分斗合而成，在黑漆地上绘朱色云雷纹、棋盘纹。[⑤] 在长沙、益阳等地的中小型楚墓中却未见漆豆出土，而在楚都江陵

① 湖南省博物馆，中国科学院考古研究所．长沙马王堆一号汉墓：上集［M］．北京：文物出版社，1973.

② 湖南省博物馆．长沙楚墓［J］．考古学报，1959（1）.

③ 湖南省文物管理委员会．长沙杨家湾 M006 号墓清理简报［J］．文物参考资料，1954（12）.

④ 湖南省博物馆．湖南长沙黄土岭魏家大堆战国墓［M］//文物资料丛刊：第 3 集．北京：文物出版社，1980.

⑤ 湖南省博物馆．湖南湘乡牛形山一、二号大型战国木椁墓［M］//文物资料丛刊：第 3 集．北京：文物出版社，1980.

及其附近的楚墓中却有大量漆豆出土，如江陵雨台山墓地就有 93 座中、小型楚墓中出土漆豆 27 件和木豆 88 件①，也表现出地域上的差异。

几是古代的重要盛物器具之一。长沙浏城桥 1 号墓中出土有雕刻云纹的 12 足漆几（图 2-74），两端各有四根柱足插入几座，两端再斜置两根柱足支撑几面，使几更加牢固，可供人们倚凭身体。几通高 47 厘米，正与古人席地而坐的习俗相适应。此墓还出土有 H 形几，制作较粗。②湘乡牛形山 1 号墓所出之漆几几面作半弧形，共有六足支撑几面，几面用红、棕、黄色漆绘生动的龙凤纹和云雷纹，制作颇精。几长达 81.5 厘米，高 38 厘米③，是几中精品。

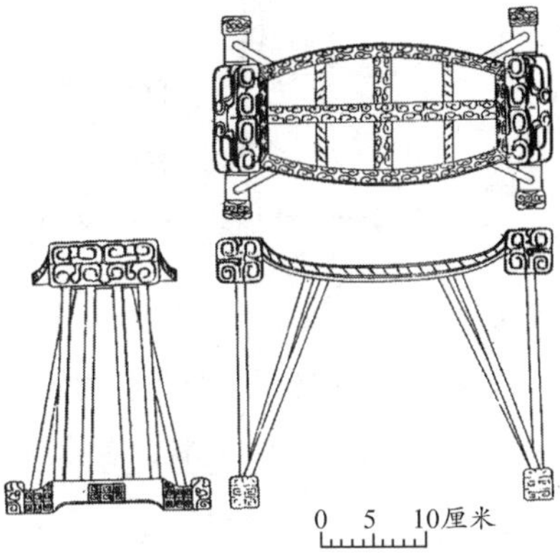

图 2-74　12 足漆几结构图

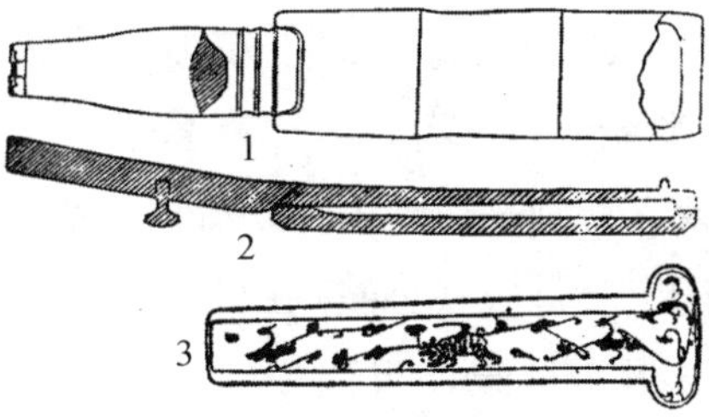

图 2-75　1、2 漆琴平面、剖面图（1/8）
3. 共鸣箱底面纹饰（1/6）

湘中战国楚墓出土漆木器中的乐器有瑟、琴、笙、鼓。

战国初期的长沙浏城桥 1 号墓中出土的瑟只有 24 个弦孔，与一般的瑟为 25 弦不同，瑟内还残存有弦线④；同墓中出土的笙斗，上有十孔，

---

① 湖北省荆州地区博物馆．江陵雨台山楚墓［M］．北京：文物出版社，1984．100-102.

②④ 湖南省博物馆．长沙浏城桥一号墓［J］．考古学报，1972（1）．

③ 湖南省博物馆．湖南湘乡牛形山一、二号大型战国木椁墓［M］//文物资料丛刊：第 3 集．北京：文物出版社，1980．

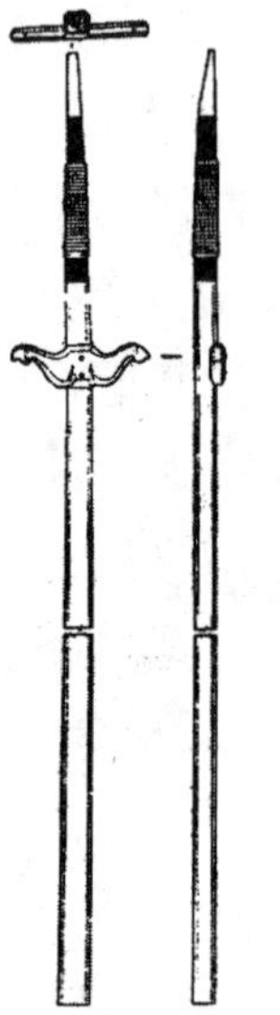
图 2-76　木仪杖（1/7）示意图

分两排，但斗未雕空，显然是明器，笙管已破，难以复原[①]。琴，出土于 1980 年长沙五里牌邮电大楼 3 号墓中，由面和底两部分构成，琴颈下部有轸子，底板上凿有 T 形槽为共鸣箱，槽内在黑漆地上绘有生动的龙、凤、兽纹。从过弦板上的弦痕看，应为十弦琴，全长 79 厘米（图 2-75）[②]，这是楚墓中出土的保存较为完整的琴。琴和瑟本是春秋战国时期的主要弦乐器，楚瑟已出土 40 余件[③]，而琴除了湖北随州曾侯乙墓出土过五弦琴、十弦琴外，真正的楚琴甚少见。楚国的弹拨乐器应是以瑟为主，而琴尚不甚流行。鼓在楚墓中出土较多。战国早期的长沙浏城桥 1 号墓中出土有悬鼓 1 件，直径 45 厘米[④]，但尚未见有悬鼓的鼓架，特别是战国中晚期流行的那种双虎座双凤鼓架可能此时尚未出现。同墓还出土鼙鼓（小鼓）1 件，直径 21.2 厘米，只有一面张皮革，鼓框一侧有方形木榫眼，可以安一木柄，用于手执敲击[⑤]。1957 年长沙子弹库 17 号墓出土有悬鼓两件，直径为 46 厘米和 56.5 厘米，同墓出土的四个漆绘花纹的木翅膀，疑是鼓架凤鸟身上的。[⑥]

湘中地区出土漆器中较少见而重要的有长沙浏城桥 1 号墓中出土的梅花木鹿，头部蜷曲至背部，刀法简洁，形象生动，可能是某器的座，也可作摆饰。[⑦]同墓出土有 1 根长 2.08 米的方尖木杖，靠尖削的一端绕线髹漆，并钉一蝙蝠形器，可能是用于礼仪的仪杖（图 2-76）。[⑧]1980 年

①④⑤⑦⑧　湖南省博物馆. 长沙浏城桥一号墓［J］. 考古学报，1972（1）.

②　长沙市文物工作队. 长沙市五里牌战国木椁墓［M］//湖南考古辑刊：第 1 集. 长沙：岳麓书社，1982.

③　赵世纲. 楚国乐舞研究［J］. 华夏考古，1990（4）.

⑥　周世荣，文道义. 57 长. 子. 17 号墓清理简报［J］. 文物，1960（1）.

长沙五里牌邮电大楼3号墓中出土有髹漆木雕虎子，全器用整木雕成，尾反卷至头部而成提手，器身在黑漆地上用黄、褐色绘云、凤纹，制作颇精（图2-77），这是男子用的“亵器”①，也是目前所见第一件先秦虎子。1975年湘乡牛形山1号墓中出土有1件彩绘漆枕，仅存两端的枕座，作长方形，中有长方形镂孔；座的内侧有方形榫眼和凹槽，应是用以插入竹片或木条作为枕面；枕座外侧绘红、黄色三角形云雷纹，长17.5厘米，高11厘米。② 我们看到河南信阳长台关1号楚墓出土的一件竹木合制的漆枕与此枕相似，长台关枕长60.4厘米③，两枕的制作方法相同，形状相似，而且这两座墓的年代都属于战国中期前段。这与长沙马王堆1号西汉早期墓中出土的绣枕作长方形④，其形状也有相似之处。

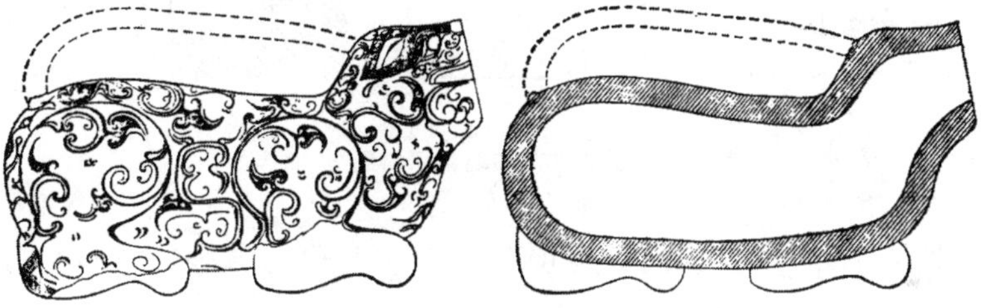

图2-77　漆虎子
纵剖面（右、比例1∶4）
采自长沙市文物工作队《长沙市五里牌战国木椁墓》

镇墓兽是楚墓随葬器物中很有特点的器物，楚人用这种奇形怪状的木雕器物埋入墓中，大概是为了避邪、驱鬼。一般是用木雕髹漆，也有不髹漆的。1971年长沙浏城桥1号墓中出土的属战国初期的镇墓兽，通高43.2厘米，兽首形状奇异，面目狰狞，口吐长舌，弯颈、方身，插入

① 黄纲正．长沙出土的战国虎子及有关问题［J］．文物，1986（9）．

② 湖南省博物馆．湖南湘乡牛形山一、二号大型战国木椁墓［M］//文物资料丛刊：第3集．北京：文物出版社，1980．

③ 河南省文物研究所．信阳楚墓［M］．北京：文物出版社，1986：43．

④ 湖南省博物馆．长沙马王堆一号汉墓：上集［M］．北京：文物出版社，1973：71．

一四方木座上，头上插的鹿角已腐朽。① 战国中期的镇墓兽有湘乡牛形山1、2号墓中出土的3件：1号墓的两件，作噬蛇状，兽身和方座均在黑漆地上绘红、黄色的云纹、S形纹；2号墓中出土的1件，"头部扁平，两眼突起，身为方形，弯曲"，插入方座之内，通高52厘米②，与长沙浏城桥1号墓所出镇墓兽接近。战国中期前段的镇墓兽，还有1985年长沙留芳岭3号墓中出土的1件③，兽身由头、颈、胸三部分组成，方眼，有鼻，口阔，双

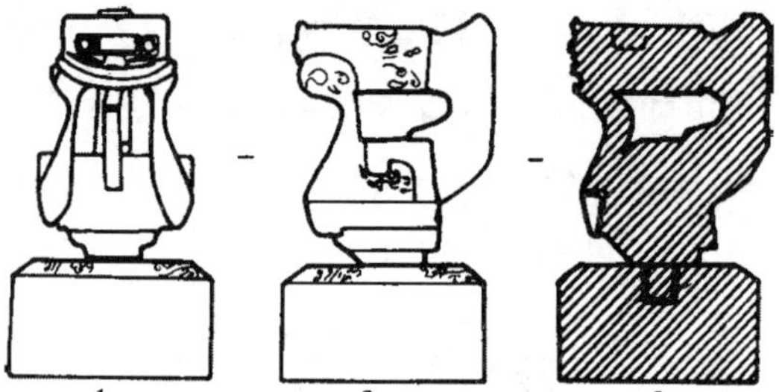

图 2-78 镇墓兽示意图

1. 正面 2. 侧面 3. 剖面

手托住两腮，长舌拖至胸前，头顶有一供插鹿角的方眼，下有方座，通高45.5厘米。形体类似的镇墓兽在蒋玄佁著《长沙——楚民族及其艺术》第二卷图版叁叁A、D著录两件，后一件作龙形。1975年长沙子弹库17号墓中仅见一镇墓兽方座和残鹿角④，兽身已失。中华人民共和国成立前长沙近郊曾出土有一件双首吐舌插鹿角的镇墓兽，全身漆绘云纹。⑤ 战国晚期的镇墓兽见于1954年长沙杨家湾6号墓，原报告名"木坐俑"，其实是一件近似半

① 湖南省博物馆. 长沙浏城桥一号墓［J］. 考古学报，1972（1）.

② 湖南省博物馆. 湖南湘乡牛形山一、二号大型战国木椁墓［M］//文物资料丛刊：第3集. 北京：文物出版社，1980.

③ 长沙市文物工作队. 长沙留芳岭战国墓发掘简报［M］//湖南文物：第1辑. 长沙：湖南大学出版社，1986.

④ 周世荣，文道义. 57长. 子. 17号墓清理简报［J］. 文物，1960（1）.

⑤ 蒋玄佁. 长沙——楚民族及其艺术：第二卷［M］. 影印本. 上海：上海今古出版社，1950：图版32.

身人形的镇墓兽，插入一方座内[①]，这与湖北江陵雨台山 555 号战国晚期前段楚墓中所出“拟人化”的镇墓兽[②]，风格相近。中华人民共和国成立前，长沙近郊还出土有两件人形镇墓兽，口吐长舌，头插双鹿角，下有简单的方座（图 2-79）[③]，也应是战国晚期的楚器。

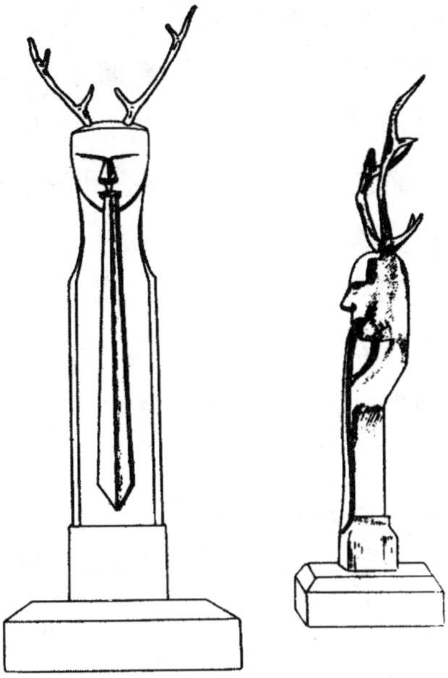

图 2-79　木雕镇墓兽示意图

木器中最引人注目的是木俑，数量品种都较多。俑是代替奴隶殉葬的偶人。湘中地区战国楚墓中出土的木俑有 130 余件，其中 1951 年长沙五里牌 406 号墓出土 30 件[④]，1953 年长沙仰天湖 25 号墓出土 8 件[⑤]，1954 年长沙左家公山 15 号墓出土 3 件[⑥]，1954 年杨家湾 6 号墓出土 49 件（图 2-80）[⑦]，1959 年长沙柳家大山出土 7 件[⑧]，1965 年湘乡 70 号墓出土 12 件[⑨]，1975 年湘乡牛形山 1 号墓出土

① 湖南省文物管理委员会. 长沙杨家湾 M006 号墓清理简报［J］. 文物参考资料，1954（12）.

② 湖北省荆州地区博物馆. 江陵雨台山楚墓［M］. 北京：文物出版社，1984：108、110.

③ 蒋玄佁. 长沙——楚民族及其艺术：第二卷［M］. 北京：美术考古学社，1950.

④ 中国科学院考古研究所. 长沙发掘报告［M］. 北京：科学出版社，1957：59-61.

⑤ 湖南省文物管理委员会. 长沙仰天湖 25 号木椁墓［J］. 考古学报，1957（2）.

⑥ 湖南省文物管理委员会. 长沙左家公山的战国木椁墓［J］. 文物参考资料，1954（12）.

⑦ 湖南文物管理委员会. 长沙杨家湾 M006 号墓清理简报［J］. 文物参考资料，1954（12）. 原报告中统计出土木俑 50 件，但其中的镇墓兽一件应除外。

⑧ 湖南省博物馆. 长沙柳家大山古墓清理简报［J］. 文物，1960（3）.

⑨ 湖南省博物馆. 湖南韶山灌区湘乡东周墓清理简报［J］. 文物，1977（3）.

18件[①]，1980年益阳羊舞岭农机厂3号墓出土6件（图2-81）[②]，还有一些战国楚墓中有零星的木俑出土。战国早期墓中尚未见木俑出土，这些木俑均出自战国中、晚期楚墓中。木俑可分为彩绘木俑、着衣木俑两类。彩绘者先雕刻出俑的姿态和衣着轮廓，再用白粉敷地，用墨绘眉目、胡髭、带、襟、裙等，或加朱彩点缀花纹，有的在木俑胸前墨书文字[③]；着衣木俑则雕刻更为简单，肩部以下有衣服遮盖，一般不加雕刻[④]。俑的形象几乎甚少区别，多为平顶、瓜子脸。立俑一般高50多厘米，跽坐俑高30多厘米。[⑤] 所出木俑种类有侍俑、武士俑、伎乐俑、炊厨俑等。侍俑一般是拱手站立，武士俑一般手持戈、戟、矛、刀、剑等武器，见于长沙五里牌406号墓和广济桥5号墓；伎乐俑跽坐，作击鼓、鼓瑟之状，见于长沙杨家湾6号墓，同墓出土“圆形器二件”，“瑟四件”，应是击鼓俑二件，鼓瑟俑四件；炊厨俑站立手持铲、勺，也见于杨家湾6号墓，同墓出土“木杓七件”，杓“有圆形的及铲状的两种”[⑥]，则应有炊厨俑七件。

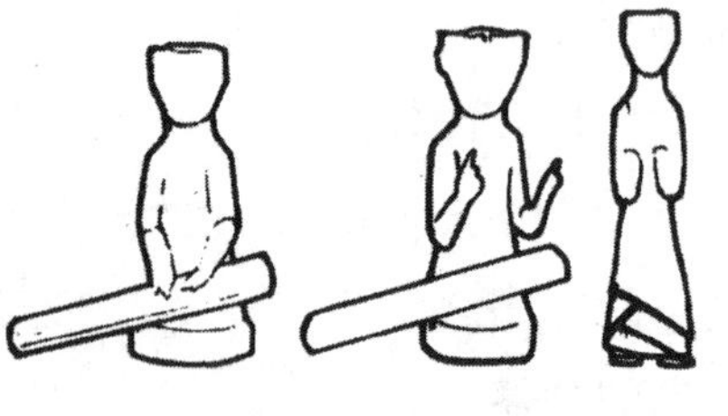

图2-80　木俑示意图

李正光绘

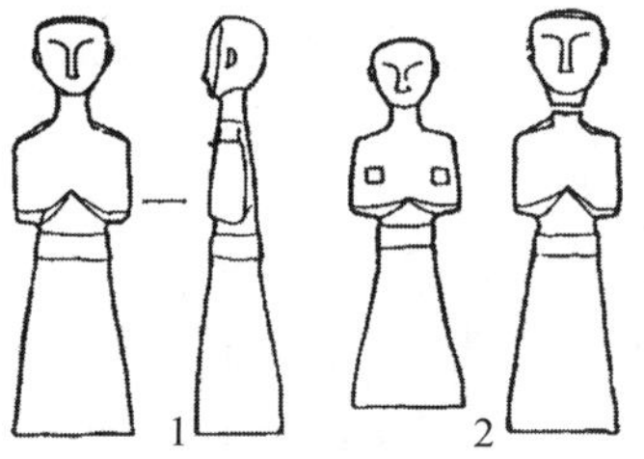

图2-81　木俑示意图

---

① 湖南省博物馆．湖南湘乡牛形山一、二号大型战国木椁墓［M］//文物资料丛刊：第3集．北京：文物出版社，1980．

② 益阳地区文物工作队．益阳羊舞岭战国东汉墓清理简报［M］//湖南考古辑刊：第2集．长沙：岳麓书社，1984．

③ 中国科学院考古研究所．长沙发掘报告［M］．北京：科学出版社，1957：60．

④ 湖南省文物管理委员会．长沙左家公山的战国木椁墓［J］．文物参考资料，1954（12）．

⑤⑥ 湖南省文物管理委员会．长沙杨家湾M006号墓清理简报［J］．文物参考资料，1954（12）．

从木俑身上所雕刻和彩绘的衣着看，多为交领右衽曲裾有锦缘的长袍。楚人也穿短衣，在出土木俑中，仅见于中华人民共和国成立前长沙近郊出土的1件持剑武士木俑，身着小袖短衣，衣长及膝，裹腿①；1952年长沙颜家岭35号墓中出土的狩猎纹漆樽上漆画的狩猎者穿的也就是短衣②。直裾袍也是一种楚服，湖北江陵马山1号墓中多有出土③，而在湘中楚墓中所出木俑上所穿衣服均残损腐朽过甚，没有完整资料留存下来，但在西汉早期长沙马王堆1号汉墓中出土有3件直裾丝绵袍④，应是对楚服的继承。湘乡70号墓中有裸体俑1件。

1980年益阳羊舞岭农机厂3号墓出土有1件木板座双飞鸟，飞鸟由冠、头、颈、身、翅、足几部分组合而成，作昂首展翅欲飞之状，高44厘米，双双站立于一长方木板之上（图2-82）。⑤这在江南楚墓中是首次发现。这可能是与楚人的“信巫好鬼”的风尚有关。湖北江陵、鄂城等地战国楚墓中常出虎座飞鸟，鸟背上还插有两枝鹿角，其制作虽稍有不同，但其用意应大致相同。

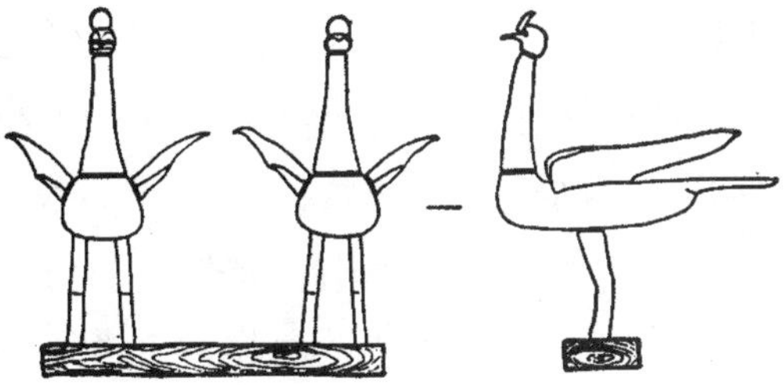

图2-82　木板座双飞鸟示意图

南方产竹，楚人对竹器的使用应是相当普遍的，但在墓葬随葬品中却不多见。除了前面提到的竹席之外，还有竹笥、竹编镜盒、毛笔上的

---

① 蒋玄佁．长沙——楚民族及其艺术：第二卷［M］．美术考古学社，1950．原物现藏湖南省博物馆。

② 湖南省博物馆．长沙楚墓［J］．考古学报，1959（1）．

③ 湖南省荆州地区博物馆．江陵马山一号楚墓［M］．北京：文物出版社，1985：21、23．

④ 湖南省博物馆．长沙马王堆一号汉墓：上集［M］．北京：文物出版社，1973：68．

⑤ 益阳地区文物工作队．益阳羊舞岭战国东汉墓清理简报［M］//湖南考古辑刊：第2集．长沙：岳麓书社，1984．

竹竿和竹筒、竹管、竹算筹及竹简等。楚墓中的随葬物品很多是盛放在竹笥里的，湘乡牛形山1、2号墓、长沙左家公山15号墓，长沙杨家湾6号墓等都有竹笥出土，但多已残破，一般编成人字形纹，如长沙左家公山15号墓中出竹笥3件，1件内盛天平砝码、毛笔、木梳、竹片等物①；1975年湘乡牛形山1号墓中出土有1件竹编镜盒，直径10厘米，用人字交叉织成回形纹，盒边框用细竹片15条加固，盒盖用红漆篾编地，黑漆篾编出纹饰，十分精细②，反映出当时的竹编工艺已达相当高的水平。1954年长沙左家公山15号出土有1支毛笔，笔杆为一根竹竿，长18.5厘米，径0.4厘米，笔毛是上等兔箭毛，围在笔杆的一端，然后用细丝线缠住后髹漆。毛笔出土时套在一根小竹管内。③这是最早发现的一支先秦毛笔。同墓还出"竹籤"40根，长12厘米④，可能是算筹。

长沙战国楚墓中出土有竹简3批。1951年五里牌406号墓出土残简38条，墨书"金戈八""幾一""鼎八"等，当为"遣册"⑤；1953年仰天湖25号墓中出土竹简43支，保存较为完整，简中记载有"中君之一绽衣""何马之绽衣""鄦阳公一纺衣""黄戊之□八"⑥"一新智（鞮）缕（屦），一忢（旧）智缕（鞮屦），皆又（有）蔖（苴）疋（疏）缕（屦）""皆藏于一匣之中"⑦等，说明这批竹简也是遣册。1954年长沙杨家湾6号墓出土竹简72支⑧，长13.5厘米至13.7厘米，宽0.6厘米，

①③④ 湖南省文物管理委员会. 长沙左家公山的战国木椁墓［J］. 文物参考资料，1954（12）.

② 湖南省博物馆. 湖南湘乡牛形山一、二号大型战国木椁墓［M］//文物资料丛刊：第3集. 北京：文物出版社，1980.

⑤ 中国科学院考古研究所. 长沙发掘报告［M］. 北京：科学出版社，1957：55-57.

⑥ 湖南省文物管理委员会. 长沙仰天湖25号木椁墓［J］. 考古学报，1957（2）；李学勤. 谈近年所发现的几种战国文字资料［J］. 文物参考资料，1956（1）.

⑦ 朱德熙，裘锡圭. 战国文字研究（六种）［J］. 考古学报，1972（1）.

⑧ 湖南省文物管理委员会. 长沙杨家湾M006号墓清理简报［J］. 文物参考资料，1954（12）.

有字的50支，仅二支有二字，其余均一字，可识的字有“卒”“奴”“从”“□女”“□箕”等[①]，所记为臣仆和日常用品，仍与遣册相似。

6. 纺织品

楚国有很发达的丝麻纺织业。虽然这类有机物极难长期保存，但在长沙地区的楚墓中仍有不少发现。1951年长沙五里牌406号墓出土有白色纻麻布，经纬密度每平方厘米为28×24根[②]，约为十七升布，比现在的龙头细布还要密，可见其纺织之精。长沙浏城桥1号墓[③]和烈士公园3号墓[④]还出土麻织鞋底。

目前楚国最早的丝织物是战国初期长沙浏城桥1号墓中出土的残绢片，每平方厘米有经线42根，纬线32根[⑤]，这是相当精细的丝织品了。战国中期的长沙五里牌406号墓中出土的丝织品残片不少，有纱、缥带、丝带、丝棉被等，有的“绸片”上有褐紫色菱形纹，可能是锦，还有“丝织网络残片”等[⑥]。

1957年长沙左家塘44号墓中出土的丝织品有深棕地红黄色菱形纹锦、褐地矩纹锦、朱条暗花对龙对凤纹锦、褐地双色方格纹锦、褐地几何填花燕纹锦等23块织锦，还有棕色绢、黄色绢、褐色绢5块、藕色纱手帕1条。在织锦中有二重经组织和三重经组织。方格纹锦的经纬密度达每平方厘米经线140根，纬线60根（明纬30根，夹纬30根）。朱色彩条用朱砂染成，其他颜色用植物染料染成。在一块褐地矩纹锦的黄绢边缘墨书“女五氏”三字，还盖有朱色印记，前者可能是织造者的姓氏，后者可能是丝织业作坊的标记。[⑦] 这些丝织品虽然是残片，却也反映了当时南楚地区丝纺织业从饲蚕，缫丝，织造，练染一整套技术均已达相

---

① 周世荣. 湖南楚墓出土古文字丛考［M］//湖南考古辑刊：第1集. 长沙：岳麓书社，1982.

②⑥ 中国科学院考古研究所. 长沙发掘报告［M］. 北京：科学出版社，1957：64.

③⑤ 湖南省博物馆. 长沙浏城桥一号墓［J］. 考古学报，1972（1）.

④ 高至喜. 长沙烈士公园3号木椁墓清理简报［J］. 文物，1959（10）.

⑦ 熊传新. 长沙新发现的战国丝织物［J］. 文物，1975（2）.

当高的水平。

1958年长沙烈士公园3号墓外棺内壁张挂有4幅刺绣，东、南两壁的保存尚好，东端挡板上一块长54厘米，宽39厘米，在极细密的绢上用锁绣针法绣出龙纹图案，龙张牙舞爪，雄健有力，辅以花草纹；南壁挂的刺绣长120厘米，宽34厘米，绣的也是在花草之间，有一昂首卷尾、大步行进的凤鸟。[①] 从其针法和图案风格看，与湖北江陵马山1号楚墓中出土的对龙对凤纹绣衾面（N7）[②] 有相似之处。

7. 玉、石、玻璃器

湘中、湘东战国楚墓中出土的玉、石、玛瑙等器数量不多，品种也只有琮、璧、环、璜、珠、锥等数种，以装饰品居多。其中较重要的有战国初年的长沙浏城桥1号墓中出土的玉琮、云纹玉璧、谷纹玉环。[③] 战国中期的有1951年长沙五里牌406号墓中出的云纹玉璧，124号墓的谷纹玉璧，247号墓的单圈纹石璧、322号墓的双圈纹滑石璧，353号墓的三圈纹石璧等[④]；汨罗汨罗山出土漩涡纹玉璧3件[⑤]；益阳桃花仑10号墓出土有谷纹玉璧1件[⑥]；长沙仰天湖25号墓出土有青白色谷纹玉剑珥和玉剑珌[⑦]；湘乡新坳31号墓出有水晶珠18颗[⑧]；长沙烈士公园省博物馆工地出有玛瑙环[⑨]。由考古发现的资料说明，湘中、湘东地区战国楚墓中出土的玉石器数量少，品种不多，纹饰也简单，但所出玻璃器

---

① 高至喜. 长沙烈士公园3号木椁墓清理简报［J］. 文物，1959（10）.

② 湖北省荆州地区博物馆. 江陵马山一号楚墓［M］. 北京：文物出版社，1985：57、58.

③ 湖南省博物馆. 长沙浏城桥一号墓［J］. 考古学报，1972（1）.

④ 中国科学院考古研究所. 长沙发掘报告［M］. 北京：科学出版社，1957：65、66.

⑤ 湖南省博物馆. 汨罗县东周、秦、西汉、南朝墓发掘报告［M］//湖南考古辑刊：第3集. 长沙：岳麓书社，1986.

⑥ 湖南省益阳地区文物工作队. 益阳楚墓［J］. 考古学报，1985（1）.

⑦ 湖南省文物管理委员会. 长沙仰天湖25号木椁墓［J］. 考古学报，1957（2）.

⑧ 湖南省博物馆. 湖南韶山灌区湘乡东周墓清理简报［J］. 文物，1977（3）.

⑨ 湖南省博物馆藏，经笔者发掘。

（有的称琉璃器）却数量很多，品种不少，纹饰也较多样，表现出明显的地域性特征。长沙近郊战国楚墓中出土的玻璃器有：璧 80 余件，珠 70 余枚，剑首 3 件，剑珥 2 件，环 2 件、瑗 1 件；湘乡新坳等地出土璧 5 件，管 4 件、珠 2 枚、剑首、剑珥各 1 件；湘乡牛形山 1 号墓出珠 5 件、管 1 件；还有株洲市洋屋岭出璧一件，浏阳西洋山 1 号墓出璧 1 件；益阳赫山庙、新桥山出璧 2 件，管、珠、剑珌各 1 件①；益阳桃花峇出土璧 4 件、珠 5 件，剑珥 1 件②；汨罗汨罗山出土璧 2 件，珠 2 件③。已经发掘出土尚未发表的玻璃器还有不少。这些玻璃器的出土，有如下特点：（1）玻璃璧出土数量多，大多数出于战国中晚期的小型墓的头部，原来应是棺挡上的装饰物。璧上绝大多数饰谷纹，极少数饰云纹。（2）玻璃珠基本上是“蜻蜓眼”式的，形状大小有别，而纹饰变化很少。（3）玻璃剑饰有较多的出土，剑首、剑珥、剑珌均有，只有剑镡不用玻璃制造；剑饰上的纹饰有谷纹、云纹、柿蒂纹、蟠螭纹、兽面纹等多种。（4）玻璃色泽多数仿玉，如璧，多为浅绿色、乳白色、米黄色或深绿色，有的很像羊脂玉，有的则类似碧玉；剑饰也多作浅绿色，乳白色，当时应是代替玉器来使用的。（5）从化学分析结果得知，这一地区所出玻璃器，包括蜻蜓眼式的珠、管，都是属于铅钡玻璃系统，而与西方的钠钙玻璃不同，应都是我国自产的原始玻璃。（6）湘中地区出土玻璃的数量最多，特别是璧和剑饰，在其他地方很少见到，看来这些玻璃器的产地应就在这一地区范围之内。

8. 权衡器和货币

战国时期，南楚地区的经济得到了迅速发展，商品交换随之发展起来，湘中地区战国楚墓中大量货币和权衡器——天平砝码的出土，便是明证。据 20 世纪 50 年代至 20 世纪 60 年代的统计数字，长沙地区就有

---

① 高至喜. 论我国春秋战国的玻璃器及有关问题［J］. 文物，1985（12）.

② 湖南省益阳地区文物工作队. 益阳楚墓［J］. 考古学报，1985（1）.

③ 湖南省博物馆. 汨罗县东周、秦、西汉、南朝墓发掘报告［M］//湖南考古辑刊：第 3 集. 长沙：岳麓书社，1986.

85 座战国楚墓中出土有天平砝码。[①] 1978 年益阳赫山庙 26 号墓出砝码一套 7 枚[②]，1979 年益阳天成垸 3 号墓出土砝码 2 枚，1981 年益阳赫山庙 10 号墓出土砝码 4 枚[③]，1965 年湘乡 25 号墓出土砝码 3 枚，65 号墓出土 5 枚[④]。汨罗汨罗山 64 号墓出土砝码 1 枚。[⑤] 最完整的一套天平砝码出土于 1954 年长沙左家公山 15 号墓，天平为等臂天平，臂用一根扁而方的长 27 厘米的小木杆制成，中央钻孔穿丝线作为提纽，两端也钻小孔穿丝线四根，各系一小铜盘。铜砝码为环形，全套 9 枚，共重 250.5 克[⑥]，合当时的一斤。砝码是按半斤（125 克）、四两（61.8 克）、二两（31.3 克），一两（15.6 克）、十二铢（8 克）、六铢（4.6 克）、三铢（2.1 克）、二铢（1.2 克）、一铢（0.6 克）铸制的。楚国的主要货币是黄金货币，辅币是铜贝（蚁鼻钱）。这种小小的天平主要是为适应称量黄金货币而制作的。[⑦] 在湘中楚墓中，虽未见黄金货币出土，但用铅质和泥土制作的明器铅饼、泥金版和泥金饼，却已屡见不鲜。如 1954 年长沙左家公山 15 号墓中出土有“泥饼金十余块，放在竹筐内”，直径 5 厘米[⑧]；1954 年长沙杨家湾 6 号墓中出土“灰黄胎表面黑色”的“方泥块”“近百块”，每块长宽各 5 厘米，厚 2—3 厘米[⑨]；1951 年长沙陈家大山 101 号墓中出有圆形和椭圆形铅饼各 1 件；长沙五里牌 406 号墓出土有铅皮包长方形陶片 2 件，长 5 厘米，宽 3.5 厘米，认为“和郢版的功用

① 高至喜．湖南楚墓中出土的天平与砝码［J］．考古，1972（4）：42．

② 湖南省博物馆，益阳县文化馆．湖南益阳战国两汉墓［J］．考古学报，1981（4）．

③ 湖南省益阳地区文物工作队．益阳楚墓［J］．考古学报，1985（1）．

④ 湖南省博物馆．湖南韶山灌区湘乡东周墓清理简报［J］．文物，1977（3）．

⑤ 湖南省博物馆．汨罗县东周、秦、西汉、南朝墓发掘报告［M］//湖南考古辑刊：第 3 集．长沙：岳麓书社，1986．

⑥⑧ 湖南省文物管理委员会．长沙左家公山的战国木椁墓［J］．文物参考资料，1954（12）．

⑦ 高至喜．湖南楚墓中出土的天平和砝码［J］．考古，1972（4）：45．

⑨ 湖南省文物管理委员会．长沙杨家湾 M006 号墓清理简报［J］．文物参考资料，1954（12）．

相同，是一种冥钱”[①]；1973 年长沙子弹库 1 号墓中曾出土有“泥金版”数百块，由青膏泥制成，长 3.5 厘米，宽 3 厘米[②]；湖南省博物馆还藏有长方形铅版，长 5.6 厘米，宽 4.8 厘米，上面印有九个小方印（编号东（四）16：4）。这些发现证明，湘中地区同其他楚地一样，也曾流通黄金郢版和金饼，并以天平砝码为称量工具，其出土数量之多，说明当时的商品交换是相当发达的。

9. 玺印

玺印在湘中战国楚墓中有较多的出土，是战国时期出土玺印最多的地区。主要出土于长沙地区，益阳也有少量出土。总计有 28 枚。从质地看，有铜、玉、角、玻璃四类，以铜印最多；从形状看，以方印居多，圆印甚少；从钮式看，以鼻钮为主，还有圆柱、方柱、尖锥状等钮式；印文以白文居多，朱文较少，多有边栏；从用途分，有官印、私印、独字印和肖形印四种；从时代上看，战国早期墓中尚未见玺印出土，战国中期才开始用玺印随葬，战国中期后段和战国晚期较盛；从出土位置看，较早期的印多出于头部或头龛内，较晚期的出于腰部的较多（图 2-83）。[③]

出土的官印有 1950 年长沙焦公庙 9 号墓中出土的“大廄”两合印的一半（图 2-83，2）[④]（原报告误为 10 号墓、周世荣《湖南楚墓出土古文字丛考》一文中误为 15 号墓），原报告“廄”字未释，周世荣释“大饮”。“大廄”在《汉书・百官公卿表上》有记载：“太仆，秦官，掌舆马，有两丞。属官有大廄、未央、家马三令，各五丞一尉。”由此印的出土，说明楚国也设有掌管王室马匹的官大廄，但出此印的墓室很小，面积不足 3 平方米，只出一套仿铜陶礼器鼎、敦、壶和铜镜 1 件，铁片 1 块，墓的规模与“大廄”的身份不相符合，印又只出一半，看来墓主人

---

① 中国科学院考古研究所. 长沙发掘报告［M］. 北京：科学出版社，1957：67.

② 湖南省博物馆. 长沙子弹库战国木椁墓［J］. 文物，1974（2）.

③ 周世荣. 湖南楚墓出土古文丛考［M］//湖南考古辑刊：第 1 集. 长沙：岳麓书社，1982.

④ 李正光，彭青野. 长沙沙湖桥一带古墓发掘报告［J］. 考古学报，1957（4）.

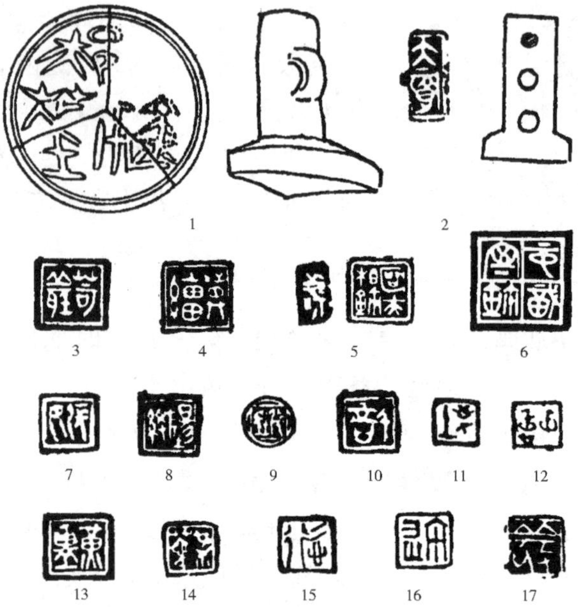

图 2-83 战国玺印示意图

能得到此印另有原因。① 长沙近郊曾出土有铜印“中戠（织）室鉥”1 枚（图 2-83，6）。②《汉书·百官公卿表上》记载：“少府，秦官，掌山海池泽之税，以给共养，有六丞。属官有尚书……东织、西织、东园匠、十二官，令丞”，“河平元年省东织，更名西织为织室”。“中织室鉥”应是楚国王室掌管纺织方面的官印，至秦汉时管纺织的官名已发生了一些变化。长沙楚墓中出土的玺印还有“区夫相鈢”铜印（图 2-83，5）（一侧有阴刻“敬”字，1956 年甘家冲 7 号墓）、“登（鄧）繵”铜印（图 2-83，4），（1953 年笋笠坡 11 号墓）、“苛膧”铜印（图 2-83，3）（1953 年南门二〇三工厂 1 号墓）、“黄铸”铜印（图 2-83，13）（1955 年魏家堆 3 号墓）、“张女”铜印（图 2-83，7）（1955 年汤家岭 4 号墓）、

① 湖南省博物馆．湖南省博物馆藏古玺印集［M］．上海：上海书店，1991：前言．

② 周世荣．湖南楚墓出土古文字丛考［M］//湖南考古辑刊：第 1 集．长沙：岳麓书社，1982．

“某藒”铜印（图 2-83，14）（1953 年东塘 4 号墓）、“张瑶”铜印（图 2-83，9）（1954 年桂花园 33 号墓）、“悊行”铜印（图 2-83，15）（1953 年月亮山 26 号墓）、“敬上”铜印（图 2-83，11）（1956 年左家公山 24 号墓）、“尚”铜印（1956 年左家公山 24 号墓）、“中身”玻璃印（图 2-83，12）（1956 年左家公山 41 号墓）、“敬”角印（图 2-83，17）（1959 年柳家大山 33 号墓）、“陽緈”玉印（图 2-83，8）（1954 年窑岭 9 号墓）、“迩”铜印（图 2-83，16）（1955 年扫把塘 2 号墓）、“黄惑”铜印、“僕□”铜印（均出自 1956 年黄土岭 41 号墓）、“日圣”角印（1964 年肖家坡 5 号墓）、“行可”铜印（1957 年左家塘 A20 号墓）[①]、“郾商”铜印（1951 年伍家岭 260 号墓）[②]、“邶㐌厂”铜印（1986 年长沙火把山）[③]、“士”铜印（原报告释“干”，1974 年树木岭 1 号墓出土）[④]、“士”玉印（原报告释“干”，1978 年益阳赫山庙 24 号墓出土）[⑤]。“士”两印的大小、字体风格全同，只有一印为铜，另一印用玉，质地不同而已。经查两墓的墓葬规模大体相同，前者墓室长 2.5 米，宽 1.8 米；后者墓室长 2.9 米，宽 1.35 米。随葬品前者有铜鼎、四山纹铜镜、铜矛、玉璧，还有 1 件来自骆越地区的人形柄铜匕首；后者出有陶器壶、豆、勺、匕各 2 件，四山纹铜镜 1 件，铜剑镡 1 件，其中陶壶作瓶状，习见于常德地区。两墓的年代大致都在战国中期偏晚，当时最盛行的仿铜陶礼器鼎、敦、壶又都未见出土，两墓墓主可能都有不同寻常的经历，值得注意。从两墓的规模来看，墓主人的地位与“士”的等级相当，看来这两枚玺印应是表示墓主人身份的官爵玺印，而非私印。如果是私印，很难想象，

① 湖南省博物馆. 湖南省博物馆藏古玺印集［M］. 上海：上海书店，1991：墓葬情况表.

② 中国科学院考古研究所. 长沙发掘报告［M］. 北京：科学出版社，1957：51.

③ 长沙市文物工作队. 长沙火把山楚汉墓［M］//湖南文物：第 3 辑. 长沙：湖南大学出版社，1988.

④ 湖南省博物馆. 长沙树木岭战国墓阿弥岭西汉墓［J］. 考古，1984（9）.

⑤ 湖南省博物馆，益阳县文化馆. 湖南益阳战国两汉墓［J］. 考古学报，1981（4）.

长沙、益阳两地相距约100千米之遥的人，会刻制出字体风格如此一致、印章大小完全相同的玺印来；如系表明身份的爵印，则按统一标准制作，规格字体相同，不足为奇。此两印长宽均为1.2厘米，均有边栏，字体布局也相同。

肖形印有3枚，皆刻类虎的兽，1枚出于1957年长沙陈家大山26号墓[①]，另两枚见于1979年益阳天成垸2号墓[②]，虎纹常见于巴文化中，这些印或与巴有关。

湖南省博物馆藏印中有1枚20世纪40年代长沙出土的三合印（现仅存两合）[③]，合三印面为圆形，圆柱钮，每合印钮外壁各有一耳，可以系绳佩挂，印文周世荣释为“郑菱钚”[④]，李家浩释为“菱郑□钚”，认为“‘菱郑’是地名”[⑤]，当以李家浩所释为是，这也是楚国的官印。

10. 帛画

长沙楚墓中出土有两幅帛画，已经闻名于世，这是目前现存世界上最早的帛画。一幅是人物龙凤帛画，于1949年2月出土于长沙东郊陈家大山楚墓。墓为一棺一椁。帛画的出土位置一说出于边箱的陶敦内，另一说出于竹笥里，还有学者推测其放在椁顶板上，或竹笥上面。画是在浅褐色绢上用笔墨绘，有的地方涂有白粉。绢的经纬密度每平方厘米有经线64至66根，纬线37根。帛画下部绘一侧身细腰女子，着广袖长袍，衣裳曳地，衣摆前后分张上翘，衣袍上绘有云纹。头后梳发髻，双手合掌，作祈祷状。女子站立于一弯月形物体之上，形似船尾，可能即“引魂之舟”。帛画上部画一龙一凤，左边的龙无角，双足，卷尾，作扶摇直上的形态。右侧为一展翅飞翔的凤鸟，圆目长喙，凤冠长卷，作仰首长鸣之状，双足一前一后，雄健有力，尾翎卷至头顶，表现出振翅高

①④ 周世荣．湖南楚墓出土古文字丛考［M］//湖南考古辑刊：第1集．长沙：岳麓书社，1982．

② 湖南省益阳地区文物工作队．益阳楚墓［J］．考古学报，1985（1）．

③ 湖南省博物馆．湖南省文物图录［M］．长沙：湖南人民出版社，1964：图版59．

⑤ 李家浩．楚国官印考释（四篇）［J］．江汉考古，1984（2）．

飞的雄姿。整幅画的内容应是龙凤在导引墓主人的灵魂早日升天，也就是古代文献中所记载的“铭旌”。《周礼·春官》有：“大丧共铭旌。”而此画最早发表时郭沫若的解释是：“画中的龙应是夔，象征死亡，凤是生命的象征，是一位好心肠的女子，在幻想中祝祷着：‘经过斗争的生命的胜利，和平的胜利。’”① 1960年孙作云指出“画中的女子应该是墓中的主人”，“上面画着龙凤，就是希望龙凤引导她早日飞升”。② 1980年熊传新根据清洗干净后笔画清楚的帛画，认为上层左边画的是两足无角的龙（而不是有角的一足夔），女子脚下还有一弯月形物，认为是“大地”，帛画内容反映了古代“引魂升天”的神仙思想，是目前发现最早的铭旌。③萧兵认为女子脚下的弯月形物是“引魂之舟”。④ 笔者认为“综合孙作云、熊传新、萧兵三人的意见，对这幅帛画的主题思想的解释便较完整了。即是龙凤在引导站立于龙舟（局部）之上的墓主人在升天，是目前最早的铭旌实物”。⑤

1973年长沙市南郊子弹库出土有一幅人物御龙帛画，出土时平放在椁盖板与外棺中间的隔板上面，画面向上。⑥ 画以棕色绢为地，绢甚细密，每平方厘米有经线66根，纬线36根。帛画长37.5厘米，宽28厘米，上端裹有一根细竹条，并系有棕色丝绳，可以悬挂。帛画用笔墨绘，单线勾勒，略施金白粉彩，平涂与渲染兼用。整幅画的内容是表示墓主人乘龙舟升天。墓主人为一有胡须的男子，位于画的正中，侧身而立，头戴切云之冠，身着长袍，腰间佩剑，站在一龙舟之上，龙舟尾有立鹤，

---

① 郭沫若．关于晚周帛画的考察［J］．人民文学，1953（11）．

② 孙作云．长沙战国时代楚墓出土帛画考［J］．开封师院学报，1960（4）．

③ 熊传新．对照新旧摹本谈楚国人物龙凤帛画［J］．江汉论坛，1981（1）．

④ 萧兵．引魂之舟——楚帛画新解［M］//湖南考古辑刊：第2集．长沙：岳麓书社，1986．

⑤ 高至喜．湖南出土楚文物研究综述［M］//湖南省博物馆开馆三十周年暨马王堆汉墓发掘十五周年纪念文集．长沙：湖南省博物馆，1986．

⑥ 湖南省博物馆．长沙子弹库战国木椁墓［J］．文物，1974（2）．

龙舟前下有鲤鱼，舟上方有华盖，华盖飘带、人物衣着上的飘带等都由左向右飘动，龙舟和鲤鱼也均向左，看来是表示墓主人在乘龙舟急速前进飞升。这是先秦时期最早的两件铭旌之一，也是研究先秦美术史极为珍贵的资料。

有名的战国帛书（也名缯书，现存美国华盛顿沙可乐美术馆）就是在 1942 年从上述子弹库出人物御龙帛画的战国楚墓中出土的。据发掘者回忆，帛书出土于头箱的竹笥内。[①] 帛书出土后，先归蔡季襄，1944 年蔡季襄有《晚周缯书考证》一书（石印本）刊行。据蔡季襄说，大约在 1946 年蔡携楚帛书至上海，当时曾在长沙雅礼中学担任过教员的美国人柯克斯（John Hadley Cox，即柯强）也在上海，柯克斯以预交 1 000 美元定金给蔡，以借帛书用红外线拍照为由，而将帛书骗到手后，立即空运美国。后蔡要求以 10 000 美元出售，而美方只愿出价 7 500 美元，蔡不肯。经多次讨价还价，终未成交。柯克斯后将帛书转卖他人，帛书未能收回，蔡的定金也未退。[②] 1982 年 9 月，笔者曾在美国纽约大都会博物馆见到帛书原物，有一半已经清洗，文字清晰，另一半未经清洗，则呈暗褐色。现已藏于美国华盛顿沙可乐美术馆。

关于对帛书的研究情况，李零已有专著《长沙子弹库战国楚帛书研究》出版，参加研究的国内外学者有：蔡季襄、饶宗颐、董作宾、李学勤、梅原末治（日）、诺埃尔·巴纳德（澳）、陈梦家、安志敏、陈公柔、商承祚、林巳奈夫（日）、陈邦怀、严一萍、曾宪通、俞伟超及高明等。

帛书的内容极为丰富，研究成果甚多。整个帛书为长方形，长46.2 厘米，宽 38.5 厘米。[③] 共分为三篇。中间八行文字为第一篇，名《四时》；十三行文字为第二篇，名《天象》；周围的十二段为第三篇，名

---

① 李零. 长沙子弹库战国楚帛书研究 [M]. 北京：中华书局，1985：6.

② 笔者与蔡季襄先生曾有较长时期的接触，关于蔡将楚帛书运至上海和在美国求售的情况，笔者曾作过调查，所获材料，另写专文发表。

③ 高至喜. 湖南出土楚文物研究综述 [M] //湖南省博物馆开馆三十周年暨马王堆汉墓发掘十五周年纪念文集. 长沙：湖南省博物馆，1986.

《月忌》。[①]

《四时》篇共 258 字，外加合文 4 字，重文 4 字。据李学勤考释，其主要内容：第一章讲了“包牺的故事”，“包牺疏通山陵和推步四时”，第二章讲“包牺以后千余年炎帝、祝融的传说”，“颂扬了他们奠定三天、四极，为日月之行的功绩，这个传说正体现了楚人的古史观念”；第三章谈到“共工推步十日”。并认为“楚帛书是阴阳家的著作，书中蕴含着楚国流行的古史传说和宇宙观”。[②]

帛书第二篇《天象》共 409 字，外加合文 5 字，重文 3 字。据李学勤的考释，“帛书这一部分所论天象灾异，主要是彗星和侧匿两项，其余均为两者所派生”。并认为《天象》篇的内容，在若干点上接近于《洪范五行传》。《汉书·五行志》说：“朔而月见东方，谓之仄慝”[③]，古人以为灾异。仄慝即侧匿。

帛书第三篇为《月忌》。《中国大百科全书·美术卷》对帛书图像即《月忌》作了十分精彩的解说：“帛书的四面绘有十二个神像，每边三个，均头部向内，足部向外，四角各绘有一种植物。神像及植物用墨线勾成，神像为彩绘，有青、棕、朱等颜色。植物的颜色分别为青、朱、白、黑四色，帛书中间部分是两大段墨书文字，四周的十二神旁边各有一小段文字，共 900 余字。十二神是战国时期以楚为中心的南方美术典型的复合造型，即每个形象都由两种或两种以上的不同形象元素复合而成，具有动物合体或人兽合体的特征，如蛙蛇复合，吐舌长角、三首一身等状，为他处罕见。故难确定名称。联系帛书文字，论述了天象与人间灾祸的关系，四时和昼夜形成的神话，并提及女娲、炎帝、祝融等南方信仰的主神。可以认为十二神是楚国泛神观念和崇尚巫术风俗的产物，十二神和四种植物可能与四时（四季）顺序，四方位置的对应，它表明某一时

---

①③　李学勤．论楚帛书中的天象［M］//湖南考古辑刊：第 1 集．长沙：岳麓书社，1982.

②　李学勤．楚帛书中的古史与宇宙观［M］//楚史论丛：初集．武汉：湖北人民出版社，1984.

序相当于某一方位，每个形象可能深刻地蕴藏了广义楚文化的丰富内涵，是迄今所见最早的四时、四方观念的形象体现，显示了先秦美术通过形象位置体现含义与功能的一般特征。”

三、湘南楚墓

本文所指湘南系包括今衡阳市及郴州、零陵两个地区所辖范围，大体是古代文献中的“苍梧”之地。在这一地区之内，年代较可靠的春秋晚期楚墓尚未发现，而春秋时期的越人墓却发现较多①，说明这里在楚人进入之前的土著居民是越人。1953 年首次在衡阳苗圃和蒋家公山发掘有 7 座战国楚墓②，以后在衡阳的公行山以及在耒阳、资兴、郴州、永州等 6 个地、市、县的 20 个地点发掘有战国楚墓 400 余座，已见于报道的资料有：

1. 衡阳市

（1）1953 年、1954 年、1956 年、1958 年、1974 年先后在市郊的苗圃、蒋家公山、公行山、百沙洲、周家坟山等地发掘楚墓 100 余座，其中公行山 82 座，百沙洲 10 座，周家坟山 8 座。③

（2）1981 年至 1982 年 1 月，在苗圃、五马归槽清理战国墓 25 座（即二、三类墓），原报告将第一类 13 座春秋晚期墓定为楚墓，其实应属越人墓，故楚墓只有 25 座。④

2. 衡阳县

1986 年在衡阳县赤石乡发掘战国楚墓 82 座 。⑤

---

① 高至喜. 楚人入湘的年代和湖南越楚墓葬的分辨［J］. 江汉考古，1987（1）.

② 李正光. 湖南衡阳苗圃、蒋家公山发现战国及东汉时代墓葬［J］. 文物参考资料，1954（4）.

③ 高至喜，熊传新. 楚人在湖南的活动遗迹概述［J］. 文物，1980（10）.

④ 衡阳市博物馆. 衡阳市苗圃五马归槽茅坪古墓发掘简报［J］. 考古，1984（10）.

⑤ 冯玉辉. 衡阳县赤石乡东周两汉墓［M］//中国考古学年鉴 1987. 北京：文物出版社，1988.

3. 耒阳市

（1）1955 年在县城西郊野屋塘清理楚墓 2 座，属战国早期墓。[①]

（2）1982 年在县城内石油加油站、县政府新址发掘战国墓 21 座，随葬物品 116 件。[②]

（3）1985 年在城关附近清理战国墓 61 座，出土随葬物品 274 件。[③]

（4）1986 年在城郊某部后勤处工地清理战国墓 4 座。[④]

（5）1987 年在城关镇阴间巷清理战国墓 2 座，出土随葬品 26 件。[⑤]

4. 郴州市

（1）1959 年在郴州市马家坪清理战国墓 3 座，出土有饰几何纹和花、叶、鸟纹的特殊铜镜。[⑥]

（2）1956 年在马家坪清理战国墓 6 座，1963 年在北郊和平里清理楚墓 2 座，1973 年在高山背清理楚墓 6 座，共计 14 座。[⑦]

（3）1984 年至 1986 年在近郊清理战国楚墓 7 座（原报告中 85 郴地建 M4 为春秋越墓应除外），出土随葬物品 31 件。[⑧]

5. 资兴市

1978 年在资兴旧市东江水电站淹没区清理战国墓 80 座，出土随葬物品 478 件，楚墓集中在曹龙山和送塘二处，发掘资料齐全，出土遗物

---

① 罗敦静. 湖南耒阳县发现周、汉等时代墓葬及古代石斧［J］. 文物参考资料，1955（8）.

② 湖南省博物馆，耒阳县文化局. 耒阳春秋、战国墓［J］. 文物，1985（6）.

③ 唐先华，冯玉辉. 耒阳县城关战国至宋代墓葬［M］//中国考古学年鉴 1986. 北京：文物出版社，1988.

④ 陈朋庆. 耒阳县城郊战国汉宋墓葬［M］//中国考古学年鉴 1987. 北京：文物出版社，1988.

⑤ 向新民. 湖南耒阳市阴间巷发现战国墓［J］. 考古，1990（8）.

⑥ 张中一. 湖南郴州市马家坪古墓清理［J］. 考古，1961（9）.

⑦ 高至喜，熊传新. 楚人在湖南的活动遗迹概述［J］. 文物，1980（10）.

⑧ 郴州地区文物工作队. 湖南郴州东周墓发掘简报［J］. 文物，1990（10）.

也较丰富，确是研究湘南楚墓的代表性资料。[①]

6. **永州市**

1984年在市东北鹞子岭清理战国墓4座，出土随葬物品27件。[②]

湘南楚墓的墓葬形制都是竖穴土坑墓，有的尚存封土堆，呈圆弧形，但多不甚明显。资兴旧市墓地共发掘80座，保存较为完整，但以小型墓居多，中型墓很少，最大的584号墓：长3.75米，宽2.7米，深6.4米。最小的464号墓，长2.3米，宽0.4米，深2.65米。24座窄坑墓中有10座设头龛，1座设边龛，有10座有台阶，还有3座设腰坑。腰坑作长方形或方形，内置一二件硬陶，或空无一物；长方形宽坑墓56座，其中有39座设横枕木沟，有头龛的仅1座，无墓道。墓坑方向不一。填土以墓坑黄土回填，并经夯筑，棺椁和尸体均已腐蚀无存。[③]湘南楚墓与湘中等地同类楚墓的墓葬形制基本上是相同的，稍有不同之处是：（1）湘南地区仍有少数墓保留有春秋越人墓的腰坑；（2）除衡阳五马归槽12号墓[④]外，其余均不使用白膏泥保护棺椁，故葬具和尸体均不能保存，随葬品中属于有机物的物品也都无法保存下来，故无法了解湘南楚墓当时埋葬的一些真实面貌。

湘南楚墓的随葬物品以陶器为主，还有铜器、铁器、玉器和玻璃器。

1. **陶器**

陶器是湘南楚墓随葬品中最多的一种，也很有特色。大体可分为三类。第一类是战国早期的典型楚式日常生活用器鬲、盂（有的名钵、盆）、豆、罐（多指“绳纹圜底壶”）、壶。这些陶器本是楚人西周至春秋时期的遗址和墓葬中常见的几种器物，战国时期已较少见。楚人进入湘南地区的时间大概在春秋末或战国初。因此，在湘南地区楚墓中出土

---

①③ 湖南省博物馆. 湖南资兴旧市战国墓［J］. 考古学报，1983（1）.

② 零陵地区文物工作队. 永州市鹞子岭战国墓发掘简报［M］//湖南考古辑刊：第4集. 长沙：岳麓书社，1987.

④ 衡阳市博物馆. 衡阳市苗圃五马归槽茅坪古墓发掘简报［J］. 考古，1984（10）.

以陶鬲为代表的楚墓甚少，只见有衡阳的周家坟山和郴县高山背[①]两处各有数座楚墓出有鬲、盂、豆、罐。其年代大概也在战国早期。1981 年衡阳苗圃 27 号墓的“陶鬲”，并没有裆，实际上是无耳的罐形鼎。[②] 其余地点均未发现这一类较早的楚墓。与陶鬲同出或稍晚出的绳纹长颈圜底罐，是楚墓中富有特征的器物之一，在湘南地区有较多出土，如资兴旧市 80 座战国墓中出有 12 件（原报告名Ⅰ式壶），都出于战国早期墓中[③]；1959 年郴州马家坪 1 号墓中与绳纹圜底罐同出的还有 1 件折唇无颈的圜底罐和折唇圜底钵，通体饰绳纹[④]，衡阳苗圃 4 号墓出有 1 件通体饰绳纹的直领圜底罐[⑤]，均甚少见。

第二类陶器是楚式仿铜陶礼器鼎、敦、豆、壶、钫、盒、盘、匜、勺，多是低火候的灰陶，基调是楚式的，一般制作较为粗糙简单，很少见有彩绘者，并在器形、装饰上表现出一些地域性特征。如有的鼎耳为环耳（1984 年郴州 1 号墓）[⑥]，有的鼎盖上的钮如敦之双卷钮，鼎足根外撇（1987 年耒阳阴间巷 3 号墓）[⑦]，还有无耳的罐形鼎（衡阳市苗圃 27 号墓，原报告名“鬲”）[⑧]，总的是受越式鼎的影响较多。敦除常见的椭圆形或圆球形在盖和身上饰 S 钮和双卷钮的典型楚式敦之外，有的在敦盖上饰横卧的 S 钮或竖立的弯钩钮。[⑨] 豆除常见的高柄、中柄浅盘豆外，资兴旧市出有矮足带盖豆，豆盖上也饰横卧 S 形钮[⑩]；郴州马家坪 4 号墓出有深盘矮圈足豆[⑪]。壶多数是典型的楚式带盖长颈圈足壶，但在衡阳苗圃出有较多的双环耳假圈足壶[⑫]，耒阳城内出有无耳的球腹假圈足

---

① 高至喜，熊传新．楚人在湖南的活动遗迹概述［J］．文物，1980（10）．

②⑤⑧⑫ 衡阳市博物馆．衡阳市苗圃五马归槽茅坪古墓发掘简报［J］．考古，1984（10）．

③⑨⑩ 湖南省博物馆．湖南资兴旧市战国墓［J］．考古学报，1983（1）．

④⑪ 张中一．湖南郴州市马家坪古墓清理［J］．考古，1961（9）．

⑥ 郴州地区文物工作队．湖南郴州东周墓发掘简报［J］．文物，1990（10）．

⑦ 向新民．湖南耒阳市阴间巷发现战国墓［J］．考古，1990（8）．

壶[①]，为其他楚墓中所少见。盒都是圈足盒，1984 年郴州近郊发掘的 8 座东周墓中出有 4 件盒，盒盖上饰有三个双卷小钮[②]；资兴旧市也出土陶盒 4 件，1 件为矮圈足碗状，上有扁平的盖，另 3 件原报告定名“Ⅲ式敦”[③]，其实定名为盒更恰当，下为矮圈足碗式，上有高高隆起的盖，盖上有三个立式 S 形钮。这类陶盒仅见于湘南地区。

第三类陶器为印纹硬陶。以资兴旧市墓地出土最多，具有代表性。器形有瓮、罐、碗、杯、瓿、提桶、盂、小盒，以及纺轮等。胎质多为夹砂红陶或灰陶，表层多呈土红色或紫红色，瓿和提桶上还施有一层薄釉。纹饰有印纹、刻划纹和篦纹三种。印纹主要是米字纹，其次为小方格纹、席纹及叶脉纹；刻划纹多为凹弦纹、水波纹、瓦纹等；篦纹是小点相连作平行斜线状。上述纹饰多组合施于瓮、罐、提桶、壶、盂等器物上。[④]衡阳楚墓中也出土有较多的印纹硬陶，器形有壶、瓿、罐等，纹饰除上述资兴旧市所出的那些印纹硬陶纹饰外，还有回纹及附加堆纹等。郴州战国楚墓中也出土有印纹硬陶瓿和瓮，上面也饰有弦纹、水波纹、篦点纹、几何纹等。[⑤]耒阳城关内的战国楚墓中出有 3 件硬陶瓿，纹饰有划纹、戳印、篦纹多种。[⑥]永州鹞子岭 20 号墓中出有印米字纹的硬陶瓮（原报告名罐）及划有弦纹、栉纹和印有同心圆纹并施薄釉的硬陶瓿。[⑦]印纹硬陶本是我国南方越人的重要文化特征之一。从商周至春秋时期，湘南地区的土著居民就是越人，大约在春秋战国之际，楚人才逐渐南下，逐步占有了湘南地区，但是这里的土著居民虽然接受了楚人的统治，一方面接受先进的楚文化，但另一方面又顽强地保留着本民族一些原有的文化传统，与楚文化的融合经历了一个漫长的过程。特别在一些边远山区更是如此。如资兴旧市发掘的 80 座战国墓中出土的随葬品情况，就是

---

①⑥　湖南省博物馆，耒阳县文化局．耒阳春秋、战国墓［J］．文物，1985（6）．

②⑤　郴州地区文物工作队．湖南郴州东周墓发掘简报［J］．文物，1990（10）．

③④　湖南省博物馆．湖南资兴旧市战国墓［J］．考古学报，1983（1）．

⑦　零陵地区文物工作队．永州市鹞子岭战国墓发掘简报［M］//湖南考古辑刊：第 4 集．长沙：岳麓书社，1987．

例证。裴安平、吴铭生经过对资兴旧市战国墓的再研究，认为这些墓“更多的应该是本地土著居民的墓葬，而不是外来的‘楚人’”。[①] 总的趋势是“楚文化的影响和实际势力的存在越来越强”，原有的土著文化“自身的具体面貌与楚文化日益接近”。[②]

2. **铜器**

湘南战国楚墓中出土的铜器占有相当大的数量。品种有鼎、剑、戈、戈镈、矛及矛镦、镞、斧、锛、削、刮刀、镜、带钩、勺、铃、环等。其中以铜鼎最多，兵器剑、矛、戈及铜镜等次之。

铜鼎是湘南楚墓中很有特点的器物，分布面广，数量也多。在衡阳[③]、耒阳[④]、郴州[⑤]、资兴[⑥]、永州[⑦]的战国楚墓中，都有铜鼎出土，总数已超过 50 件，其中以资兴旧市出土最多，在 80 座战国墓中有 40 座墓出铜鼎 42 件，器形绝大多数是敛口、附耳、底近平、扁腿有棱外撇，近口沿处有一道凸弦纹，有的带盖，上饰密集的“变形虺纹”，实即 S 云纹，底有烟炱，是一种日常用器，而非礼器，带有诸多“越式鼎”的因素。从器形、铸造工艺和作为实用器等特点看，均与典型的楚式铜鼎明显有别。这应“是源出于土著居民的自身传统在新时期的延续发展”[⑧]。

铜兵器是湘南楚墓中常见的随葬物品。特别是铜剑甚多。资兴旧市出有 33 件[⑨]，衡阳、耒阳也有出土。剑的种类中除了典型的楚式剑（实茎双凸箍长剑、空茎长剑、扁茎有镡长剑、两色剑等）外，数量最多的

---

①②⑧　裴安平，吴铭生．湖南资兴旧市战国墓的再研究［M］//湖南考古辑刊：第 4 集．长沙：岳麓书社，1987．

③　衡阳市博物馆．衡阳市苗圃五马归槽茅坪古墓发掘简报［J］．考古，1984（10）．

④　湖南省博物馆，耒阳县文化局．耒阳春秋、战国墓［J］．文物，1985（6）．

⑤　郴州地区文物工作队．湖南郴州东周墓发掘简报［J］．文物，1990（10）．

⑥⑨　湖南省博物馆．湖南资兴旧市战国墓［J］．考古学报，1983（1）．

⑦　零陵地区文物工作队．永州市鹞子岭战国墓发掘简报［M］//湖南考古辑刊：第 4 集．长沙：岳麓书社，1987．

是一种扁茎无镡短剑，茎上有穿，中脊有棱，如资兴旧市便出土15件[①]，与楚剑显然有别。这类扁茎无镡短剑在湖南春秋越人墓中如资兴旧市[②]、耒阳灶市[③]、衡阳苗圃[④]及祁东小米山[⑤]等地均有出土。可知这类短剑是原来土著居民——越人传统兵器的保留，也可能是楚人对越人传统兵器的爱好而随葬的。资兴旧市245号墓的Ⅲ式剑，通长仅19.3厘米，身宽脊圆，有两道血槽[⑥]，应是匕首。湘南地区楚墓中所出矛、矛镦、戈、戈镈，多与典型楚式兵器相同，有地方特点者不多。资兴旧市361号墓的Ⅳ式矛刺短而宽，骹两侧有两个尖角形耳和432号墓的Ⅲ式矛，叶宽，骹断面作六边形[⑦]，具有地方特点。永州市鹞子岭A19号墓出土的铜戈，援较宽，断面“呈弧形”，“内的两面有凤鸟纹饰，援上铸有云纹和几何纹，胡的两面有铭文”[⑧]，但发表的拓片太小，纹饰和铭文均看不清楚，此戈与常见的楚式戈不同，却与桃源三元村1号楚墓所出的Ⅱ式戈颇相似，如戈的形制、内上的由细点组成的纹饰和援脊上的纹饰都相似[⑨]，原报告作者认为此戈上“以虎为饰”而称为“巴式虎纹戈”[⑩]。与上述两戈同出的铜戈镈均饰高浮雕凤鸟纹，又与楚式戈镈无别。

湘南楚墓出土的铜工具中有斧、锛、刮刀和削等，其中以资兴旧市

---

① 湖南省博物馆．湖南资兴旧市战国墓［J］．考古学报，1983（1）．短剑有Ⅰ式剑14件，Ⅷ式剑1件，共计15件．

② 湖南省博物馆．资兴旧市春秋墓［M］//湖南考古辑刊：第1集．长沙：岳麓书社，1982．

③ 湖南省博物馆，耒阳县文化局．耒阳春秋、战国墓［J］．文物，1985（6）．

④ 衡阳市博物馆．衡阳市苗圃五马归槽茅坪古墓发掘简报［J］．考古，1984（10）．

⑤ 衡阳地区文物工作队．祁东小米山发现春秋铜器［M］//湖南考古辑刊：第2集．长沙：岳麓书社，1984．

⑥⑦ 湖南省博物馆．湖南资兴旧市战国墓［J］．考古学报，1983（1）．

⑧ 零陵地区文物工作队．永州市鹞子岭战国墓发掘简报［M］//湖南考古辑刊：第4集．长沙：岳麓书社，1987．

⑨⑩ 常德地区文物工作队．桃源三元村一号楚墓［M］//湖南考古辑刊：第4集．长沙：岳麓书社，1987．

出土较多，有斧3件、锛2件、刮刀3件、削9件。[①] 其中的弧刃斧、锛和刮刀，原来都是越族流行的青铜工具[②]，后来被楚人所吸收利用和融合。

铜镜在南楚地区也有较多出土。资兴、衡阳、耒阳、郴州、永州等地楚墓中均有所见。资兴旧市就出土11件，有羽状纹地四山纹镜、羽状纹地四叶镜、羽状纹地八叶四花镜、羽状纹地菱形纹镜、云纹地蟠龙纹镜、云纹地蟠龙与菱形纹组合的铜镜[③]，都是南楚地区典型的战国楚镜，在长沙等地区有大量出土。可见楚文化对南部边境地区的深刻影响。在湘南地区出土的楚镜，只有1959年郴州市马家坪2号墓出土的一件铜镜有特殊的纹饰，直径10.8厘米，弦钮，圆钮座，以几何纹为主纹，在三角形、多边形、尖角形之间点缀着花、叶、叶脉、细点、波状、鸟等纹饰[④]，不讲究对称，与常见的楚镜纹饰风格迥异。与此镜同出的器物有陶礼器鼎、敦、壶两组，铜矛一件，铁剑一件，长达1.4米，这是典型的楚墓，时代约在战国中期后段至战国晚期前段。这类纹饰的铜镜，在其他地区未见出土，也不像是从外地的输入品，看来应是本地的特产。

3. 铁器

湘南楚墓中出土的铁器有以工具为主，有凹字形锄、夯锤、凿、锸、削、刮刀[⑤]；兵器有剑、戟[⑥]；容器有鼎和铜鼎上的铁足[⑦]。这些都是长沙、益阳等地楚墓中常见的器形。值得注意的是资兴旧市80座战国墓中所出的16件凹字形铁口锄，从战国早期至晚期均有出土，其中10件出自墓坑填土中。[⑧]凹字形铁口锄是当时挖掘墓坑主要的起土工具之一，自然也是当时农业生产上的重要工具，特别是大量开垦荒地所必需的锐利

---

①③⑤⑧　湖南省博物馆．湖南资兴旧市战国墓［J］．考古学报，1983（1）．

②　何纪生，何介钧．古代越族的青铜文化［M］//湖南考古辑刊：第3集．长沙：岳麓书社，1986．

④　张中一．湖南郴州市马家坪古墓清理［J］．考古，1961（9）．

⑥　湖南省文物工作队．长沙、衡阳出土战国时代的铁器［J］．考古通讯，1956（1）．

⑦　零陵地区文物工作队．永州市鹞子岭战国墓发掘简报［M］//湖南考古辑刊：第4集．长沙：岳麓书社，1987．

工具。这里约有五分之一的墓中出土这种铁工具，可见其使用已相当广泛了。在铁兵器中虽然有铁剑和铁戟，并有长达 1.4 米的铁剑①，但毕竟数量不多，尚没有能排挤掉青铜兵器的主导地位。

4. 玉石、玻璃器

玉石器在湘南楚墓中出土数量不多，品种也少，只在郴州、耒阳出有谷纹玉璧，衡阳、资兴旧市各出土有一件云纹玉璧，永州出有云纹玉剑珥一件。石器只在资兴旧市出有八件似砺石的条形石器，永州市鹞子岭出土的“石珠”，实为玻璃珠。② 玉器如此之少，这大概与湖南不产玉有关。湘南楚墓玉、石器出土甚少，但玻璃器却出土甚多，凡发掘有战国楚墓的地方，几乎都有玻璃器出土，如衡阳、耒阳、郴州、永州、资兴都出有玻璃璧，特别是资兴旧市的 80 座战国墓中出有玻璃璧 19 件③，可见其使用已相当普遍。璧的纹饰也是谷纹、云纹和弦纹三种。衡阳、资兴还出有蜻蜓眼式的玻璃珠。1981 年衡阳苗圃 39 号墓中还出有一件螭纹玻璃剑珥（原报告名“剑琫”）。④ 这些玻璃器的器形和纹饰均与长沙等地所出玻璃器相同。这些玻璃器由附近地区输入的可能性大，足见当时在楚国境内的物资和文化交往已相当深广和频繁。

四、鄂东南楚墓

楚人何时进入鄂东南地区，从历史文献看，似乎在西周中期即周夷王之时楚就已“兴兵伐庸、杨粤，至于鄂”，即已到达今武昌、鄂城一带；从出土文物看，也早在宋政和三年（1113）在嘉鱼县就出土有西周晚期的楚公逆钟（原名“镈”）。但是，从这一地区所发现的商至西周时期的古文化遗址和遗物来看，却是典型的越人的遗物，看来楚人尚没有

---

① 张中一. 湖南郴州市马家坪古墓清理［J］. 考古，1981（9）.

② 零陵地区文物工作队. 永州市鹞子岭战国墓发掘简报［M］//湖南考古辑刊：第 4 集. 长沙：岳麓书社，1987.

③ 湖南省博物馆. 湖南资兴旧市战国墓［J］. 考古学报，1983（1）.

④ 衡阳市博物馆. 衡阳市苗圃五马归槽茅坪古墓发掘简报［J］. 考古，1984（10）.

能长期占领这一地区。就是春秋时期的楚人的典型的遗址和墓葬，也还没有发现，可能正如有的学者所指出的，大约在春秋战国之交以后，楚国才直接控制和统治整个鄂东地区。[①]

鄂东南地区的战国楚墓已有较多的发现。最早于1956年在鄂城大冶铁路沿线清理24座[②]，出土陶器110多件，铜器40余件，但尚未发表具体详细的材料。同年在鄂城七里界清理1座战国木椁墓，出土陶器有鼎、豆、盒、壶、盘、杯、碟、勺各2件，还有漆耳杯2件，漆杯2件，铜剑、铜戈各1件。[③] 1958—1978年，鄂城县博物馆在城东南郊百子畈、洋澜湖电排站、西南部鄂城钢铁厂共清理战国墓30座[④]，其中有的墓中出有双细弦纹铜镜、秦印等典型秦器，应为秦墓，如钢铁厂74号墓、119号墓即是。这批材料最为重要，基本上反映了鄂东南地区战国中晚期楚墓的面貌。1984年大冶县大箕铺乡邓垅发现1座战国晚期楚墓，出土陶礼器鼎、敦、壶、豆和铜剑[⑤]。

由鄂城楚墓说明这一地区的墓室均为竖穴土坑，墓口大于墓底。最大的百子畈4号墓，墓底长6.1米，宽4.6米；最小的钢铁厂79号墓，长2.1米，宽0.86米。最深的墓达5.7米。方向东西向、南北向均有，数量也相近。有斜坡墓道的仅2座，有台阶的5座。多数用白膏泥密封棺椁，故不少墓的棺椁保存较为完好。钢铁厂53号墓椁盖板上铺有人字纹竹席。这些情况均与楚都江陵和长沙等地楚墓的葬制大体上是一致的。

鄂城楚墓的棺椁有一椁重棺、一椁一棺和单棺三种。其中一椁重棺墓有3座（百子畈3、4、5号墓）最完整。如百子畈5号墓，木椁长

---

① 杨权喜. 楚向鄂东的发展与鄂东的楚文化［J］. 考古与文物，1989（4）.

② 王善才. 鄂东楚墓综述［C］//湖北省考古学会论文选集（一）. 武汉：武汉大学学报编辑部，1987.

③ 熊亚云. 湖北鄂城七里界战国木椁墓清理［J］. 考古通讯，1958（8）.

④ 湖北省鄂城县博物馆. 鄂城楚墓［J］. 考古学报，1983（2）. 本文发表的30座古墓葬中，包括有七里界楚墓.

⑤ 大冶县博物馆. 大冶县发现一战国墓葬［J］. 江汉考古，1984（4）.

4.66米，宽3.24米，高1.95米。厚盖板下有较薄的顶板，顶板下有纵横四根隔梁，嵌在木椁壁板、挡板的浅槽内，分为头、足、左、右四个边箱，底板下有两根横置的垫木。椁室中央置有外棺和内棺。外棺为长方形，长2.34米，宽1.12米，高1.05米；内棺为悬底弧形棺（以下简称悬底弧棺），长2.02米，宽0.9米，高0.84米。底板悬空嵌在棺壁板和挡板靠下半部的凹槽内。另在右边箱（北）和足箱（西）内各置一具陪葬棺，均为悬底长方形，较长的一具长1.84米，宽0.5米，高0.56米（图2-84）①。这类陪葬小棺也见于长沙浏城桥1号墓。前者棺内出有原始青瓷杯2件，铜带钩1件；后者空无一物。这些棺应是为墓主人陪葬者的棺。

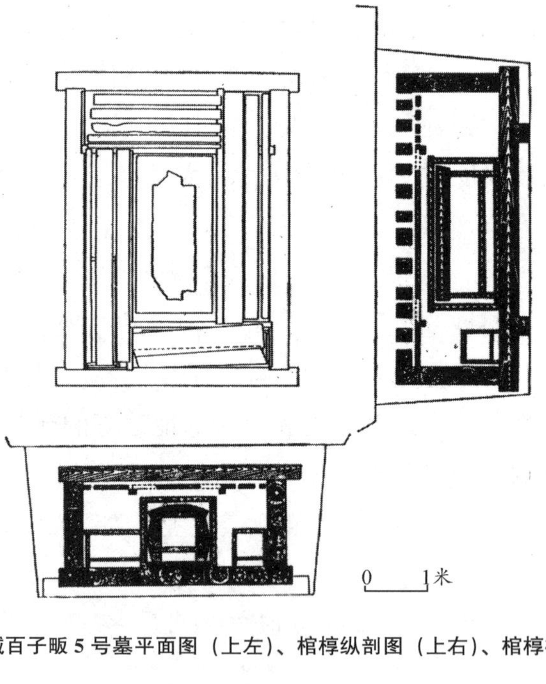

图2-84 湖北鄂城百子畈5号墓平面图（上左）、棺椁纵剖图（上右）、棺椁横剖图（下）

① 湖北省鄂城县博物馆. 鄂城楚墓［J］. 考古学报，1983（2）.

一椁一棺墓有22座，棺有弧形棺和方形棺两种，都是悬底。① 如钢铁厂106号墓为悬底弧棺，长1.92米，宽0.64米，高0.65米。髹黑漆(图2-85)②。钢铁厂1、94号墓棺底置有苓床。单棺墓仅3座，但木棺未能保存，具体结构不详。

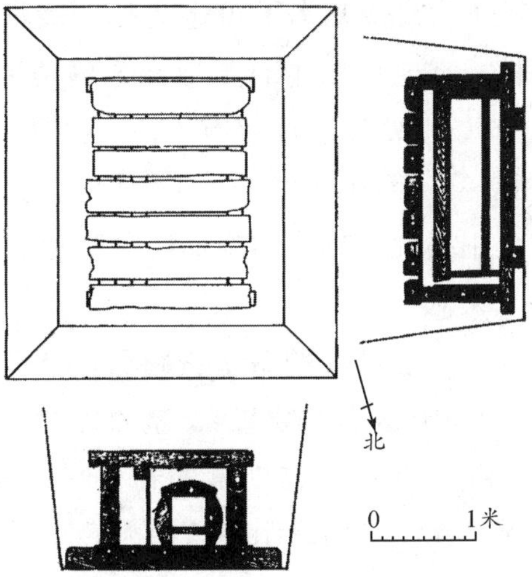

图2-85　湖北鄂城钢铁厂106号墓平面图（上左）、棺椁纵剖图（上右）、棺椁横剖图（下）

从上述葬具来看，鄂东南楚墓基本上是属于楚都江陵地区的作风，即绝大多数是悬底棺。平底方棺有战国中期的百子畈3、4、5号墓的外棺三具。曾有学者提出战国晚期后段楚墓的一个重要特点是“弧形悬底棺消失，全为长方形盒形棺”（即指平底方棺——引者注），并以鄂城楚墓作为例证，同时提出弧形悬底棺均早于长方盒形棺即平底方棺③，否认江陵等地流行悬底弧棺和长沙等地区流行平底方棺是由于地区的不同

① 王善才．鄂东楚墓综述［C］//湖北省考古学会论文集（一）．武汉：武汉大学学报编辑部，1987．

② 湖北省鄂城县博物馆．鄂城楚墓［J］．考古学报，1983（2）．

③ 何介钧．湖南晚期楚墓及其历史背景［C］//楚文化研究论集：第2集．武汉：湖北人民出版社，1991：115．

而形成的。现有大量资料证明上述论点是不符合实际的，许多考古发现正好与上述论点相反，即：（1）战国晚期后段楚墓中的悬底弧棺并未消失；（2）悬底弧棺并不都比平底方棺早。

先说第一个问题，鄂城楚墓中的第三期墓共15座，除钢铁厂74、119号墓明显为秦墓外，其余基本上可定为战国晚期后段楚墓，但这些墓的木棺都是悬底棺。在悬底棺中有弧形和方形两种，却并无一具是平底方棺。鄂城楚墓中共有27座墓保存有木棺，三具平底方棺却出于战国中期偏早的一椁重棺墓，百畈子3、4、5号墓①，且与悬底孤棺同时使用。鄂城楚墓的材料正好说明到战国晚期后段，楚墓仍然是流行悬底棺，且以弧形者居多。

再说第二个问题。从已发表的楚墓资料看，春秋早期的当阳赵家塝2号墓②、春秋中期的当阳赵巷4号墓③、金家山9号墓④均为悬底方棺。悬底弧棺最早见于江陵雨台山第二期墓即春秋晚期墓。⑤ 此后悬底弧棺逐渐成为楚棺的主流。在江陵雨台山楚墓单棺墓中木棺保存较好的有47座，其中悬底弧棺墓有34座，悬底方棺墓有13座，一椁一棺墓的棺椁结构清楚的173座墓中，悬底弧棺墓占141座，悬底方棺墓占32座⑥，其中属第五期的墓有23座，属第六期的有12座。均无平底方棺。一椁重棺墓仅2座，内外棺均为平底方棺。其中354号墓为第四期墓，即属

① 湖北省鄂城县博物馆．鄂城楚墓［J］．考古学报，1983（2）；王善才．鄂东楚墓综述［C］//湖北省考古学会论文选集（一）．武汉：武汉大学学报编辑部，1987.

② 高仲达．湖北当阳赵家塝楚墓发掘简报［J］．江汉考古，1982（1）.

③ 宜昌地区博物馆．湖北当阳赵巷4号春秋墓发掘简报［J］．文物，1990（10）.

④ 湖北省宜昌地区文物工作队．当阳金家山9号春秋墓［J］．文物，1982（4）.

⑤ 湖北省荆州地区博物馆．江陵雨台山楚墓［M］．北京：文物出版社，1984：15、20.

⑥ 湖北省荆州地区博物馆．江陵雨台山楚墓［M］．北京：文物出版社，1984：16、19.

战国中期前段；555 号墓为第六期墓，属战国晚期前段。[①] 上述资料表明，在江陵及其附近地区悬底方棺至迟从春秋早期即已开始出现，并一直延续至战国晚期；悬底弧棺从春秋晚期兴起便逐渐成为楚棺的主流，也一直延续至战国晚期。平底方棺极为少见，大约兴起于战国中期，也延续至战国晚期，且多与悬底弧棺同时使用，如上述鄂城百子畈 3、4、5 号墓是如此；江陵天星观 1 号墓也是如此[②]，都是战国中期墓。总的来说，悬底方棺出现最早，悬底弧棺次之，平底方棺最少，较为晚出，但三者均同时延续至战国晚期。因此并不能笼统地说，悬底弧棺都要早于平底方棺，更不是在悬底弧棺消失之后才出现平底方棺。

鄂城楚墓中的随葬器物有陶器、铜器、漆木竹器和玉器等近 500 件[③]。陶器的器形有鼎、敦、簠、豆、壶、甗、罍、缶、盉、盒、钫、高足小壶、罐、盘、匜、勺、盆、杯、薰炉、虎座凤鸟鼓架等。

鼎有小口广肩圜底鼎、深腹圜底蹄足鼎、浅腹圜底高蹄足鼎、卷耳浅腹圜底鼎（图 2-86，1）、环耳浅腹平底鼎等多种型式，以前两式较早，后三式较晚。

图 2-86　鄂城楚墓出土彩绘陶器示意图
1. 卷耳鼎　钢铁厂 106 号墓
2. 敦　百子畈 5 号墓

敦有球形龙钮足敦、椭圆形 S 状瘦长钮足敦（图 2-86，2）等多种，前者较早，后者较晚。

簠有长方形和近方形两式，只见于较早的墓中。

① 湖北省荆州地区博物馆．江陵雨台山楚墓［M］．北京：文物出版社，1984：46-52．
② 湖北省荆州地区博物馆．江陵天星观 1 号楚墓［J］．考古学报，1982（1）．
③ 湖北省鄂城县博物馆．鄂城楚墓［J］．考古学报，1983（2）．本节随葬器物部分，均参考此文写成，以下不再一一注释．

豆有带盖豆和无盖豆之分（图2-89，1）。无盖豆中又有盘内饰有放射状纹和弦纹的高柄豆、彩绘放射状纹和圆圈纹的中柄豆（图2-87）和无纹饰的浅盘豆三式，前一式较早，后二式较晚。

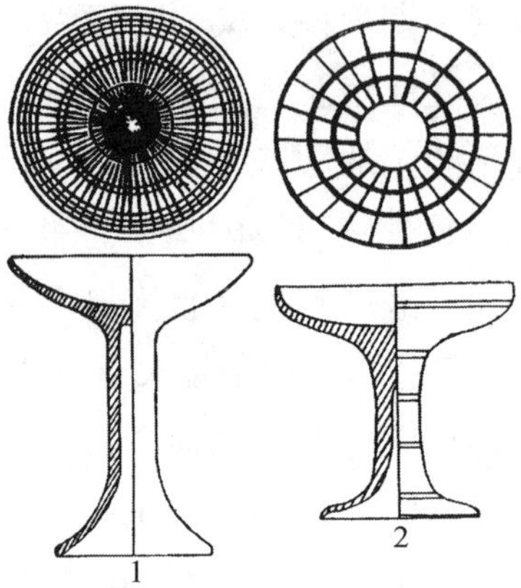

图2-87 鄂城楚墓出土陶豆示意图

1. 放射状纹豆 钢铁厂53号墓
2. 彩绘豆 钢铁厂106号墓

壶有鼓腹平底壶、圆腹矮圈足壶、彩绘细长颈带铺首壶（图2-88）、长颈高圈足壶，无盖盘口鼓腹高圈足外撇壶等多种式别，以前二式较早，第三、四式其次，最后一式最晚。

甗仅有一件，甑鬲连体，空足，裆较高，饰弦纹和绳纹。

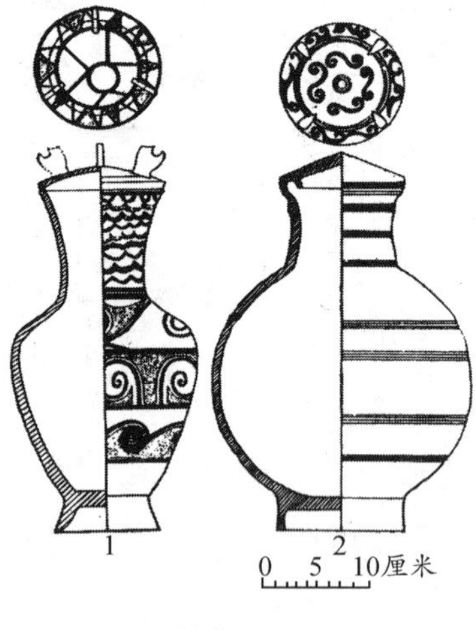

图2-88 鄂城楚墓出土彩绘陶壶示意图

1. 钢铁厂106号墓出土 2. 百子畈5号墓出土

罍有广肩双耳平底罍、无耳圈足罍二式。缶为圆肩球腹矮圈足，腹部饰四个环钮。盉为小口圆腹圜底高蹄足，腹部有一兽形流。上述四种器形均只见于较早的墓中。

盒在楚墓中是一种晚出的器物，器形有圆腹圜底盒、深腹平底盒、深腹小平底盒三式。

钫即方壶，为盘口长颈高圈足，只见于较晚的墓中。

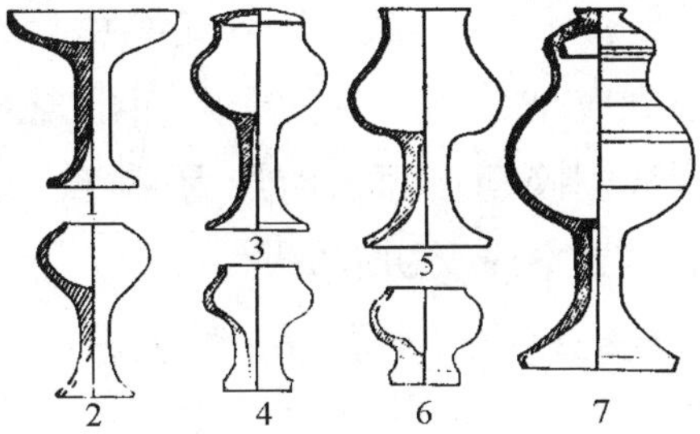

图 2-89　鄂城楚墓出土的陶器示意图

1、3. 钢铁厂 94 号墓出土　2. 钢铁厂 95 号墓出土
4. 钢铁厂 1 号墓出土　5. 百子畈 4 号墓出土
6. 钢铁厂 48 号墓出土　7. 百子畈 5 号墓出土

高足小壶有侈口中颈喇叭形高圈足、短颈高足、浅腹假圈足等三式（图 2-89），前者较早，第二式次之，第三式最晚。此类高足小壶在北方地区早在战国早中期即已流行，如北京怀柔城北 15 座战国墓中出土高足小壶 30 件①，山东曲阜鲁国故城乙组墓中的 54 号墓和 3 号墓出土有高圈足壶②，而在鄂城以外的楚墓中，这类高足小壶很少见，而且最早的只见于战国中期偏晚的江陵望山 1 号墓③，而在江陵雨台山 558 座楚墓中未见一件高足小壶，湖南地区已发掘的数千座楚墓中，仅有益阳羊舞岭 19 号墓中出土 1 件④和溆浦马田坪山门垅 35 号墓出土一件⑤，而鄂城一地在 28 座楚墓中却出土高足小壶 26 件，是楚地出土高足小壶最多的地

① 北京市文物工作队. 北京怀柔城北东周两汉墓葬 [J]. 考古，1962（5）：图版 1，5；图版 2，3.

② 山东省文物考古研究所. 曲阜鲁国故城 [M]. 济南：齐鲁书社，1982：143、144、图版 72.

③ 湖北省文化局文物工作队. 湖北江陵三座楚墓出土大批重要文物 [J]. 文物，1966（5）.

④ 湖南省益阳地区文物工作队. 益阳楚墓 [J]. 考古学报，1985（1）：100.

⑤ 湖南省博物馆. 湖南溆浦马田坪战国、西汉墓 [M] //文物资料丛刊：第 10 集. 北京：文物出版社，1987：91.

区，且有4件出土于战国中期的百子畈4号、5号墓中①，这是目前在楚墓中见到的最早的高足小壶之一。另外在鄂东的黄州国儿冲1号墓②、河南淮阳马鞍冢③、安徽长丰④等战国晚期楚墓中均有所见。由上述资料表明，楚地的高足小壶应是受到北方的影响而出现的，最初可能是传到楚都江陵或鄂东，到战国晚期在鄂东南最为盛行，并波及湖南益阳，流传到淮阳、长丰等地，到秦或汉初消失。

罐有矮颈深腹凹底绳纹罐、平底罐、带盖凹底彩绘小罐等多式。以前二式较早，后一式较晚。

盘有彩绘小平底盘、斜腹凹底盘、浅腹圜底盘、深腹平底盘等多式，年代都较晚。鄂城楚墓报告中的“碗”“碟”都可以归入盘类，总数达29件（共33件，应除去钢厂74号、119号两座秦墓中的4件），这也是楚墓中出土盘类品种多、数量大的地区。

匜有方流平底圆錾匜、彩绘圆流小平底匜和深腹平底匜等多式。前一式较早，后二式较晚。

勺有箕状和斗状两种。

杯作直壁假圈足，共出9件，都出于较晚的楚墓中，这在其他楚墓中很少见。

还有熏炉、虎座凤鸟鼓架（图2-90），都仅1件，时代都较晚。陶制虎座凤鸟鼓架楚墓中似乎仅此一见。木制髹漆的虎座凤鸟悬鼓在江陵一带

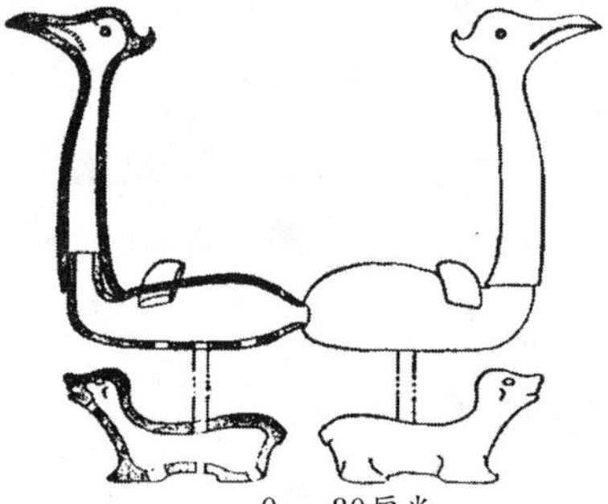

图2-90 陶虎座凤鸟鼓架示意图
鄂城钢铁厂95号墓出土

① 湖北省鄂城县博物馆. 鄂城楚墓［J］. 考古学报，1983（2）：238、253.

② 黄州古墓发掘队. 湖北黄州国儿冲楚墓发掘简报［J］. 江汉考古，1983（3）.

③ 河南省文物研究所. 河南淮阳马鞍冢楚墓发掘简报［J］. 文物，1984（10）.

④ 安徽省文物工作队. 安徽长丰杨公发掘九座战国墓［M］//考古学集刊：第2集. 北京：中国社会科学出版社，1982.

的楚墓中较常见，雨台山墓地就出土有15件①，这里的虎座凤鸟鼓架应是承袭江陵楚墓的传统。

原始瓷杯两件，出于战国中期的百子畈5号墓“小棺内西端”②，当是殉葬者的随葬品。这类早期青瓷杯本是越人的产品，此应来自越地。这个殉葬者有可能是越人。

鄂城楚墓出土的铜器中，礼器有鼎、敦、壶、勺；兵器有剑、戈、箭镞、戈镈；车马器有车軎、马衔、连环、方策（原报告名“鸟形扣饰”）、盖弓帽；还有攀钉、铜镜、带钩等。这些铜器多是战国中晚期楚墓中常见之器，没有什么特殊之处，唯有4件铜镜的出土值得重视。《鄂城楚墓》一文中发表有5件铜镜，其中钢厂119号墓出土的Ⅳ式细线弦纹镜是秦镜，故楚镜只有4件。其中方钮座羽状纹地四山字纹镜2件，钢厂1号墓出土1件，钢厂48号墓所出为四竹叶十二叶四山纹镜；圆钮座羽状纹地四叶纹镜2件，分别出于钢厂49号和74号墓。③ 其中钢厂74号墓也应是秦墓，剩下的三座墓，都属第三期墓，伴出鼎、盒、壶、高足小壶、盘、匜、勺、杯、熏炉等战国晚期晚段的陶器，而在百子畈的一期4座战国中期墓中未见一件铜镜出土。从考古发掘资料来看，楚都江陵及其附近的楚墓中很少有铜镜出土，江陵雨台山558座墓中仅发现素镜8件④，和有一道凸弦纹的铜镜1件，分别出于战国中期至战国晚期前段的9座墓中，这一带的楚墓中未见有这类四山镜和四叶纹镜出土，宜昌前坪23号墓中出土有一件四花八叶菱形纹铜镜，是出于战国晚期秦墓中⑤；鄂城楚墓的战国中期和战国晚期早段墓中也未见铜镜出土，因此这些楚镜，看来既不是在本地铸造的，也不会是来自楚都江陵地区。

---

① 湖北省荆州地区博物馆．江陵雨台山楚墓［M］．北京：文物出版社，1984：105.

② 湖北省鄂城县博物馆．鄂城楚墓［J］．考古学报，1983（2）：241.

③ 湖北省鄂城县博物馆．鄂城楚墓［J］．考古学报，1983（2）.

④ 湖北省荆州地区博物馆．江陵雨台山楚墓［M］．北京：文物出版社，1984：88、图版47.

⑤ 湖北省博物馆．宜昌前坪战国两汉墓［J］．考古学报，1976（2）.

而这类四山镜和四叶纹镜却在长沙、益阳、衡阳等地楚墓中有大量出土①。由此，可推测这些楚镜应是由湖南境内传入的，公元前 278 年白起拔郢之后，长沙、益阳、汨罗等地尚在楚人的统治下，秦人的势力也尚未到达鄂东南地区，可知当时鄂东南地区在断绝了与楚都江陵等地的交往之后，曾加强了与南楚地区长沙等地区经济文化方面的交流。

鄂城楚墓中出土的漆木、竹器有耳杯、小盘、豆、盒、案、几、棋盘（疑为三足俎）、飞鸟、鸟架鼓、虎座鸟架鼓、瑟、镇墓兽、盾、剑椟等漆器，有勺、豆、剑、梳、篦、俑等木器及竹笥、竹弓、竹条等。这些漆木、竹器，以内髹红漆、外髹黑漆者为多，也有内外均髹黑漆的，部分器物在黑漆地上用红、褐色绘兽纹、几何纹、云气纹等图案。从器形和纹饰看，类似于江陵一带的漆木竹器风格，特别是漆豆、飞鸟、鸟架鼓、虎座鸟架鼓、俎、龟形盾、彩色竹笥等主要流行于楚都江陵一带②，其他地区少见或未见。鄂城这些器物的出现和流行，应是接受楚都附近的典型楚文化的影响而形成的。

鄂城楚墓中还出土有玉或滑石涡纹璧、环、锡圈环及桃核等。滑石璧出土较多，钢厂 53 号墓棺盖上用布带相串的大量锡圈环，在其他地区较为少见，值得注意。

关于鄂城楚墓的器物组合和年代，原报告作者和陈振裕已有论述，但笔者仍有所补正。

原报告根据陶器组合分为五组：

第一组　鼎Ⅰ，敦Ⅰ、Ⅱ，壶Ⅰ、Ⅱ（加簠或缶）。

第二组　鼎Ⅱ、Ⅲ，敦Ⅲ、Ⅳ，壶Ⅲ、Ⅳ、Ⅴ。

第三组　鼎Ⅱ，盒Ⅰ，壶Ⅴ。

第四组　鼎Ⅳ、Ⅴ，盒Ⅱ、Ⅲ，壶Ⅵ。

---

① 高至喜．论楚镜［J］．文物，1991（5）．

② 湖北省荆州地区博物馆．江陵雨台山楚墓［M］．北京：文物出版社，1984：100-113．

第五组 鼎Ⅵ，盒Ⅳ，壶Ⅵ（加钫或熏炉）。①

第一组中的缶仅有一座墓出土，可不列入基本组合，但罍和高足小壶均有半数墓出土，又可以列入基本组合之中。

第三、四、五组中的豆、盘、匜、勺、杯和假圈足高足小壶等均在半数以上墓中出土，这些器物又能体现时代特征，故应列入基本组合。

陈振裕将鄂城黄冈的两批战国楚墓归纳为四种基本组合：

第一组 鼎AⅠ、CⅠ，敦Ⅰ，盥缶Ⅰ，盉Ⅰ，高把壶形器Ⅰ。

第二组 鼎AⅡ、CⅡ，敦Ⅱ，壶Ⅰ，盥缶，盉Ⅱ，高把壶形器Ⅱ。

第三组 鼎AⅢ、BⅠ、CⅢ，敦Ⅲ，壶Ⅱ，盥缶Ⅲ，盉Ⅲ，高把壶形器Ⅲ。

第四组 鼎AⅢ，敦Ⅳ，壶Ⅲ，高把壶形器Ⅳ（另外还有鄂钢M94出土的盒等）。②

上述基本组合把高足小壶（即陈文中的“高把壶形器”）列入是正确的，但第一、二、三组中的盥缶、盉都只见于个别墓中，以不列入基本组合为宜，但壶见于大多数墓中，则应作为基本组合的器物之一。第四组在论述中似乎已把出盒的墓列入了这一组，但在基本组合中又没有盒；与盒同出的往往还有盘、匜、勺、杯，也没有列入，均觉不妥。

笔者认为，要提出墓葬中陶器的基本组合，要以较常见的器物为准，如仅是个别出现或很少见的器物则不应列入基本组合之中。根据这一认识，笔者认为把鄂城楚墓分为三组为宜。其基本组合为：

第一组 鼎、小口鼎、簠、敦、壶、罍、中颈高足小壶。

第二组 鼎、敦、壶、矮颈高足小壶。

第三组 鼎、盒、壶、豆、盘、匜、勺、杯、假圈足高足小壶。

关于鄂城楚墓的年代，第一组百子畈3、4、5、6共4座定在战国中期偏早，大家没有什么分歧。

第二组 有钢厂2、18、53、79、80、90、91、92、95、106号墓和

---

① 湖北省鄂城县博物馆．鄂城楚墓［J］．考古学报，1983（2）．

② 陈振裕．略论鄂东战国楚墓［J］．江汉考古：增刊（二），1986：86．

洋澜湖 1 号墓共 11 座，原报告均定在战国晚期[①]，陈振裕将其中的钢厂 53 号墓定在战国中期偏晚[②]，可从。这些墓的年代应在战国中期后段至战国晚期前段。陶盒在楚墓中最早出现于江陵 555 号墓，属战国晚期早段[③]，即白起拔郢（公元前 278 年）之前，以后在河南淮阳[④]、安徽长丰[⑤]等地战国晚期中段和晚段楚墓中均有所见，而在鄂城第二组墓中陶盒尚未出现，因此，这些墓一般不会晚至战国晚期后段。

第三组有钢厂 1、4、21、22、41、42、48、68、93、94、96 号墓和七里界的 1 号墓共 12 座。墓中出土器物有的与战国晚期中段、晚段的河南淮阳和安徽长丰楚墓中的器物相似，如与淮阳马鞍冢[⑥]和长丰杨公 5 号墓出土的鼎、杨公 8 号墓出土的假圈足高足小壶[⑦]，几无差别，可见其年代相近，因此，这一批墓葬基本上可定为战国晚期中段和晚段的楚墓，原报告将其年代全部定为“秦汉之际或西汉初”[⑧]，是嫌晚了一些，当然其中并不排除有少数墓是秦统一以后的楚人墓，因为，其中有的器物与典型秦墓钢厂 119 号墓中的器物相似。

五、赣西楚墓和楚文物

本文所指的“赣西”即江西省的鄱阳湖、赣江以西地区，在叙述中也可能牵涉紧靠赣江东岸出土的某些文物。根据文献记载，楚昭王六年（前 510）和七年，吴“大破楚军于豫章”和“吴大败楚于豫章”。豫章即唐代的洪州，今之南昌地区。楚昭王十一年（前 505）吴王“阖闾使太子夫差将兵伐楚，取番”，番即今鄱阳，说明春秋晚期鄱阳已是楚之东

---

① 湖北省鄂城县博物馆．鄂城楚墓［J］．考古学报，1983（2）：250．

② 陈振裕．略论鄂东战国楚墓［J］．江汉考古：增刊（二），1986．

③ 湖北省荆州地区博物馆．江陵雨台山楚墓［M］．北京：文物出版社，1984：139．

④⑥ 河南省文物研究所，周口地区文化局文物科．河南淮阳马鞍冢楚墓发掘报告［J］．文物，1984（10）．

⑤⑦ 安徽省文物工作队．安徽长丰杨公发掘九座战国墓［M］//考古学集刊：第 2 集．北京：中国社会科学出版社，1982．

⑧ 湖北省鄂城县博物馆．鄂城楚墓［J］．考古学报，1983（2）．

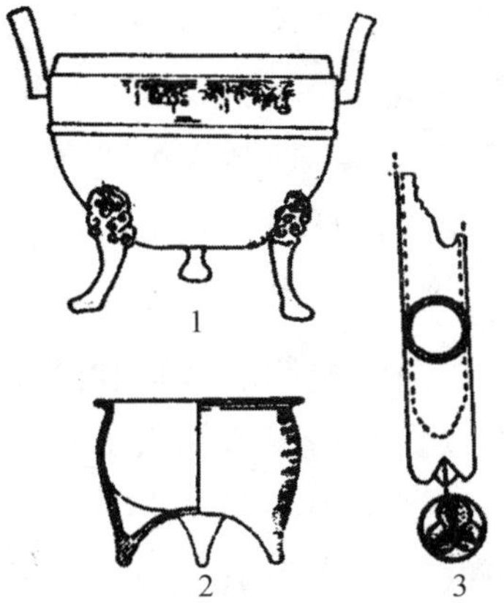

图 2-91　江西楚墓出土文物示意图
1. 蟠虺纹铜鼎　2. 陶鬲　3. 铜矛镦
1、2 采自李科友《东周时期江西地区的楚文化及其有关问题》　3 采自石凡《江西出土部分楚文物介绍》

境。由此有学者认定“春秋时楚国的疆域已经达到了江西的中部东北部”①。从出土实物来看，这一地区在春秋中晚期确有一些楚文物出土。如萍乡市高楼出土有 1 件铜鼎（图 2-91，1），为附耳，深腹，蹄足较矮，曲而外撇，饰蟠虺纹②，具有春秋中晚期之际楚式鼎的风格。清江筑卫城遗址上层出土有两件陶鬲（图 2-91，2），为夹砂灰陶，折沿，裆较深，平足，通体饰绳纹，与春秋中晚期的楚式鬲相一致。清江樊城堆遗址上层，还出土大口、高锥柱足绳纹陶鬲③，与春秋晚期的楚式陶鬲相似。虽然，至今尚未在这一地区发现春秋时期的楚墓，但从文献记载和出土实物相结合来看，赣江中、下游以西和赣东北地区，至迟在春秋晚期，曾经成为楚之东境应是可信的。

战国时期，赣西地区的楚墓和遗址已有多处发现。

属于战国早期的楚墓有武宁县石门毕家坪的竖穴土坑墓，出土文物中有楚式空茎铜剑、凹字形铜锸，底部作三叉状的圆筒状铜矛镦（图 2-91，3）、铜斧、铜戈、方銎长方形铁斧和越式豆青釉青瓷盅等。④ 战国早期的遗址有九江沙河街大王岭遗址上层出土的 5 件残铁器，可辨的器形凹字形铁口锄（原报告名“臿”），三菱形铜镞两件和双色铜剑，并出

①② 李科友. 东周时期江西地区的楚文化及其有关问题［C］//中国考古学会第二次年会论文集. 北京：文物出版社，1982.
③ 石凡. 江西出土部分楚文物介绍［J］. 江西历史文物，1985（2）.
④ 彭适凡. 武宁战国墓葬的清理［J］. 文物工作资料，1976（4）.

土有拍印米字纹、回字十字交叉纹、蕉叶纹、方格纹、弦纹等印纹硬陶片。[①] 铁器和铜器具有楚文化特征，而陶器却具有越文化因素，看来这里很可能是一处楚人的遗址。在“吴头楚尾”的地区，保存有较多的吴越文化因素是很自然的。也说明战国早期，九江、武宁一带仍是楚国的东境。

战国中晚期的楚墓和楚文物发现较多，其中以高安�阳镇郭家山木椁墓最为重要。此墓为“单椁重棺，随葬品有青铜嵌银斜方格纹剑、木柄青铜戈、连弧纹铜镜和漆奁，以及陶器鼎、敦、钫、豆、盘、杯、耳杯和金丝带、篾席等，特别是以铜片镶嵌曲折纹陶钫，过去不曾多见”[②]，此墓的详细材料尚未发表，从简要介绍的墓葬情况来看，是典型楚墓，墓中已出现楚墓中较晚出的陶钫和连弧纹铜镜，又未见越式器物，看来墓的年代大概在战国中晚期之际，或即在楚灭越之后不久。

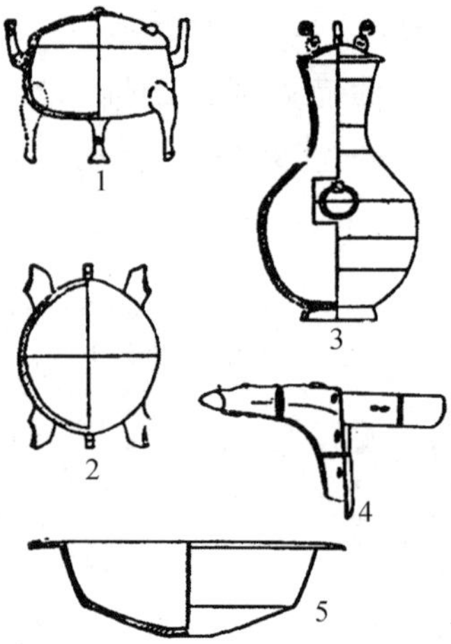

图 2-92　江西楚墓出土文物示意图
1、2、3. 陶鼎、陶敦、陶壶
4. 铜戈　5. 铜盘

1975 年冬到 1976 年春，在新建昌邑发掘有一座“最典型的战国土坑墓”，该墓有台阶，墓室长 2.65 米，宽 2 米，深 7.95 米。出土器物陶器有鼎、敦、豆、壶各 2 件（图 2-92，1-3），罐形鼎、罐、盘、匜、勺、高足小壶各 1 件（图 2-93）；铜器有剑、戈（图 2-92，4）、矛共 17 件。[③] 这也是典型的楚墓。其中除带盖浅

---

① 江西省博物馆. 江西九江县沙河街遗址发掘简报［M］//考古学集刊：第 2 集. 北京：中国社会科学出版社，1982.

② 黄颐寿. 宜春地区文物考古收获及有关问题［J］. 江西文物，1990（1）.

③ 唐昌朴. 新建昌邑战国墓［J］. 江西历史文物，1978（6）；石凡. 江西出土部分楚文物介绍［J］. 江西历史文物，1985（2）；李科友. 东周时期江西地区的楚文化及其有关问题［C］//中国考古学会第二次年会论文集. 北京：文物出版社，1982.

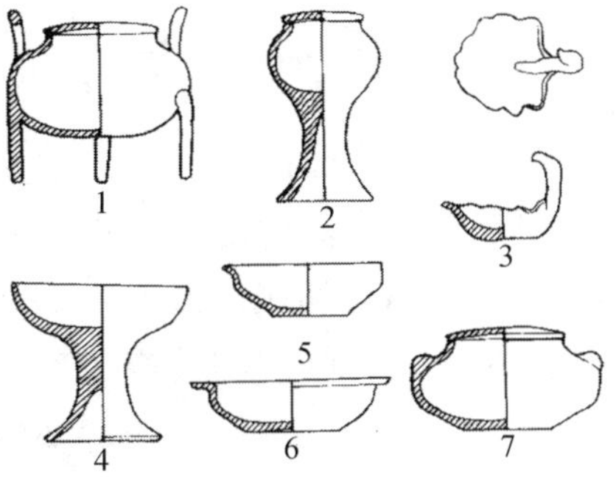

图 2-93　江西新建昌邑楚墓出土陶器示意图

1. 罐形鼎　2. 高足小壶　3. 勺
4. 豆　5. 匜　6. 盘　7. 罐

腹平底陶罐具有地方特点之外，其余都是楚墓中常见之物，石凡将其年代定在战国晚期偏早是正确的。① 因为墓中已出常见于战国晚期墓中的盘、匜、勺，特别是陶高足小壶带盖，壶颈已很短，与湖北黄州国儿冲 1 号墓所出相同，其年代应在战国晚期早段偏晚②，这已是楚灭越以后较久的楚墓，墓中已几乎找不到原有土著民族越文化因素。

至于楚文物，出土也不少。石凡同志介绍的铜器还有：空首铜剑 4 件，包括前面提到的武宁石门战国早期墓中出土的 1 件；双凸箍剑 5 件，分别出于南昌、德安、上高、萍乡等地；复合剑 3 件，另外奉新宋埠青河出土的尖底铜盆，口径达 50.5 厘米；南昌唐山永和出土的云雷纹地菱形蟠龙纹铜镜、南昌新公园出土的云雷纹地龙纹镜等③，这些都是典型的楚文物，而且与长沙等地的楚文物风格一致。铁器有新干界埠粮仓遗址底部纵沟中出土的两件完整的铁斧④；九江县马迴岭乡磨盘山遗址中出土的铁斧、铁镰各 1 件，以及铁铤铜镞数枚⑤；高安郭家山 32 号墓中出土的铁矛⑥。这些铁器与长沙等地战国楚墓中所出同类铁器相一致。

总的看来，赣西的部分地区早在春秋晚期曾经成为楚之东境。战国早期，赣东北地区仍是楚之东境，但越文化的因素还相当浓厚。战国时期以来，赣江以西地区，楚文化因素是越来越多，而越文化因素越来越少，特别到战国晚期楚灭越之后，楚文化占据了统治地位，更是如此。但是越文化因素并未因此而消失，特别是印纹硬陶还有较多的保留，是其特点。

---

①③　石凡．江西出土部分楚文物介绍［J］．江西历史文物，1985（2）．

②　高至喜．论战国晚期楚墓［J］．东南文化，1990（4）．

④　陈文华，胡义慈．新干县发现战国粮仓遗址［J］．文物工作资料，1976（2）．

⑤⑥　彭适凡．赣鄱地区铁器的出现及战国遗存的分期（待刊）．

六、南楚的城和遗址

战国时楚人已席卷江南，前面我们较详细地叙述了南楚地区的战国楚墓和其丰富多彩的随葬物品。楚人在统治这一地区的同时，还应建立有一批封君和县的城邑及军事城堡，以加强其统治，并应遗留有大量的居址。在近几年的文物普查工作中，这类城址和遗址已经发现不少，但材料尚未公布。已经发表的楚城和楚遗址共只有 20 余处，而且多只作过初步的调查，经过发掘的甚少，更缺乏规模较大的发掘。因此，对它们的内涵了解不多。这也是研究南楚文化的一个薄弱环节。

在湘西、湘北地区已发现的春秋晚期至战国时期的楚城有澧县涔南乡的鸡叫城、东溪乡的城头山城、闸口乡的古城岗城、临澧县的新安乡申鸣城、望城乡的宋玉城、石门县维新乡古城堤城、慈利城东的白公城、桃源茅草街乡的黄楚城，溆浦县马田坪乡的义陵城、沅陵县太常乡窑头村黔中故城等。这些城的规模都不大，面积一般在 10 万至 50 万平方米之间，一般作长方形，正南北方向，四角呈圆形，四方设城门，有城垣和护城河防范设施。城墙用土夯筑，在城址内多出土有绳纹陶鬲、豆、罐、盆、筒瓦、板瓦等遗物。① 其中澧县东溪乡南岳村的城头山城西不远的临澧九里分布着密集的大型楚墓，其中有不少是封君级的大墓，此城可能是这一封君的城邑。临澧新安乡古城村内有申鸣城，略呈长方形，正南北向，长约 900—1 000 米，城内出土有绳纹陶罐、陶豆等楚式器物。这是最大的一座。申鸣是楚惠王时的一员勇将。据《直隶澧州志》记载，在此城南 4 千米的合口镇北侧有“申鸣墓”。从城的规模和时代看，为申鸣所筑是有可能的。桃源县茅草街乡的黄楚城（又名采菱城），城垣南北长 830 米，东西宽 600 米，面积近 50 万平方米，是湘西北楚城中较大的一座。澧县闸口乡古城岗城，坐落在一高出水面约 15 米的独立

---

① 曹传松．湘西楚城调查与探讨——兼谈有关楚史几个问题［M］//楚文化研究论集：第 2 集．武汉：湖北人民出版社，1991.

山包上，城垣依山建造，平面形状不规则，疑为军事城堡。[①]

湘中、湘东的楚城不多。根据长沙近郊发掘的约 3 000 座楚墓来看，在其附近必有一座相当规模的战国时代的楚城。长沙市的文物考古工作者作了大量的调查发掘和研究工作，把长沙楚城的范围推定为："东未过黄兴路，南近坡子街，西临下河街，北约在五一西路附近"，东西长约 680 米，南北宽约 580 米。[②] 这一推定大体是可信的。特别在五一广场地下商场和市工业品贸易大厦工地春秋晚期至战国时期的鬲、钵、豆、绳纹圜底罐等日用陶器的出土和战国时期四个水井的发现[③]，为这一推论提供了物证。此城规模仅次于楚临澧申鸣城和桃源的采菱城（又名楚王城），而比其他楚城要大，这与长沙当时所处地位大致相符。

平江县城东 17 千米的安定城，为不规则的形状，城垣周长约 1 000 米，城周围原有护城河，城中部偏东北处有一面积为 300 平方米的建筑基址，在灰土层中发现有绳纹板瓦、筒瓦、陶鬲口沿、陶鬲足等遗物，城墙上层出有云纹瓦当。由出土遗物说明，此城应始于东周时期，延续至西汉。[④]

战国时楚人的居住遗址已发表的仅有益阳市郊遗址[⑤]，益阳佘家湖、栗山园遗址[⑥]、平江瓮江遗址[⑦]和溆浦马田坪遗址[⑧]等。益阳县谢林港栗

---

① 曹传松. 湘西楚城调查与探讨——兼谈有关楚史几个问题［M］//楚文化研究论集：第 2 集. 武汉：湖北人民出版社，1991.

②③ 黄纲正，吴铭生. 战国长沙楚城初论［M］//楚文化研究论集：第 2 集. 武汉：湖北人民出版社，1991.

④ 李科威. 平江县安定区古城址调查［M］//湖南考古辑刊：第 4 集. 长沙：岳麓书社，1987.

⑤ 盛定国. 益阳市郊发现战国遗址［N］. 湖南日报，1982-5-28：1.

⑥ 益阳县文化馆舒华昌. 益阳县发现两处东周遗址［M］//湖南考古辑刊：第 3 集. 长沙：岳麓书社，1986.

⑦ 湖南省文物管理委员会. 湖南省首次发现战国时代文化遗存［J］. 文物参考资料，1958（1）.

⑧ 禹经安. 溆浦县马田坪发现东周遗址［M］//湖南考古辑刊：第 4 集. 长沙：岳麓书社，1987.

山园遗址的面积近3万平方米，东周文化层厚25—30厘米，出土有绳纹高柱足鬲、盆、豆、壶、绳纹圜底罐等典型的楚式陶器，还发现有陶釜、绳纹板瓦和玻璃珠等遗物，说明这是一处春秋晚期至战国时期楚人的居住遗址。益阳市郊营棚山至铁铺岭一带的战国遗址，面积达15万平方米①，可见楚人在此经营已具相当大的规模。

平江瓮江遗址仅清理了一处圆形灰坑，直径2米，深约1米，出土遗物相当丰富，陶器有米字纹硬陶片、陶豆、绳纹陶罐片等；铜器有剑、戈、鼎盖、鼎足、钫、勺、兽纹铜钟及虎纹铜钲、铜熔块，还有铁斧等。在这些遗物中既有楚式的陶豆、绳纹罐、铜戈、铜剑、铁斧等物，也有属于越文化的米字纹硬陶片。虎纹铜钲也具地方特色，钲柄上的浮雕蟠龙，钲身上的S形纹、三角形纹和以阳线条组成的虎纹，从器形到纹饰多与楚器有别，而与越器更为接近。

溆浦马田坪遗址位于高2—3米的台地上，面积约1万平方米，堆积厚达1．5米。遗址中出土大量的陶豆、绳纹筒瓦、绳纹板瓦，还有鬲、盂、绳纹罐和绳纹瓦当、绳纹砖等。这些多是战国时期的楚人的遗物。

七、两广战国墓和遗址中的楚文化因素

广东、广西地区在先秦时期都是百越聚居之地，在这一地区之内，已出土不少早至商代和西周时期的青铜器，如兴安的“天父乙”提梁卣可早至商末；武鸣马头勉岭出土的兽面纹提梁卣属西周初年。② 这两件提梁卣属中原风格，可能是经湖南传入广西的。南宁市郊那洪苏盘出土的铜铙（原报告名“窃曲纹铜钟”，时代定在“春秋”，因篆间有圆圈纹，铣间宽24.7厘米，栾长22.3厘米，铣间宽度超过栾长，旋部尚无旋虫，故应名铜铙）、灌阳仁江钟山出土的锥形枚铜铙（原报告名“云纹铜钟”，钲身饰圆圈纹和雷纹，时代定在“西周中期”）。③ 这两件铜铙均与湖南所出西周早期的铜铙风格一致④，

① 盛定国．益阳市郊发现战国遗址［N］．湖南日报，1982-5-19：1．

②③ 梁景津．广西出土的青铜器［J］．文物，1978（10）．

④ 高至喜．中国南方出土商周铜铙概论［M］//湖南考古辑刊：第2集．长沙：岳麓书社，1984．

故均应是西周早期之物，有可能是由湖南传入广西地区的。广西贺县桂岭出土有铜镈一件，饰乳钉和水波纹，栾侧棱脊饰钩形[①]，与湖南湘水流域所出铜镈风格相同，时代在西周晚期。这些铙、镈都是越人的乐器[②]。看来湖南与广西之间的文化交流至迟开始于商周时期。广州佛岗也出土有云纹有枚铜铙[③]；曲江马鞍山出土的铜铙，篆间饰云雷纹，枚作平头柱状[④]，时代都在西周早期，与湖南出土的铜铙的形制与纹饰风格相同，说明湖南和广东之间的文化交流至迟也可以追溯到西周早期。考古发现证明已有春秋时期的楚文物传入两广地区。

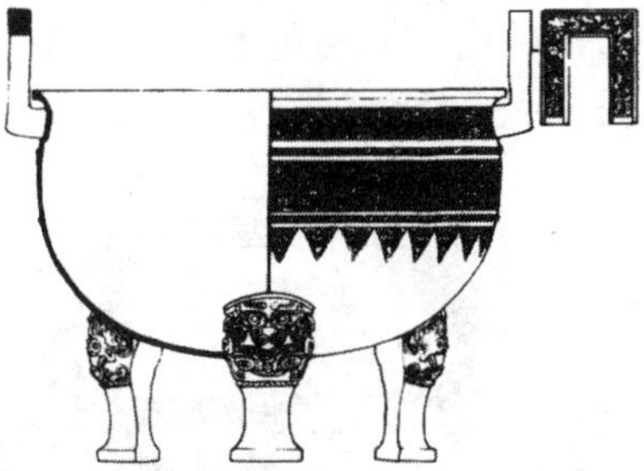

图 2-94　铜鼎（1/8）示意图

图 2-95　铜罍（1/5）示意图

1971 年广西恭城秧家出土有一批春秋晚期的铜器 33 件[⑤]，可能出于一座墓葬，其中除越式鼎、蛙纹尊、靴形钺、扁茎短剑、长铤双翼镞等大量越族器物外，还出土 1 件饰细蟠虺纹的附耳深腹较矮蹄足的楚式鼎（图 2-94）；所出铜罍（图 2-95），器形与中原地区的罍相同，所饰蟠虺纹

① 贺县文管所，覃光荣. 广西贺县发现青铜镈钟 [J]. 考古与文物，1982 (4).

② 高至喜. 论商周铜镈 [M] //湖南考古辑刊：第 3 集. 长沙：岳麓书社，1986.

③ 由广州市博物馆麦英豪先生告知。

④ 彭绍结，李良中. 马坝发现西周晚期铜铙 [J]. 广东文博，1985 (1).

⑤ 广西壮族自治区博物馆. 广西恭城县出土的青铜器 [J]. 考古，1973 (1).

和肩部的圆饼形涡纹等又与楚器相同，但其“蟠夔纹”却又具地方特色，这可能是在受中原文化和楚文化的影响下由越人在本地仿铸的铜器①。

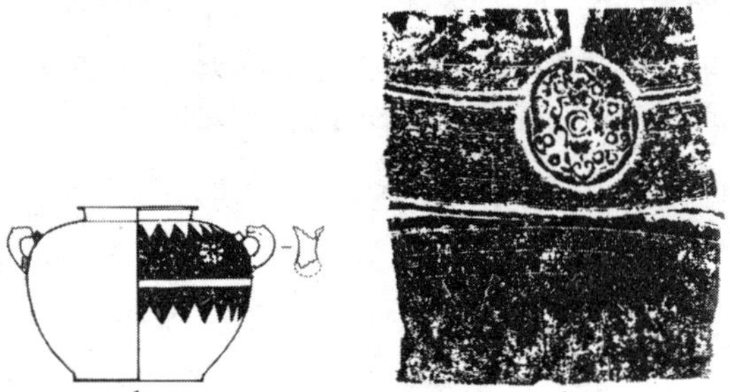

图 2-96 铜浴缶示意图及局部

1963 年 10 月，广东清远马头岗 2 号墓中出土青铜器 39 件②，其中绝大部分是越式甬钟、斧、钺、匕首、镞等器，但也出土有 1 件楚式铜浴缶（原报告名“罍”），器身饰有细密的蟠虺纹、三角形纹（图 2-96），与春秋晚期的楚浴缶相同，这应是由楚地传入的楚器。

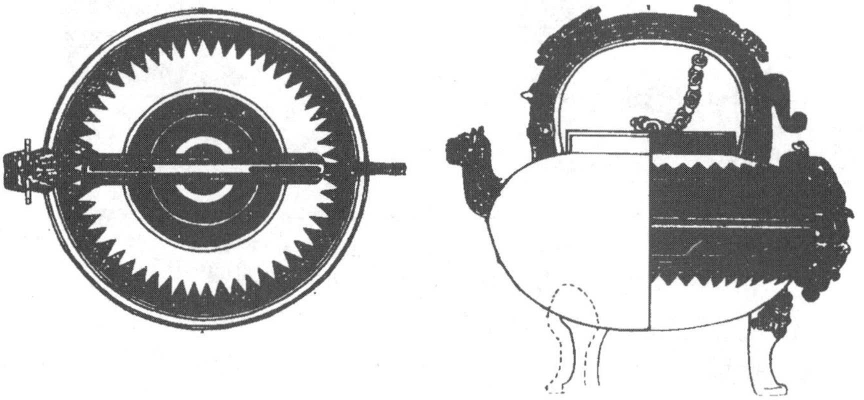

图 2-97 铜盉示意图

1977 年广东罗定南门垌 1 号墓中出土有一批春秋末至战国初的楚器或仿照楚器铸制的青铜器，计有盉（图 2-97）1 件、尊缶 1 件、盥盘

① 刘彬徽. 两广先秦青铜容器研究［J］. 东南文化，1991（1）.

② 广东省文物管理委员会. 广东清远的东周墓葬［J］. 考古，1964（3）.

（图 2-98）和盆（原报告均名“鉴”）各 1 件。① 盉的造型和所饰 S 形纹、三角纹及绹纹等与淅川下寺 1 号和 3 号楚墓所出铜盉相同，只有个别地方稍异，如鋬手上的四条透雕蟠蛇未见于楚器，刘彬徽认为是越地仿铸的楚式器②，笔者认为尚看不出有明显的越式风格，是直接由楚地传入的楚器可能性大。同墓出土的尊缶（缺盖），有四环钮，有圈足，器形与河南淅川下寺 11 号墓的尊缶和湖南长沙浏城桥一号墓所出之陶缶相似③，还出盥盘一件，上饰细密的蟠虺纹和三角纹，下有三只小足，这与湖南湘乡韶山灌区所出铜盥盘（原名“鉴”）风格相同④，完全是楚的风格，尚难肯定为越人所仿铸。同出之铜盆（原报告名“鉴”），上饰云纹、三角纹和绹纹，纹饰也具楚风，也可见其已深受楚文化的影响。

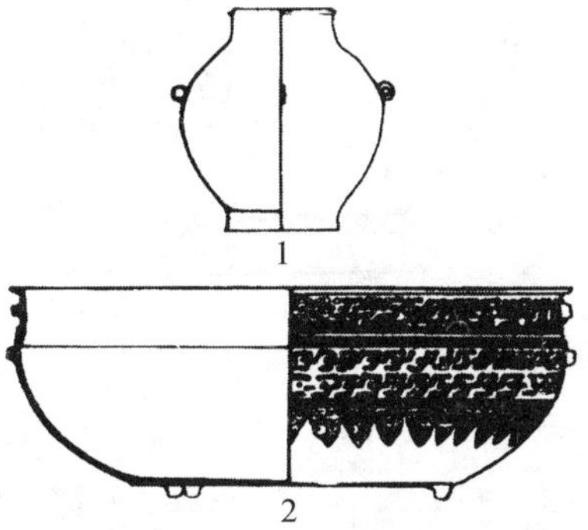

图 2-98　1. 铜尊缶示意图
2. 铜盥盘示意图

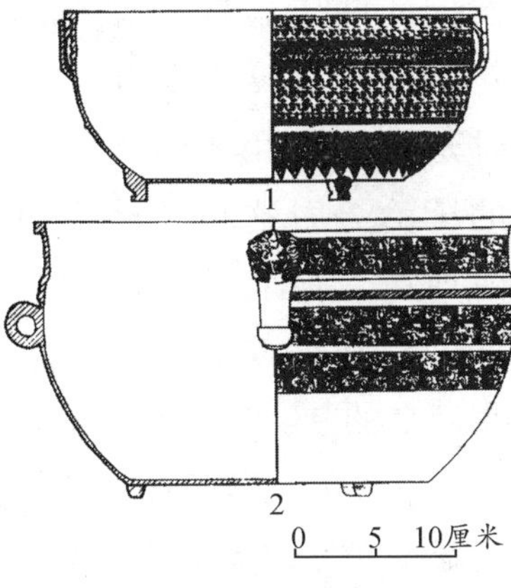

图 2-99　1. 铜盥盘示意图
2. 铜鉴示意图

1983 年广东罗定沙头乡背夫山 1 号战国墓出土的 98 件青铜器中有鑑 1 件、盥盘 1 件（原名“鉴”）（图 2-99）⑤，较大的铜鉴（1：66），从

---

① 广东省博物馆．广东罗定出土一批战国青铜器［J］．考古，1983（1）．

② 刘彬徽．两广先秦青铜容器研究［J］．东南文化，1991（1）．

③ 湖南省博物馆．长沙浏城桥一号墓［J］．考古学报，1972（1）．

④ 见《文物》1977 年第 2 期图版 1，3。

⑤ 广东省博物馆．广东罗定背夫山战国墓［J］．考古，1986（3）．

形和纹饰看，均与楚器无异，如器身上的蟠螭纹，双耳上的兽面纹，故此鉴应为春秋晚期楚器。铜盥盘（1：62）上的细密的蟠虺纹、云纹、三角纹，也都是典型的春秋晚期楚式花纹，但其双耳及“耳上有当”，较为特殊，不见于楚，可能为越地仿楚器而铸。总的来看，在春秋晚期还只有少量的楚国青铜器传入两广地区，尚未发现有楚人的墓葬，更没有发现春秋时楚人的日用陶器，可见楚人的统治势力这时尚没有到达岭南地区。有学者认为恭城秧家的春秋晚期墓的主人“是从岭北而来的楚人”，并说墓中所出的“鼎、缶、樽、钟、戈都是楚器”①，其实除鼎是楚器、浴缶曾受楚文化影响之外，其余尊、钟、戈及其他兵器、工具、车饰等都无楚器风格，而具鲜明的越器作风，因此其墓主人应是岭南的越人。

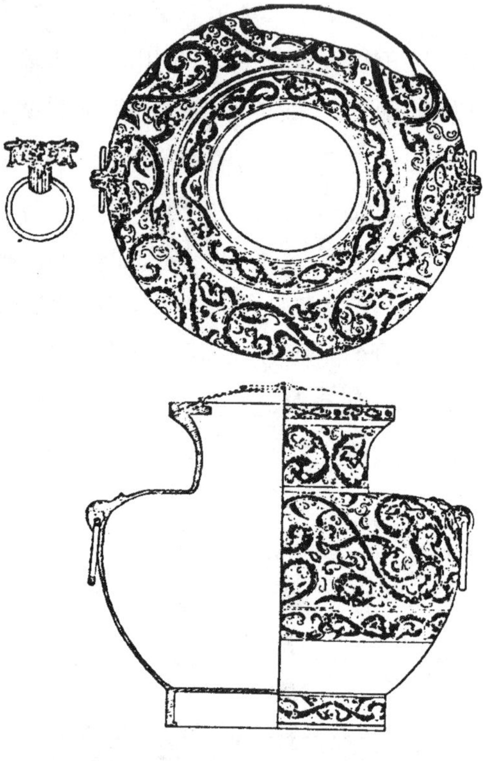

图 2-100　错银铜罍示意图

战国时期，楚人已占领了整个湖南地区，因此，楚文化对两广地区文化的影响已大大加强。两广地区出土的楚器或受楚文化影响的器物更多。容器有罍、鼎、盉、盘；兵器有剑、戈、矛；工具有刮刀、削；铁器有鼎、矛、锄、斧、锛、凿、刀、削、刮刀及铁足铜鼎、铜首铁削、铁铤铜镞等。②

1972年广东肇庆北岭松山战国墓中出土有一件错银铜罍（图2-100），为方唇、侈口、长颈、平肩、圆腹、圈足，盖、口、颈、肩腹及圈足上均错鸟

①② 蒋廷瑜，蓝日勇．广西出土的楚文物及相关问题［J］．江汉考古，1986（4）．

纹、云纹，未错银的粗线填以朱漆，高 22 厘米。① 关于此器的族属众说纷纭，一说是“应属楚国器”②；二说“形制为中原式，纹饰为楚式，显然是在本地仿铸的”③；三说归入越族铜器④。笔者认为应属楚器。湖北江陵包山 2 号楚墓中出土有两件直颈平肩壶，《遣策》记为“二鉼銅”，通体错红铜龙形卷云纹⑤，器形除口部稍有区别外，其余器形、大小与此错银铜罍的区别甚微，纹饰风格都是楚式，因此，是从楚地传入的楚器。

广西梧州市塘源出土有 1 件附耳深腹圜底高蹄足铜鼎是属于战国时期的楚式鼎。⑥ 平乐银山岭战国墓中的Ⅳ式鼎（M22：14），见于长沙和资兴楚墓，有学者认为是楚人在灭越之后吸收了越文化因素而制造的一种新式鼎⑦，这一看法是正确的。

1973 年广东四会鸟旦山的一座战国墓中出土有 1 件春秋晚期的楚式铜盉，上饰蟠龙纹，S 形纹，三角云纹和绹纹（图 2-101）⑧，从器形到纹饰都与楚器无异，不像是在越地仿楚器而铸。

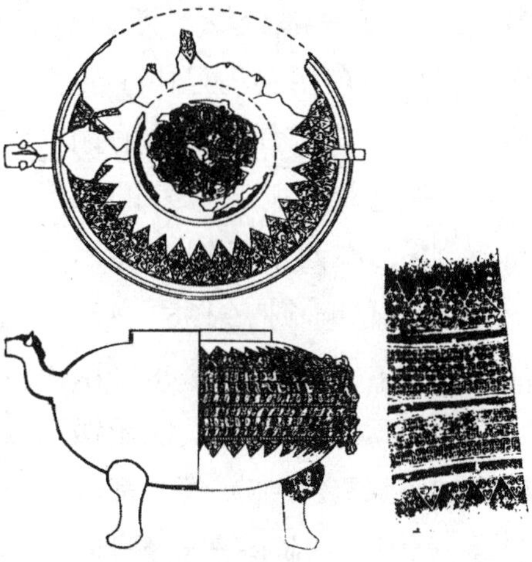

图 2-101　铜盉示意图及花纹拓片

1974 年广西平乐银山岭的 110 座战国墓中出土有铜盘（原报告名

---

① 广东省博物馆等发掘小组．广东肇庆市北岭松山古墓发掘简报［J］．文物，1974（11）．

② 黄展岳．论两广出土的先秦青铜器［J］．考古学报，1986（4）．

③ 刘彬徽．两广先秦青铜容器研究［J］．东南文化，1991（1）．

④ 何纪生，何介钧．古代越族的青铜文化［M］//湖南考古辑刊：第 3 集．长沙：岳麓书社，1986．

⑤ 湖北省博物馆．包山楚墓：上册［M］．北京：文物出版社，1991：105、106．

⑥⑦ 蒋廷瑜，蓝日勇．广西出土的楚文物及相关问题［J］．江汉考古，1986（4）．

⑧ 广东省博物馆．广东四会鸟旦山战国墓［J］．考古，1975（2）．

“盆”）（图 2-102）7 件①，与湖北、湖南战国楚墓中所出铜盘相同；如与湖北荆门包山 2 号楚墓中所出圜底铜盘、平底铜盘②几乎没有什么差别，因此，银山岭出土的这些铜盘都是楚器。

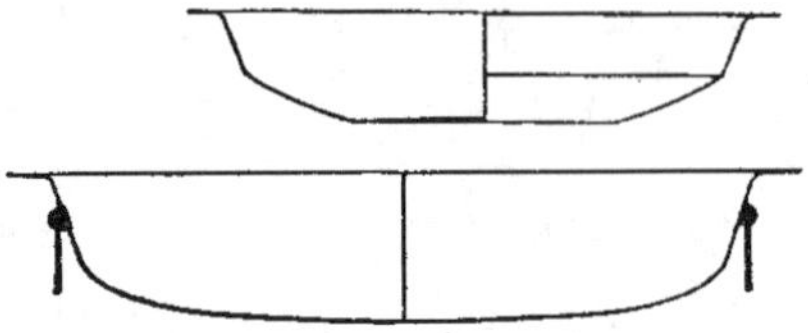

图 2-102　铜盘示意图

广西平乐银山岭 135 号墓（上）、119 号墓（下）出土

两广地区战国墓中出土的兵器甚多，其中有一部分戈、矛、剑应是楚兵器。如广东四会鸟旦山 1 号墓出土的空茎铜剑、双凸箍铜剑③，罗定南门垌 2 号墓的双凸箍剑④，广西平乐银山岭出土的Ⅰ式铜剑（108：15，106：1）、Ⅱ式铜矛 9 件、“江”“鱼”铜戈，Ⅱ式铜矛镦（4：10）（图 2-103）等⑤都与楚兵器相同，应是来自楚地。还有两广地区较多见的环首铜削，如广东广宁铜鼓岗 22 座战国墓中就出有环首弓背铜削 20 件⑥，广西平乐银山岭出土

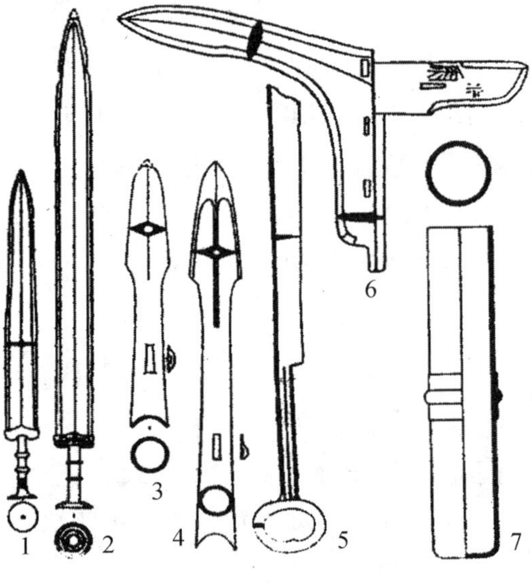

图 2-103　楚式铜器示意图

1、2. 剑　3、4. 矛　5. 削　6. 戈　7. 矛镦

---

①⑤　广西壮族自治区文物工作队．平乐银山岭战国墓［J］．考古学报，1978（2）．

②　湖北省荆沙铁路考古队．包山楚墓：上册［M］．北京：文物出版社，1991：109、110．

③　广东省博物馆．广东四会鸟旦山战国墓［J］．考古，1975（2）．

④　广东省博物馆．广东罗定出土一批战国青铜器［J］．考古，1983（1）．

⑥　广东省博物馆．广东广宁县铜鼓岗战国墓［M］//考古学集刊：第 1 集．北京：中国社会科学出版社，1981．

有环首铜削 9 件（图 2-103，5）[①] 与楚墓中所出相同，它们来自楚地的可能性大。

楚文化不但在青铜器方面对两广地区的影响很大，而且用于农业生产和手工业生产的铁工具等铁器，主要也是靠从楚地输入。广西平乐银山岭战国墓中出土有铁器一百多件，其中有鼎、矛、凹字形锄、斧、锛（斤）（图 2-104）[②]、凿、刀、削、刮刀等器形，还有铁足铜鼎、铜首铁削、铁铤铜镞，蒋廷瑜、蓝日勇认为其中大部分可能是楚器[③]；广东始兴白石坪山战国遗址中出土有与楚国铁器相似的铁斧和凹字形铁口锄（图 2-105）[④]，从器形看，在这些铁器中除银山岭的Ⅳ式凹字形锄（61：1）等，可晚至秦或汉初之外，绝大部分与楚国铁器相同，应是来自楚地。

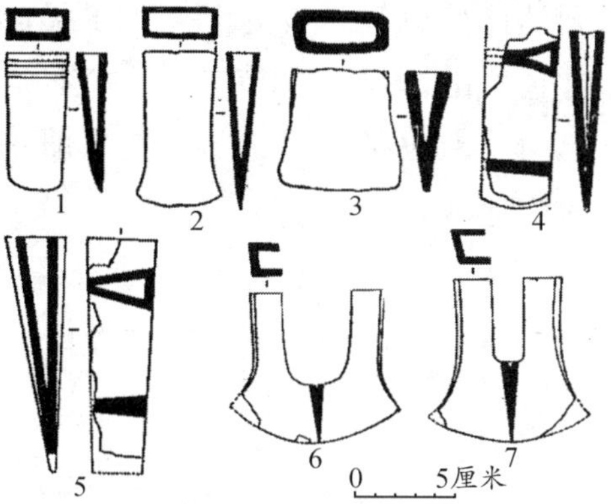

图 2-104　铁器示意图

1-3. 斧（8 号、160 号、17 号墓）
4、5. 锛（154 号、92 号墓）　6、7. 锄（55 号、42 号墓）

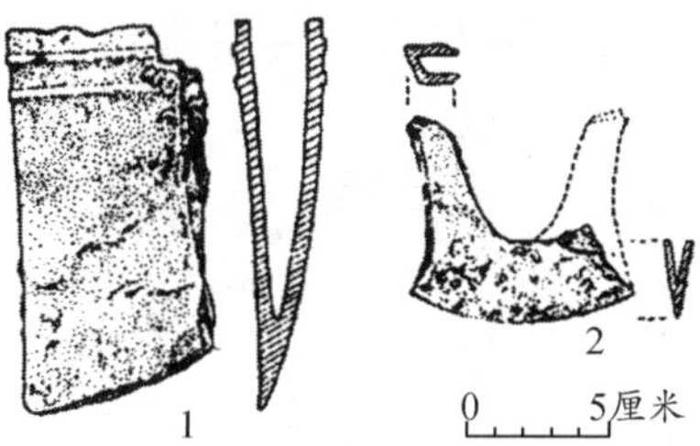

图 2-105　铁器示意图

1. 斧　2. 锄

据《汉书・西南夷两粤朝鲜传》记载："高后时，有司请禁粤关市铁器。佗曰：'高皇帝立我，通使物，今高后听谗臣，别异蛮夷，鬲（隔）绝器物，此必长沙王计……'于是佗乃自尊号为南武帝，发兵攻长沙边，

①② 广西壮族自治区文物工作队．平乐银山岭战国墓［J］．考古学报，1978（2）．
③ 蒋廷瑜，蓝日勇．广西出土的楚文物及相关问题［J］．江汉考古，1986（4）．
④ 莫稚．广东始兴白石坪山战国遗址［J］．考古，1963（4）．

败数县焉”，由此可见，西汉初年，南粤地区所需铁器仍靠从长沙国输入，而且需要量相当大，否则赵佗不会因长沙王的“禁粤关市铁器”，而发动一场大规模的战争。西汉初年两广地区所需铁器仍要靠从岭北输入，那么在战国时期就更是如此，平乐银山岭所出战国铁器绝大多数是楚器，便是证明。

上面扼要地叙述了两广地区出土的春秋战国时期的楚器或受楚文化影响而铸制的青铜器，但是却没有发现一件典型的楚式陶器和一座楚人的墓葬。广西平乐银山岭战国墓中出了不少楚器，因而有人认为应是楚墓①，蓝日勇已指出其并非楚墓，而是越人墓②，这一看法是正确的。在广东境内至目前为止也没有发现一座楚墓。由此看来，在春秋战国时期楚人的领地一直未能越过南岭，而到达两广地区。《史记·孙子吴起列传》说吴起相楚悼王时曾“南平百越”；《战国策·秦策三》也说吴起曾“南收扬越”。由考古资料证明，吴起的“南收扬越”只是“楚粤毗连等处”③，并没有能越过南岭，深入到两广地区。

① 吴铭生．资兴旧市战国墓反映的楚、越文化关系探讨［M］//湖南考古辑刊：第1集．长沙：岳麓书社，1982.

② 蓝日勇．银山岭战国墓并非楚墓说［J］．江汉考古，1988（4）.

③ 蒋伯超《南漘楛语》卷五“吴起非商鞅比”条说：“今南赣诸郡及楚粤毗连等处，皆吴起相楚悼王时所开。”“南赣诸郡”至今尚未发现楚墓，吴起相楚悼王时可能仍归越所有，大概要到战国中晚期之际楚灭越时才归楚所有。

第三章　江南楚墓的区域特征

商末周初，楚人迁到了丹水和淅水流域一带，后在江汉流域发展壮大起来，楚人进入江南地区，大概已到了西周中期之末或西周晚期之初，之后逐步南渐。从江南地区已发现的春秋中期至战国时期的数千座楚墓来看。虽然其主流方面是典型的楚文化，但也不能不受到当地原有土著文化的影响，因而表现出一些区域性的特征。要研究江南楚墓的特征，则有必要与楚都及其附近地区的楚墓相比较，才能找出它们之间的异同。战国晚期早段（即白起拔郢之前）以前的典型楚墓以湖北当阳、河南淅川下寺、湖北襄阳及江陵一带的楚墓为代表；白起拔郢以后的楚墓，当以河南淮阳和安徽寿县一带的楚墓最能代表传统的楚文化。

第一节　葬制的特征

江南地区目前发现的最早的楚墓是春秋中期的，为数很少；春秋晚期楚墓逐渐增多，分布面较广；战国楚墓总数已达五千余座，分布很广。这些楚墓的葬制基本上与楚都及其附近地区楚墓的葬制相同，但也有一些地域特点。主要的有：

第一，春秋中、晚期的中型楚墓多为窄长方形带“壁龛”的土坑墓，除澧水流域外，未见近似方形的土坑墓。如岳阳筻口的春秋中期楚墓，墓室狭长，一端有一壁龛。[①] 湘乡何家湾春秋晚期的1号楚墓，墓室长达7.2米，宽仅2.7米，西北角一壁龛距墓底0.7米。[②] 益阳春秋晚期的

① 岳阳市文物工作队. 湖南省岳阳县凤形嘴山一号墓发掘简报［J］. 文物，1993（1）.

② 湘乡县博物馆. 湘乡县五里桥、何家湾古墓葬发掘简报［M］//湖南考古辑刊：第3集. 长沙：岳麓书社，1986. 原报告因墓中出有几件越族铜器而定为越墓，其实是楚墓.

楚墓的墓室形制亦与此类似。这些楚墓都出土有典型的春秋中、晚期的楚国青铜礼器。而湖北当阳的春秋中、晚期中型楚墓却为长方形，甚至接近方形，没有“壁龛”。如当阳金家山 9 号墓墓口长 5.3 米，宽 4.85 米，墓底长 4.2 米，宽 2.1—2.4 米①；当阳曹家岗 5 号墓墓口长 8.4—9.07 米，宽 7.6 米，墓底长 4.94 米，宽 4.06 米②，也接近方形，没有壁龛。江南的这些春秋楚墓的墓室窄长，应是受了当地越人墓的影响。如春秋中期的衡南胡家港越人墓墓室长 5.7 米，宽仅1.5 米③；湘潭古塘桥春秋墓墓室长 3.2 米，宽仅 0.8 米，在靠足端处有一壁龛④；湘乡大茅坪 1 号墓长 2.76 米，宽仅 0.72 米，墓底有腰坑，头部有壁龛⑤，湘乡新塘冲 2 号墓形制相同⑥；资兴旧市春秋早期的越族墓葬都是狭长方形，长宽比例在 3∶1至 3.5∶1之间，有的有腰坑或头龛⑦。江南地区的这几座春秋中晚期的楚墓的墓主人是楚人，随葬器物的全部或大部分是典型楚器，但墓葬形制则受到当地土著民族——越族风俗的影响，采用了窄长方形带壁龛的墓室。在江南地区的春秋晚期的中型楚墓中，也有与当阳楚墓相同的。如澧县邵家嘴 35 号墓，是春秋晚期的大夫级的中型墓，墓室长 6.5 米，宽 5 米⑧，接近方形。这可能是因为澧县与楚都江陵及当阳相距很近，并早在西周晚期就已受到楚文化的影响，加上这里原有的土著居民又不是越人，所以在春秋晚期的中型楚墓中就没有那种窄长而带龛的墓。

第二，江南春秋楚墓尚未使用白膏泥保护棺椁，因而葬具未能保存下来；战国时期保存有棺椁的也为数很少。从湖北当阳、江陵等地春秋楚墓来看，当时已经流行使用黏性较强的青灰泥（或名“青膏泥”）填

---

① 湖北省宜昌地区文物工作队. 当阳金家山九号春秋楚墓［J］. 文物，1982（4）.

② 湖北省宜昌地区博物馆. 当阳曹家岗 5 号楚墓［J］. 考古学报，1988（4）.

③④ 湖南省博物馆. 湖南衡阳、湘潭发现春秋墓葬［J］. 考古，1978（5）.

⑤⑥ 湖南省博物馆. 湖南韶山灌区湘乡东周墓清理简报［J］. 文物，1977（3）.

⑦ 湖南省博物馆. 资兴旧市春秋墓［M］//湖南考古辑刊：第 1 集. 长沙：岳麓书社，1982.

⑧ 曹传松. 澧水下游楚文化的分期及其相关的两个问题［M］//楚文化研究论集：第 1 集. 武汉：荆楚书社，1987.

在墓室下部和椁的四周来保护棺椁，如春秋中期的当阳金家山 9 号墓椁上填青灰泥厚 2.9—3.1 米[①]；春秋晚期的当阳曹家岗 5 号墓墓室下部及椁四周填青膏泥厚 2.55 米—3.7 米[②]；江陵雨台山的单棺小墓也在棺四周及顶部填青灰泥[③]，春秋中期 9 座小墓中有 3 座保存有木椁，春秋晚期的 66 座墓中有 54 座保存有木棺[④]。由此看来，楚人使用青灰泥保护棺椁的方法，在春秋时期尚没有为江南地区（澧水流域除外）的楚人所采用，他们基本上仍采用当地土著民族越人的墓坑和填土等埋葬方法，直到战国时期才为一些士、大夫级以上的贵族们所采用，但为数也不多，在数千座楚墓中总数不过百座，而江陵雨台山的 558 座楚墓中填青灰泥的墓达 304 座[⑤]，可见其普及的程度。

第三，江南战国楚墓的葬具总的是平底方棺多，悬底弧棺少，悬底方棺罕见。而当阳、江陵一带的楚墓正好与此相反，即悬底方棺出现早，悬底弧棺多，而平底方棺很少。

长沙及其邻近地区战国楚墓中，保存有较好木棺椁的墓共约有 50 余座，除长沙浏城桥 1 号墓[⑥]、子弹库 17 号墓[⑦]、留芳岭 3 号墓[⑧]、荷花池 1 号墓[⑨]及湘乡牛形 1、2 号墓[⑩]等为悬底弧棺外，其余绝大多数为平底方棺。

---

① 湖北省宜昌地区文物工作队. 当阳金家山九号春秋楚墓［J］. 文物，1982（4）.

② 湖北省宜昌地区博物馆. 当阳曹家岗 5 号楚墓［J］. 考古学报，1988（4）.

③④ 湖北省荆州地区博物馆. 江陵雨台山楚墓［M］. 北京：文物出版社，1984：6、152-156.

⑤ 湖北省荆州地区博物馆. 江陵雨台山楚墓［M］. 北京：文物出版社，1984：6.

⑥ 湖南省博物馆. 长沙浏城桥一号墓［J］. 考古学报，1972（1）.

⑦ 周世荣，文道义. 57 长. 子. 17 号墓清理简报［J］. 文物，1960（1）.

⑧ 长沙市文物工作队. 长沙留芳岭战国墓发掘简报［M］//湖南文物：第 1 辑. 长沙：湖南大学出版社，1986.

⑨ 长沙市文物工作队. 长沙市荷花池一号战国木椁墓发掘简报［M］//湖南考古辑刊：第 5 集. 长沙：岳麓书社，1989.

⑩ 湖南省博物馆. 湖南湘乡牛形山一、二号大型战国木椁墓［M］//文物资料丛刊：第 3 集. 北京：文物出版社，1980.

湘西北地区楚墓以悬底弧棺为主，但平底方棺也不少。如临澧[①]、澧县[②]、慈利[③]等地楚墓中保存的木棺以悬底弧棺为主，如澧县邵家嘴、万家坡出土的13具木棺有12具是悬底弧棺，仅1具为悬底方棺[④]，平底方棺在临澧太山庙有4座[⑤]、桃源三元村1号墓[⑥]、临澧九里1979年1号墓的内棺[⑦]及溆浦马田坪地坪20号墓的内外棺[⑧]，均是平底方棺。

湘北地区楚墓的木棺还有两个特点。一是有的悬底弧棺的底板悬空很低，已靠近底部，如1980年临澧九里1号墓的棺即属此种类型。[⑨] 二是有平底弧棺，如临澧九里4号墓[⑩]和1979年九里1号墓的外棺[⑪]都是平底弧棺，即盖板和壁板作弧形，而底不悬空。这是处于楚都江陵地区流行高悬底弧棺与江南长沙地区流行平底方棺之间的过渡地区的一种区域特征。这些平底方棺最早的可到春秋战国之交，战国时流行，并不是像有的学者所说的都属于战国晚期后段才出现。[⑫] 目前所见最早的平底方棺是春秋战国之交的澧县邵家嘴34号墓所出之棺[⑬]，江陵、鄂城、临

---

① 湖南省博物馆．临澧九里楚墓发掘报告［M］//湖南考古辑刊：第3集．长沙：岳麓书社，1986．

②④⑬ 曹传松．澧水下游楚文化的分期及其相关的两个问题［M］//楚文化研究论集：第1集．武汉：荆楚书社，1987．

③ 何介钧．湖南晚期楚墓及其历史背景［M］//楚文化研究论集：第2集．武汉：湖北人民出版社，1991：117．

⑤ 湖南省文物考古研究所．临澧太山庙楚墓［M］//湖南文物：第3辑．长沙：湖南大学出版社，1988．

⑥ 常德地区文物工作队．桃源三元村一号楚墓［M］//湖南考古辑刊：第4集．长沙：岳麓书社，1987．

⑦⑩⑪ 湖南省博物馆．临澧九里楚墓［M］//湖南考古辑刊：第3集．长沙：岳麓书社，1986．

⑧ 湖南省博物馆．湖南溆浦马田坪战国、西汉墓［M］//文物资料丛刊：第10集．北京：文物出版社，1987．

⑨ 笔者在发掘现场所见。

⑫ 何介钧．湖南晚期楚墓及其历史背景［M］//楚文化研究论集：第2集．武汉：湖北人民出版社，1991．

澧所出属战国中期。长沙楚墓所出之平底方棺至迟也在战国中期，如五里牌406号墓所出内棺、外棺，都是平底方棺，此墓的碳14测定的年代为“距今2 410±90年（公元前445±90年）”，“考古断定年代为战国早期（公元前5世纪）”①，我们取其最晚年代也在战国中期，而绝不会晚至战国晚期后段。其余属战国中期的平底方棺还很多。

上述资料说明，楚墓中的木棺，由于地域的不同，至少可以分为三个区域特征，即楚都江陵及其邻近地区（包括鄂东南地区）流行悬底方棺和悬底弧棺，只有少量平底方棺；湘北地区除了以悬底弧棺为主之外，还有较多的平底方棺和平底弧棺，还有棺底悬空较低、棺板弧度不大的棺，地区特点甚为鲜明；长沙及其邻近地区，只有少量的悬底弧棺，而有大量的平底方棺，没有悬底方棺和平底弧棺。这些不同的特点，并非时代早晚的不同所致，而基本上应是由于地域的不同所形成。至于其形成的原因和渊源，可能与当地原有的土著民族葬俗有关。由于目前限于资料，还不完全清楚，尚有待今后更多考古资料的发现。

第二节　随葬器物的特征

江南楚墓随葬器物的组合、种类、器形和纹饰风格等，基本上与楚郢都江陵及其附近地区楚墓所出随葬器物相同。如春秋时期楚墓中日常生活用器鬲、盂、豆、罐，战国时期的仿铜陶礼器鼎、敦、壶、盘、匜；春秋时期的青铜礼器鼎、簠、盏、蹄足、敦、盘、匜、勺、浴缶、尊缶，战国时期的鼎、敦、壶、提梁壶，以及兵器剑、戈、矛、镞；漆木器中的奁盒、樽、豆、耳杯、梳、篦、俎、案、几、木俑、双虎座凤鸟鼓架、镇墓兽、鹿；乐器中的鼓、瑟、琴、编钟；铁器中的凹字形锄、斧；还有纹饰方面流行的蟠螭纹、蟠虺纹、S形纹、云雷纹、三角形纹，绹纹、

① 中国科学院考古研究所实验室．放射性碳素测定年代报告（一）［J］．考古，1972（1）．

菱形纹、龙凤纹，以及竹简文字等等，都与郢都等地楚墓所出一致，可见当时在楚国范围内楚文化大一统的局面已经形成。

江南楚墓的随葬器物既有与楚郢都楚墓基本相同的一面，但也表现出一些地区差别。从陶器组合来看，江陵雨台山随葬日用陶器齐全的34座墓中随葬鬲、盂、罐（或高领罐）的墓只有11座，而随葬鬲、盂、长颈壶（或绳纹长颈壶、小壶）的墓占23座。① 在雨台山的558座楚墓中出土的长颈陶壶达105件，而陶鬲仅74件②，在江南地区长颈陶壶却甚少见，只在长沙黄泥坑61号墓中发现1件③，在华容鲇市镇出土1件④。这类长颈壶为什么突然在江陵一带的春秋晚期流行，是受到何种器物的影响？或由何种器物演变而来？有待进一步研究。

在仿铜陶礼器方面，江陵、当阳一带在战国早、中期曾流行鼎、簠、壶的组合。其墓葬数量超过了鼎、敦、壶组合的墓葬数量。如江陵雨台山墓地出土有陶簠213件，器形清楚的有171件，分属90座墓；而陶敦只有198件，器形清楚的140件，分属72座墓。⑤ 由此说明，鼎、簠、壶的组合超过了鼎、敦、壶的组合。在江南地区出鼎、簠、壶的墓甚少，而出鼎、敦、壶的墓占了绝大多数。出土的陶簠仅有长沙浏城桥1号墓3件⑥、湘乡牛形山1号墓1件⑦、长沙黄泥坑102号墓2件⑧、益阳羊

① 湖北省荆州地区博物馆．江陵雨台山楚墓［M］．北京：文物出版社，1984：120.

② 湖北省荆州地区博物馆．江陵雨台山楚墓［M］．北京：文物出版社，1984：55、58.

③⑧ 湖南省博物馆．长沙楚墓［J］．考古学报，1959（1）.

④ 华容县文化馆，李正鑫．华容鲇市镇发现楚墓［M］//湖南考古辑刊：第4集．长沙：岳麓书社，1987.

⑤ 湖北省荆州地区博物馆．江陵雨台山楚墓［M］．北京：文物出版社，1984：66、67.

⑥ 湖南省博物馆．长沙浏城桥一号墓［J］．考古学报，1972（1）.

⑦ 湖南省博物馆．湖南湘乡牛形山一、二号大型战国木椁墓［M］//文物资料丛刊：第3集．北京：文物出版社，1980.

舞岭 19 号墓 2 件[①]。《长沙发掘报告》发表的 73 座楚墓中没有陶簠，其他地区未见陶簠出土，就是受楚郢都文化影响较深的鄂城楚墓，也只有 2 座战国中期墓中出有陶簠 4 件。[②] 簠和敦都是典型的楚器。铜簠在春秋早期即已出现，如湖北枝江百里洲即有出土[③]，春秋中、晚期甚盛行，一直延续到战国早期[④]。楚都江陵一带在战国早、中期楚墓中陶簠的流行，应是对传统器物的继承，是守旧思想的反映。铜敦是春秋晚期在楚国所兴起的一种器物，在楚都江陵一带大概只为一部分人所接受，故在墓葬中出土较少；楚人新占领的地区，人们未受楚的传统思想的束缚，新兴的敦容易为人们所接受，故能广为流行。长沙浏城桥 1 号墓、湘乡牛形山 1 号墓等出陶簠的墓，都是大夫以上的贵族墓[⑤]，其棺是流行于江陵一带的悬底弧棺，这两位贵族大概是由楚王派往江南的统治者，故他们还保存着楚国的传统器物。益阳羊舞岭 19 号墓墓室规模不是很大（长 3.65 米，宽 2.8 米，深 4.5 米），却是羊舞岭墓地最大的唯一的一座带墓道的墓，并出有 5 个鼎[⑥]，墓主应是当地较高级的贵族，也可能是来自楚郢都地区。湘北地区楚人占领的时间甚早，距楚都也较近，却未见陶簠出土，这种地域性差异的原因，尚待进一步探讨。

江南楚墓在随葬物品方面也有不少地方特点，主要的有：

一、铜镜多

楚镜的绝大部分出在湖南境内，其中又以长沙地区最多，据初步统计总数已超过 470 件（统计至 20 世纪 70 年代止），长沙东南郊 209 座楚

---

①⑥　湖南省益阳地区文物工作队．益阳楚墓［J］．考古学报，1985（1）．

②　湖北省鄂城县博物馆．鄂城楚墓［J］．考古学报，1983（2）．

③　湖北省博物馆．湖北枝江百里洲发现春秋铜器［J］．文物，1972（3）．

④　刘彬徽．楚国青铜礼器初步研究［C］//中国考古学会第四次年会论文集．北京：文物出版社，1985．

⑤　高至喜．从湖南楚墓看楚国的葬制［M］//湖南考古辑刊：第 4 集．长沙：岳麓书社，1987．

墓出土铜镜 45 件；1952 年至 1957 年发掘的长沙地区的 1 056 座楚墓中出铜镜 266 件。① 湘乡、益阳、常德、汨罗、溆浦、衡阳、耒阳、资兴、郴州、慈利、古丈等地均有较多的楚镜出土。② 鄂城战国晚期晚段楚墓中也出楚镜 4 件③；江西南昌也出龙纹镜 2 件④。后面这两处地点出土铜镜的风格与湖南所出相同，很可能是从湖南地区传入的。在楚郢都地区所出铜镜甚少，如在江陵雨台山发掘的 558 座楚墓中仅出铜镜 9 件，而且有 8 件是素镜，1 件凸弦纹镜，未见其他铸纹铜镜⑤，就是较高级贵族墓中出土的铜镜也多素镜，如望山 1、2 号墓中出的就是素镜⑥，枝江姚家港 10 号墓出土有一件纹饰较复杂的铜镜，饰“凤鸟和兽头龙身禽爪合为一体的神兽纹”⑦，纹饰不对称，镜边缘较宽，与江南所出楚镜风格不同。长沙等地出土的楚镜不但数量多，而且种类繁，有 40 多种装饰花纹⑧，铸造也甚精良，应是战国时期楚国铸镜业最发达的地区。

二、玻璃璧和剑饰多

至目前为止，已发表的战国玻璃璧有 130 余件，除福建闽侯和安徽

---

① 高至喜．从长沙楚墓看春秋战国时期当地经济文化的发展［C］//中国考古学会第二次年会论文集．北京：文物出版社，1982.

② 高至喜．论楚镜［J］．文物，1991（5）.

③ 湖北省鄂城县博物馆．鄂城楚墓［J］．考古学报，1983（2）．鄂城共出铜镜 5 件，其中 119 号墓所出为秦镜，故楚镜只有 4 件。

④ 石凡．江西出土部分楚文物介绍［J］．江西历史文物，1985（2）.

⑤ 湖北省荆州地区博物馆．江陵雨台山楚墓［M］．北京：文物出版社，1984：88.

⑥ 湖北省文化局文物工作队．湖北江陵三座楚墓出土大批重要文物［J］．文物，1966（5）.

⑦ 宜昌地区博物馆．湖北枝江姚家港楚墓第四次发掘简报［J］．文物，1990（10）.

⑧ 湖南省博物馆．湖南出土铜镜图录［M］．北京：文物出版社，1960.

有很少几件外，其余绝大部分均出在湖南境内，其中又以长沙占80余件①；玻璃剑饰有剑首8件、剑珥6件，剑珌1件，也只见于长沙湘乡、益阳、衡阳等地楚墓②。安徽寿县治淮工程中曾出土2件玻璃剑饰，但未发表图像，也未作器形描述，未知为何物。③ 其他楚地包括郢都在内均未见有玻璃剑饰出土。湖南所出玻璃器的器形与同类玉器相同，所饰纹饰谷纹、云纹、柿蒂纹、蟠螭纹、兽面纹等，都是我国传统的纹饰，玻璃成分中含铅、钡甚多，具有仿玉的效果，它们应是为替代玉器而制造的。长沙一带很可能是楚国玻璃的重要产地。

三、越式器物较多

楚地江南，除湘西北之外，其余地区在楚人入主之前都是越人居住之地。楚人占据了统治地位，自然会带来先进的楚文化，但也不可能不受到当地土著文化的影响，特别是在楚人刚进入的地区、边远地区或楚人占领较晚的地区，其保留的越文化因素就愈多。如湘乡何家湾1号春秋晚期楚墓中出有越式铜鼎3件④，湘乡五里桥1号战国早期楚墓中也出铜鼎3件，及扁茎铜剑、刮刀等越式器物⑤；楚墓中出土的所谓"越式鼎"在湘中、湘东的长沙、汨罗、益阳、和湘南的衡阳、耒阳、郴州、资兴等地都有出土，特别是资兴旧市出土有41件（Ⅰ、Ⅱ式铜鼎）⑥，这些"越式鼎"应是楚人在受到越文化的影响下、或是在楚人统治下的越人铸制的。印纹硬陶是典型的越文化，这在长沙战国楚墓中有少数几

---

① 高至喜. 论我国春秋战国的玻璃器及有关问题［J］. 文物，1985（12）. 发表有玻璃璧120件；本书第二章第三节湘西北楚墓介绍有玻璃璧11件.

② 高至喜. 论我国春秋战国的玻璃器及有关问题［J］. 文物，1985（12）.

③ 张子祺. 读《四年来华东地区的文物工作及重要的发现》一文质疑［J］. 文物参考资料，1955（3）.

④⑤ 湘乡县博物馆. 湘乡县五里桥、何家湾古墓葬发掘简报［M］//湖南考古辑刊：第3集. 长沙：岳麓书社，1986.

⑥ 湖南省博物馆. 湖南资兴旧市战国墓［J］. 考古学报，1983（1）.

座墓出有硬陶罐和杯①；平江瓮江战国灰坑中出有米字纹硬陶片②；湖北鄂城百子畈5号墓中出有原始青瓷杯2件③；湖南的衡阳、郴州、资兴等楚墓中所出印纹硬陶更多。如资兴旧市墓地出有瓮、罐、碗、杯、瓿、提桶、盂等大量的印纹硬陶④。江西武宁石门楚墓中出有原青瓷盅⑤。九江沙河街大王岭遗址上层是一处战国早期的楚遗址，出有大量印纹硬陶片⑥，尚保留有较多的越文化因素。所谓越式铜鼎在楚郢都江陵一带的楚墓中尚有所见，但印纹硬陶则很难见到。

四、漆木器中的特点

漆木器是楚墓中流行的并很有特点的随葬物品。战国时期，楚都江陵一带与江南地区都出土有镇墓兽、卮、奁、盒、耳杯、豆、樽、绕线棒、瑟、鼓、几、案、虎座凤鸟鼓架、俑、梳、篦等漆木器，但两者之间仍有多少之分和有无之别。如长沙出土的漆虎子，击鼓、弹瑟和炊厨木俑等在江陵等地未见出土，而江陵较多出土的虎座飞鸟，在江南未见，只在益阳羊舞岭农机厂3号墓出土有两只木雕的飞鸟立于一木板上⑦；江陵雨台山墓地出镇墓兽达156件⑧，有四分之一以上的楚墓出镇墓兽，而江南所出镇墓兽则要少得多；江陵等地出土漆木豆甚多，光江陵雨台

① 中国科学院考古研究所. 长沙发掘报告［M］. 北京：科学出版社，1957：35、37.

② 湖南省文物管理委员会. 湖南首次发现战国时代的文化遗存［M］//文物参考资料，1958（1）.

③ 湖北省鄂城县博物馆. 鄂城楚墓［J］. 考古学报，1983（2）.

④ 湖南省博物馆. 湖南资兴旧市战国墓［J］. 考古学报，1983（1）.

⑤ 彭适凡. 武宁战国墓葬的清理［J］. 文物工作资料，1976（4）.

⑥ 江西省博物馆. 江西九江县沙河街遗址发掘简报［M］//考古学集刊：第2集. 北京：中国社会科学出版社，1982.

⑦ 益阳地区文物工作队. 益阳羊舞岭战国东汉墓清理简报［M］//湖南考古辑刊：第2集. 长沙：岳麓书社，1984.

⑧ 湖北省荆州地区博物馆. 江陵雨台山楚墓［M］. 北京：文物出版社，1984：107.

山墓地就出土181件[①]，而江南地区则甚少见，仅见于湘乡牛形山，临澧九里等较大型的少数几座木椁墓中。江陵还出“鸳鸯”豆、蛋形杯、长方盒、蟠蛇卮、酒具盒、双连杯、床等漆器，又不见于江南。楚郢都江陵一带出土的漆器数量更多，种类更繁，造型更奇，纹饰也有差异，表现出两者之间各自的地域特征。

五、其他特点

1. 玺印多

长沙地区出土有“中戠（织）室鉨”“大廏”等官印，还出有铜、玉、角等质地的私印和肖形印20多枚，且多出于只有2鼎的小型土坑墓中。益阳、常德、古丈、黔阳等地楚墓中都有玺印出土。而在江陵一带的楚墓中玺印罕见。

2. 戈鐏多

长沙地区出土的铜戈不少在戈柲顶端还加一铜戈鐏，既可使铜戈头更加牢靠地固定于柲上，又可起装饰作用。江陵地区的铜戈靠皮带或绳索固定于柲上，而很少使用戈鐏，只在江陵雨台山197号墓中出土一件，造型很简单的戈鐏（原报告名“戈柲帽”）。[②] 长沙所出戈鐏有鸟、兽、鸡等多种造型，纹饰也精细，十分讲究。

3. 铁器多

湖南长沙已发现春秋晚期的钢剑和铸铁鼎。战国铁器更多，仅长沙地区便有186座楚墓中出土铁器30种计241件（统计至1964年止）。其中铁口锄达34件，铁斧、铁锛（斤）21件，夯锤7件，“约有10％的楚墓中出有铁器”。[③] 益阳近郊93座楚墓中出土有铁器29件，出于19座墓中。其中有剑2件，镞10件，削4件，刀1件，带钩2件，锛（斤，原

---

① 湖北省荆州地区博物馆．江陵雨台山楚墓［M］．北京：文物出版社，1984：100.

② 湖北省荆州地区博物馆．江陵雨台山楚墓［M］．北京：文物出版社，1984：81.

③ 高至喜．从长沙楚墓看春秋战国时期当地经济文化的发展［C］//中国考古学会第二次年会论文集．北京：文物出版社，1982.

报告名“镬”），凹字形铁口锄5件（原报告名“臿”），六角形锄1件[①]，约五分之一的墓中出铁器。而江陵雨台山558座楚墓中仅出铁器2件（铁口锄、斧各一，铁足铜鼎、铁铤铜镞未计在内）[②]，这说明当时楚郢都很少有人在墓葬中随葬铁器。这一现象并不能说明楚都江陵地区的冶铁业不发达，相反在纪南城的遗址中往往发现有较多的铁器，如纪南城南垣水门遗址发现有凹字形铁口锄（原报告名“臿”）、镰、削、凿、矛、鱼钩等多种铁器[③]；纪南城松柏区30号建筑遗址出土有凹字形铁口锄（原报告名“臿”）1件、铁斧4件、铁凿1件；松柏余家湾2号陶圈井中出土有铁口锄、铁锥，铁刀等[④]。这些遗址和水井中出土的铁器都是无意丢弃的，品类甚多，数量也不少，可见楚郢都地区的冶铁业是十分发达的。长沙等地区楚墓中出土的铁工具甚多，“多数并非有意随葬，而是有意或无意丢弃在填土中的”[⑤]，益阳近郊楚墓中出土的10件铁生产工具“无一例外地发现于墓底靠四壁的夯土下面或接近墓底的填土中”[⑥]。楚人把挖掘墓坑的铁工具有意丢弃填土中，可能与沅湘间楚人特别的“信巫好鬼”有关。这一有意丢弃掘墓工具的习俗一直保留到西汉时期甚至更晚，如长沙马王堆3号汉墓的填土中就出土有一件完整的木柄铁臿和一件圆形竹筐，木柄铁臿平放于靠近头部的白膏泥与网纹红土混合层中[⑦]，应当是有意丢弃的。长沙出土的铁鼎及铁剑、铁戟等铁兵器较多，这在江陵地区也未见或少见。

---

①⑥ 湖南省益阳地区文物工作队．益阳楚墓［J］．考古学报，1985（1）．

② 湖北省荆州地区博物馆．江陵雨台山楚墓［M］．北京：文物出版社，1984：90-91．

③ 湖北省博物馆．楚都纪南城的勘查与发掘（上）［J］．考古学报，1982（3）．

④ 湖北省博物馆．楚都纪南城的勘查与发掘（下）［J］．考古学报，1982（4）．

⑤ 高至喜．从长沙楚墓看春秋战国时期当地经济文化的发展［C］//中国考古学会第二次年会论文集．北京：文物出版社，1982．

⑦ 湖南省博物馆等．长沙马王堆二、三号汉墓发掘简报［J］．文物，1974（7）．

第四章　从江南楚墓看楚国的礼制和风俗

江南地区已发掘的楚墓总数已达5 000余座，不但数量多，而且类型也多，既有大量平民及士级的小墓，也有大夫一级的中型墓和封君贵族级的大型墓。由于部分墓葬采用亲水性强、黏性大、密度大、能防渗隔气的白膏泥密封木椁，使棺椁及大量有机物的随葬物品都得以保存下来，因而为研究楚国的礼制和风俗提供了可靠的材料。

在阶级社会里，人是分为等级的。《左传·昭公七年》说："天有十日，人有十等。下所以事上，上所以共神也。故王臣公，公臣大夫，大夫臣士，士臣皂，皂臣舆，舆臣隶，隶臣僚，僚臣仆，仆臣台。马有圉，牛有牧，以待百事。"从士以上均属贵族阶层，从皂至牧均属平民阶层，有的认为皂是下士，舆隶是平民，僚已接近或相当于奴隶，仆、台是奴隶。① 这是中原地区的爵制情况。楚的职官和爵制名称虽然多不同于中原各国，但职官的分设却与中原各国大致相似。因此，对楚国墓葬的分别等级仍借用中原的爵秩，即分为卿（公）、大夫、士三等，加上平民（庶人）共四等。但到战国时期，士和庶人的差别在逐渐缩小。江南发掘出土的楚墓大体可分为封君贵族墓、大夫级墓、士级墓和平民墓四类。现分别叙述于下。

---

① 黄中业．春秋时期的"皂隶牧圉"属于平民阶层说［J］．齐鲁学刊，1984（2）；郭德维．皂舆隶浅议［J］．江汉论坛，1985（8）．

第一节 封君贵族墓

要确定墓的等级，首先要确定划分等级的主要标准。《礼记·檀弓上》说："天子之棺四重。"东汉郑玄注说："诸公三重，诸侯再重，大夫一重，士不重。"这里所说的"一重"即二层。那么棺数应是士一层，大夫二层，诸侯三层，诸公四层，天子五层。封君当属诸侯级，应有三层棺。这应是一条主要的标准。《公羊传·桓公二年》东汉何休注："天子九鼎，诸侯七，卿大夫五，元士三也。"封君相当诸侯，按何休说，封君应有七鼎。鼎是等级和权力的象征，鼎的多少，又是判定墓葬等级的又一条重要标准。根据上述两项标准，江南地区目前只有 1980 年临澧九里 1 号墓应属封君级楚墓。

1980 年临澧九里 1 号墓位于一座小山丘上，有巨大的封土堆，墓室为近方形的带墓道有台阶的竖穴土坑。东边有斜坡墓道，长 19 米。墓口东西长 34.5 米，南北宽 32.8 米，墓口以下有 11 级台阶。从墓顶到墓底深近 18 米。填土即用原坑中的网纹红土回填夯紧。木椁四周用白膏泥密封，故棺椁保存较好。木椁为正方形，长宽为 8.8 米，高 4.1 米。计有两层椁三层棺。内外椁之间有四个边箱，长 5.8 米，宽 1.12—1.82 米，深 2.2 米，是放置随葬品的地方。① 此墓被盗严重，有鼎数量不明。此墓的规模之大和棺的层数，正与湖北江陵天星观封君番勅的墓（1 号）相当。番勅墓墓口长 41.2 米，宽 37.2 米，有 15 级台阶，木椁长 8.2 米，宽 7.5 米，深 3.16 米。② 天星观 1 号墓的墓口略大于九里 1 号墓，台阶也多四级，但木椁比九里 1 号墓略小，棺都是三层，可见九里 1 号墓也应是封君级墓。九里 1 号墓虽然被盗严重，但仍出土大量漆木器。在出土的漆木器中，有大型的双虎座双凤鼓架、6 个大型镇墓兽，多件

---

① 熊传新. 临澧县发掘一座大型战国木椁墓［N］. 湖南日报，1980-12-13：3.

② 湖北省荆州地区博物馆. 江陵天星观 1 号楚墓［J］. 考古学报，1982（1）.

瑟和悬挂编钟的簨虡等。[①] 这些出土物也都与天星观1号墓的所出器物规格相类似，由出土的部分遗物也可以证明该墓是封君级墓。

第二节 大夫级的墓

江南已发掘的属于大夫级的墓有湖南湘乡牛形山1、2号墓[②]，1979年临澧九里1号墓[③]，湖北鄂城百子畈3、4、5号墓[④]，湖南长沙五里牌406号墓[⑤]，浏城桥1号墓[⑥]，子弹库17号墓[⑦]，仰天湖25号墓[⑧]，荷花池1号墓[⑨]，1958年烈士公园3号墓[⑩]，黄泥坑20号墓[⑪]等共13座。这些墓的墓室结构与封君贵族墓大体类似，但规模要小得多。多数有墓道，有台阶，有多个边箱，一般是两层棺，五鼎，但也有例外的。在这13座大夫级墓中，以湘乡牛形山1、2号墓为最大。如牛形山2号墓，墓口长20.6米，宽18.3米，墓口以下有九级台阶，墓道在东，长20余米，外椁长5.2米，宽3.9米，两层椁之间有头（东）、足、左、右四个边箱，

① 双虎双凤鼓架陈列于湖南省博物馆战国陈列室；镇墓兽见《湖南省博物馆》图73；瑟和簨虡系笔者在发掘工地所见。

② 湖南省博物馆．湖南湘乡牛形山一、二号大型战国木椁墓［M］//文物资料丛刊：第3集．北京：文物出版社，1980.

③ 湖南省博物馆．临澧九里楚墓［M］//湖南考古辑刊：第3集．长沙：岳麓书社，1986.

④ 湖北省鄂城县博物馆．鄂城楚墓［J］．考古学报，1983（2）.

⑤ 中国科学院考古研究所．长沙发掘报告［M］．北京：科学出版社，1957：7-19、26.

⑥ 湖南省博物馆．长沙浏城桥一号墓［J］．考古学报，1972（1）.

⑦ 周世荣，文道义．57长．子．17号墓清理简报［J］．文物，1960（1）.

⑧ 湖南省文物管理委员会．长沙仰天湖第25号木椁墓［J］．考古学报，1957（2）.

⑨ 长沙市文物工作队．长沙市荷花池一号战国墓发掘报告［M］//湖南考古辑刊：第5集．长沙：岳麓书社，1989.

⑩ 高至喜．长沙烈士公园3号木椁墓清理简报［J］．文物，1959（10）.

⑪ 湖南省文物管理委员会．长沙黄泥坑第二十号墓清理简报［J］．文物参考资料，1956（11）.

有三层棺。牛形山 1 号墓略小，墓口长 13.75 米，宽 11.78 米，从墓顶至墓底深 14.8 米。东边有墓道，长 19 米。墓口以下有五级台阶，也是两层椁、三层棺，内棺彩绘。如按其有三层棺，则应纳入封君贵族墓，但 1 号墓的鼎又只有 5 鼎两套，敦、壶、缶、钫、甗等仿铜陶礼器均只有 2 件，簠仅 1 件，又不够封君级，而与大夫级相当，其墓室规模也比天星观 1 号墓和 1980 年九里 1 号墓等封君贵族墓小得多，墓口面积还不及其一半，故牛形山 1、2 号墓仍只能纳入大夫级墓，应属上大夫级，使用了三层棺，大概是“僭越”行为。

中等的墓有 1979 年临澧九里 1 号墓，鄂城百子畈 3、4、5 号墓，长沙五里牌 406 号墓，浏城桥 1 号墓，子弹库 17 号墓，共 7 座。这一类大夫级墓，椁有两层或一层，边箱有四个或三个，棺二层。其中 1979 年临澧九里 1 号墓最大，墓口长 11.5 米，宽 9.5 米，从墓口至底深 9 米。墓口以下有两级台阶。椁两层，外椁长 5.3 米，宽 3.8 米，高 2 米。有头、足、左、右四个边箱。外棺为平底弧棺，内棺为平底方棺。[①] 大夫级的墓一般有墓道，但湖北鄂城百子畈 4、5 号墓却无墓道，墓室也较小，如百子畈 5 号墓墓口长6.92 米，宽 5.44—5.90 米，椁长 4.66 米，宽 3.24 米，高 1.95 米。内外椁之间有头、足、左、右四个边箱。棺两层，外棺为平底方棺，内棺为悬底弧棺，另有陪葬小棺二具。百子畈 3、4 号墓的墓室棺椁规模与此相似。百子畈 4、5 号墓分别随葬附耳深腹圜底蹄足陶鼎 7 件和 6 件，另有小口陶鼎各一件，除鼎有“僭越”外，其余敦、簠、壶等仿铜陶礼器均与大夫级相符。[②] 但百子畈 3 号墓却只有一件圜底陶鼎，一件小口陶鼎和一件“越式”铜鼎，仿铜陶礼器有敦 4、壶 4、缶 2、罍 2，却无簠，漆木器中也有鸟架鼓、镇墓兽等。[③] 此墓虽然鼎少无簠，但墓室规模、棺的层数及其他礼器均与大夫级相当，故仍应属于大夫级

① 湖南省博物馆. 临澧九里楚墓发掘报告［M］//湖南考古辑刊：第 3 集. 长沙：岳麓书社，1986.

②③ 湖北省鄂城县博物馆. 鄂城楚墓［J］. 考古学报，1983（2）.

的墓。

长沙五里牌 406 号墓墓口长 5 米，宽 4.2 米，深 7.5 米，有两层椁，两层棺，棺椁之间留有头、足、左、右四个彼此相通的边箱。① 长沙浏城桥 1 号墓墓口长 8.65 米，宽 7.02 米，有四级台阶，椁仅一层，长 4.5 米，宽 2.88 米，高 2.04 米。棺二层，外棺为平底方棺，内棺为悬底弧棺，椁、棺之间有头、左、足三个彼此相通的边箱，足箱内有陪葬小棺一具。② 子弹库 17 号墓与浏城桥 1 号墓的规模相当，也是一椁两棺三个边箱。③ 这是此类大夫级墓中规模稍小的两座。如从随葬器物看，浏城桥 1 号墓有带盖圜底鼎 5 件，升鼎 3 件，小口鼎 2 件，还有簋 6、簠 3，及敦、豆、壶、钫、尊缶（即原报告的Ⅰ式壶）、鉴、盘、匜等仿铜陶礼器各 2 件，都与大夫级相符，甚至还有"祭器"（人器）铜鼎 4 件及明器（鬼器）6 簋、3 簠④，这在一般大夫级墓中还没有，或数量要少。此墓"兼用鬼器人器"，也符合大夫以上的礼制。因此，浏城桥 1 号墓是大夫级的墓是无疑的。

在大夫级墓中还有较小的墓 4 座，即长沙仰天湖 25 号墓、荷花池 1 号墓、1958 年烈士公园 3 号墓、黄泥坑 20 号墓。这 4 座墓都是一椁两棺墓，但边箱有多少之别。仰天湖 25 号墓有足（西）、左、右三个边箱，荷花池 1 号墓有头、足和左三个边箱；1958 年烈士公园 3 号墓和黄泥坑 20 号墓只有头、左两个边箱。这几座墓有两棺，符合大夫级的用棺之数，但用鼎数却不尽相符，仰天湖 25 号墓已经被盗，出土的鼎仅有陶鼎 2 件，但出土竹简"遣策"中记载有一些楚国贵族赙赠的衣物，如"中君之一绽衣""鄦阳公一纺衣"等。"中君"是楚国的封君⑤；"鄦阳公"是楚之县尹。墓主人既然能与这些高级贵族有密切关系和往来，其本人

① 中国科学院考古研究所. 长沙发掘报告 [M]. 北京：科学出版社，1957：26、170.

②④ 湖南省博物馆. 长沙浏城桥一号墓 [J]. 考古学报，1972 (1).

③ 周世荣，文道义. 57 长. 子. 17 号墓清理简报 [J]. 文物，1960 (1).

⑤ 李学勤. 谈近年新发现的几种战国文字资料 [J]. 文物参考资料，1956 (1).

的地位也不会太低，其地位相当于下大夫是可能的。荷花池 1 号墓只出有 4 鼎，其中铜鼎 2 件、陶鼎 2 件，另小口鼎 1 件，因此原报告作者张一兵认为符合“上士四鼎之制”①，这自然有一定道理，如属上士，他采用“重棺”，又“祭器”“明器”兼有，那就是僭越了，故可能是下大夫级墓。1958 年烈士公园 3 号墓和黄泥坑 20 号墓规模更小，但有“重棺”，墓被盗掘，用鼎数量不明，故也可能是下大夫的墓，当然也不能排除是属于士级墓的可能。

根据文献记载，春秋战国时期的大夫，分为上、中、下三级。从上述大夫级墓分析，确有大、中、小之分。牛形山 1、2 号墓的墓主应相当于上大夫；1979 年临澧九里 1 号墓、鄂城百子畈 3、4、5 号墓、长沙五里牌 406 号墓、浏城桥 1 号墓、子弹库 17 号墓的墓主则应相当于中大夫；仰天湖 25 号墓的墓主则应相当于下大夫。至于荷花池 1 号墓、1958 年烈士公园 3 号墓和黄泥坑 20 号墓的墓主的等级地位，是下大夫，还是上士？目前尚难确定，暂且按“重棺”归入下大夫级。

从上述上大夫和中大夫墓的木棺来看，多数有悬底弧棺，少数为平底方棺或平底弧棺。其中湘乡牛形山 1、2 号墓，1979 年临澧九里 1 号墓、长沙浏城桥 1 号墓、子弹库 17 号墓、鄂城百子畈 5 号墓、长沙荷花池 1 号墓等，均有悬底弧棺或平底弧棺。而悬底弧棺在楚都江陵一带从春秋晚期至战国晚期最为流行，江南的长沙、益阳等地却最盛行平底方棺，在棺的形制上表现出明显的地域上的差异。说明这些采用悬底弧棺的大夫级墓的墓主很可能是从楚都江陵派遣到湘乡、长沙、临澧、鄂城等地来担任官职的，所以他们仍保存着故地的一些风俗。而长沙 406 号墓、仰天湖 25 号墓等的棺都是平底方棺，其墓主人很可能是本地人，或是采用了当地流行的棺制。

---

① 长沙市文物工作队. 长沙市荷花池一号战国木椁墓发掘报告［M］//湖南考古辑刊：第 5 集. 长沙：岳麓书社，1989.

第三节　士级的墓

江南境内发掘的属于士一级的楚墓较多。保存较完整的有棺椁的有长沙杨家湾 6 号墓①、左家公山 15 号墓②、子弹库 30 号墓③、丝茅冲 D 区 4 号墓④、五里牌邮电大楼 3 号墓⑤、留芳岭 3 号墓⑥、慈利石板村 36 号墓⑦、常德德山 26 号墓、47 号墓⑧、桃源三元村 1 号墓⑨、2 号墓⑩、湖北鄂城钢铁厂 106 号墓⑪等，为便于比较，现将有关墓葬的情况列表如下。

---

① 湖南省文物管理委员会．长沙杨家湾 6 号墓清理简报［J］．文物参考资料，1954（12）．

② 湖南省文物管理委员会．长沙左家公山的战国木椁墓［J］．文物参考资料，1954（12）．

③ 湖南省文物管理委员会．湖南长沙紫檀铺战国墓清理简报［J］．考古通讯，1957（1）．

④ 湖南省文物管理委员会．湖南长沙丝茅冲战国小型木椁墓清理记［J］．考古通讯，1957（5）．

⑤ 长沙市文物工作队．长沙市五里牌战国木椁墓［M］//湖南考古辑刊：第 1 集．长沙：岳麓书社，1982．

⑥ 长沙市文物工作队．长沙留芳岭战国墓发掘简报［M］//湖南文物：第 1 辑．长沙：湖南大学出版社，1986．

⑦ 湖南省文物考古研究所．湖南慈利石板村 36 号战国墓发掘简报［J］．文物，1990（10）．

⑧ 湖南省博物馆．湖南常德德山楚墓发掘报告［J］．考古，1963（9）．

⑨ 常德地区文物工作队．桃源三元村一号楚墓［M］//湖南考古辑刊：第 4 集．长沙：岳麓书社，1987．

⑩ 王英党．湖南桃源三元村二号楚墓［J］．考古，1990（11）．

⑪ 湖北省鄂城县博物馆．鄂城楚墓［J］．考古学报，1983（2）．

表4-1 江南士级楚墓墓葬概况

墓号	墓底长宽深	木椁长宽	边箱宽				边箱个数	棺数	有无墓道	主要礼器				
			头	足	左	右				铜鼎	陶鼎	陶敦	陶壶	陶豆
54长杨M6	370×283-462	274×190		23	30	30	3	1	有		4		2	
54长左M15	306×180-260	269×131	26.9		28.2		2	1	有		3	2	1	
55长丝营DM4	260×148-470	240×118			23		1	1	无		2	2	2	
56长子M30	320×170-440	268×150	26			16	2	1	无	2				
58常德M26	320×185-580	300×167	29		35		2	1	有	1	2	2	2	3
58常德M47	312×234-370		19			26	2	1	无		2	2	2	2
80长五郎M3	318×240-600	260×190			28	28	2	1	无		3	3	2	2
80长留M3	326×210-460	270×190					2	1	有	1				
87慈石M36	360×210-540	330×140					2	1	有	2	1	2	2	
51长M237	300×170-300								无		4	3	4	2
51长M249	290×188-180								无		4	4	4	
51长M260	350×244-500	288×150	26		36		2	1	无		3	2	3	
51长M248	300×190-220										3	3	3	
85桃三M1	370×248-500	290×172	34			32	2	1	无	2				
85桃三M2	255×135-?	240×118				30	1	1	无		2	2	2	2
鄂钢M106	384×218-416	226×140			28		1	1			3	1	2	

注：墓底、木椁、边箱尺度单位均为厘米。

从表 4-1 中的 16 座墓葬来看，除 54 长杨 6 号墓的规模略大，55 长丝营 D4 号墓和鄂钢 106 略小外，其余各墓规模都较接近。墓底长 2.6 米至 3.7 米，宽 1.48 米至 2.83 米；木椁长 3.3 米，宽在 1.18 米至 1.9 米之间，一般有两个边箱，且多彼此相通呈曲尺形，少数有三个边箱或只有一个边箱。内椁除桃源村三元村 1 号墓外，均不完整，即只在设边箱的那一方加一块内椁板，如 54 长左 15 号墓，有头箱和左边箱，内椁板就只在棺的头部和左边有，棺的足端和右边即靠在外椁板处。有的没有内椁。

《礼记·檀弓上》说："天子之棺四重"，郑玄注"士不重"，即士为单棺。上表中有 12 座墓保存有棺椁的均只有一层棺，说明这些墓的墓主人都应是相当于士一级的人物。87 慈石 36 号墓原报告认为此墓是"已发掘的石板村战国墓地中规模最大的一座，以墓室形制及随葬品等级分析，我们认为是属于下大夫一级的墓"①。此墓墓口较大，长 8.35 米，宽 6.7 米，墓口以下有三级台阶，但墓底长仅 3.6 米，宽 2.1 米，特别是棺椁都只有一层，属于棺"不重"（即一层棺）的士级，而与大夫的棺应为"一重"即两层棺不符，看来此墓应为士级。墓中出铜鼎 2 件，陶鼎 1 件，"祭器""明器"兼有，又属于大夫之礼，但共只有 3 鼎，也与大夫级应为 5 鼎不符。其铜鼎可能另有来源，故本文按其棺为"不重"而归入士级墓。

总的看来，战国时对木椁规模、边箱个数和用棺层数仍是较为严格地按等级使用的。按东汉人何休的说法，士应为三鼎，但表 4-1 中 16 座墓中出三鼎的有 7 座（其中有 2 座包括铜鼎在内，使用祭器铜鼎，应是一种"僭越"行为)，出四鼎的 3 座，出二鼎的 5 座，还有一座只出 1 件"越式"铜鼎。

这些墓用鼎数量的差异，可能反映出当时的士分为上士、中士、下

① 湖南省文物考古研究所，慈利县文物保护管理研究所. 湖南慈利石板村 36 号战国墓发掘简报 [J]. 文物，1990 (10).

士而用鼎有别，或是上士用四鼎，中士用三鼎、下士用二鼎，那么 54 长杨 6 号墓的墓主人的地位（或其丈夫的地位）相当于上士；54 长左 15 号墓、58 常德 26 号墓、80 长五郎 3 号墓、87 慈石 36 号墓、51 长 260 号墓等墓的墓主人的地位相当于中士；55 长丝营 D4 号墓、85 桃三 2 号墓和鄂钢 106 号墓的墓主人相当于下士。概括起来是：上士用一椁一棺，四鼎；中士用一椁一棺，三鼎；下士用一椁一棺，二鼎。当然，在“礼崩乐坏”的战国时代，由于经济情况的不同，还会出现“僭越”现象而发生变化。

第四节　平民的墓

江南发掘的楚墓中以平民即庶人的墓最多。都是小型的竖穴土坑墓，有的有头龛，一般无墓道。以长沙楚墓为例，墓室长一般在 2.3 米至2.7 米之间，也有短仅 2 米或长达 3.1 米的。墓室宽在 56 厘米至 1.4 米之间，而以 1 米左右的居多。棺椁很少有保存完整的，多数是单棺。那些较宽的墓有一棺，而无边箱。还有窄坑单棺，宽仅 56—70 厘米。窄坑单棺墓的年代较早，约在春秋晚期至战国初期，以后少见。平民墓中，早期的只出日用陶器鬲、盂（钵）、豆、壶、罐，一般只出其中的 1—3 件，也有出铜、铁兵器和铜镜、铁工具的。如长沙 52・826 号墓，墓底长 2.37 米，宽 1.3 米，东端有一墓道，出土陶器有鬲、盂（钵）、壶各 1 件，还出铁刮刀、铜剑、铜素镜各 1 件。① 该墓主人当是平民中地位较高者。长沙 51・314 号墓，墓室长 2.1 米，宽 0.68 米，有头龛，出陶鬲、盂（钵）、罐和凹字形铁口锄各 1 件②，这是平民墓中较小的墓。从战国早期开始，这些出日用陶器的平民墓，逐步为出仿铜陶礼器的墓所代替，一般出有一套陶制鼎、敦、壶。俞伟超，高明先生指出：春秋中

① 顾铁符．长沙 52・826 号墓在考古学上诸问题［J］．文物参考资料，1954（10）．

② 中国科学院考古研究所．长沙发掘报告［M］．北京：科学出版社，1957：169．

期至战国早期，“东方诸国的庶人已普遍使用士礼，是确然无疑的了”[①]。这一变化，在湖南地区大概开始于春秋战国之交或稍晚，完成于战国早期或稍晚。正如俞、高两位先生所描述的那样，当这一界限一经冲破，庶人使用士礼，犹如洪水泛滥，迅速布满大地。[②]到战国晚期，敦又逐步为盒（有的名“盛”）所代替。益阳新桥河、赫山庙的战国时的平民墓，墓室较宽，仿铜陶礼器除鼎、敦、壶外，还有较多的豆和盘。[③]在小型平民墓中，有的空无一物，或只出一二件日用器物，有的一件陶鼎尚不齐全，仅有鼎足或几块鼎片[④]，这些墓的主人，应是平民中的最贫穷者或地位最低下者。

第五节　楚人信巫重祀在墓葬中的反映

当人类处于幼年时期无法按照自己的愿望去改变大自然，却要祈祷它的恩赐时，便虚构了一种超自然力量的存在，并用一定的仪式来表达这种愿望，随之巫术就产生了。广义的巫术，包括巫师所进行的所有活动，也包括一切巫术性活动，如崇信巫鬼、讲究禁忌、进行占卜等各种行为活动。楚地巫风特盛，为史家所公认。王逸《楚辞章句》云，“昔楚国南郢之邑，沅、湘之间，其俗信鬼而好祀。”《楚辞·九歌》，从头到尾是巫在酣歌恒舞，其功能正如《国语·楚语》所云，在于“上下说（媚也）于鬼神，顺道其欲恶”。《楚辞·招魂》是巫作法的唱词，其目的是，“魂兮归来，反故居些。”“荆人畏鬼。”[⑤]信鬼重祀乃楚族之大习俗。楚人认为鬼神是人死之后脱离了人体的灵魂，他们确信存在一个“神鬼世界”，这些神鬼除给人降落灾害外，还会造福于人，所以要驱鬼除邪、尊

①② 俞伟超，高明．周代用鼎制度研究（下）［J］．北京大学学报：哲学社会科学版，1979（1）．

③ 湖南省博物馆．湖南益阳战国两汉墓［J］．考古学报，1981（4）．

④ 笔者1974年在长沙湖南省博物馆宿舍工地发掘时所获资料。

⑤ 吕氏春秋·异宝篇［M］．北京：中华书局，2010：230．

奉祖先。今天，人们在探索楚人信巫好祀之俗时，往往从楚墓着眼，因为楚墓的随葬物品和楚人对尸体的崇拜，正是这种观念的直接反映。江南众多楚墓中出土的文物就反映了楚人信巫重祀的习俗。

一、大量随葬物品是楚人信巫好祀的直接反映

如果说早期的鬼魂观念孕育在更早一些的灵魂观念的土壤之中，那么从灵魂观的流行到鬼魂观的脱胎独立，是灵魂观念演进史的长足发展。而尸体崇拜则是鬼魂观念的一种表现形式，因此导致了人们对死者尸体进行特殊处理和随葬大量物品。人们确信阳世之人与阴间之鬼因某种媒介，如坟墓、祭祀而会产生矛盾，会招致其鬼为厉作祟。楚人更是确信无疑。所以不少楚墓都随葬着品类齐全的物品，衣食住行几乎无所不有。如长沙、湘乡、常德等地较大的楚墓中，工具、兵器、车马器、漆器等都有出土。① 楚墓中还常随葬食物，如 1958 年长沙烈士公园 3 号墓出土了肉脯 26 条，属猪肉类②，长沙广济桥 5 号墓出土了数量相当多的肉脯，呈长条形，每块脯肉夹有一根细小的篾片，这些可能都是为了祭祀死者而用的食品，即“祭菜”③。另外，楚墓中随葬品明器与实用器还常常并存。丧礼用明器，为了使神、人异道互不相伤。明器为“鬼器”，是死者带到幽都阴世去的礼器，因人肉体已死，仅存魂魄，故器物不必实用，聊表尊心而已；实用器为“人器”，是阳世之人祭祀死者之器。这些反映了楚人对生与死、阳与阴两个世界的不同认识。

总之，从楚墓随葬品的种类看，说明楚人确信人死之后，其灵魂还会到另一个世界继续生存，因此要为之随葬必要的生活用品，以及象征其生命的物质。另外，为了防止鬼灵作祟、祈求安宁和幸福，还要随葬各种各样驱鬼辟邪的象征物。随葬物品祭祀祖先、驱鬼辟邪，正是巫术

---

① 湖南省博物馆．长沙浏城桥一号墓［J］．考古学报，1972（1）．

② 高至喜．长沙烈士公园 3 号木椁墓清理简报［J］．文物，1959（10）．

③ 湖南省文物管理委员会．长沙广济桥第五号战国木椁墓清理简报［J］．文物参考资料，1957（2）．

的主要表现形式。

二、楚墓出土部分木雕的巫术含义

1. 镇墓辟邪的镇墓兽

楚人亡故之后，在墓的头箱随葬着多种形状的木雕镇墓兽。鄂城楚墓及湖南境内所出土的几十座大中型楚墓，大多数都出土了镇墓兽。（表4-2）有关镇墓兽的造型，《说文》云："虎，山兽之君。"取虎首，长舌，面目狰狞，象征雄威，鹿角，设方座，并刻饕餮纹，形制庄严。从楚墓出土的镇墓兽看，战国早期其形制简单，中期形制复杂，晚期有拟人化趋势。对其渊源和作用众说纷纭：（1）认为是古代山神造像；（2）认为是地神土伯造像；（3）"黑人"说，因《山海经・海内经》说："南方……又有黑人，虎首鸟足，两手持蛇，方啖之。"楚巫以为这样的"黑人"有除祟辟邪的神性，于是做成木雕像，置于墓中。[①] 另外，就其位置而言，镇墓兽一般都随葬在头箱正中，只有极个别的随葬在后中室。因为头箱象征着前朝（堂），棺室象征后寝，左右边箱象征左右房，后室象征下室等。前堂本是宫室中祭祀、宴请的重要地方，由此可以肯定镇墓兽在墓中非一般实用器，是据楚人敬奉鬼神的迷信思想所制作的一种偶像。

镇墓兽造型中还有一种操蛇、噬蛇状。湖南湘乡楚墓出土的镇墓兽作噬蛇状[②]，长沙颜家岭35号墓出土的漆樽有大鸟觅蛇[③]，长沙出土的有双蛇座对凤鼓架[④]。蛇为楚墓中一种常见的形象，《山海经・海外经》中所提到的许多神灵，都是口中衔蛇，或双手操蛇，可见其中必有迷信色彩。因江南楚地，蛇类很多，对人畜常有伤害，所以为人们所厌恶。

---

① 顾丞峰．镇墓俑兽形制演变析［M］//楚文艺论集．武汉：湖北美术出版社，1991.

② 湖南省博物馆．湖南湘乡牛形山一、二号大型战国木椁墓［M］//文物资料丛刊：第3集．北京：文物出版社，1980.

③ 湖南省博物馆．长沙楚墓［J］．考古学报，1959（1）.

④ 见《文物》1960年第3期。

湘乡楚墓出土的双首镇墓兽一属蛇类，另一镇墓兽作噬蛇状，蛇似乎已被镇住不能动弹。在这里，蛇已作为一种被制服的对象。楚人常常通过这种巫术来表达自己的愿望与爱恶。

以上种种迹象表明，这种怪兽在墓中不是一般殉葬品，而是受到楚人特别崇拜的神灵偶像。楚人将这种镇墓辟邪之神想象成这种形状，并用木雕刻而成，并认为它对坟墓或死者起到某种佑护作用，表现出浓厚的巫文化色彩。

表 4-2　江南楚墓随葬镇墓兽情况一览表

出土地点	数量	出土位置	是否有角	资料来源
长沙出土	9		5 个有鹿角	《长沙——楚民族及其艺术》（卷二）蒋玄佁著，美术考古社，1950 年
长沙杨家湾 6 号墓	1			《文物参考资料》1954 年第 12 期第 20 页
长沙烈士公园 3 号墓①	1		有孔	《文物》1959 年第 10 期第 65 页
长沙子弹库 17 号墓②	1		鹿角	《文物》1960 年第 1 期第 63 页
长沙出土③	1		鹿角	《考古》1960 年第 4 期图版 7
常德德山楚墓	1		有孔	《考古》1963 年第 9 期第 473 页
长沙浏城桥 1 号墓	1	头箱	有孔	《考古学报》1972 年第 1 期第 69 页
湘乡牛形山 1 号墓	2	靠近头箱	有孔	《文物资料丛刊》第 3 集第 103 页
湘乡牛形山 2 号墓	1	头箱	有孔	《文物资料丛刊》第 3 集第 105 页
1980 年临澧县九里 1 号墓	6		有孔	《湖南省博物馆》第 177 页，文物出版社，1983 年
益阳农机厂工地 3 号墓	1	靠头箱	有孔	《湖南考古辑刊》第 2 集第 71 页
鄂城百子畈 5 号墓	2	头箱		《考古学报》1983 年第 2 期第 248 页
鄂城百子畈 3 号墓	1	头箱		《考古学报》1983 年第 2 期第 248 页

① 据熟悉此墓的人说，曾出土过 1 件镇墓兽。

② 镇墓兽已被盗，仅存器座。

③ 被雅礼学院美国人柯克斯盗走。

2. 具有一定寓意的虎座凤架鼓

楚墓随葬品中数量仅次于镇墓兽的是虎座凤架鼓的飞鸟。（见表 4-3）

表 4-3　江南楚墓随葬虎座凤架鼓和飞鸟情况一览表

出土地点	器形	数量	特征
长沙出土①	双蛇座对凤鼓架	1	彩绘木雕双蛇座对凤
湘乡牛形山楚墓②	虎座凤架鼓	1	木雕彩绘
1980 年临澧九里 1 号墓③	双虎座双凤鼓架	1	双虎形器座，上立双凤
益阳农机厂 M3④	飞鸟	1	两鸟立于一长方形木座上
鄂城百子畈 M5：13⑤	飞鸟	1	一对飞鸟，似鸳鸯
鄂城钢铁厂 M95：11⑥	虎座凤架鼓	1	陶双虎双凤
鄂城钢铁厂 M4：20⑦	虎座凤架鼓	1	双虎双凤
鄂城百子畈 M4：20⑧	飞鸟	1	两立鸟，鸟尾相连

楚人以为飞禽、爬虫，走兽，无论善恶，都有与人相通的灵性。出于图腾崇拜的遗风，楚人莫不尊凤。《艺文类聚》卷九十《鸟部上》引《庄子》云："老子叹曰，'吾闻南方有鸟，其名为凤。'" 楚人深信祝融是自己的先祖，而祝融正是凤的化身。而吴人和越人的图腾是龙，巴人的图腾是虎，凤战胜龙、虎，意味着楚人战胜吴人和越人。帛画、丝织品中也常有类似的题材。如长沙陈家大山楚墓出土的帛画中有凤龙相斗的图像。⑨ "楚国南方的对手是百越，长沙是楚国南疆的重镇。""上述凤龙相斗的图像应是楚人战胜百越的象征。"⑩ 可见楚人表现这种题材非一般艺术作品，而是具有

① 见《文物》1960 年第 3 期。

② 湖南省博物馆. 湖南湘乡牛形山一、二号大型战国木椁墓［M］//文物资料丛刊：第 3 集. 北京：文物出版社，1980：112.

③ 湖南省博物馆. 湖南省博物馆［M］. 北京：文物出版社，1983：177.

④ 益阳地区文物工作队. 益阳羊舞岭战国东汉墓清理简报［M］//湖南考古辑刊：第 2 集. 长沙：岳麓书社，1984：72.

⑤ 湖北省鄂城县博物馆. 鄂城楚墓［J］. 考古学报，1983（2）：247.

⑥ 湖北省鄂城县博物馆. 鄂城楚墓［J］. 考古学报，1983（2）：241.

⑦⑧ 湖北省鄂城县博物馆. 鄂城楚墓［J］. 考古学报，1983（2）：248.

⑨ 熊传新. 对照新旧摹本谈楚国人物龙凤帛画［J］. 江汉论坛，1981（1）.

⑩ 张正明，滕壬生，张胜琳. 凤斗龙虎图象考释［J］. 江汉考古，1984（1）.

深刻寓意的。虎座鸟架鼓亦应如此，在这里凤被雕刻得形体高大，雄姿英发，并踩在虎身上，二者形成鲜明的对比。虎的华美，不在凤之下。巴人是崇虎的。

而楚人与巴人是宿敌，这就形成了楚人贱虎的心理，凤虎相斗也是楚国美术作品中一个屡见不鲜的主题，结局自然是凤胜虎败。让大凤把小虎踩在脚下，这是楚人心态的露骨表现。凤龙相斗，鸟蛇相斗，其意蕴与其近似。一般有图腾信仰的民族，无不有巫术信仰，而且图腾信仰总是与巫术信仰交织在一起的。他们惯于用象征借代手法，来表达自己的观念、欲望和理想。当他们利用形象使自己的图腾战胜邻族的图腾时，他们相信其中必定有某种魔力，使邻族永世臣服。

虎座凤架鼓还有一种解释，认为其为“飞廉”像。楚人视之为风神，如果精魂要登天，须有风神相助，方能高飞远行。在《离骚》中，屈原假想自己作巡天之夜游，有句曰：“前望舒使先驱兮，后飞廉使奔属。”把飞廉做成木雕像，置于墓中，可以引导死者灵魂到天界去。[①] 不论何种说法，其中都蕴藏着深刻的巫术寓意。

3. 特殊含义的鹿角

镇墓兽、虎座飞鸟等均为楚人想象而塑造出来的神，将不同动物长处及特征集于一身，把人和动物综合成“人首蛇身”“虎首人身”之类的怪物，甚至让它们都长着坚硬的鹿角，如镇墓兽一般均带有鹿角（或角朽有孔存），飞鸟也插上鹿角。楚人认为如果不这样，神似乎就显示不出它的超自然的魔力。因为有角的反刍动物，给人威武之感，它那坚硬刚挺的角就是主要武器，是其战斗力之所在。鹿角作为勇敢力量象征也被运用于《周易》中，用它表示阳刚。《大壮・九三》：“羝羊触藩，羸其角。”这段爻辞意在说明阳刚过盛必遇挫，以公羊撞伤暗示。而楚人喜欢用鹿角，其中大多数为真鹿角，所以容易腐朽。楚墓中还常出土木雕鹿，如长沙浏城桥1号墓出土有梅花鹿。[②] 所以说鹿是楚人所崇敬的神灵偶像。楚人以鹿为

① 郭德维．楚墓出土虎座飞鸟初释［M］//楚艺术研究．武汉：湖北美术出版社，1991．

② 湖南省博物馆．长沙浏城桥一号墓［J］．考古学报，1972（1）．

瑞兽，《楚辞·天问》说："惊女采薇鹿何祐？北至回水萃何喜？"鹿性格温柔，楚人以示吉祥、正气和长寿，这就是镇墓兽、飞鸟等插上鹿角的原因所在。大约是所谓以正气、吉瑞压邪之意。鹿，华美吉祥，鹿角有飞升的态势，被楚人用作神性的象征，不论什么生灵，只要插上鹿角，就表示有神性了。楚人对插鹿角重视崇敬的习俗，一直延续到西汉时期，如马王堆3号汉墓墓道中就有头上插鹿角的跪坐"偶人"。由此可见鹿角与器物本身同样具有巫术魔力。如果说楚艺术是巫学艺术，那是不足为奇的。

4. 引魂升天的笭床图案

江南楚墓中出土的笭床已见于报道的有20多件，其图案多以龙、凤为题材。楚人对凤的钟爱已如前所述，对于龙，楚人受中原文化影响，也崇尚之。乘龙可以登天，如长沙子弹库楚墓出土有"人物御龙帛画"①，画一贵族男子乘龙舟。所不同的是，笭床木雕的龙、凤形象抽象而古朴，极富想象力。在墓主人躺卧的"笭床"上刻绘龙、凤图案，无疑具有一定的巫术意义，它旨在导引死者的灵魂升天。在楚人心目中，只要借助龙与凤的力量，才无所不达。屈原《九歌》中的诸神祇中，大司命"乘龙兮辚辚，高驼兮冲天"；东君"驾龙辀兮乘雷，载云旗兮委蛇"；湘君"驾飞龙兮北征，邅吾道兮洞庭"。可知龙是楚人赖以登天入地的神物，可导引人的灵魂飞向天界。《大招》云："魂乎归来，凤皇翔只"，其意是引魂升天。

5. 以娱诸神的法器、乐器和乐俑

"巫"，《说文解字》云："巫，祝也。女能事无形，以舞降神者也。象人两褎舞形。"这是对"巫"字确切的解释。可以说"巫"字是由"舞"变化而来，人死之后，"舞"还可娱于神，"巫"仿照"舞"姿来娱鬼神。《周礼·春官·大司乐》记载，传为黄帝之乐的《云门》，尧之乐的《咸池》，舜之乐的《大韶》，禹之乐《大夏》，商汤之乐的《大頀》，武王之乐的《大武》，都曾经是娱神的手段。至于楚人如何以"巫"娱于鬼神？《汉书·地

① 湖南省博物馆. 长沙子弹库战国木椁墓［J］. 文物，1974（2）.

理志》说：楚地“信巫鬼，重淫祀”。王逸《楚辞章句》云：“其祠，必作歌乐鼓舞以乐诸神。”这方面的材料很多。如信阳长台关 1 号墓漆瑟的首、尾部就展现了一幅幅巫觋的相貌及举止。巫师一般戴宽大之冠，身着博大之衣，手上都持有法器而乐于神。这种法器为勺状体，长沙浏城桥 1 号墓中出土的扇形器，应是巫师所用的法器。[①] 该法器柄为长方形，首端细，末端粗。首端由一横木和半圆形条组成，半圆形由羽毛和茎相接组排，茎尾端用丝带缠裹在柄上，出土时仅存羽毛插接的茎部。楚人就是这样以巫为媒介而娱诸神，乞求鬼神的“保佑”。

其次楚墓中还常常随葬乐俑和乐器。如长沙杨家湾 6 号墓随葬的 49 个木俑中，其中有一部分为乐俑，同时出土的还有槌、竹管和木瑟[②]；常德德山楚墓出土了圆饼状的木鼓，圆杆形的棒[③]；长沙子弹库 17 号墓清理出了木鼓两个，木鼓棍两根[④]；浏城桥楚墓也出土了鼓两件，一大一小[⑤]；楚人为何如此行事？将这些东西作为墓主人的随葬器皿，主要是起娱神乐鬼的作用。也就是说楚人信鬼重祀的目的在于娱鬼神，以求安宁，除了供奉食品外，还要奏乐相奉。楚人把瑟随葬于墓中其含义更为深刻。《山海经》：“帝俊作瑟。”因此，瑟成了上帝、诸神所适之物。将这样的神物放置墓中，无非想借助神瑟声音传敬声于鬼神罢了，欲想多福安宁。假如：击鼓弹瑟奏乐，巫则翩跹起舞，那么，神随即降于巫身，加之，妖艳而奇特的服饰，优美而神秘的舞姿，徐歌相合，心诚则巫而通神，神鬼视之，自然欣喜，进而保佑之。这是一个多么美妙而充满着巫术观念的神秘世界啊！《楚辞·九歌》中也有记载：“扬枹兮拊鼓，

---

① 王从礼. 试论楚人信鬼重祀的习俗［J］. 江汉考古，1989（4）.

② 湖南省文物管理委员会. 长沙杨家湾 M006 号墓清理简报［J］. 文物参考资料，1954（12）.

③ 湖南省博物馆. 湖南常德德山楚墓发掘报告［J］. 考古，1963（9）.

④ 周世荣，文道义. 57 长. 子. 17 号墓清理简报［J］. 文物，1960（1）.

⑤ 湖南省博物馆. 长沙浏城桥一号墓［J］. 考古学报，1972（1）.

疏缓节兮安歌，陈竽瑟兮浩倡。灵偃蹇兮姣服，芳菲菲兮满堂。五音纷兮繁会，君欣欣兮乐康。”其意是说举桴击鼓使巫缓节而舞，以乐于神。今日荆楚故地民间仍有遗迹可寻，人亡后邀请道人高歌舞蹈，有所谓《跳丧鼓》，跳者三人，前两人持乐器，边跳边唱，后一人击鼓合拍，歌词大意是悼亡人。如今湘楚民间这种遗风到处可见。

三、《帛书》的巫术观念

1. 用以占凶吉的《天象》

1942 年出土于长沙子弹库楚墓的《帛书》，共分《四时》《天象》《月忌》三个部分。《四时》《天象》两篇书写于帛书中部。其中两大段叙述着星辰运行，四时变动，山川变动，人生祸福和神话传说。李学勤先生在《论楚帛书中的天象》一文中说：“彗星出现之月，初七八日会出现震电、陨霜或雨土等异象。”又说：“如果已有‘日月既乱’的变象，继又现彗星，将有更大忧患”，“会发生战祸，害于其王”。① 可见《天象》是据日月星辰变化来占验吉凶的书。巫师们通过星辰出没，牵强附会用来占验四时变化和人事福祸，与原始社会巫师的基本活动的形式，以及长沙马王堆汉墓出土的《天文气象杂占》用意相同，均是通过神秘巫术形式提出“理想”，预卜未来。

2. 禁忌与《月忌》和《四时》

帛书《月忌》篇用朱、绛、青三色绘出十二个神像于帛书四周，十二神即十二个月，每个月神像为怪头怪脑似人非人的相貌，每种神像都附记有神名、职司和每个月人们如何行事等，具有日历性质。在每月之下都述宜忌，以忌讳为主。所涉及的行事，虽有出师、侵伐、作大事、会诸侯等统治者的活动，也有嫁女、娶女、筑室、畜生等民间日常的行

---

① 李学勤．论楚帛书中的天象［M］//湖南考古辑刊：第 1 集．长沙：岳麓书社，1982．

为。李零认为其性质近于历忌之书，是正确的。[①]《论衡·讥日篇》云："世俗既信岁时，而又信日。举事若病死灾患，大则谓之犯触岁月，小则谓之不避日禁。岁月之传既用，日禁之书亦行。"《月忌》就属此类书籍，也可称岁时禁忌之书。所谓禁忌本身就是一种巫术，即消极巫术。在生产力落后的情况下，人们往往把严格遵守某种禁忌想象为改善环境、遇难成祥的特殊有效手段。由于日、月、星、辰周期性的显隐；风、雷、雨、电季节性的变化；花、草、树木节令性的荣枯等，大自然的变化使人们逐渐认识到其中时间性规律的存在，进而使人们意识到时间是与各种事物的发展、变化有着密切的联系。人们在实践中进一步形成一些时间方面的禁忌习俗。这些习俗把某一时间阶段看成是一种禁忌物、一种危险的信号、灾难的征兆，不易作何种行为的禁忌等。时间在这里成了重要的甚至是唯一的禁忌，其中有天干、地支、五行中相生相克的忌日、忌月、忌年等等。旧时皇历上举凡婚娶、丧葬、战争等，必择吉日方可行动，如遇凶日则必禁忌之。否则，便以为会遭厄运。《月忌》第1章李学勤释文为"取，于下"（题记为某月）"曰取：已（犯）则至，不可以杀。壬子、丙子凶，作（?）北征，率（帅）有咎，武□其敿"。其意为：如举兵侵伐，能达到目的，但不可杀戮。逢壬子、丙子之日，不可北征，否则为帅者将罹灾祸。[②]《四时》中夏季之神"日叡，不可出帀（师），水师不复……"。[③]在这里楚人将某月份或某季节看成一种危险和灾难的征兆，成为一种禁忌的根据。这种习俗在《荆楚岁时记》中也有记载，如"一日不杀鸡，二日不杀狗，……七日不行刑"等禁忌，可以说《月忌》为每月禁忌，《四时》为四季之禁忌，为一种岁时禁忌之书。《月忌》中某些语句还类似《周易》卦爻辞。

---

①②③　李学勤．再论帛书十二种［M］//湖南考古辑刊：第4集．长沙：岳麓书社，1987．

四、植物崇拜与竹片和席子

“席”在楚墓中是一种常见的物品，在保存有木棺椁的墓中，几乎每座楚墓都出土有席子，一般用于裹尸，铺于棺底或盖于棺上，有些席子上还有竹片。（表 4-4）

表 4-4　江南楚墓随葬席子情况一览表

出土地点	数量	特征	用途
长沙广济桥 5 号墓①	1	人字形篾席	铺于外椁盖板上
长沙烈士公园 3 号墓②	5	同上	椁上 4 块，裹尸 1 块
长沙柳家大山楚墓③	1	同上	垫尸
常德德山楚墓④	1	同上	裹尸
鄂城钢铁厂 53 号墓⑤	1	人字形篾席铺在椁盖板上	棺盖上有竹条 30 根
鄂城钢铁厂 106 号墓⑥	1	每束 3 根	棺上铺有竹条 15 根

楚墓中广泛使用席子，反映了楚人的植物崇拜观念。楚人崇拜的植物不止一种，有包茅、桃、芦苇、竹子等。因为他们发迹于山野、创业于草莽，对于身边盛产的某些草木、竹林，容易产生特殊的认识和感情是很自然的。《离骚》云：“索藑茅以筳篿兮，命灵氛为余占之。”王逸《楚辞章句》释，“楚人名结草折竹以卜曰篿。”意思是说串上藑（琼）茅和竹片，叫灵氛为我占卜。楚墓棺盖上放置竹片，如鄂城钢铁厂 53 号、

---

① 湖南省文管会. 长沙广济桥五号战国木椁墓清理简报［J］. 文物参考资料，1957（12）：59.

② 高至喜. 长沙烈士公园 3 号木椁墓清理简报［J］. 文物，1959（10）：65.

③ 湖南省博物馆. 长沙柳家大山古墓葬清理简报［J］. 文物，1960（3）：51-55.

④ 湖南省博物馆. 湖南常德德山楚墓发掘报告［J］. 考古，1963（9）：465.

⑤ 湖北省鄂城县博物馆. 鄂城楚墓［J］. 考古学报，1983（2）：226，249.

⑥ 湖北省鄂城县博物馆. 鄂城楚墓［J］. 考古学报，1983（2）：230.

106 号墓棺盖上均放置 30 根或 15 根竹片，想必是为占卜之用。这种占卜方法，在《荆楚岁时记》有秋分“掷教于社神，以占来岁丰俭。或折竹以卜”。如今江南楚地民间仍用两片判竹，以细绳系其端，掷地，根据阴阳俯仰来占卜凶吉。楚墓中椁、棺之上常常盖有芦席和竹席，或用其裹尸、垫尸，且在其上放置竹片，看来与楚人崇拜芦、竹等植物有关，均为“万物有灵”的远古产物。在楚人看来，这些东西是一种神物，具有某种魔力，用它随葬，特别是裹尸，可以借此禳灾除祸，保佑死者。

五、以红色为主调的随葬品所具有的象征意义

颜色在楚人心目中是有明确象征意义的，其中对某些颜色崇尚，对某些颜色讳忌，并确信其中具有某种魔力。江南楚墓所随葬的物品，不论服装、漆器，大抵图案繁缛、色彩斑斓，以红色为主调。楚人尚红色，以红色为贵。因南方多山林沼泽，而古代又流行火耕水耨。火在古代南方民族的生产、生活中，起着莫大的作用。另外太阳是一个神圣而又神秘的火球，对火的崇拜，往往与对太阳的崇拜骈生而行。生息在南方地区的楚族先民，可能因此而信奉炎帝即神农氏。火是红色的，所以炎帝又称赤帝，对赤帝的崇拜，即对火的崇拜，以红色为贵，以赤帝为尊。《荆楚岁时记》曰：正月一日“鸡鸣而起，先于庭前爆竹，以辟山臊恶鬼”。“正月末日夜，芦苣火照井厕中，则百鬼走。”火的作用竟如此之大，也许和楚人崇尚火和红色不无关系的。至今楚人崇火的遗风尚存，荆楚之地民间认为夜间梦见火，第二天会发财，失火以为吉兆。民谚云：“三十的火，十五的灯。”灯不仅是火，也是神火，可用它驱逐害虫，可用它照亮通向鬼神的大路。如今昔日楚地，还认为红色属阳，寿衣必用红色，认为人死后要上剥衣亭，穿上红衣，剥衣鬼见到红色，就以为剥出了血，而停手不剥了。另一种说法：红色，鬼魅、神灵都怕它。如原始社会周口店山顶洞人的遗骨旁撒有赤色粉末遗迹。所以说以红色为主调的随葬品具有丰富的巫术意义。

综上所述，楚人建筑墓室棺椁，随葬大量器物，完全是楚人信巫重

祀意识与行为的真实反映。他们无意于在墓葬中反映阳世，而是要建构一个理想的、舒适的“另一个世界”，即“神鬼世界”。随葬日常用品，死者亡灵就能丰衣足食；随葬镇墓兽，就能镇墓辟邪，以期制服鬼魅，保持亡灵阴间生活的宁静；笭床以龙凤为图案，可以引导死者灵魂升天；随葬舞乐百戏，可以取悦诸神，……总之楚人认为墓葬中所随葬的一切物品，每件东西都能给亡者带来一种利益，体现了一种断绝墓主人阴间生活空间与鬼魅世界往来，制服四方厉鬼侵扰灵魂的巫术意义。所以说楚墓作为一种精神的物化体，积淀着楚人传统文化要素，记录了楚人思维发展阶段的状况，其中包括了楚人信巫好祀的思想意识。

第五章 楚人开发江南的成就

楚人进入江南之前江南地区的情况，我们已在第一章讨论过。商周时期的江南，已有相当发达的青铜文化，已铸造出许多引人注目的青铜器，特别是大铙、甬钟、镈等乐器和一批仿动物造型的青铜器更具鲜明的地方特色。但尚未出现铁器，铜器中也没有类似中原地区的那种青铜礼器。此地区已发现的商周墓葬也很少，在文献中也没有记载建立过什么国家。因而，说明当时江南地区的开发规模是很有限的，可能当时只存在一些分散的部落，尚未形成统一的国家，所以当楚人进入江南之时，并没有遇到多大的阻力，故在文献中几乎找不到楚人在进入洞庭湖以南的过程中所发生的战争，以致使有的学者提出了“春秋楚地不到湖南”的论点。但是当楚人进入江南之后，江南地区的面貌发生了很大的变化，楚人带来了较先进的文化，使开发江南的进程大大地加快了，如冶炼钢铁技术的出现，青铜铸造工艺的提高，玻璃制造业的兴起，漆器和纺织业的发展，以及文化艺术的发达，在较短的时期内就使江南地区出现了崭新的面貌。

第一节 先进的冶铁业

铁器的发明在人类历史上曾起过划时代的作用。在江南地区，要大规模地砍伐森林，开垦荒地，发展农业生产，没有大量廉价的、坚固而锐利的铁制工具是无法办到的。

我国发明人工冶铁的时间最迟也在西周晚期。河南省三门峡市上村岭 2001 号虢国墓中出土有西周晚期的铜柄铁剑。此铁剑经北京科技大学冶金史教研室鉴定，“确认为人工冶铁制品”，“剑以固体还原法制作而成”。[①] 1991年发掘的2009号虢国国君墓中又出土铁器4件，其中有铁刃铜戈1件，铁工具3件，时代也在西周晚期。[②] 郭沫若曾根据《诗经》秦风有“驷驖孔阜”的诗句（“驷驖”形容马的颜色如铁），论说西周已使用铁器，但当时因没有西周的人工冶炼的铁器实物出土，不曾为学术界所信服。现在看来，郭老的推论是对的。《驷驖》一诗是赞美秦襄公打猎的盛况，时代已到西周末年。这5件出土铁器还不会是实际使用铁器的最早实物。可以推想我国使用人工冶炼铁器时间还应更早一点。春秋早期的铁器也已于1977年在甘肃灵台景家庄1号墓中出土，也是一件铜柄铁剑，通长17.6厘米，可惜已全部锈蚀，观察未获结果。[③] 有了上述西周晚期和春秋早期多件铁器的出土，说明《管子·海王篇》中关于“今铁官之数，曰一女必有一针一刀，若其事立；耕者必有一耒一耜一铫，若其事立；行服连轺輂者，必有一斤一锯一锥一凿，若其事立，不尔而成事者，天下无有”的记载应是可信的。由此看来，至迟在春秋中期，齐国已出现了成套的铁工具。《左传·昭公二十九年》说：“冬，晋赵鞅、荀寅帅师城汝滨，遂赋晋国一鼓铁，以铸刑鼎，著范宣子所为刑书焉。”这已是公元前513年的事，当时要用铁铸刑鼎也应是不成问题的事。但仍有不少学者对此持怀疑态度，如清人卢文弨在致周永年信中说：“古人铸鼎皆以铜，未闻以铁”，并以为“铁”当作“钟”。总之，长时期以来，学术界对我国发明冶铁技术的时间估计过晚，对西周、春秋时期的冶铁水平估计过低。

为了便于研究，先将江南地区春秋、战国楚墓中出土铁器分别列表如下。

---

① 虢国墓地再次出土大量珍贵文物［N］. 中国文物报，1991-1-6：1.

② 虢国墓地发掘又获重大发现［N］. 中国文物报，1992-2-2：1.

③ 刘得祯，朱建唐. 甘肃灵台景家庄春秋墓［J］. 考古，1981（4）.

表 5-1 湖南春秋晚期楚墓出土铁（钢）器记录

序号	出土地点	器物名称
1	长沙龙洞坡 M826①	铁刮刀$_1$（原名匕首）
2	长沙识字岭 M314②	凹字形铁口锄$_1$（原名锛）
3	长沙丝茅冲 F 区 M1③	凹字形铁口锄$_1$
4	常德德山 M12④	刮刀$_1$
5	长沙杨家山 M65⑤	钢剑$_1$、刮刀$_1$、鼎$_1$
6	长沙窑岭 M15⑥	鼎$_1$
7	长沙 14 座早期楚墓⑦	凹字形铁口锄$_2$、鼎$_3$、剑$_2$、刀$_6$、码子$_1$、环形器$_1$、残器$_2$

① 顾铁符．长沙 52·826 号墓在考古学上诸问题［J］．文物参考资料，1954（6）：68.
② 中国科学院考古研究所．长沙发掘报告［M］．北京：科学出版社，1957：66.
③ 湖南省博物馆．湖南省文物图录［M］．长沙：湖南人民出版社，1964：图版 12，2.
④ 湖南省博物馆．湖南常德德山楚墓发掘报告［J］．考古，1963（9）：46.
⑤⑥ 长沙铁路车站建设工程文物发掘队．长沙新发现春秋晚期的钢剑和铁器［J］．文物，1978（10）：44.
⑦ 高至喜．从长沙楚墓看春秋战国时期当地经济文化的发展［C］//中国考古学会第二次年会论文集．北京：文物出版社，1982：59.

表 5-2　江南地区战国楚墓出土铁器一览表

序号	地区	出土地点	器物名称
1	湘中	1964 年以前长沙地区 186 座战国楚墓中出土①	锄$_{34}$、斧$_{10}$、斤$_{11}$、铲$_{1}$、夯锤$_{7}$、刀$_{32}$、削$_{26}$、链$_{1}$、锉$_{1}$、钻$_{1}$、剑$_{31}$、戟$_{2}$、戈$_{1}$、戈镈$_{1}$、矛$_{1}$、矛柄$_{1}$、镞铤$_{31}$、鼎$_{1}$、鼎足$_{3}$、带钩$_{2}$、环$_{2}$、夹子$_{3}$、钩形器$_{2}$、码子$_{5}$、片$_{12}$、条钉$_{7}$、其他$_{11}$，共计 241 件
2	湘东地区	长沙识字岭 M1②	铁足铜鼎$_{2}$
3		湘乡韶山灌区 M21③、37、52、54、72、73 出土	斧$_{1}$、凿$_{2}$、削$_{5}$、匕首$_{1}$，共 9 件
4		益阳赫山庙 M4、8 出土④	斧$_{1}$、长条形器$_{3}$（其中 2 件似为刮刀）
5		益阳近郊 19 座楚墓中出土⑤	凹字形铁口锄（原名臿）5、锛（斤）$_{4}$、六角边形锄$_{1}$、刀$_{1}$、削$_{4}$、剑$_{2}$、镞$_{10}$、带钩$_{2}$，共计 29 件
6		汨罗汨罗山 M14、18、41、45、56、65、81 出土⑥	凹字形铁口锄（原名臿）$_{2}$、刀$_{3}$、镞铤$_{2}$
7		岳阳铜鼓山 M1 出土⑦	剑$_{1}$

---

① 高至喜. 从长沙楚墓看春秋战国时期当地经济文化的发展［C］//中国考古学会第二次年会论文集. 北京：文物出版社，1982：59.

② 单先进，熊传新. 长沙识字岭战国墓［J］. 考古，1977（1）：62.

③ 湖南省博物馆. 湖南韶山灌区湘乡东周墓清理简报［J］. 文物，1977（3）：52，54.

④ 湖南省博物馆，益阳县文化馆. 湖南益阳战国两汉墓［J］. 考古学报，1981（4）：535.

⑤ 湖南省益阳地区文物工作队. 益阳楚墓［J］. 考古学报，1985（1）：108-110.

⑥ 湖南省博物馆. 汨罗县东周、秦、西汉、南朝墓发掘报告［M］//湖南考古辑刊：第 3 集. 长沙：岳麓书社，1986：52，54.

⑦ 湖南文物考古研究所，岳阳市文物工作队. 岳阳市铜鼓山商代遗址与东周发掘报告［M］//湖南考古辑刊：第 5 集. 长沙：岳麓书社，1989：41.

续表

序号	地区	出土地点	器物名称
8		临湘义子山 M15 出土[①]	凹字形铁口锄（原名臿）$_{1}$
9		长沙火把山 M4 出土[②]	剑$_{1}$、剑鞘、凹字形铁口锄$_{1}$
10	湘西	常德德山 M6、37 等楚墓出土[③]	一字形臿（原名铲）$_{1}$、斧$_{1}$、镞$_{1}$、铁足铜鼎$_{1}$
11		常德德山 M32、84 出土[④]	凹字形铁口锄$_{2}$
12		临澧九里 M17 出土[⑤]	铁鼎足$_{1}$
13	湘北地区	溆浦马田坪 M14、21、55、72、92 出土[⑥]	凹字形铁口锄$_{2}$、剑$_{1}$、刀$_{1}$、削$_{1}$
14		溆浦江口 M3 出土[⑦]	刮刀（原名削）$_{1}$
15		辰溪米家滩 M3、22、34 出土[⑧]	剑$_{2}$、铜环铁削$_{1}$
16		溆浦马田坪 M24、44 出土[⑨]	斧$_{1}$、环首刀$_{2}$
17		溆浦高低村 M14 出土[⑩]	凹字形铁口锄（原名臿）$_{1}$
18		黔阳黔城 M1、3、11、12、15、17、18、23 出土[⑪]	凹字形铁口锄（原名臿）$_{6}$、斤（原名镬）$_{1}$、夯锤$_{1}$、残器$_{1}$

---

① 岳阳市文物工作队. 临湘县义子山东周、三国东吴墓发掘简报［M］//湖南博物馆文集. 长沙：岳麓书社，1991：152-159.

② 长沙市文物工作队. 长沙火把山楚汉墓［M］//湖南文物：第 3 辑. 长沙：湖南大学出版社，1988：95、96.

③ 湖南省博物馆. 湖南常德德山战国楚墓［J］. 考古，1959（12）：659、661.

④ 湖南省博物馆. 湖南常德德山楚墓发掘报告［J］. 考古，1963（9）. 465、469.

⑤ 湖南省博物馆，常德地区文物工作队. 临澧九里楚墓发掘报告［M］//湖南考古辑刊：第 3 集. 长沙：岳麓书社，1986：111.

⑥ 湖南省博物馆，怀化地区文物工作队. 湖南溆浦马田坪战国西汉墓发掘报告［M］//湖南考古辑刊：第 2 集. 长沙：岳麓书社，1984：44、45.

⑦ 溆浦县文化局. 溆浦江口战国西汉墓［M］//湖南考古辑刊：第 3 集. 长沙：岳麓书社，1986：116.

⑧ 怀化地区文物工作队，辰溪县文化局. 米家滩战国墓发掘简报［M］//湖南考古辑刊：第 4 集. 长沙：岳麓书社，1987：43.

⑨ 湖南省博物馆. 湖南溆浦马田坪战国、西汉墓［J］. 文物资料丛刊，1987（10）：96.

⑩ 怀化地区文物工作队，溆浦县文化局. 溆浦县高低村春秋战国墓清理简报［M］//湖南考古辑刊：第 5 集. 长沙：岳麓书社，1989：50.

⑪ 怀化地区文物工作队，黔阳县芙蓉楼文管所. 黔阳县黔城战国墓发掘简报［M］//湖南考古辑刊：第 5 集. 长沙：岳麓书社，1989：71、73.

续表

序号	地区	出土地点	器物名称
19		津市金鱼岭 M86 古丈白鹤湾 M9、22、24、26、32、43、52 出土①	剑$_1$ 剑$_4$、刮刀$_1$、斧$_1$、削$_1$、残器$_1$ 共 8 件
20	湘南地区	衡阳公行山②	凹字形铁口锄$_1$、锉$_1$、戟$_2$、刀$_1$ 等
21		资兴旧市 M166、172、177、186、226、228、230、234、246、254、275、326、354、356、357、400、432、527、560、564、573、585 出土③	凹字形铁口锄$_{17}$、夯锤$_2$、锛$_1$、凿$_1$、削$_7$、刮刀$_2$、圆形器$_1$、扁条形器$_1$，共 32 件
22		衡阳五马归槽 M33 出土	凿$_1$
23		永州鹞子岭 M21 出土④	鼎$_1$
24	鄂东南区	鄂城钢铁厂 M53⑤	铁足铜鼎$_2$
25	赣西区	高安郭家山 M32⑥	矛$_1$

江南出土的楚国铁器，除了上面两表所列战国楚墓所出铁器之外，还在江南楚遗址中出土不少铁器。计有：湖北大冶铜绿山矿井出土六角形锄 3 件，凹字形锄 1 件，斧形凿 1 件，斧 4 件，四棱凿 3 件，耙 2 件，锤 4 件⑦；湖南麻阳九曲湾铜矿井中出土有四棱形凿 2 件，锤 2 件⑧；江西新干界埠粮仓遗址底部出铁斧2件⑨；九江马回岭磨盘山遗址中出土

① 津市市文物管理所．津市市金鱼岭东周墓葬［M］//湖南考古辑刊：第 5 集．长沙：岳麓书社，1989：80，81.

② 湖南省文物工作队．长沙、衡阳出土战国时代的铁器［J］．考古通讯，1956（1）：77.

③ 湖南省博物馆．湖南资兴旧市战国墓［J］．考古学报，1983（1）：115，122-124.

④ 衡阳市博物馆．衡阳市苗圃五马归槽茅坪古墓发掘简报［J］．考古，1984（10）：883.

⑤ 湖北省鄂城县博物馆．鄂城楚墓［J］．考古学报，1983（2）：241.

⑥ 彭适凡．赣鄱地区铁器的出现及战国遗存的分期（待刊）.

⑦ 黄展岳．试论楚国铁器［M］//湖南考古辑刊：第 2 集．长沙：岳麓书社，1984.

⑧ 湖南省博物馆．湖南麻阳战国时期古铜矿清理简报［J］．考古，1985（2）.

⑨ 陈文华，胡义慈．新干县发现战国粮仓遗址［J］．文物工作资料，1976（2）.

斧、镰各1件，铁铤铜镞数枚[①]。另外，在广东始兴白石坪山越人遗址中出土铁斧和凹字形铁口锄各1件[②]；在广西平乐银山岭越人墓中出土铁器100多件，其中的大部分是楚国铁器[③]。

为简明起见，现将江南所出战国时期铁器分类统计如下。

表5-3　工具

名称	凹字形锄	六角形锄	铲(臿)	斧	锛(斤)	刮刀	削	刀	锤	夯锤	凿	锉	钻	锥	耙	镰	合计
数量	74	4	2	23	17	6	45	40	6	10	10	2	1	1	2	1	244

表5-4　兵器

名称	剑	戈	戈镈	戟	矛	矛柄	匕首	镞铤	剑鞘	合计
数量	43	1	1	4	2	1	1	44	1	98

表5-5　日常用具及其他

名称	鼎	铁足铜鼎	环	带钩	夹子	钩形器	码子	圆形器	片	条钉	其他	合计
数量	2	9	2	4	3	2	5	1	12	9	13	62

注：以上三表中，广西平乐银山岭越墓中出土的楚铁器未统计在内。

根据上述楚墓和楚遗址出土的铁器资料，可以对江南的楚国铁器做出下列几点认识。

第一，江南开始使用铁器的时期。

楚人何时开始使用铁器？如仅以出土实物为根据的话，目前还只有春秋晚期的铁器。在湖南长沙、常德等春秋晚期楚墓中出土的铁器共有20多件，其中最引人注目的发现是1976年长沙杨家山65号春秋晚期墓中出土的钢剑，通长38.4厘米，剑茎呈柱状，剑身中脊隆起，断面可以看出反复锻打的层次，有七至九层，经取样作金相鉴定，是含碳0.5%左右的中碳钢，可能是经过锻造加工退火处理得到的。同墓出土有竖环耳、

① 彭适凡．赣鄱地区铁器的出现及战国遗存的分期（待刊）．

② 莫稚．广东始兴白石坪山战国遗址［J］．考古，1963（4）．

③ 蒋廷瑜，蓝日勇．广西出土的楚文物及相关问题［J］．江汉考古，1986（4）．

平底、矮蹄足的铁鼎，为白口铸铁，还出土铁刮刀（原名“削”）1件。[①]与这3件铁器同出的有小口绳纹鬲、盂、平底壶3件陶器，年代可早到春秋晚期。1977年长沙窑岭15号墓中出土的铁鼎，为附耳，圜底，蹄足，口径23厘米，腹深26厘米，重达3 250克，经金相鉴定含有少量石墨，碳含量接近4.3%，基体为亚共晶铸铁。[②]与铁鼎同出的还有绳纹凹底陶罐，时代约在春秋战国之交。这是至目前为止江南楚地发现的最早的钢剑和铸造的铁鼎，也是目前所见楚国最早的锻造的渗碳钢件和生铁铸件。其他楚地出土铁器能早至春秋晚期的只有河南淅川下寺10号墓出土的1件玉茎铁剑（原报告名“匕首”）[③]（江苏六合程桥春秋晚期的1、2号墓分别出土有铁丸和铁条各一件，有的学者归入楚器，但从整个墓葬来看似应属吴墓）。楚郢都江陵及当阳一带尚未见有春秋时期的铁器出土，但这并不能说明当时没有使用铁器。期待着江陵、当阳、襄阳一带能有更早的楚铁器出土。可以赞成黄展岳先生的“推论”，楚国的冶铁业出现于春秋以前的可能性是存在的。[④] 近年来河南三门峡市上村岭虢国墓中5件西周晚期铁器的出土，为这一推论提供了新的可能性。从考古发现得知，西周至春秋早期，楚文化基本上是保存着中原周文化的传统。如春秋早期中原地区与楚地贵族墓中随葬的青铜礼器的组合，同样是由盛牲器、食器、酒器（或盛水器）、盥器四种用途不同的器物组成；不过在器类上稍有差异而已，如中原地区为鼎、簋、壶、盘、匜，而楚地是鼎、簠、壶、盘、匜，楚人是以簠代簋[⑤]，稍有不同。“楚器独特风格和楚文化总体特征的开始形成则要到春秋中期及其以后。”[⑥]至迟在西周晚期中原地区已掌握的冶铁技术不会长期不传入楚地。因此，楚地开始使用铁器的时间肯定要比现今已出土的铁器实物要早。具体时间尚有待今后的考古发现。

---

①② 长沙铁路车站建设工程文物发掘队．长沙新发现春秋晚期的钢剑和铁器［J］．文物，1978（10）．

③ 河南丹江库区文物发掘队．河南省淅川县下寺春秋楚墓［J］．文物，1980（10）．

④ 黄展岳．试论楚国铁器［M］//湖南考古辑刊：第2集．长沙：岳麓书社，1984．

⑤⑥ 刘彬徽．楚国青铜礼器初步研究［C］//中国考古学会第四次年会论文集．北京：文物出版社，1985．

第二，江南出土的楚铁器大部分是仿自青铜器。

江南地区出土的楚国铁器种类已达37种以上，其中大部分是仿自青铜器。在铁生产工具出现之前的青铜生产工具最常见的是凹字形锄（臿）和斧、斤。这类工具在南方地区早在商代晚期就已出现。如江西新干大洋洲程家沙洲商代晚期大墓中就出土有生产工具10余种127件，其中有凹字形臿2件、斤8件、锛3件，还有镰3件、犁2件及耒、耜、铲、手斧、溜肩圆斧等。[①] 湖南石门皂市商代中期遗址中出土有铸造斧（斤）的石范[②]，无疑是用于铸造铜器的。湖南宁乡黄材出土商代线条纹弧刃铜斧224件，加上益阳、华容、邵阳及废铜仓库所得，共达232件[③]。湖南湘潭青山桥一西周窖藏中出土商周铜器14件，其中就有西周时期的凹字形锄2件。[④] 湖南省博物馆收藏的西周至春秋时期的青铜生产工具有锄（臿）镬、铲、耨等50件，其中凹字形锄（臿）有17件，长条形臿（斤）27件，还有铲7件，耨1件。[⑤]这些商周青铜生产工具的出土，雄辩地证明，商周时期确曾大量地使用青铜农业生产工具。可以推想，楚国在商、西周至春秋时期应也曾大量使用青铜生产工具。出土的楚国凹字形锄（臿）、斧、斤等铁生产工具都是仿照同类铜工具铸造的。有的铁农具如犁、耨等尚未出土，并不能说明楚国当时没有使用这些铁农具，而很可能是由于对楚国的文化遗址发掘太少而尚未发现。

青铜的手工业工具在商周时期使用更为广泛普遍，新干大洋洲程家沙洲商墓中出土的青铜手工业工具有工具刀24件，刻刀14件，凿17件，锥12件，钻1件，裁制刀6件，共计74件。[⑥]湖南石门皂市商代中期（二里岗期上层）遗址中就出土有凿、锥、鱼钩，镞等铜工具。[⑦] 湖

---

①⑥ 彭适凡，刘林．江西新干商墓出土一批青铜生产工具［J］．农业考古，1991（1）．

② 实物陈列于湖南省博物馆《湖南历史文物陈列》商周陈列室。

③⑤ 高至喜．湖南商周农业考古概述［J］．农业考古，1985（2）．

④ 湖南省博物馆．湘潭青山桥出土窖藏商周青铜器［M］//湖南考古辑刊：第1集．长沙：岳麓书社，1982．

⑦ 陈列于湖南省博物馆《湖南历史陈列》商周陈列室。

南宁乡黄材三亩地出土有两件商代末期的青铜小刮刀，长 6—6.2 厘米，装柄的銎部作椭圆形，与刮刀同出的有常见于商代的玉器环、管、玦、鱼、龙等和云纹大铜铙，这是目前所见最早的铜刮刀。[①] 西周春秋时刮刀在越地广为流行，如湖南资兴旧市西周末至春秋的越人墓中出土铜刮刀有 5 件[②]，后在楚墓中也常有铜刮刀出土，可见楚墓中出土的铁刮刀完全是仿照铜刮刀而铸制的。所出凿、锥、削、刀等铁工具无疑都是仿自铜工具。至于江南楚墓中所出铁兵器剑、戈、戟、矛、镞铤等完全是仿自同类的铜兵器，不过当时的钢铁兵器的质量可能尚没有超过青铜兵器，因而铁兵器尚没有能取代铜兵器的地位，在出土的楚兵器中，仍以青铜兵器占大多数。但铁兵器在日益增多这一趋势是十分明显的。

在日常用器中特别是礼器方面很少有用铁的。如铁鼎虽出土 5 件，但都是出于较早的平民墓中，士以上贵族墓中，未见用铁铸礼器随葬的情况。从战国中期开始出现铁足铜鼎，以后渐多。楚国的敦、豆、壶、盘、匜等礼器从未见有用铁制的。铜镜全部用铜铸，绝不用铁，大概直至东汉时才试用铁铸，终究效果欠佳，未能普及，南朝时便已绝迹。其他带钩、环、钉、条、夹子、钩形器等，也有的用铁代铜，但数量不甚多。

第三，楚人发展冶铁业，主要用于制作农业生产工具和手工工具。

在古代，江南地区的气候温暖温润，森林茂密。楚人要大力发展农业生产，就必须砍伐森林，开垦荒地，才能扩大耕种面积，这就必须有“坚牢而锐利”的铁工具才能办到。因此，当楚人掌握了冶铁技术之后，首要的就是铸造农业生产工具。

司马迁在《史记·货殖列传》中所描述的“楚越之地”的生产生活情况是“地广人希，饭稻羹鱼，或火耕而水耨，果隋蠃蛤，不待贾而足，地埶饶食，无饥馑之患”。《史记·平准书》也说“江南火耕水耨”。这里

---

① 高至喜. 刮刀起源小议［N］. 中国文物报，1989-10-27：3.

② 湖南省博物馆. 资兴旧市春秋墓［M］//湖南考古辑刊：第 1 集. 长沙：岳麓书社，1982.

讲了江南地区“火耕”“水耨”两种不同的耕作方式。“火耕”适合于山区，即“刀耕火种”；“水耨”原是指在水中耘田，后来泛指在水田中种植水稻。① 不论是“火耕”也好，“水耨”也好，都必须有砍伐森林的刀、斧；有开垦荒地和耕地用的锄（臿）、铲、镢（斤）；有收割用的镰刀。这些工具只有用铁来制造，才会物美价廉，才能大量生产，才可能普遍使用。在江南楚墓中出土的铁工具凹字形锄（臿）、锛（斤）、斧等绝大部分都是掘墓用的工具，用完后有意或无意丢弃在墓室填土中的。这些工具同样可以用于农业生产。在江南春秋战国楚墓和楚遗址中出土的铁器总数已达400余件（尚未发表的楚铁器和广西平乐银山岭越人墓中的楚铁器均未统计在内），其中用于农业生产的凹字形锄（臿）、六角形锄、锛（斤）、镢、斧、耙、镰等占127件，约占出土楚铁器总数的三分之一。由此使人联想到《国语·齐语》和《管子·小匡》中关于“恶金”的记载。《国语·齐语》说：“美金以铸剑戟，试诸狗马；恶金以铸钼夷斤斸，试诸壤土。甲兵大足。”《管子·小匡》的记载是“美金以铸戈剑矛戟，试诸狗马”；“恶金以铸斤斧钼夷锯欘，试诸木土。桓公曰：‘甲兵大足矣’”。两者所记大致相同。有的学者认为“美金”是指“优质铜”，“恶金”是指“劣质铜”。也有学者认为“美金”是指“铜”，“恶金”是指“铁”。其实作后一种解释也是讲得通的，这实际上是反映了春秋早中期之交时兵器主要是用铜铸，农具主要是用铁铸的情况，这也与后来春秋晚期至战国时期的考古发现相符。楚人在开采铜矿时，也已广泛使用铁工具，如大冶铜绿山古矿井中就出有战国时期的六角形锄、凹字形锄、斧形凿、四棱凿、锤、斧、耙等铁器共计18件。麻阳九曲湾古铜矿井中也出四棱形铁凿，铁锤各2件。正由于楚人在生产领域大量地使用铁器，从而大大地加快了开发江南的进程。

第四，楚人铸造了大量的钢铁兵器，但仍以铜兵器为主。

楚人掌握冶铁技术之后在铸制大量生产工具的同时，还致力于钢铁

---

① 郭仁成. 楚国经济史新论［M］. 长沙：湖南教育出版社，1990：60.

兵器的锻造。春秋战国时期，楚人先后灭掉了中国南部地区的国家和部族有六七十个之多。[①] 连年不断地进行兼并战争，这就需要大量的兵器，虽然楚国境内有较丰富的铜及锡、铅等铸造青铜器的矿产资源，但毕竟铜的蕴藏量有限，开采也较为困难，冶炼出来的铜料又首先要满足贵族们铸造礼器、乐器及社会上对铜镜、货币等方面的需要，对于需要量更大的兵器，自然要设法去寻找新的代用品。楚人何时开始铸造钢铁兵器，目前尚难确定，至今已知最早的一柄钢剑是 1976 年长沙杨家山 65 号墓中出土的，年代属春秋晚期。经金相检测是属于含碳量 0.5%的中碳钢，是经反复锻打渗碳而成的渗碳钢制品。[②] 战国早期的钢剑有益阳赫山庙 11 号墓出土的一件，长达 78 厘米，金相组织主要为铁素体和珠光体，系用块炼铁反复锻打而成的块炼钢。[③] 至于战国中晚期的铁兵器就更多了，总数已达 90 多件。其中以剑和镞铤为最多。其余出土的铁剑虽未作金相检测，推想也应是块炼钢，其锋利程度应同青铜剑差不多，如 1952 年长沙颜家岭 35 号墓出土的铁剑，还用玉剑首、玉剑珥作装饰，可见其名贵。而且锻打的铁剑可以比青铜铸剑更长，如长沙桂花园 19 号墓出土的铁剑长达 106 厘米[④]，而所有铜剑没有达到这一长度的。文献记载战国时期楚国的铁兵器已经很有名。如《荀子・议兵》说："楚人鲛革犀兕以为甲，鞈如金石；宛钜铁鉇，惨如蜂虿。"徐广曰："大刚曰钜"，鉇即矛。《史记・范雎蔡泽列传》中记载：秦昭王说："吾闻楚之铁剑利而倡优拙。夫铁剑利则士勇，倡优拙则思虑远。"从出土实物和文献记载都证明，楚人锻造的铁兵器是很优良的，而且当时就已闻名于世。

楚墓中 44 件铁铤铜镞的出土，说明当时的冶铁业已相当发达，因为镞的消耗量大，而且又只能使用一次，足见当时铸制铁铤已比铸制铜镞

---

① 何光岳. 楚灭国考［M］. 上海：上海人民出版社，1990：序言.

② 长沙铁路车站建设工程文物发掘队. 长沙新发现春秋晚期的钢剑和铁器［J］. 文物，1978（10）.

③ 湖南益阳地区文物工作队. 益阳楚墓［J］. 考古学报，1985（1）.

④ 高至喜. 从长沙楚墓看春秋战国时期当地经济文化的发展［C］//中国考古学会第二次年会论文集. 北京：文物出版社，1982.

铤更容易，更便宜。由铁足铜鼎的多次出土，说明楚人已经熟练地掌握铜铁的合铸和焊接技术。

楚人冶铁技术水平虽然很高，锻造的铁兵器已经闻名于世，但在实际应用方面仍以铜兵器为主。如长沙东南郊 209 座楚墓中出土铜兵器 125 件，其中剑 82 件，矛 15 件，戈 12 件，镞 14 件，镦 1 件，镖 1 件（铜兵器上的附件如戈籥、戈镈、矛镦，未统计在内，下同），而所出铁兵器仅有剑 7 件，戟 1 件，镞若干件①；又如益阳近郊在 93 座楚墓中出铜兵器有剑 20 件，戈 17 件、矛 18 件、镞 10 件，共计 65 件，而铁兵器仅有剑 2 件，镞 10 件②。益阳赫山庙、新桥山 47 座楚墓中出土的铜兵器有剑 20 件、戈 20 件、矛 16 件、镞 36 件、铜剑镡 3 件，共计 95 件，却未见有铁兵器出土。③ 1951 年长沙 73 座楚墓中出土的铜兵器有剑 22 件、戈 4 件、矛 6 件、镞若干，而铁兵器仅在 11 座墓（M321、320、216、248、317、307、251、227、260、333、252）中发现铜镞上的铁铤。④至于地处楚国边陲的资兴旧市根本见不到铁兵器，在 80 座战国楚墓中，出土铜兵器有剑 33 件，矛 30 件，戈 16 件，镞 5 件，未见铁兵器。⑤ 可见青铜兵器在楚国仍占据了主导地位。

第五，楚人发明展性铸铁甚早，主要用于铸造工具。

根据目前所知的资料，至迟在春秋晚期楚人已经使用了生铁铸件。如 1976 年长沙杨家山 65 号墓出土的小铁鼎就是白口铸铁。⑥ 但是白口铁硬而性脆，铸成工具使用并不理想。为了改善这种生铁的性能，楚人可能在同一时期发明了“将白口铁长期加热，使碳化铁分解为铁和石墨

① 湖南省博物馆. 长沙楚墓 [J]. 考古学报，1959 (1).

② 湖南省益阳地区文物工作队. 益阳楚墓 [J]. 考古学报，1985 (1).

③ 湖南省博物馆，益阳县文化馆. 湖南益阳战国两汉墓 [J]. 考古学报，1981 (4).

④ 中国科学院考古研究所. 长沙发掘报告 [M]. 北京：科学出版社，1957：42-48、67.

⑤ 湖南省博物馆. 湖南资兴旧市战国墓 [J]. 考古学报，1983 (1).

⑥ 长沙铁路车站建设工程文物发掘队. 长沙新发现春秋晚期的钢剑和铁器 [J]. 文物，1978 (10).

的柔化处理，消除了大块渗碳体，从而克服了白口铁的脆性”[①]，得到了展性铸铁。1957 年长沙左家塘 44 号墓出土的凹字形铁口锄经金相鉴定是属于珠光体和铁素体为基体的展性铸铁[②]。这种展性铸铁，既消除了白口铁的脆性，又比灰口铁的强度高，其机械性能虽然比不上钢，但比钢更经济，易于铸造，最适合于制造农具和部分兵器。春秋晚期的楚墓中曾出土凹字形铁口锄 4 件，与左家塘 44 号墓所出器形完全相同，可能属于同类产品。益阳羊舞岭 16 号战国中期楚墓出土的凹字形铁口锄[③]，大冶铜绿山古矿井中出土的战国时期的六角形锄和斧[④]，经金相鉴定都是“可锻铸铁”，说明战国时期这种可锻铸铁已广泛应用于工农业生产。

第二节　青铜铸造业的新发展

楚人进入江南地区之前，这里就已经有相当发达的青铜铸造业。楚人占领江南之后，带来了更为先进的青铜冶铸技术和新的装饰工艺手法，使江南地区的青铜铸造业出现了新的面貌，有新技术、新品种、新纹饰和新风格。

至目前为止，江南地区出土的最早的楚国青铜器是宋政和三年（1113）前出于湖北嘉鱼的西周晚期的楚公逆钟（原名镈）。[⑤] 1959 年湖南省博物馆从废铜仓库中拣选有一件西周中晚期之际的“楚公豪”铜戈[⑥]。西周时期的楚国青铜器目前发现甚少，且多与中原同时期的铜器相同，尚看不出有自身的特点。这里值得注意的是“楚公豪”铜戈上的

① 李众. 中国封建社会前期钢铁冶炼技术发展的探讨［J］. 考古学报，1975（2）.

② 华觉明. 战国两汉铁器的金相学考查初步报告［J］. 考古学报，1960（1）.

③ 湖南省益阳地区文物工作队. 益阳楚墓［J］. 考古学报，1985（1）.

④ 大冶钢厂，冶军. 铜绿山古矿井遗址出土铁制及铜制工具的初步鉴定［J］. 文物，1975（2）.

⑤ 郭沫若. 两周金文辞大系图录考释（一）［M］. 铭文 177，考释 164 页。

⑥ 高至喜. “楚公豪”戈［J］. 文物，1959（12）.

椭圆形黑色斑块装饰，这在青铜器上是首次见到。

春秋时期的楚铜器在湖南地区已有较多发现。其中以岳阳筻口春秋中期后段的一座楚国贵族墓中出土的8件铜器甚为重要，有鼎2件，簠、盏、盉、盘、匜、匕各1件。从其器形和纹饰风格看，与当时楚国统治的中心地区当阳、江陵、襄阳等地所出春秋中期楚铜器完全一致，这些铜器有可能来自楚郢都地区。

春秋晚期的楚铜器以益阳、湘乡出土较多，有鼎、簠、浴缶、尊缶、蹄足敦等，这些铜器仍然与河南淅川下寺、湖北襄阳、当阳、谷城等地所出同类器物相同，看来楚人南进时把全套铸铜技术带到了江南，在铸造技术和风格上尚没有显示出本地方的特色，但却接受了当地土著民族——越人的一些铜器，如牛角形竖耳S纹鼎、刮刀、短剑等，但在器形和纹饰上都保持各自的特点，也说明这时楚人进入湘中地区的时间还不久。

战国时期，江南地区出土的楚铜器的品种、数量都很多，与楚都江陵及其附近地区所出铜器基本相同，但也表现出一些地方特点或铸造技术上的新发展，在某些方面甚至比楚都地区更为发达。这些新发展是：

首先表现在金错技术的发展。金错或称错金，就是在铜器上用金丝或金片镶嵌成各种华丽秀美的纹饰或文字，然后用错石（即厝石）在器表磨错光平。① 这一技术大概开始出现于春秋时期，春秋中期的晋国栾书缶上就有金错铭文40字。楚国的金错技术可能来自中原地区。1958年湖北江陵长湖南岸出土有春秋战国之际的错金“楚王孙𩵦（鱼）之用”的铜戟两件②，江南地区楚国的错金铜器只见于战国时期的，如长沙近郊楚墓出土的错金云纹铜带钩③。1980年临澧九里1号墓所出战国中期

① 史树青．我国古代的金错工艺［J］．文物，1973（6）．

② 刘彬徽．湖北出土两周金文国别年代考述［M］//古文字研究：第13辑．北京：中华书局，1986．

③ 湖南省博物馆藏品。

的错金铁带钩①，1988 年益阳县政府 11 号墓出土的错金铭文铜戈②，1983 年湘潭县易俗河一中出土的“王作□君”鸟篆铭文铜剑③，在铭文处尚隐约可见错金痕迹，原来可能也是错金的，但后已脱落。这些出土实物说明，楚国江南地区在兵器和日常用器带钩等器物方面也曾经流行错金，但其工艺水平尚不如吴越，数量也少。

楚国的金错器不甚发达，但在铸镶红铜方面却有很高的水平。如河南淅川下寺春秋晚期的 2 号墓中出土的铜浴缶和铜钾上用红铜铸镶有云纹、棱形纹（原报告名“亚腰形纹”）、夔龙纹等。④ 这一镶嵌工艺至迟在战国早期已南传至江南地区。如 1977 年湘乡五里桥 1 号墓中出土的一件铜壶上通体用红铜镶嵌多种动物纹、云纹和棱形纹。动物纹中有凤鸟、蟠龙、羊、鹿等，动物纹竖分为六组，中间以棱形纹隔开⑤，所镶嵌的动物形象生动，表现出很高的工艺水平。其纹饰中的棱形纹（即“亚腰形纹”）和动物纹的风格，都与淅川下寺春秋晚期的铸镶红铜器一脉相承，但在纹饰种类上却大大地丰富了，镶嵌工艺也大有进步。这是江南楚地发现的具有代表性的红铜镶嵌器物。原报告将此壶定为楚器是对的，但将此墓定为春秋晚期的越人墓则不对，而应是战国早期的楚人墓。该墓形制较为狭长，误认为“与越人墓特点相符”，其实这种带“吊龛”较狭长的墓，正是春秋中、晚期湖南楚墓形制的特点，前面我们已经提到在岳阳筻口和益阳赫山庙等地都曾发现出土典型楚国铜器的春秋中、晚期楚墓的墓葬形制即是如此。原报告认为墓中出土的“细长足外撇的铜

---

① 熊传新. 临澧县发掘一座大型战国木椁墓［N］. 湖南日报，1980-12-13：3.

② 益阳地区博物馆藏品，承盛定国馆长相告。错金的四字铭文在援和胡部，内作燕尾形。从戈的形制和字体风格看，应是楚戈。

③ 古湘. 湘潭县出土战国鸟篆铭文铜剑［M］//湖南考古辑刊：第 4 集. 长沙：岳麓书社，1987.

④ 河南省文物研究所. 淅川下寺春秋楚墓［M］. 北京：文物出版社，1991：130、131、136、138.

⑤ 湘乡县博物馆. 湘乡县五里桥、何家湾古墓葬发掘简报［M］//湖南考古辑刊：第 3 集. 长沙：岳麓书社，1986.

鼎、无格剑、篾刀、削等都是越人墓中常见的随葬品”，但不足以据此断为越人墓。如足细长而外撇的铜鼎确具有越式鼎的风格，但其S形纹饰又见于淅川下寺春秋晚期的10号墓出土的铜敦上和其他的一些铜器上，因此，这3件所谓“越式鼎”，很可能是楚人铸造的，不过在器形上受了越式鼎的影响而已。至于刮刀（原报告名篾刀）本是越人的典型器物，但已为楚人所采用；削已在淅川下寺春秋中期8号和36号楚墓中见到[①]，中原地区常见，说明削并不是越器。墓中出土的其他更多的铜器矛、矛镦、戈、斧等都是典型的楚器，因此，该墓应是楚墓。由铜壶的形制及其铺首和戈、矛的形制看，墓的年代只能定在战国早期。属于战国早期的湖北随县擂鼓墩曾侯乙墓中出土的铸镶红铜的铜器盥缶、甗等器物上及工式盖鼎和铜簋上也有这种梭形纹作为各组纹饰之间的界隔[②]，襄阳蔡坡4号墓是典型的战国早期楚墓，所出贴金箔花纹的铜壶的造型和纹饰风格均与此镶嵌红铜壶相似[③]，可见将此壶和该墓定在战国早期是适宜的。到战国中晚期，这类镶嵌红铜的器物几乎未见出土，但错金银器却仍在流行。长沙五里牌406号战国中期墓出土的龙凤纹漆盾的铜盾鼻上错银[④]，长沙近郊楚墓曾出土错银铜戈镈和矛镦，所错云纹规整流畅，工艺精细[⑤]。1985年长沙市长岭7号墓出土有一件错银平顶圈足铜盒，盒的形制与1954年杨家湾6号战国晚期楚墓所出陶盒相似。[⑥] 铜盒的盖、器身和子口沿及圈足上均有错银花纹，盖顶为云凤纹，其余为

---

① 河南省文物研究所．淅川下寺春秋楚墓［M］．北京：文物出版社，1991：22、46.

② 湖北省博物馆．曾侯乙墓：上［M］．北京：文物出版社，1989：178、187、195、205、208、239；曾侯乙墓：下［M］．北京：文物出版社，1989：图版77，1.

③ 杨权喜．襄阳余岗东周青铜器初步研究［J］．江汉考古，1990（4）.

④ 中国科学院考古研究所．长沙发掘报告［M］．北京：科学出版社，1957：57、58.

⑤ 湖南省博物馆．湖南省文物图录［M］．长沙：湖南人民出版社，1964：图版24.

⑥ 湖南文物管理委员会．长沙杨家湾M006号墓清理简报［J］．文物参考资料，1954（12）.

卷云纹和三角云纹①，工艺精湛，反映了南楚地区战国中晚期银错工艺的水平。

其次是精密铸造工艺的进步。我国青铜铸造工艺在殷商时代曾出现过极为兴盛繁荣的时期，至西周春秋时期曾一度有所停滞或衰退，但到春秋晚期至战国时期，青铜铸造技术又有了新的进步，对青铜器的艺术装饰出现了讲究华丽精细的风气，其范铸技术越来越精密，并铸造有大量纹饰精美的礼器和日常生活用器，这一趋势在江南楚地也同样表现了出来，如 1957 年长沙烈士公园 3 号墓出土的云纹提链壶②、1952 年长沙砚瓦池 790 号墓的云纹樽③、1965 年湘乡新均 31 号墓出土的勾连云纹豆④便是例证。如云纹提链铜壶，造型修长秀美，纹饰极为精细，以云纹为主纹，以极细的席纹为地纹，纹饰清晰美观，充分反映出楚国范铸工艺的高超水平。如湘乡新均出土的勾连云纹豆，造型也很别致，豆身腹圆而深，圈足柄上粗下细，圈足迅速外撇，使器物既有曲线之美，又能稳定，盖上有圆饼状捉手，可以倒置，又可盛放食品，通体饰勾连云纹、三角纹和其他几何云纹，“打破了战国纹饰通常简单、对称的特点，使图案的面貌为之一新”⑤，铸作的精巧，令人赞叹不已，可惜原有的镶嵌物已失落。

第三是复合金属嵌铸。在江南楚墓出土兵器中，常见有青铜剑、戈等同一器物上呈现两种不同颜色的金属。如 1953 年长沙月亮山 37 号墓出土的复合铜剑，剑背的颜色浅绿，两刃的颜色青黑。经金相分析，这是用两种不同含量的合金嵌铸而成。长沙楚墓出土的复合剑和上海博物馆对同类复合剑所作化学分析结果如表 5-6：

---

① 资料承长沙市博物馆馆长黄纲正提供。

② 周世荣. 长沙烈士公园清理的战国墓葬［J］. 考古通讯，1958（6）.

③ 湖南省博物馆. 湖南省文物图录［M］. 长沙：湖南人民出版社，1964：图版 18.

④ 湖南省博物馆. 湖南韶山灌区湘乡东周墓清理简报［J］. 文物，1977（3）.

⑤ 马承源. 灿烂的中国古代青铜器［M］//伟大的中国青铜时代展览展品目录. 纽约大都会博物馆.

表 5-6　复合铜剑金属成分表

器物名称	铜%		锡%		铅%		注
	中脊	两刃	中脊	两刃	中脊	两刃	
长沙楚剑	78.16	73.79	10.276	18.416	10.44	1.025	①
上海藏剑 1	84.5	80.33	11.79	17.73	2.13	0.25	②
上海藏剑 2	87.03	79.13	11.22	19.35	0.1 以下	0.19	②
上海藏剑 3	79.70	78.48	8.44	19.88	10.15	0.25	②

由表 5-6 看出中脊和两刃的合金含量的差别主要在于含锡量的不同，即剑脊含锡较少，在 8.44%—11.79%之间，而剑刃含锡量在 17.73%—19.88%之间，含锡较少则铸件的硬度减弱，脆性随之降低，不易折断；含锡较高则硬度提高，使刃部锋利。试验结果表明，青铜器中锡的成分占 17%—20%的最为坚韧，过此逐渐减弱[③]，这几件复合铜剑的剑刃的含锡量都在最坚韧的比例之内，使铜剑达到了刚柔相济、两全其美的效果。上表中有两把剑的剑脊的含铅量约占 10%，这可使中脊的韧性更为提高。由此说明楚人铸造青铜器可以根据不同的要求，能准确地掌握铜、锡、铅含量的不同比例。

第四是铸造了大量精美的日常青铜用具和新的器物。南楚地区不但铸造了大量青铜礼乐器，以满足上层贵族的需要，同时也铸造了品种多、数量更大的日常生活用具，以满足下层贵族和广大平民的需要。这里最突出的是铜镜的铸造。我国的铜镜铸造，根据目前的资料，至迟可追溯到四千年前的齐家文化[④]，商周至春秋时期也有出土，但数量很少，品种不多，纹饰不精，质量不高，始终没有得到大的发展。从出土实物来看，我国铜镜铸造的第一个发展高峰出现在战国中晚期的南楚地区。在湖南境内、鄂东南、赣西地区都有楚镜出土，特别是湘中地区出土更多。

---

① 湖南省博物馆．长沙楚墓［J］．考古学报，1959（1）.

② 马承源．中国青铜器［M］．上海：上海古籍出版社，1988：525.

③ 郭宝钧．中国青铜器时代［M］．北京：生活·读书·新知三联书店，1963：12.

④ 游学华．中国早期铜镜资料［J］．考古与文物，1982（3）.

据长沙地区楚墓出土战国铜镜的统计，总数已超过470枚，约有四分之一的楚墓中出有铜镜①，且多出在平民小墓中，可见其使用之广泛。南楚铜镜形制的主要特征是钮小、面子、身薄、边窄。其种类以圆形为主，也有方形的。其镜背的装饰手法多样，以铸纹为主，也有附加堆镂空纹和彩绘的。特别是铸纹种类甚多，除素镜和弦纹镜外，绝大多数有地纹，常见的是羽状纹和云雷纹。主纹有叶纹、山字纹、菱形纹、兽纹、龙纹、凤纹、连弧纹等，辅助纹饰还有花朵纹、竹叶形纹、圆圈纹、线条纹、绹纹等。各种花纹互相组合，变化无穷，给人以美不胜收之感。南楚铜镜中以山字纹镜最多，这山字纹镜似乎很简单，却蕴藏着非常丰富的内涵，张正明先生对四山镜就作过十分精彩的论述。他说："'山'字，竖是竖，横是横，端端正正，完全是静态的，毫无动势可言。但一经楚国的铸镜匠师处理，'山'字就变成流动而且旋转的……一横是正的，与钮周的方框平行，三竖却是斜的，或一律左旋，或一律右旋，动感很强。也有的是各横的中点正对着方框的角，动感更强。这样圆中有方，静中见动，可谓匠心独运。圆，使人想到天'圆'；方，使人想到地'方'。天与地之间有山，山与山之间有花叶，虽在情理之中，却出意料之外。只手可握的一枚镜子，却是个广大无垠、旋动不息的宇宙的缩影。"②

再看看菱形纹镜。菱形即《楚辞》中的"方连"。由简单的磬折菱形，可以组成变化甚多的纹样，有的作四行排列的开放式；有的则为四周围绕的封闭式；还有的作折叠式，中间以花叶点缀。兽纹镜中的那种狐面鼠耳长卷尾的怪兽，仅用极简单的线条，却能表现出怪兽生动的神情。龙凤纹中的龙纹不但有二龙、三龙、四龙多少的变化，而且盘曲缠

---

① 高至喜．从长沙楚墓看春秋战国时期当地经济文化的发展［C］//中国考古学会第二次年会论文集．北京：文物出版社，1982.

② 张正明．巫、道、骚与艺术［M］//楚文艺论集．武汉：湖北美术出版社，1991：8.

绕变化多样，常与菱形、连弧、四叶、凤鸟等纹饰组合①，更觉繁花似锦，令人眼花缭乱。这些铜镜上的纹饰，不但美观、典雅、秀丽，而且铸制精工，图案清晰，至今能给人以赏心悦目之感。

南楚地区出土的战国铜玺印也很有特色。各地流传的战国玺印甚多，但在墓葬中出土的却甚少。唯独江南战国中晚期楚墓中却有较多的玺印出土。在出土战国玺印中有铜、玉、玻璃、角等不同的质地，但其中以铜铸玺印为主。在这些铜印中，有官印、私印和独字印等。官印中有两合印“大廄”“三合印”“郏萎□鉨”和鼻钮“中戠（织）室鉨”。私印数量很多，多为一厘米左右见方的有边框白文的小方印，也有小圆印，字体秀雅劲拔。印钮除柱状钮外，多鼻钮、台钮。铜玺印的铸制甚精，字体布局，讲究章法，具有相当好的艺术效果。这些玺印都出在平民和士级的墓中，战国中期的玺印多出在墓室头部或头龛内，原来可能是放在奁盒内随葬的。而战国晚期的玺印则多出在腰部，说明这些印是墓主人生前随身佩戴在腰间的，至秦汉及以后随身佩印的风气更广为流行。②众多楚玺印的出土，说明楚人对信物的重视和在平民与士之间彼此交往的密切。

南楚地区铸造的有特点的铜器中，除铜镜和玺印外，还有一些新的器形，如在兵器方面常出有戈鐏，用以把戈头固定于戈柲上，同时也可起装饰作用。所出戈鐏形状多样，有的为怪兽状，有的作鸟形，有的饰云纹，十分讲究③。这类仿动物的铜戈鐏在楚都江陵地区却根本看不到，如江陵雨台山 558 座楚墓中，仅 197 号墓中出土有一件形体很简单的“戈柲帽”④，作用与戈鐏相同。在江陵的附近地区及其他楚地也几乎看不到戈鐏出土，说明铜戈鐏也是江南楚地所铸铜器的特点之一。还有长

① 高至喜．论楚镜［J］．文物，1991（5）．

② 湖南省博物馆．湖南省博物馆藏古玺印集［M］．上海：上海书店，1991：149-150．

③ 湖南省博物馆．湖南省文物图录［M］．长沙：湖南人民出版社，1964：图版 23．

④ 湖北省荆州地区博物馆．江陵雨台山楚墓［M］．北京：文物出版社，1984：81-83．

沙出土的镂空龙纹铜戈、活动铜带钩等，在其他楚地也不曾出土。

第三节　迅速发展的漆器业

江南地区在楚人进入之前有没有漆器，或漆器制造工艺的水平如何，至今未见实物出土，不得而知。我国漆器的发明和使用的时间很早，早在七千年前的浙江余姚河姆渡文化中就出土有木胎红漆碗①；浙江余杭安溪乡瑶山良渚文化的一座墓葬中出土有嵌玉高足朱漆杯②；出土的商代漆器更多，如在河北藁城台西村遗址、湖北黄陂盘龙城、河南罗山天湖墓地等商代遗址或墓葬中均有漆器出土，当时已熟练地掌握了雕琢、车旋、镶嵌和运用色漆的技术③。江南产漆，推想商周时期江南地区应已使用漆器。楚国使用漆器也应较早。但目前只发现春秋中期的漆器，如湖北当阳赵巷 4 号墓中出土的漆器有俎 3 件，镇墓兽 1 件，瑟 2 件，方壶 2 件，簋 6 件，豆 6 件④，制作工艺已有相当高的水平，其实际使用漆器的时间应比此更早。可以设想，在楚人南进的过程中，很可能同时把漆器制造技术带入江南，不过至今为止，在江南地区尚未发现春秋时期的楚漆器。然而战国时期的楚漆器却已有大量发现。现将这些发现列表如下。

---

① 浙江省博物馆. 三十年来浙江文物考古工作［M］//文物考古工作三十年. 北京：文物出版社，1979：图 11.

②③ 王世襄. 中国古代漆器工艺［M］//中国美术全集・工业美术・漆器. 北京：文物出版社，1989.

④ 宜昌地区博物馆. 湖北当阳赵巷 4 号春秋墓发掘简报［J］. 文物，1990（10）.

表 5-7　江南地区战国楚墓出土漆器一览表

墓号或墓地	时期	日常用具													乐器	
		几	案	豆	耳杯	樽	勺、盘	奁盒	盒	虎子	梳篦	棋盘	枕	残片	琴	瑟
71 长浏 M1	战国初	2									2					1
51 长沙 M406	战国中期													2		
86 长荷 M1	战国中期				2											
85 长留 M1	战国中期				2											
52 长颜 M35	战国中期					1										
75 湘牛 M1	战国中期	1	2	16	33			3	1				1			
76 湘牛 M2	战国中期	1	1	1	1		1	1	1							
临澧九里墓地 4 座	战国中期	1	1		10			1	1			屏风 1	箱 1	1		1
57 长子 M17	战国中期	1														
53 长仰 M26	战国中期													3		
53 长仰 M14	战国中期				1		盘 1							1		
58 常德 M25、26	战国中期	1			3											
58 常德 M47、51	战国晚期				14	2			1							
鄂城楚墓 9 座	战国中、晚期	1	1	5	13		盘 4		1			1		碗 1		1
87 慈石 M36	战国中期					1	镜 1							樽 1		1
54 长左 M15	战国中期				4			1					笔杆 1			
52 长扫 M138	战国中期	1			3											
56 长沙沙湖桥 4 座	战国中期				4	1		1								
58 长烈 M3	战国中期			2							1			1		
65 湘韶 65、70	战国中期				4	2										
85 桃三 M1	战国中期				7	2										
74 长魏 M1	战国晚期				2	1		1								
80 长五邮 M3	战国晚期				2	2		1		1					1	
54 长杨 M6	战国晚期				20	2		2	2							
86 长火 M4	战国晚期				1		盘 1									

续表

乐器					兵　器										车　器				其　他						合计	注释
鼓	鼓槌	铎槌	笋虡	鼓架	弓	弩	箭杆	矢箙	剑鞘	剑椟	戈柲	矛柲	盾	皮甲	伞柄	盖弓	车辕	车器	镇墓兽	鹿	绕线棒	仪杖	棍	圆圈		
2	2				3		8	1	4	1	15	15	3	1	1	20	2		1	1	6	1	4	3	99	①
					1				1				2											扦+1	7	②
1	1	1							1		1			1											8	③
					1							1		1											5	④
									1																2	⑤
				1											1		1	2	2				1		65	⑥
				1							1					20			1				1		31	⑦
			1		2								1	1	1		1		10						35	⑧
2	2			1														1							7	⑨
																				答床1					4	⑩
																				答床1					4	⑪
									2																6	⑫
								1																	18	⑬
				3						4			2						3			飞鸟1			41	⑭
							19		2		2	铍柲1													27	⑮
							1		1																8	⑯
					1	1	1																		7	⑰
																									6	⑱
																									4	⑲
																									6	⑳
																									9	㉑
																									4	㉒
									1																8	㉓
																									26	㉔
																									2	㉕
																									439	

注：漆棺未统计在内

① 湖南省博物馆. 长沙浏城桥一号墓 [J]. 考古学报，1972 (1).
② 中国科学院考古研究所. 长沙发掘报告 [M]. 北京：科学出版社，1957：57-59.
③ 长沙市文物工作队. 长沙市荷花池一号战国木椁墓发掘报告 [M] //湖南考古辑刊：第 5 集. 长沙：岳麓书社，1989.
④ 长沙市文物工作队. 长沙留芳岭战国墓发掘简报 [M] //湖南文物：第 1 辑. 长沙：湖南大学出版社，1986.
⑤ 湖南省博物馆. 长沙楚墓 [J]. 考古学报，1959 (1).
⑥⑦ 湖南省博物馆. 湖南湘乡牛形山一、二号大型战国木椁墓 [M] //文物资料丛刊：第 3 集. 北京：文物出版社，1980.
⑧ 湖南省博物馆. 临澧九里楚墓 [M] //湖南考古辑刊：第 3 集. 长沙：岳麓书社，1986. 本栏漆器中包括 1980 年临澧九里 1 号墓中出土的镇墓兽 6 件，鼓架 1 件，五边箱 1 件，屏风 1 件，其他漆器未计在内.
⑨ 周世荣，文道义. 57 长. 子. 17 号墓清理简报 [J]. 文物，1960 (1).
⑩⑪ 湖南省博物馆. 湖南省文物图录 [M]. 长沙：湖南人民出版社，1964：图版 45.
⑫⑬ 湖南省博物馆. 湖南常德德山楚墓发掘报告 [J]. 考古，1963 (9).
⑭ 湖北省鄂城县博物馆. 鄂城楚墓 [J]. 考古学报，1983 (2).
⑮ 湖南省文物考古研究所. 湖南慈利石板村 36 号战国墓发掘简报 [J]. 文物，1990 (10).
⑯ 湖南省文物管理委员会. 长沙左家公山的战国木椁墓 [J]. 文物参考资料，1954 (12).
⑰ 高至喜. 记长沙、常德出土弩机的战国墓 [J]. 文物，1964 (6).
⑱ 李正光. 长沙沙湖桥一带古墓发掘报告 [J]. 考古学报，1957 (4).
⑲ 高至喜. 长沙烈士公园 3 号木椁墓清理简报 [J]. 文物，1959 (10).
⑳ 湖南省博物馆. 湖南韶山灌区湘乡东周墓清理简报 [J]. 文物，1977 (3).
㉑ 常德地区文物工作队. 桃源三元村一号楚墓 [M] //湖南考古辑刊：第 4 集. 长沙：岳麓书社，1987.
㉒ 湖南省博物馆. 湖南长沙黄土岭魏家大堆战国墓 [M] //文物资料丛刊：第 3 集. 北京：文物出版社，1980.
㉓ 长沙市文物工作队. 长沙市五里牌战国木椁墓 [M] //湖南考古辑刊：第 1 集. 长沙：岳麓书社，1982.
㉔ 湖南省文物管理委员会. 长沙杨家湾 M006 号墓清理简报 [J]. 文物参考资料，1954 (12).
㉕ 长沙市文物工作队. 长沙火把山楚汉墓 [M] //湖南文物：第 3 辑. 长沙：湖南大学出版社，1988.

从表上所列情况，对江南地区出土的战国楚漆器有如下几点认识。

一、品种繁多，使用广泛，发展迅速

根据已经发表的资料，江南地区已有 40 余座战国楚墓中出土漆器 50 余种，共 400 余件（漆棺未统计在内）。其中最多的是日常生活用器，有 22 种达 222 件，最多的是耳杯、豆及樽等食器，也有几、案、奁盒等用具。其次是兵器，有 11 种，106 件，最常见的是箭杆、剑鞘和戈、矛之柲。乐器和车马器较少，主要见于大夫级以上贵族墓中。战国早期的漆器，最有代表性的是长沙浏城桥 1 号墓中出土的 99 件漆器。值得注意的现象是日常生活用器甚少，只有几 2 件，梳 2 件，未见食器，而兵器特多，车马器、乐器也不少。这些漆器大都可以在春秋楚漆器中找到源头，如湖北当阳曹家岗 5 号春秋晚期墓中出土的漆器有瑟、皮甲、弓、积竹柲等。① 江陵雨台山 392 号春秋晚期墓中出土有木梳②，这些漆器与浏城桥 1 号墓中所出同类漆器风格一致。由于楚都江陵及当阳等地发现的春秋时期的楚漆器数量不多，浏城桥所出漆器中有一部分尚不能在湖北春秋晚期漆器中找到渊源，但多数可以在战国楚漆器中找到相同或相似的器物，如琴、鼓、盾、剑鞘、车马器、镇墓兽、鹿、绕线棒等都是楚漆器中较常见之物，看来长沙浏城桥 1 号墓中所出漆器其制作技术基本上都应是来自楚郢都或其邻近地区。在江南战国中晚期的楚漆器中食器品种和数量都迅速增加，日常用器也更广泛，这是楚漆器的一个大发展时期。不过当时最重要的礼器，如鼎、敦、壶、钫、匜等尚未使用漆器，这要到西汉早期才出现。

二、工艺进步，器形精巧

江南出土的战国楚漆器不但品种多，使用广，而且在制作工艺上也进步很快。从胎质看，春秋时期的楚漆器主要是厚重的木胎漆器。到战

---

① 湖北省宜昌地区博物馆．当阳曹家岗 5 号楚墓［J］．考古学报，1988（4）．

② 湖北省荆州地区博物馆．江陵雨台山楚墓［M］．北京：文物出版社，1984：155．

国初期，竹、皮等胎质的漆器已经在江南地区出现，而且制作出许多精巧的器物，如长沙浏城桥1号墓中出土的云纹竹矢箙，戈、矛、戟的积竹柲等[①]即是。竹矢箙，是用两块半边竹子合成，设计巧妙，制作简单，在黑漆地上绘红色几何云纹，并用黄色云纹点缀，十分美观，而又适用（图2-63，2）；积竹柲则是用木、竹、丝线、漆多种材料复合制作而成，使长达3米的戈、矛、戟、殳等车战用的长兵器不易折断，取得了刚柔相济的理想效果。这四种材料是缺一不可的。以木棒为心，取其硬度；以竹篾包在木棒周围，以增加韧度；外缠丝线，再髹漆，使其坚固，充分地发挥了各种材料的优点。到战国中晚期之际，又出现了夹纻胎漆器，如长沙魏家大堆1号墓出土的漆樽和漆奁的周边都是夹纻胎。[②] 常德德山晚期楚墓中也出土有夹纻胎漆奁（疑为樽）。[③] 夹纻胎的发明，使漆器更为轻巧耐用，这是漆器制作工艺上的一个重大进步。这一制作技术延续2 000多年，至今仍在使用。有的铜器也有用漆绘饰的。如慈利石板村战国中期的36号墓中出土的铜镜背面髹黑漆，朱绘粗、细线方格纹。[④] 江南地区在漆器制作上的另一进步是“钔器”的出现。战国中期的长沙颜家35号墓中出土的狩猎纹漆樽，底部安有三个蹄形铜足，由于铜足直接安装在樽的底部[⑤]，尚不十分牢固，这只是钔器出现的先声。战国中期偏晚及其以后，漆器中的钔器就多起来了。如桃源三元村1号墓中出土漆樽两件，盖上有三个环形铜钮，器身一侧有环形铜鋬，底下部有铜箍和蹄足。[⑥] 这时的钔器已基本形成，底部加一铜箍，既可使蹄足安装牢固，又可起装饰作用。这类漆樽还有长沙沙湖桥9号墓出的兽

① 湖南省博物馆. 长沙浏城桥一号墓［J］. 考古学报，1972（1）.

② 湖南省博物馆. 湖南长沙黄土岭魏家大堆战国墓［M］//文物资料丛刊：第3集. 北京：文物出版社，1980.

③ 湖南省博物馆. 湖南常德德山楚墓发掘报告［J］. 考古，1963（9）.

④ 湖南省文物考古研究所. 湖南慈利石板村36号战国墓发掘简报［J］. 文物，1990（10）.

⑤ 湖南省博物馆. 湖南省文物图录［M］. 长沙：湖南人民出版社，1964：图版39.

⑥ 常德地区文物工作队. 桃源三元村一号楚墓［M］//湖南考古辑刊：第4集. 长沙：岳麓书社，1982.

纹漆樽[①]和上面提到的长沙魏家大堆 1 号墓中出土的夹纻胎漆樽。战国晚期的钔器有长沙杨家湾 6 号墓所出凤鸟纹漆樽 2 件[②]，长沙五里牌邮电大楼 3 号墓出土的云纹漆樽（已残）[③]。还有 76 长朝 195 号墓、85 长左 7 号墓均出土有铜钔漆樽[④]等。湘乡韶山灌区 65 号墓中出土有漆樽上的钔器零件，其底为一铜盘下有三蹄足[⑤]，这类钔器就更为坚固了。这些资料说明，战国晚期漆器中的铜钔漆器已相当流行。但金钔、银钔漆器尚未见出土。在楚都江陵雨台山楚墓出土的漆樽与湖南所出有所区别。雨台山 554 号墓所出漆樽身上有一对铜铺首[⑥]，而湖南所出仅有一个环形鋬手；江陵尚未见有铜钔的漆樽，而在湖南，战国中期后段至战国晚期铜钔漆樽较为流行。江陵出土有雕刻众多蛇纹的漆“卮”[⑦]，而在湖南未见。这类漆“卮”无鋬无足，如改名为杯，似觉更切合实际，且又可与卮相区别。

长沙浏城桥 1 号墓中出土的战国初的漆几，是楚漆几中最早的一件，几面下弧，两侧外突，俯视侧视都有曲线美，几面浅刻云纹，两端刻兽面纹，髹黑漆发亮。几下两端有四根柱足支撑，下面的柎木也稍弯曲，更巧妙的是在几下面腰部又斜置枨木 4 根，扦于柎木上，使几更为牢固，又使 12 根柱足显得有变化，真是匠心独具。

---

① 李正光. 长沙沙湖桥一带古墓发掘报告 [J]. 考古学报，1957 (4).

② 湖南省文物管理委员会. 长沙杨家湾 M006 号墓清理简报 [J]. 文物参考资料，1954 (12).

③ 长沙市文物工作队. 长沙五里牌战国木椁墓 [M] //湖南考古辑刊：第 1 集. 长沙：岳麓书社，1982.

④ 黄纲正. 湖南楚墓出土的漆奁和漆樽研究 [M] //楚文化研究论集：第 3 集. 武汉：湖北人民出版社，1992.

⑤ 湖南省博物馆. 湖南韶山灌区湘乡东周墓清理简报 [J]. 文物，1977 (3).

⑥⑦ 湖北省荆州地区博物馆. 江陵雨台山楚墓 [M]. 北京：文物出版社，1984：98、100、101.

三、色彩艳丽，纹样丰富

在半透明漆中调入不同的矿物颜料，可以制成多种颜色的漆。如加入氢氧化铁可得黑色，加入石黄可得黄色，加入辰砂可得朱色，加入次硝酸铋和纯强盐酸，可得白色。[①] 楚人充分地运用了漆的调色功能，使漆器的颜色丰富多彩。一般是黑地或褐地绘花，常见的彩漆有朱、黄、白、金等色，对比十分强烈。如长沙仰天湖 26 号墓出土的几何纹笭床，在深褐色地上，采用金、朱色为主，再用黑、黄等色描绘云纹和龙、凤纹的首、足等局部纹饰，周边则用红色细线绘菱形纹，用白色点缀，使主纹突出，色彩显得富丽堂皇。[②] 漆器上的纹饰以龙纹、凤纹、云纹、几何纹为主，还有花瓣、菱形纹等。湘乡牛形山 1 号墓出土的漆几，在黑漆地上用棕、红、黄色绘龙凤纹为主纹，辅以三角云纹，云纹中再填金色[③]，显得美观雅致；长沙杨家湾 6 号墓出土的凤纹漆樽，所绘凤鸟昂首、曲身、足张爪前伸，尾特长，先平伸后卷曲，显得十分雄健有力[④]。长沙颜家岭 35 号墓出土的狩猎纹漆樽，则是一种崭新的风格。樽高 12.8 厘米，口径 11.2 厘米，器形不大，但纹饰却丰富多彩，在黑褐色地上用朱漆作画，绘画共分五层，第一、三、五层为变形凤纹，第二、四层为狩猎纹，共有五组，计有人物 3、动物 9、树 1、弓箭 1、戟 1。第二层第一组为猎人斗野牛，右边一猎人正在大步向前，向狂奔的野牛背后张弓射箭，野牛前面另一猎人持长戟全力正向野牛刺去，眼看一场恶斗即将出现，持戟猎人左面有一猎犬正要与野猪搏斗。第四层第一组是两只鹤正在相向垂头啄食，左边另有一凤鸟，正在昂首奋爪追来，似要

---

① 沈福文. 漆器工艺技术资料简要 [J]. 文物参考资料，1957 (7).

② 湖南省博物馆. 湖南省文物图录 [M]. 长沙：湖南人民出版社，1964：图版 45，1.

③ 湖南省博物馆. 湖南湘乡牛形山一、二号大型战国木椁墓 [M] //文物资料丛刊：第 3 集. 北京：文物出版社，1980.

④ 湖南省文物管理委员会. 长沙杨家湾 M006 号墓清理简报 [J]. 文物参考资料，1954 (12).

参与争食。第二组是一猎犬正在追逐一鹿。第三组是一侏儒牵着一猴朝鹿的方向走去。匠师善于运用线条的粗细和颜色的浓淡，所画动物和人物都表现得惟妙惟肖，动感很强，真是一幅绝妙的反映狩猎场面的漆画。

第四节　异军突起的玻璃制造业

南楚地区的战国楚墓随葬物品中的另一个重要特点，就是有大量的玻璃器。其分布地域很广，湖南地区的长沙、浏阳、益阳、衡阳、湘乡、郴州、资兴、株洲、常德、临澧等地楚墓中，都有玻璃器出土，其中又以长沙地区出土最多。据不完全统计，长沙战国楚墓中出土的玻璃璧达80多件，珠、管、环、剑饰等玻璃器80多件。① 广东②、福建③的一些战国墓中也偶见玻璃珠和璧。

一、器形和纹饰

玻璃璧是南楚战国楚墓中最有特点的随葬器物之一。璧是圆形扁平体，中心有圆孔。按《尔雅》的解释是："肉倍好谓之璧，好倍肉谓之瑗，肉好若一谓之环。""肉"指周边的实体，"好"指中心的圆孔。但出土的璧并不都是"肉倍好"，多数璧的孔径"好"为"肉"的三分之二，即孔径偏大。出土的玻璃璧多为浅绿、乳白、米黄色，少数为深绿色。璧上的纹饰有谷粒纹、云纹和弦纹，以谷纹为主。所谓谷纹即密集的小乳钉纹。《周礼·典瑞》中说的"子执谷璧，男执蒲璧"的"谷璧"应即是指的饰有这种谷纹的玉璧，"谷"即粟，形容得相当准确。"蒲纹是浅浮雕六角格子纹"④，玻璃璧中未见有实物出土。

---

① 高至喜. 论我国春秋战国的玻璃器及有关问题 [J]. 文物，1985 (12)：54-65.

② 广东省博物馆，肇庆市文化局发掘小组. 广东肇庆市北岭松山古墓发掘简报 [J]. 文物，1974 (11)：76.

③ 福建省文物管理委员会. 闽侯庄边山新石器时代遗址试掘简报 [J]. 考古，1961：44.

④ 夏鼐. 汉代的玉器——汉代玉器中传统的延续和变化 [J]. 考古学报，1983 (2).

玻璃珠大多作圆球形，中有穿孔，即所谓“蜻蜓眼”式。纹饰是多道蓝、白相间的同心或偏心圆圈纹，也有间黄圈的，这些圆圈纹稍为凸起，形似蜻蜓眼，故名。有的还在这些蜻蜓眼之间用小白点或小蓝点相连成菱形纹饰。

玻璃剑饰以南楚战国楚墓中出土最多，达 15 件。剑饰有剑首、剑珥和剑珌三种。剑首是剑茎顶端装饰，作小圆饼状，下面中心有一小圆乳突，以便与剑茎相连接。玻璃剑首共出 8 件。剑首上的纹饰主要也是谷纹，还有柿蒂纹和蟠螭纹。剑珥置于剑鞘中部稍靠首端处，作长方形，两端稍向下弯曲，下有一窄长方形穿孔，这是穿皮带之处，用以佩剑。此物侧视如耳，故名。《楚辞·九歌·东皇太一》有“抚长剑兮玉珥”的名句。剑珥位于剑的重心部位，佩剑时正在腰部，故抚摸剑时，往往先摸到剑珥。玻璃剑珥上的纹饰有谷纹、云纹、蟠螭纹和兽面纹多种。剑珌是剑鞘尾端的装饰。玻璃剑珌仅在益阳赫山庙 4 号楚墓中出土一件，断面作菱形，平面呈梯形，饰谷纹。

印是信物。战国时期已流行用玺印随葬，多用铜铸，也有用玉和牛角刻制的。1956 年长沙左家塘 41 号楚墓中却出土有一件玻璃印，鼻钮，印面方形，每面宽 0.95 厘米，高仅 0.8 厘米。印面有篆体“中身”二字，有的解释为“中年”，也有的说“中”者正也，如中行、中庸①。此印出土时位于死者腰部，说明这是死者生前随身携带的印。湖南省博物馆收藏的玺印中，还有“中身”“鉨”字战国玻璃印各一枚，应当也是在南楚地区出土的，说明南楚地区战国时对玻璃印的使用，并不是孤例。

二、璧和珠、管的用途

璧，一般认为是一种礼仪上使用的器物，可以用作贵族中不同爵位者的徽标，即璧的大小和多少与等级有关，但并不十分严格，特别是当这种“礼制”传到楚地时更加发生了变化。如长沙等地出土的玻璃璧直径 12 厘米以下的，与之共存的陶礼器鼎、敦、壶等仅 1 至 2 套，其墓主

① 周世荣. 湖南楚墓出土古文字丛考［M］//湖南考古辑刊：第 1 集. 长沙：岳麓书社，1982.

人的身份仅为平民和下士；璧的直径超过 12 厘米的，同出的陶礼器有 4—6 套之多，其墓主应为上士和大夫级了。但也有同出之陶礼器相同，而玻璃璧的大小却相差悬殊。如 55 长陈军 4 号墓所出玻璃璧直径达 14.1 厘米，重达 225 克，而 65 长九煤 16 号墓所出之璧直径只有 9.1 厘米，重仅 50 克，而两墓所出之陶礼器都是 4 套。可见楚人对璧的使用并无严格规定。资兴旧市战国墓地所出玻璃璧的情况，充分说明了南楚地区使用玻璃器的普及程度。这一墓地共发掘战国墓 80 座，共有 19 座墓出土玻璃璧 19 件和玻璃珠 3 件。① 这 19 座墓中的三鼎（内陶鼎 2、铜鼎 1）墓仅 1 座，二鼎墓只有 4 座（内 1 座为陶鼎 1、铜鼎 1），一鼎墓占 11 座，还有 3 座墓无鼎。这些一鼎墓和无鼎墓应系平民之墓，二、三鼎墓则为士级墓。在出兵器的男性墓和出纺轮、装饰品的女性墓中都出有玻璃器，说明男女均可使用。

由玻璃璧的出土情况看，每墓只出一件，而且都出在头部，有不少还侧立土中，我们推想这些玻璃璧大多数原来应是嵌在棺挡上的装饰物，有的可能置于头部，这可以在西汉墓中找到证据。如长沙陡壁山西汉曹𡟰墓的“内棺东端贴壁竖置玉璧 2 件，附近残存头发一束，牙齿七颗”②；长沙象鼻嘴 1 号西汉墓的中棺盖板的东端（头部）放置青白玉璧一件③；长沙马王堆 1 号汉墓的红地彩绘棺头挡和长沙砂子塘 1 号西汉墓的内棺头挡上绘有双龙穿璧④或双凤穿璧的图案⑤。这些汉墓棺挡贴璧或绘谷璧的风俗，无疑是对楚国风俗的继承。璧既然主要用作棺挡上的装饰物，并随着越来越多平民对璧的使用，因而已逐渐失去了原有的等级地位徽标的意义。

珠、管、环都是装饰品。湖北江陵武昌义地楚墓中出土有两件木俑，

① 湖南省博物馆. 湖南资兴旧市战国墓 [J]. 考古学报，1983 (1).

② 长沙市文化局文物组. 长沙咸家湖西汉曹𡟰墓 [J]. 文物，1979 (3)：3.

③ 湖南省博物馆. 长沙象鼻嘴一号西汉墓 [J]. 考古学报，1981 (1).

④ 湖南省博物馆，中国科学院考古研究所. 长沙马王堆一号汉墓：上 [M]. 北京：文物出版社，1973：26、40.

⑤ 湖南省博物馆. 长沙砂子塘西汉墓发掘简报 [J]. 文物，1963 (2)：图版.

在其身前从胸以下绘有两组由丝带贯串的珠、管、环、璜组成的装饰物，几与长袍等长。湖南汉寿的楚墓中也出土有类似的木俑，说明南楚地区出土的这些玻璃珠、管，与楚都江陵地区一样是作为装饰品使用。看来楚人是以佩戴繁多而长串的珠饰物为美。

三、玻璃制造业在南楚地区“异军突起”的原因

从出土实物说明，南楚地区特别是长沙是楚国玻璃制造业最发达的地区。玻璃璧除安徽有少量出土和在福建闽侯庄边山发现一件外，其余均出在南楚地区。剑饰也只在安徽寿县治淮工程中发现两件（未发表图像）外，也只见于湖南地区。只有玻璃珠、管发现的范围较广。为什么南楚地区的玻璃制造业特别发达呢？其原因除了首先要掌握制造玻璃的技术外，至少还要有两个条件，一是社会的需要，二是要有丰富的原料。而在南楚地区这两个条件均已具备。璧是我国传统的重要器物之一，早在新石器时代就已出现并流行，商周时期更是很重要的礼仪用器或宝物，《周礼·大宗伯》还有“以苍璧礼天”的记载，在埋葬中也盛行用玉，剑上的装饰又是以玉饰为名贵，称为“玉具剑”；人们佩戴的装饰品也多用玉，说明当时社会上对玉的需要量很大，特别是到战国中期及以后，平民和士的地位提高了，他们在墓葬中不但要随葬鼎、敦、壶等礼器，而且竞相使用玉器。一旦平民需要用玉，则其需要量会大大增加，但是湖南地区玉的产量甚少，因此只得设法寻找替代的产品，仿玉的玻璃器便是理想的代用品，这大概就是湖南出土的大量玻璃璧和剑饰都很像玉器的缘故。如乳白色玻璃璧似羊脂玉，深绿色玻璃璧则像碧玉。经检测证明，湖南出土的玻璃器中含有大量的钡，而“钡在玻璃中还能产生一定乳浊度”①，使生产出来的玻璃有似玉的效果。

南楚地区制造玻璃的原料相当丰富。株洲、湘潭、常宁、临澧等县

① 美国康宁玻璃公司 R. H. Brill. 一批早期中国玻璃的化学分析［M］//中国古玻璃研究. 北京：中国建筑工业出版社，1986：27.

均有含铁量低、储量大的二氧化硅[①]，临湘、桂阳、郴县等二十多个县都有铅锌矿，衡南、沅陵、衡阳、绥宁、隆回、湘潭、新化等县都有重晶石（$BaSO_4$）[②]。湖南的铅矿蕴藏尤富。[③] 由于南楚地区对似玉玻璃器有广泛的社会需要，加上本地制造玻璃的原料丰富，因而使这一地区的玻璃制造业能“异军突起”。

四、南楚地区玻璃制造技术的来源和特点

楚国的玻璃制造技术从何而来呢？这在目前还难以准确回答。我国北方地区早就有西周时期“早期琉璃”珠饰出土，但其化学组成属于高二氧化硅（SiO_2），且含有大量晶态石英的烧结黏合物质，属于国外古代的“费昂斯”（Faience），“还不能称为玻璃”。[④] 河南淅川下寺春秋中晚期（约公元前 6 世纪中叶前后）的楚国贵族墓中出土有“料珠”，也只“是含有玻璃相的已被烧结的石英珠”，至目前为止，所有南楚地区春秋时期的楚墓中均未发现有玻璃器。目前已发现的最早的玻璃是河南固始侯古堆大墓出土的“蜻蜓眼”式的玻璃珠，是钠钙玻璃[⑤]；春秋战国之际的越王勾践剑镡上所嵌的两块蓝色玻璃，是钾钙玻璃[⑥]；春秋末至战国初吴王夫差剑镡上所嵌的玻璃是透明度较高的硅酸钙玻璃[⑦]。而这些玻璃器均出自吴越地区，或原来是镶嵌在吴、越兵器上的装饰物。从其玻璃的器形、纹饰和成分来看这些玻璃器并非产自吴越之地。固始侯古

① 湖南省志编纂委员会. 湖南省志·地理志［M］. 长沙：湖南人民出版社，1962：712.

② 湖南省志编纂委员会. 湖南省志·地理志［M］. 长沙：湖南人民出版社，1962：671、693-696.

③ 湖南省志编纂委员会. 湖南省志·地理志［M］. 长沙：湖南人民出版社，1962：686、687.

④ 干福熹. 中国古玻璃化学组成的演变（编后）［C］//中国古玻璃研究. 北京：中国建筑工业出版社，1986：138.

⑤ 张福康，程朱海，张志刚. 中国古琉璃的研究［J］. 硅酸盐学报，1983（1）.

⑥ 石碧. 原子考古［N］. 科学园地报，1982-12-3：2.

⑦ 崔墨林. 吴王夫差剑的考究［J］. 中原文物，1981（特刊）.

堆大墓出土的蜻蜓眼式玻璃珠上的纹饰，在我国传统的纹饰中找不到渊源，而在埃及和两河流域却出土有公元前 15 世纪至公元前 10 世纪前期的同类蜻蜓眼式的玻璃项链。① 因此，吴越地区的这些小型的蜻蜓眼式的玻璃珠，很可能是从这一带传入的。再从玻璃的成分看，古埃及和地中海沿岸地区出土的玻璃组成，均属于 Na_2O-CaO-SiO_2 系统，只有少数玻璃含有少量的氧化铅。② 而吴越地区的这几件玻璃器都属于钠钙玻璃系统，由其成分证明它们也应是来自西方。

湖北随州擂鼓墩战国早期（前 433 年或稍晚）的 1 号墓的墓主人虽是曾国国君曾侯乙，但“已纳入楚文化的范畴”。③ 该墓出土有蜻蜓眼式的玻璃球 174 颗，除一颗出自东室陪葬棺处，其余均出自主室，遍布墓主全身，显系墓主人的装饰品。经中国科学院地质研究所测定其化学成分，除 SiO_2 外，主要是 Na 和 Ca，认为是“阿拉伯产的料器”。④ 而其他年代可靠的战国早期楚墓中尚未见有玻璃器出土。由此可见，到战国早期楚国很可能还没有自制的玻璃，那时还只有为数很少的王公贵族能佩戴从国外输入的玻璃珠饰。大概要到战国早期之末或早中期之际，楚国才有自制的玻璃。考古发现证明，南楚地区到战国中、晚期已流行用玻璃器随葬。现已对长沙、衡阳、资兴出土的 12 件玻璃璧、珠作过化学分析或光谱分析（表 5-8），表明这些玻璃器都是高铅钡玻璃制品，而与西方的钠钙玻璃的成分完全不同。再看璧、剑首、剑珥、剑珌、印等器形，及其上面的谷纹、云纹、柿蒂纹、蟠螭纹、兽面纹等纹饰和印上的楚文字等，又都是我国传统的器形和纹饰，证明这些铅钡玻璃都是楚国自己创制的，而且其产地要在南楚地区。这应是在原有烧制“早期玻璃”费昂斯技术的基础上制造成功的，但也不能排除曾受到西方输入的玻璃器的影响。在南楚地区战国中、晚期楚墓中出土的蜻蜓眼式玻璃珠中，大多数也是高铅钡玻璃，这一部分玻璃珠就应是楚人仿自西方传入的蜻蜓眼式的玻璃珠。

---

① Sidney M. Goldstein. *Pre-Rom and Early Roman Glass*, 1979：78、115.

② 干福熹. 我国古代玻璃的起源问题 [J]. 硅酸盐学报，1978，6（1、2）.

③ 湖北省博物馆. 曾侯乙墓：上 [M]. 北京：文物出版社，1989：470.

④ 湖北省博物馆. 曾侯乙墓：上 [M]. 北京：文物出版社，1989：424、658.

表 5-8　南楚地区战国玻璃器成分测定登记表

器物	成分										备注
	SiO_2	PbO	BaO	Al_2O_3	Fe_2O_3	CaO	Na_2O	CuO	MgO	K_2O	
长沙楚墓白玻璃片	39.0	28.3	大量	0.9	0.2	0.73	6.4	0.02	0.14	0.09	①
长沙料珠	43.69	25.68	5.92								
长沙料壁	34.69	37.24	10.36	1.16	1.16	9.62	5.2		0.54		
长沙浅绿色谷纹壁（64 长下物 M22）	37.16	39.8	13.4	0.62	0.16	1.95	3.32	0.03	0.40	0.27	②
长沙深绿色谷纹壁（56 长卫 M7）	38.3	41.53	10.37	1.67	0.32	2.75	3.07	0.73	0.41	0.34	③
衡阳白色云纹壁（53 衡铁 M3）	36.57	44.71	10.1	0.46	0.15	2.1	3.72	0.02	0.21	0.1	④
长沙米黄色壁（57 长陈军 M29）	20	10	13	3	1	1	0.1			0.5	⑤
资兴旧市乳白色壁（M585）	20	5	10	2	0.5	1	0.5				⑥
资兴旧市浅绿色壁（M490）	20	5	10	2	0.2	3	0.5				⑦
长沙市黑色珠（54 长桂 M111:4）	>10	1.5	1	0.3	0.5	1.5	0.07		0.7	0.07	⑧
长沙市绿色珠（54 长桂 M111:4）	>10	>5	>5	1	0.3	1.5	0.3		>1	0.1	⑨
长沙市墨绿色壁（55 长军 M4）	>10	>5	>5	1.5	0.7	1.5	0.3	<1	>1	0.3	⑩

① 张福康，程朱海，张志刚．中国古琉璃的研究［J］．硅酸盐学报，1983（1）.

②③④ 高至喜．论我国春秋战国的玻璃器及有关问题［J］．文物，1985（12）64.

⑤⑥⑦ 1981 年由湖南省地质局实验室用激光光谱分析所得结果。

⑧⑨⑩ 1976 年由湖南省地质局实验室用光谱半定量分析所得结果。

第五节　发达的商业

楚人入主江南，随之带来了先进的冶铁业，大概从春秋晚期开始，江南地区铁工具在逐步替代原有的青铜工具。战国时期，铁农具的大量制造和广泛使用，从而为发展农业生产提供了更廉价的坚固而锐利的工具。品种多样的、用途更广的铁制手工工具的出现，也为发展手工业生产提供了有利的条件。到战国时期，江南地区楚国的农业和手工业生产都得到了空前迅速的发展。诸如青铜铸造业（特别是铜镜铸造），漆、木、竹业，玻璃业，纺织业等，或蓬勃兴起，或有长足进步，或“异军突起”，许多行业呈现出繁荣兴旺的景象。产品丰富了，相当多的农副产品和手工业产品就要进入市场销售，商品交换随之发达起来。加上楚人又有重视商业的传统[①]，到战国时期，江南楚地的商贾活动发展异常迅速，在墓葬中就留下了十分丰富的有关商品交换的遗物。

货币是在长期的商品生产和商品交换的发展中产生的。楚国的主要货币是称量货币黄金，其形状多为圆形金饼和长方形金版；辅币是铜贝（蚁鼻钱）。真正的黄金货币虽然在江南楚墓中尚未见出土，但是作为黄金货币的明器——陶质金饼、金版和铅质金饼、金版却出土不少（见前第二章第三节之二）。1965 年湘乡椅子山 74 号墓出土有 3 粒“瓜子金”[②]，因未经熔炼加工，不是正式货币，但其价值应与黄金货币接近，也可以充当支付手段。长沙等地西汉早期墓中仍出土有大量的陶质金饼和陶质的“郢称”金版，如长沙马王堆 2 号汉墓（即长沙国丞相、轪侯利苍的墓，葬于公元前 186 年）中就出土有众多的陶质金饼[③]，马王堆 1 号汉墓中出土有陶“郢称”金版 300 余块，上面涂上一层黄粉，以象征

---

① 郭成仁．楚国经济史新论［M］．长沙：湖南教育出版社，1990：1-5.

② 周世荣．湖南出土的黄金铸币研究［M］//楚史与楚文化研究．长沙：求索杂志社，1987.

③ 湖南省博物馆《马王堆汉墓陈列》中有展品。

金版[①]。1978 年发掘出土的长沙象鼻嘴 1 号墓很可能是长沙王吴著的墓，葬于汉文帝后元七年（前 157），墓中出土陶质“郢”字金版 200 余块。[②] 其他西汉早期汉墓中出土有“郢”“郢称”“赐上金称于郢”“吴国茜郢”等陶质金版，其中以陶质“郢称”金版最多。“郢”是楚国的首都，先在湖北江陵纪南城，后迁陈（今河南淮阳）、巨阳（今安徽太和）、寿春（今安徽寿县），都称“郢”。这些带“郢”字的陶质金版的出土，说明楚国的黄金郢版在西汉早期仍在“长沙国”继续流通使用。这一类陶质郢版主要出于长沙、衡阳、湘乡等地，这与当时长沙国保持的楚文化因素最为浓厚有关。[③] 这些出土文物证明，江南楚地曾经广泛地使用黄金货币。

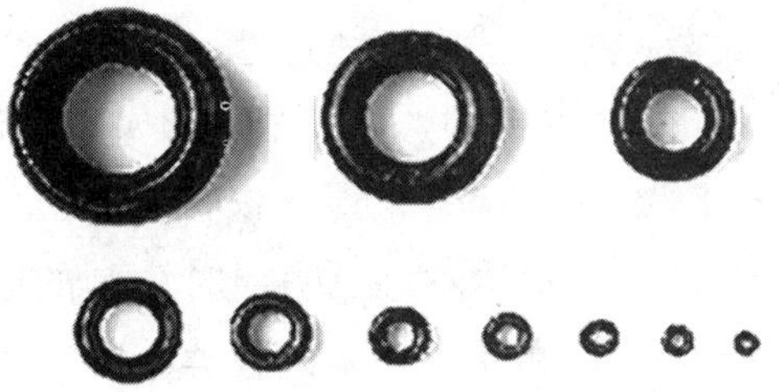
图 5-1　“钧益”铜砝码
王露摄影

楚人使用的黄金货币是一种需要称量的贵金属货币。在商品交换时，使用黄金货币，往往需要切割，且再经称量才能做到准确无误。湖南楚墓中出土的大量天平砝码，应主要是为适应称量黄金货币而发展起来的。据 1964 年以前的统计，湖南境内发掘有近 2 000 座楚墓，其中有 101 座墓中出土有砝码或天平。出有天平的墓有 15 座。[④] 在战国早期墓中便有砝码出土，大量的砝码出于战国中、晚期楚墓中。在 20 世纪 70 年代以后发掘的楚墓中又发现了一些新的天平砝码，如益阳、湘乡、汨罗、桃源、津市、永州都有铜砝码或天平铜盘出土。天平砝码在湖南楚墓中出土如此广泛，从一个侧面反映了当时商贾活动的兴盛。楚人铸制的砝码均作环

---

① 湖南省博物馆. 长沙马王堆一号汉墓［M］. 北京：文物出版社，1973：126.

② 湖南省博物馆. 长沙象鼻嘴一号西汉墓［J］. 考古学报，1981（1）.

③ 高至喜. 从长沙秦和西汉早期墓看楚文化的延续和影响［M］//楚史与楚文化研究. 长沙：求索杂志社，1987.

④ 高至喜. 湖南楚墓中出土的天平与砝码［J］. 考古，1972（4）.

形，其重量的准确程度是相当高的。如中华人民共和国成立前在长沙近郊楚墓中出土的一套“钧益”砝码，有 10 枚，共重 499.01 克（图 5-1）①，应是当时的 2 斤。当时 1 斤等于 16 两，1 两等于 24 铢。如果我们以这套砝码的总重量为标准重量，可以计算出各砝码之间的误差甚小。现列表如下。

表 5-9 “钧益”砝码误差表

“钧益”砝码重量	1（1 斤）251.33	2（半斤）124.37	3（4 两）61.63	4（2 两）30.28	5（1 两）15.53	6（12 铢）8.04	7（6 铢）3.87	8（3 铢）1.94	9（2 铢）1.33	10（1 铢）0.69	合计 499.01
标准重量	249.50	124.75	62.38	31.19	15.59	7.8	3.9	1.95	1.30	0.65	499.01
误差量	1.83	0.38	0.75	0.91	0.06	0.24	0.03	0.01	0.03	0.04	

由上表可知，“钧益”砝码的各砝码之间重量除 1 号 1 斤砝码的误差有 1.83 克外，其余误差仅在 0.91 至 0.01 克之间，其实 1 号砝码的误差率也只有 0.73%。说明当时铸制的砝码已达到相当精密的程度，已能称量经切割后的大小不一的各类金块。最重可称量 2 斤，最轻的仅 1 铢，不到 1 克。

春秋战国时期，中原各国均用铜铸币，如齐、燕用刀，三晋用布，秦用圜钱，唯独楚国使用黄金货币，这对促进楚国商业的繁荣起了重要作用。因为铜币作为交换中的支付手段，对于大宗货物的长途贩运极为不便，携带运输困难，如用黄金货币作为支付手段，则轻便多了。因而，楚国的商人可以到周边各国开展长途贩运，既可把楚国的土特产品和手工业产品源源不断地贩运出去，又可把楚国所需要的商品从外地输入，因而使当时楚国的商品经济呈现出非常活跃的景象，并有力地推动着整个楚国社会生产的发展。在江南的情况也是如此，古代文献和出土文物中都反映出当时商品交换的盛况。

在古代文献记载中，楚地江南地区的物产是十分丰富的，而且远销

① 高至喜．湖南楚墓中出土的天平与砝码［J］．考古，1972（4）．

各国和周边地区，同时其他地方的特产也有不少输入楚国的江南。

如《史记·货殖列传》载："江南出楠、梓、姜、桂、金、锡、连、丹沙、犀、玳瑁、珠玑、齿革。"又说江南"多竹木"；"豫章出黄金、长沙出连、锡"。江南的特产，还有"洞庭之鱄"（《吕览·本味》，即今江猪）；"湘波之鱼"（《战国策·楚策四》）、"长沙鳖"（《逸周书·王会》）等。《括地志》说："辰州泸溪县西南三百五十里有包茅山。武阳记云：山际出包茅，有刺而三脊，因名包茅山。"青茅以产于楚地的为最佳，并可供给中原诸国。《左传·僖公四年》记载，齐桓公伐楚的借口之一是："尔贡苞茅不入，王祭不共，无以缩酒。"

《韩非子·外储说左上》说："楚人有卖其珠于郑者，为木兰之柜，薰以桂椒，缀以珠玉，饰以玫瑰，辑以翡翠。郑人买其椟而还其珠。"

在《楚辞》中提到从其他地区输入楚国的珍贵物品有"秦篝齐缕，郑绵络些"（《招魂》），"晋制犀比"（《招魂》，"犀比"即带钩），"吴戈"及"秦弓"（《国殇》），等等。

从出土文物来看，江南地区还有许多特产外销：首先是铜的产量十分丰富。目前已经发现的著名先秦时期开采过的古铜矿中，江南就有湖北大冶铜绿山、江西瑞昌铜岭、湖南麻阳九曲湾 3 处。前 2 处铜矿开始是越人在开采，但后来都归楚人所有。这 3 处铜矿，楚人都曾做过相当长时期的开采，产量很大，如大冶铜绿山估计古代冶炼的红铜达 4 万吨①，其中有相当大一部分当是归楚人所有；楚人在麻阳九曲湾铜矿开采的铜也在 8 000 吨以上②。楚人拥有当时中国这几处重要的冶铜中心，所获铜料除了满足本身需要之外，尚有大量的铜料可供输出。李斯在《谏逐客书》中说："江南金锡不为用"，徐中舒据此认为："可见秦人用的铜锡，皆出于江南。"③ 徐中舒还说："春秋战国时代，百分之九十以

---

① 夏鼐，殷玮璋. 湖北铜绿山古铜矿 [J]. 考古学报，1982 (1).

② 湖南省博物馆，麻阳铜矿. 湖南麻阳战国时期古铜矿清理简报 [J]. 考古，1985 (2).

③ 徐中舒. 论巴蜀文化 [M]. 成都：四川人民出版社，1981：208.

上的青铜皆产于楚国。”郭仁成认为，“这样估计，并不过分”①。江南地区确是楚国铜的主要来源之一。

其次是铁兵器和铁工具，冶炼技术先进，有大量产品输出。目前所见楚国最早的钢剑之一和最早的铸铁鼎，都出于江南长沙春秋晚期楚墓。战国时期出土的楚铁剑，也以江南楚墓出土最多，且有长达 106 厘米的长剑。当时楚国铁剑以坚利异常而闻名于世，秦昭王曾赞美“楚之铁剑利”②。在战国时期，楚国曾有大量铁器销往南赵地区（今广东、广西地区）。如广东始兴白石坪山出土的铁斧、凹字形铁口锄③，与楚铁器相同；广西平乐银山岭战国墓中出土的一百多件铁工具和铁兵器，大部分是楚器④。这些楚铁器从湖南输入的可能性很大。看来两广地区从战国时期开始从江南楚地输入铁器的这一传统，一直延续到了西汉早期。《汉书·西南夷两粤朝鲜传》说：“高后时，有司请禁粤关市铁器。”南粤（越）王赵佗以为是“长沙王计”而“隔绝器物”，曾“发兵攻长沙边，败数县焉”，由此可见在西汉初期，南越地区所需铁器主要仍依靠长沙国供应。

第三是铜镜的产品精，品种多，数量大。楚镜出土最多和最普及的地区是长沙一带，看来其主要产地很可能就在长沙或其附近地区。与长沙所出铜镜相同的产品分布很广，鄂东南、赣西、湘西湘北、湘南楚墓中都有出土，其风格完全相同，这应是当时商品流通的结果。广西贵县罗泊湾 1 号西汉初期墓中出土的羽状纹地八叶四山纹铜镜⑤、广州南越王汉墓出土的羽状纹地六山纹铜镜等⑥都是楚镜，也应是来自江南楚地

---

① 郭仁成. 楚国经济史新论［M］. 长沙：湖南教育出版社，1990：6.

② 史记［M］. 北京：中华书局，1963：2418.

③ 莫稚. 广东始兴白石坪山战国遗址［J］. 考古，1963（4）.

④ 蒋廷瑜，蓝日勇. 广西出土的楚文物及相关问题［J］. 江汉考古，1986（4）.

⑤ 广西壮族自治区博物馆. 广西贵县罗泊湾汉墓［M］. 北京：文物出版社，1988：44、45.

⑥ 广州象岗汉墓发掘队. 西汉南越王墓发掘初步报告［J］. 考古，1984（3）.

而流传下来的。

第四是玻璃器为南楚地区的特产，特别是玻璃璧和玻璃剑饰绝大部分出在湖南境内的楚墓中。南楚边陲之地湘南的资兴旧市战国墓中，出土有玻璃璧19件，与长沙等地所出玻璃璧完全相同，应是从外地输入的。福建闽侯庄边山50号墓和1960年发掘的3号墓各出土一件谷粒纹玻璃璧，欧潭生认为其墓主为“楚族”，“直接来自长沙”①。楚威王献给秦王的宝物“夜光之璧”② 很像是指这类玻璃璧。我们可以推想，当时南楚地区所制造的这类美观的玻璃器，会有不少是要输出的。

在江南楚墓中也常见从外地输入的产品。如长沙树木岭1号墓中出土的人形柄铜匕首，在东山文化中发现甚多，是属于濮僚系统的骆越族的遗物③，证明南楚与骆越有交往。长沙、益阳等地楚墓中出土越式兵器甚多，如长沙近郊出土的“越王”矛、益阳赫山庙出土的“越王州勾”铜剑④，其他众多的宽叶越式铜矛⑤和饰有菱形花纹的越式铜矛⑥等，这些越国兵器不会都是楚灭越时的战利品，有的可能是通过商品交换获得的。正如前面提及的《楚辞·国殇》中说的楚国士兵们操的“吴戈”挟的“秦弓”，不会都是战利品，而是应有一定数量是通过商业渠道取得的。蜻蜓眼式的玻璃珠最初是由西方传入我国的⑦，大概是先传入吴越地区，后传入楚地。江南楚地原先没有这种具有西方风格的蜻蜓眼式的玻璃珠，江南楚墓中这类玻璃珠的出现，无疑是从外地引进的（很可能

① 欧潭生. 闽侯庄边山汉墓应为战国楚墓［J］. 福建文博，1990（1）.

② 战国策［M］. 上海：上海古籍出版社，1985：510.

③ 童恩正. 从出土文物看楚文化与南方诸民族的关系［M］//湖南考古辑刊：第3集. 长沙：岳麓书社，1986.

④ 陈列于湖南省博物馆《历史文物陈列》战国陈列室。

⑤ 中国科学院考古研究所. 长沙发掘报告［M］. 北京：科学出版社，1957：45、46，图版38.

⑥ 益阳地区文物工作队. 益阳羊舞岭战国东汉墓清理简报［M］//湖南考古辑刊：第2集. 长沙：岳麓书社，1984.

⑦ 高至喜. 论我国春秋战国的玻璃器及有关问题［J］. 文物，1985（12）.

来自吴越地区），然后才进行仿制。还有江南楚墓中出土的三晋地区的兵器、宽弦纹秦镜，越式褐釉刻划纹三足小罐等，都是外来品，不能排除其中有的物品是由商贾输入的可能。

最能反映江南地区商业兴盛的资料，是 1957 年出土于安徽寿县城东丘家花园的鄂君启节。[①] 共出 4 枚，其中车节 3 枚，舟节 1 枚（图 5-2），是楚怀王六年（前 323）楚王为鄂君启铸造的，实际是楚王发给王室贵族鄂君启经商的免税证明。车节和舟节都是“自鄂往”，即鄂君启的经商起点都是“鄂”，即今之湖北鄂州（属江南地区），这里应是当时楚国的一个重要的货物集散地。舟节中规定“屯三舟为一舿，五十舿，岁能返”。一次通行的船队有“五十舿”，抵 150 舟，据刘和惠估算，其“运输能力大约在 1 500 吨左右”[②]，可见其商品船队的规模是相当庞大的了。舟节中的西南路是“内（入）湘，庚　、庚郍阳，内（入）澮（耒），庚鄙；内（入）资、沅、澧、油。让（上）江，庚木关，庚郢”。“郍阳”即洮阳，在今广西全州北；“澮”即湘水支流耒水；“鄙”即汉代的便县，即今湖南永兴县（“鄙”字现多释“郴”）。“油”指油水，今湖北公

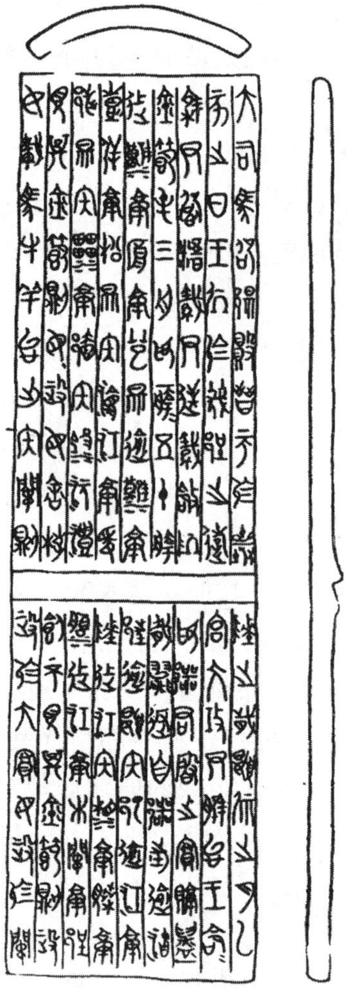

图 5-2　鄂君启舟节摹本

① 殷涤非，罗卡铭．寿县出土“鄂君启金节”[J]．文物参考资料，1958（4）．
② 刘和惠．鄂君启节新探 [J]．考古与文物，1982（5）．

安县有油河（图 5-3）。[①] 这么一支庞大的商业船队溯湘水而上，南达湘南的永兴和广西的洮阳，还到了资、沅、澧、油四水，几乎遍及湖南的大部分地区，可以想象整个南楚地区当时物资交流的频繁通畅和商业之盛。

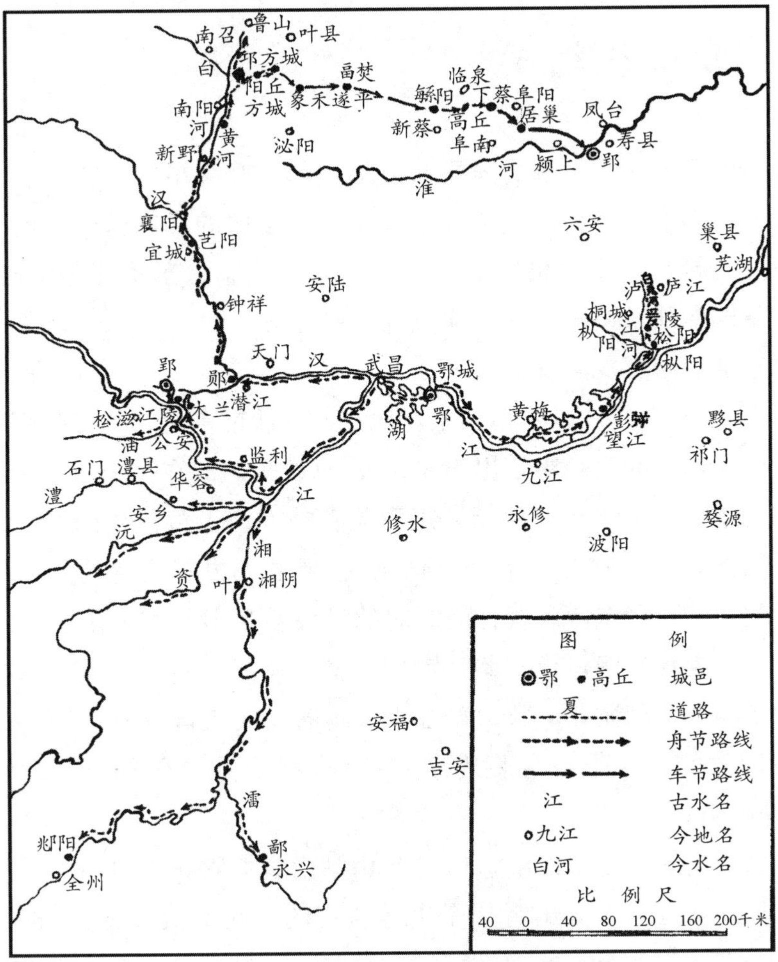

图 5-3　鄂君启节交通路线复原示意图

---

① 谭其骧. 鄂君启节铭文释地［M］//中华文史论丛：第 2 辑. 北京：中华书局，1962.

第六节　高度发展的文化艺术

一、帛书、竹简

1. 帛书

长沙楚帛书是已发现的先秦时期唯一的一篇缣帛文字资料，久已闻名于世。这件中外瞩目的瑰宝，不仅有无与伦比的文物价值，而且有极其珍贵的史料与艺术价值。如此重要的楚宝，非出于楚郢都中心地区，而出于楚国南部重镇的长沙，确值得大书特书。

（1）帛书的发现与流传

帛书系1942年9月盗掘出土，地点在长沙市东南郊的子弹库。帛书出于一座木椁墓的头箱中，出土时，“帛书八折，放在一个竹匣中。匣长约二十三厘米，宽约十三厘米，匣面盖有一方‘土黄色’面有红色‘印花’的绸子，再上放着一条‘三脚龙’。匣之一边有黑色的冥币泥版一堆，无文字。这些东西放置在南北向的‘头箱’中。‘边箱’在棺之右，有漆盘一，漆耳杯四，皆木胎；铜剑一柄，盛以木椟，另铜戈一；圆身木俑二十四个，陶质鼎、敦、壶各一（陶器及泥版皆未取出）”①。所云竹匣应即竹笥。蔡季襄《晚周缯书考证》② 有这件竹笥和漆盘、铜剑（有玉饰漆鞘）的绘图。

帛书所出的这座木椁墓，1973年由湖南省博物馆对其进行了科学清理，这是经当时帛书掘出者任全生等认定的。此墓编号为73长子M1，形制为一带斜坡墓道的长方形竖穴墓，方向115°。墓口长3.8米，宽2.72米，坑深7.42米。葬具为一椁二棺，有头箱、边箱各一。棺内骨架尚存，经鉴定为40岁左右的男子。随葬物主要出于头箱和边箱，因曾

① 商承祚．战国楚帛书述略［J］．文物，1964（9）．

② 此书于1944年石印出版。

被盗掘，器物残存不全，最重要的新发现是在椁盖板下面的隔板上出土了一件已驰名中外的人物御龙帛画。陶器有鼎 3、敦 2、壶 2、匜 1、勺 1，竹木漆器有木梳、木戈、漆角状器、竹席等，还有玉璧、丝麻织物等。由墓葬形制与出土文物推断，为战国中晚期之交的典型楚墓。[①] 通过这一发掘，使楚帛书的出土情况有了可靠的科学依据。

帛书出土后几经易手，各种说法互有出入，有的一时很难定论，但可以肯定的是，出土后不久为蔡季襄所得，大约在抗日战争胜利后不久被美国人柯克斯骗至美国，后归沙克勒医生所得，现存于华盛顿沙克勒美术馆。

（2）研究概况

1944 年，蔡季襄撰著的《晚周缯书考证》一书石印出版，首次公布了楚帛书资料，遂引起中外学者的广泛关注与研究。迄今为止，文字的摹本有 13 种之多。依据摹本的来源可分为三类，其研究也可分为三个阶段。自 1944 年至 1954 年前后为第一阶段，各种摹本及其研究都直接或间接来源于《晚周缯书考证》刊出的蔡氏临写本。第二阶段自 1954 年至 1966 年以前，蔡氏摹本为更为清晰的美国弗利尔美术馆的全色照片摹本所代替，研究工作亦得以大进一步。第三阶段自 1966 年至现在，由于 1966 年纽约大都会博物馆红外线照片问世，据此所作摹本的精确度最高，其中以饶宗颐、巴纳所作摹本最具权威。李零认为，饶宗颐的摹本“最为存真，是目前所见的最好摹本”。在此阶段，据红外线照片与摹本的研究也最富成果。代表性的专著有巴纳《楚帛书译注》，1973 年出版；饶宗颐、曾宪通《楚帛书》，1985 年中华书局香港分局出版；李零《长沙子弹库战国楚帛书研究》，中华书局 1985 年出版。代表性的论文有高明《楚缯书研究》（《古文字研究》第 12 辑），何琳仪《长沙帛书通释》与《校补》（《江汉考古》1986 年第 1、2 期、1989 年第 4 期），李学勤《长沙楚帛书通论》（《楚文化研究论集》第 1 集，荆楚书社，1987 年出

---

① 湖南省博物馆. 长沙子弹库战国木椁墓［J］. 文物，1974（2）.

版）以及另外几篇文章①。曾宪通在 1985 年著文认为："综观四十年来楚帛书研究的成绩，不难发现，在衮衮诸公中，以饶宗颐、商承祚、巴纳三位先生用力最勤，而李学勤、饶宗颐两先生建树尤多。"②

除以上学者的研究成果外，海内外研究者先后还有蒋立怡、陈槃、郭沫若、梅原末治、董作宾，郑德坤、林巳奈夫、李棪、严一萍、金祥恒、陈邦怀、陈梦家等。他们在楚帛书研究中均亦做出了许多贡献。

图 5-4　帛书摹本（局部）

长沙子弹库出土　采自 **Noel Barnard**：

THE CH'U SILK MANUSCRIPT-Translation and Commentary

① 如：《论楚帛书的天象》《再论帛书十二神》，刊《湖南考古辑刊》第 1 集和第 4 集。

② 饶宗颐，曾宪通．楚帛书［M］．香港：中华书局，1985．

（3）帛书的形制与内涵

帛书是写在一幅长度略小于宽度的方形丝织物（称缯或帛）上，实测长 38.5 厘米，宽 46.2 厘米（图 5-4）。① 整个幅面由三部分文字组成：当中是书写方向互相颠倒的两大段文字，一段为八行，定为甲篇；一段十三行，定为乙篇；四周是作旋转状排列的十二段边文，编为丙篇；四周边文分为四方，每方三段文字，四方交角用青、赤、白、黑四木相隔；每段文字旁各附有一神怪图形。帛书抄写者还用一种朱色填实的小长方框作为划分节次的标记，当中甲、乙二篇各有三个这种标记，将每篇分为三节，边文十二段文字，每段末尾也有所标记，表示分为十二个部分。

关于帛书的放置方向与阅读顺序，曾存在过两种正好相反的意见，一为甲篇在前，一为乙篇在前。经过一些学者的研究，认为应以甲篇居前者有以下理由：第一，甲篇以“曰故”二字发端，有如《尚书·尧典·皋陶谟》“曰若稽古”，自当列首；第二，乙篇所论为王者失德则日月绠绌，故作倒书，表示失德，不能列于首篇，即甲篇道其常而乙篇言其变，故只能甲篇居前而乙篇列后，前者顺写而后者倒书，所以昭其顺逆；第三，帛书以代表夏正五月之神像为三首神祝融，当正南之位，是为楚先祖，故得以南为上②；第四，长沙马王堆帛书的图均以南为上，与后世图例相反，帛书也当如此以南为上。有的学者根据三篇内容试拟篇题为《四时》（甲篇）、《天象》（乙篇）、《月忌》（丙篇）。③

关于三篇的内容，随着文字考释的深入而不断深化其认识，简要说明如下。

甲篇，主要讲四时和昼夜的形成，既是神话，又反映了古代楚人的宇宙观。此篇开头从神话传说包牺（伏羲）讲起，说伏羲氏时代“梦梦

① 高至喜．湖南出土楚文物研究综述［C］//湖南省博物馆开馆三十周年纪念文集．长沙：湖南省博物馆，1986：106．有关论著对此件尺寸微有差异。

② 饶宗颐，曾宪通．楚帛书［M］．香港：中华书局，1985：196-197．

③ 李学勤．长沙楚帛书通论［M］//楚文化研究论集：第 1 集．武汉：荆楚书社，1987：17．

墨墨”，相似文例见于《淮南子·俶真训》：“至伏羲氏，其道昧昧芒芒”，又见屈原《楚辞·天问》：“冥昭瞢闇”，均指天地开辟之传说；接着叙述伏羲如何推步四时为一岁，并记有四时神名，是为第一节。第二节是关于炎帝、祝融的传说，大意是说，伏羲之后千余年，九州不平，山陵倾侧，四时运转发生障碍，天遂以五木之精赐予炎帝，炎帝命祝融“奠四极”，恢复日月的正常运行。第三节是关于共工的传说。祝融为楚之先祖，据《山海经》，共工为祝融之子，可知均为楚人关于宇宙形成、运转的神话传说。

乙篇主要讲天象灾异，第一、二节中心是讲彗星“李”“天棓”、侧匿引起的灾变，要人们了解避灾的方法，唯“天象是则”。第三节讲人们应当敬祀百神，否则帝将降以灾祸。

丙篇为十二个月的月名、神名及神像，记述各月的宜忌，如是否可以出师、侵伐、攻城、聚众、会诸侯、婚嫁等。此篇与传世文献中各种“月令”有相似之处，但并不属于“月令”的范畴。①

对这三篇内容的探究，与文字考释密切相关，为便于读者全面了解其内容，附录释文与摹本（照片）于后。需要说明的是，由于对有些文字的考释至今仍存在不少歧异之处，只能综合诸家之释，并间以己意写成。

除文字外，帛书四周与丙篇文字相配的还有彩绘的十二个神像，已引起研究古代神话和艺术史专家的广泛注意。十二个神像各有特点，或三首，或珥蛇，或鸟身，不一而足，有的骒视不可名状，有的神像，或可与《山海经》等文献记载相比，或可与某些出土的楚文物上图像相比，但相同的仅是若干特征，如鸟身、三首之类，作为一组系统的神像，则只见于这件帛书。想用古籍与出土物来完满解释这些神像，至少在目前来说是不可能的。

---

① 李学勤. 再论帛书十二神［M］//湖南考古辑刊：第 4 集. 长沙：岳麓书社，1987.

（4）帛书的性质及其意义

关于楚帛书的性质与对其内容的研究密切相关。先后出现过多种说法，如文告说、巫术品说、月令说、历书历忌说、阴阳家说、天官书说、天文学著作说等等。限于篇幅，这里恕不一一介绍、评论。[①] 笔者综合比较诸家之说，认为李学勤之说较为可信。他认为："帛书三篇各为起讫，但其思想特点是一致的。《四时》篇论历日四时的推步，《天象》篇讲历日有失而致的灾异，《月忌》篇则记各月的避忌，其性质显然属于阴阳数术"；"阴阳家与数术常密不可分，《艺文志》说'数术者，皆明堂羲和史卜之职也'，即透露了其间消息。班固列举数术家，……大概说来，偏于理论的在《志》列入阴阳家，专供实用的则列入《数术略》。楚帛书《四时》《天象》应归前者，《月忌》则近于后者。"[②]

关于楚帛书在学术文化史上的意义，主要有二：

第一，这是已发现的最早的关于阴阳数术书的佚籍。在《汉书・艺文志》中所录先秦至汉代的阴阳数术古籍数量很多（近于全《志》著录书籍总数的三分之一），但绝大部分都亡佚了，近年发现的秦至汉初简帛文字，包含不少重要的数术书，但其年代都没有楚帛书早，而且仅限于数术本身，没有理论的内容，而楚帛书甲乙篇恰好有关于理论的内容，如五行论和天人感应思想，对自然规律性的认识，有楚人自身神话传说，叙述宇宙起源传说，自成体系，蕴含着当时的哲学思想和天文学知识。因此，楚帛书是目前所知最早而内容又最重要的阴阳数术类的佚籍。

第二，由楚帛书所反映的阴阳家思想，结合文献对比研究，可以看出当时阴阳家说有南北两个系统。北以齐学邹衍的阴阳家说为代表，推崇黄帝。而楚帛书则不称黄帝，而以追溯"伏牺"为楚学特色，殆至秦兼并列国后，齐人奏上邹衍五德终始之说，为秦始皇采用。以后，楚国

① 饶宗颐，曾宪通．楚帛书［M］．香港：中华书局，1985：198-203.

② 李学勤．长沙楚帛书通论［M］//楚文化研究论集：第1集．武汉：荆楚书社，1987.

阴阳家的理论则渐归湮没，仅在数术范围内流传下来。近人撰著学术思想史，在论阴阳家时只能征引邹衍学说的片段，而通过对楚帛书的研究，为认识阴阳家的南北两地不同特点，全面评价阴阳家学说开拓了新境界。因此，楚帛书的研究，对重新评价先秦学术文化思想，特别是楚国学术文化的发展水平及其特色有着十分珍贵的科学价值。今后仍将为学术界所极为重视，作更进一步的深入研究。

楚帛书释文①

甲篇

曰故（古）〔黄〕熊（熊）雹戏（伏牺），出自□霆，居于䨓（雷?）尺（泽）。厥田渔渔，⧄⧄⧄女。梦梦墨墨，亡（无）章弼弼。畐（鄙）每（晦）水沕，风雨是於（谒）。乃取（娶）且遅（徙），⧄子之子，曰女塦（娲），是生子四。⧄□是襄，天㦰是格。参化法逃，为虫为万。以司堵襄（壤），咎天步逜（逞），乃上下朕传，山陵不疏。乃命山川四晦（海），⧄寮气百（魄）气，以为其疏，以涉山陵，瀧汨凼澫。未有日月，四神相弋（代）。乃步以为岁，是惟四寺（时）。

倀（长）曰青𣘀（干），二曰朱四单，三曰翏（?）黄难，四曰⧄墨干。千又百岁，日月夋（允）生。九州不坪（平），山陵备欰，四神⧄作，⧄至于复，天旁动，扞斁之。青木、赤木、黄木、白木、墨木之精。炎帝乃命祝融，以四神降。奠三天，⧄⧄思敦（保）。奠四极，曰非九天则大欰。则毋敢䀤（冒）天灵。帝夋（俊）乃为日月之行。

共攻（工）夸（刳）步十日、四时，⧄⧄⧄神则闰，四⧄毋思（息）。百神风雨，辰祎（纬）乱作。乃逆（迎）日月，以传相⧄思

---

① 释文中使用符号如下：（ ）内为今字，〔 〕内为补字，□内为缺字，⧄内为残字。为便于印刷，释文中尽量多采用今通行字、简体字，有的古今字、异体字、通假字，如前已注明，则在后径以今字写出。

(息)。又(有)宵又(有)朝,又(有)昼又(有)〔夕〕。

乙篇

隹(惟)□□□,月则绀(盈)绌(屈),不得其当。春、夏、秋、冬,□有▨尚(常)。日月星辰,乱逆其行。绀绌逆〔乱〕,卉木无常。〔上下〕□实(妖),天地作羕(祥)。天棓将作瀉(荡),降于其□方。山陵其發,有渊其汉(汨),是谓李岁,李岁八月,内(入)月七日、八日,有电雹雨土,不得其参职。天雨喜喜(譆譆),是逆月,闰之勿行。一月、二月、三月,是谓逆终。无奉,□□其邦。四月、五月,是谓乱纪,无豚(咏),□□二岁。西国有吝,如日月既乱,乃有鼠(?)▨。东国有吝,□□乃兵,螽(害)于其王。

凡岁侧匿,如曰亥(?)为邦所,五妖之行,卉木民人,以风四浅之常。▨▨上妖,三时是行。惟悳(侧)匿之岁,三时▨▨,系之以素降。是月以婁,曆为之正。惟十又二辰(?),惟李侧匿。出自黄渊,土身无鱳(翼),出入□同,作其下凶。日月皆乱,星辰不同(?),日月既乱,岁季乃▨。时雨进〔退〕,无有常恒。恭民未智,曆以为则。毋童(动)群民,以▨三互(恒)。發四兴鼠(?),以乱天常。群神五正,四▨尧羊(祥)。建恒襡(属)民,五正(政)乃明,其神是享。是谓侧匿,群神乃悳(陟)。帝曰:繇,▨之哉!毋弗或敬。惟天作福,神则各(格)之。惟天作妖,神则惠之,▨敬惟备,天像(象)是则。成(诚)惟天▨,下民之祆(式),敬之毋弋(忒)。

民勿用▨▨百神,山川澫(漫)浴(谷),不钦▨行。民祀不牆(莊),帝将繇(由)以(已),乱逆(?)之行。民则有穀,无有相蠖(扰),不见陵▨,是则鼠(?)至。民人弗智,岁则无绡。祭祀则返,民少有▨,土事勿從,凶。

丙篇

取，于下。

曰取；巳[①]则至，不可以⧄杀。壬子丙子凶，作⧄北征，率有咎。武⧄⧄其𢻮。

女，杙（?）武。

曰女（如）：可以出师、筑邑；不可以豙（嫁）女、取（娶）臣妾，不火得，不成。

秉，司春。

〔曰〕〔秉〕：□□□□□妻，畜生（牲）分女⧄⧄。

余，取女。

曰余：不可以作大事，少果其⧄，⧄龙其⧄，娶女为邦笑。

欱，出睹。

曰欱：鸢（鸢）率⧄得，以匿不见。月才（在）⧄⧄，不可以享祀，凶。娶⧄⧄为臣妾。

叡，司夏。

曰叡：不可以出师，水师不复；其败其复，至于其大国，不可以享。

仓，莫得。

曰仓：不可以川⧄，大不训（顺）于邦，有臬，入于上下。

𦩿（臧），族（?）⧄。

曰臧：不可以筑室，不可以〔出〕师。脨不复，其邦有大乱。娶女，凶。

玄，司秋。

曰玄：可以筑〔室〕。吁⧄□⧄遂（?），乃咎（?）。

昜（阳），⧄義。

① 不少学者曾释为乙即鳦，意即为玄鸟，误，应改释为巳，读为“犯”（参阅李学勤：《再论帛书十二神》一文）或“範”（何琳仪《长沙帛书通释》一文）。

曰阳：不爨事，可以折。敓（捨）敁不义，于四□。

姑，分长。

曰姑：得侵伐，可以攻城，可以聚众、会诸侯，型（刑）百事，殄（戮）不义。

荃，司冬。

曰〔荃〕：……釵（叙），不可以攻……

2. 竹简

（1）发现情况

在南楚范围，今湖南省境内先后已发现竹简六批，其中，前三批于20世纪50年代出土于长沙市区，后三批于20世纪80年代出土于临澧、常德和慈利县三地。现按发现时间早晚分别介绍如下。

第一批，长沙五里牌竹简。

1952年发掘的长沙五里牌406号墓，在边箱的竹笥内出土残断的竹简37段，最长者13.2厘米，宽0.7厘米，文字写在竹黄一面，每简1—7字不等，内容为“遣策”，如“鼎八”“金戈八”“□车一乘”……①

第二批，长沙仰天湖楚简。

1953年发掘的长沙仰天湖25号墓，在边箱内出土竹简43枚，其中完整无缺的19枚，完整者每简长22厘米、宽1.2厘米，文字亦写于竹黄一面。每简2—21字不等，现存文字总数在320字左右。内容亦为遣策。所记器物名称较多，有的还作简要描述，有的还记有馈赠者名称，如鄦阳公、中君等。② 由于这批简保存较好，字数较多，是中华人民共和国成立初期发现的楚简中最重要的一批，引起学术界广泛重视（研究情况将在后面再介绍）。

第三批，长沙杨家湾竹简。

---

① 中国科学院考古研究所. 长沙发掘报告［M］. 北京：科学出版社，1957：54-57.

② 湖南省文物管理委员会. 长沙仰天湖第25号木椁墓［J］. 考古学报，1957（2）.

1954 年发掘的长沙杨家湾 6 号墓①，在边箱大漆盒内的铜镜下面发现竹简，以两条丝带捆扎，外用丝绸包裹，共 72 枚，多残断，残简长 13.5—13.7 厘米，宽 0.6 厘米；文字多写在竹黄一面，每枚仅 1—2 字。22 枚无文字，有字的 50 枚中有 13 支文字模糊不清，无法摹写，能辨认笔画的字，也大多不识。可识者仅有若干单字或两个字在一起，如“卒”“奴”“□女”等，很难了解其内容，对其性质尚难以确定，有待进一步研究。②

以上三批简的年代，据所出土墓葬的年代，均在战国中晚期之交至晚期中段，年代相对顺序为第一批稍早，第三批最晚。

第四批，临澧九里楚简。

1980 年发掘的临澧九里 1 号墓，在西边箱内出土残简数十枚，由于墓被盗，竹简保存不好，有待进一步整理。③

第五批，常德夕阳坡楚简。

1983 年常德德山夕阳坡 2 号墓出土。只有 2 枚，完整，各长 67.6 厘米、宽 1.05 厘米，一枚有 32 字，另一枚有 22 字。内容为记事简，首句以楚大事纪年，越涌君龕逞其众以归楚之岁，習层之月己丑之日，王居于葳郢之遊宫……论者谓“记述楚王对墓主的一次赏赐”④。但其中关键的一个字“赐”，据摹本看，似为“则”字。⑤看来，整简的释文与考证，还待竹简原件照片与精确摹本正式发表后，才能作进一步的考定。

第六批，慈利石板村楚简。

---

① 湖南省文物管理委员会. 长沙杨家湾 M006 号墓清理简报［J］. 文物参考资料，1954（12）.

② 对其性质有遣策说、算筹说、字书说，参见米如田. 战国楚简的发现与研究［J］. 江汉考古，1988（3）.

③ 高至喜. 湖南出土楚文物研究综述［C］//湖南省博物馆开馆三十周年纪念文集. 长沙：湖南省博物馆，1986：107.

④⑤ 《中国考古学年鉴》，文物出版社 1985 年，第 197 页，杨启乾：《常德市德山夕阳坡二号楚简竹简初探》，此文系 1985 年楚文化研究会论文，附有摹本，后收入《楚史与楚文化研究》一书（《求索》增刊），但未附摹本。

1987年发掘的慈利石板村36号墓，墓的年代为战国中期前段。竹简出在椁室头箱北侧。由于棺内隔板下陷和淤泥渗入，竹简被压弯或断裂，错位严重，大部分简互相紧贴在一起，清理时无一完整，共得残简4 557段，估计整简长约45厘米，共800—1 000枚，文字总数约2万余字。一部分字迹清晰，约有60%左右的字数的字迹比较模糊，有些字并有缺笔。字体不同，不是出自一人之手。内容为记事性古书，其中有关于吴越二国的史事。目前正在整理之中。[①] 这批简为六批中字数最多，内容最重要的一批。它的整理发表，将是南楚文化考古中最重要的事件之一。

（2）研究情况

由于20世纪80年代新发现的三批资料尚未发表，这里只介绍20世纪50年代长沙三批竹简的研究情况。

对长沙三批楚简作综合整理的有中山大学古文字研究室，他们在20世纪70年代对竹简实物作了观摩、整理、临摹，对已释字作了初步考释，但只有油印本内部流传，其摹本与释文至今尚未正式发表。其后，周世荣、何琳仪、米如田及台湾许学仁等不同程度地对其内容、释文作过介绍与研究。[②]

由于三批简中以仰天湖楚简最为重要，故研究者亦多、成果最多，20世纪50年代代表性的论著有史树青《长沙仰天湖楚简研究》[③] 一书，书内附有竹简照片与摹本，颇便研究。在此前后著文论述的学者有饶宗

---

① 湖南省文物考古研究所，慈利县文物保护管理研究所．湖南慈利石板村36号战国墓发掘简报［J］．文物，1990（10）．

② 周世荣．湖南楚墓出土古文字丛考［M］//湖南考古辑刊：第1集．长沙：岳麓书社，1982；何琳仪．战国文字通论［M］．北京：中华书局，1989；米如田．战国楚简的发现与研究［J］．江汉考古，1988（3）；许学仁．先秦楚文字研究［D］．台湾师范大学．

③ 群联出版社1955年出版。

颐、李学勤、陈直等。① 还有朱德熙、裘锡圭、李家浩等古文字学研究家对一些字的考释，多有创见，足以理惑。20 世纪 80 年代发表的郭若愚《长沙仰天湖战国竹简文字的摹写和考释》一文，系在作者过去摹本基础上写成，对竹简编连、缀合、顺序的整理，颇费工夫。文末附有摹本（图 5-5、图 5-6），并逐条考释，有的吸收了古文字学界研究成果，如释“笤”为“席”，但也有欠当之处。此文在仰天湖楚简研究中功不可没，值得重视。

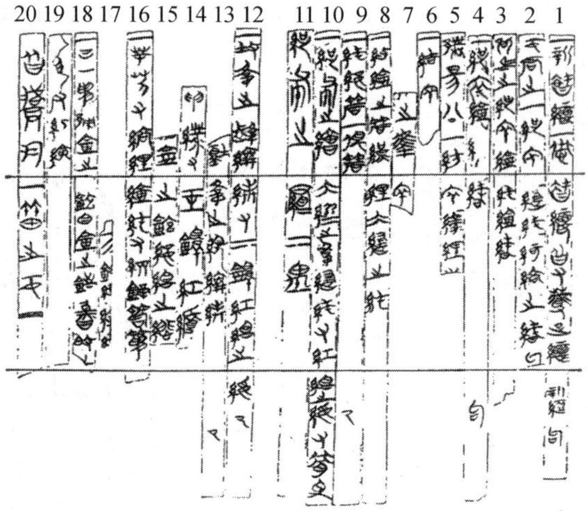

图 5-5　竹简摹本

二、音乐文化

楚人是十分爱好音乐的民族。可以在文献中找到许多有关楚国乐器歌舞的记载。《史记·楚世家》记载：“庄王即位三年，不出号令，日夜为乐，令国中曰：‘有敢谏者死无赦！’伍举入谏。庄王左抱郑姬，右抱

① 饶宗颐. 长沙出土战国楚简初释、楚国楚简笺证［M］//金匮论古综合刊：第 1 期《选堂集林》之一，1955 年香港亚洲石印局印行；李学勤. 谈近年发现的几种战国文字资料［J］. 文物，1956（1）；李学勤. 战国题铭概述［J］. 文物，1959（9）；陈直. 楚简解要［J］. 西北大学学报，1957（4）.

越女，坐钟鼓之间。”

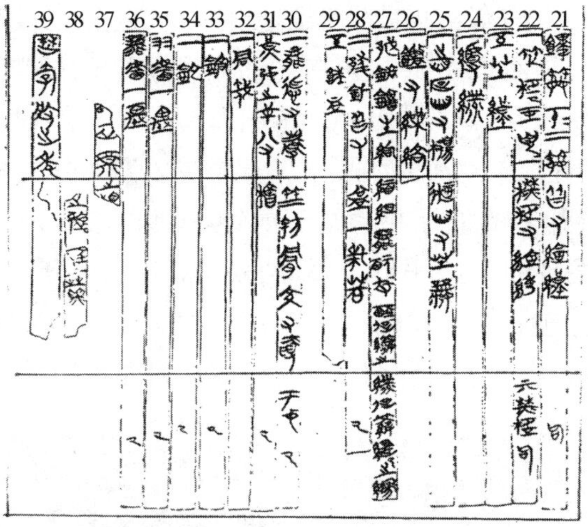

图 5-6　竹简摹本

《淮南子·泰族训》说：“阖闾伐楚，五战入郢，烧高府之粟，破九龙之钟。”高诱注：“楚为九龙之簴，以悬钟也。”《贾子》云：“毁十龙之钟也。”

上述记载说明楚郢都的钟鼓等乐器的规模是相当宏伟的，它是代表楚文化高度发展的一个重要组成部分，甚至成为楚国的象征，所以吴人伐楚占领郢都之后，首先破坏的就是楚的“九龙之钟”和“十龙之钟”。

《九歌》是屈原在放逐江南后的作品。汉人王逸说：“昔楚南郢之邑，沅、湘之间，其俗信鬼而好祀，其祠必作歌乐鼓舞，以乐诸神。屈原放逐，窜伏其域，怀忧苦毒，愁思怫郁。出见俗人祭祀之礼，歌舞之乐，其词鄙陋，因为作《九歌》之曲。”《九歌》中所记乐器甚多。如：

《东皇太一》：“扬枹兮拊鼓。”“陈竽瑟兮浩倡。”

《东君》：“緪瑟兮交鼓，箫钟兮瑶簴。”“鸣篪兮吹竽。”

《湘君》：“吹参差兮谁思。”“参差”即排箫。

《国殇》：“援玉枹兮击鸣鼓。”

在《招魂》中还有“陈钟按鼓，造新歌些”；“竽瑟狂会，搷鸣鼓些”；“铿钟摇簴，揳梓瑟些”等记载。

上述文献中所记乐器有钟、瑟、鼓、竽、排箫、篪，及钟的笋簴等，这在楚地江南几乎均有实物或明器出土，可证这些记载是可靠的。

关于楚国的乐曲也不少。光在“曲高和寡”的故事中就提到有“阳阿、采菱”“阳菱、白露”“朝日、鱼丽”，还有《涉江》“激楚”“劳商”“霹雳行”“楚明光”“潇湘洞庭之乐”“浩露秋霜之曲”“高山流水”等。① 楚还有善弹琴的伯牙和善知音的钟子期。

江南地区发现的楚国乐器，最早的是宋政和三年（1113）在湖北嘉鱼出土的“楚公逆”钟（原名“镈”）②，楚公逆就是熊鄂，年代相当于西周晚期宣王时期。但器形没有留存下来，现在只能看到翻刻的铭文。

图 5-7　铜编钟（簨簴后配）

浏阳县北星纸背村出土　王露摄影

在江南的春秋楚墓中尚未见有乐器出土。战国楚墓和遗址中出土乐器较多。较重要的有钟，浏阳纸背村出土有一套环钮铜编钟，全套共 9 件，多数完整（图 5-7）③，可发双音，经测音为：

1 号隧部（有的名正鼓）# C5—34，右鼓 F5—7；3 号→隧部# F5—

---

① 赵世纲. 楚国乐舞研究［J］. 华夏考古，1990（4）. 《涉江》《采菱》《扬荷》《激楚》等歌曲名见于《招魂》。

② 薛尚功. 历代钟鼎彝器款识法帖.

③ 湖南省博物馆，熊传新. 湖南新发现的青铜器［M］//文物资料丛刊：第 5 集. 北京：文物出版社，1981.

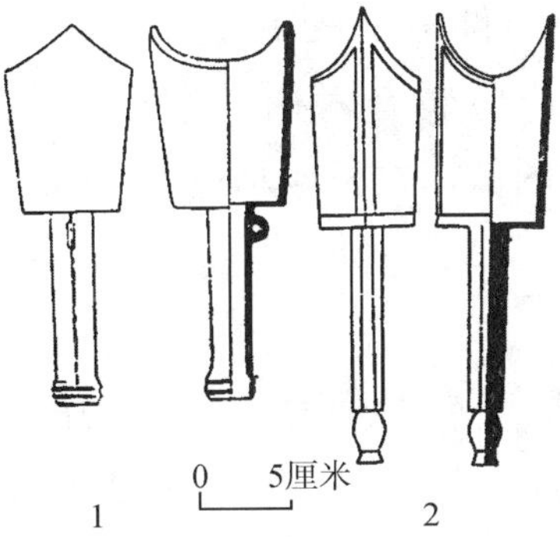

图 5-8　铜钲示意图

11，右鼓$^{\#}$A5—16；5号隧部$^{\#}$G5+33，右鼓C6—57；7号隧部→$^{\#}$G6—45，右鼓$^{\#}$A6—6；8号隧部$^{\#}$G6—41，右鼓A6—5b①。其余因破损未测音。

铜钲　5件。1951年长沙识字岭315、322号墓各出1件，钲身作合瓦形，于弧（图5-8）②；1953年长沙黄泥坑6号墓出土1件，于内凹，似舌形（图5-9）③，经测音为：隧部$^{\#}$C6^{+11}，右鼓D6^{-16}④。

图 5-9　铜钲示意图

慈利石板村36号墓⑤和溆浦大江口墓所出铜钲⑥是另一种类型，钲身作圆筒状，较厚重，甬部有多道直棱纹。这类铜钲只见于湘西地区。

平江瓮江战国遗址所出虎纹钲，甬端有环钮，甬部有浮雕蟠龙，钲部铸虎纹和S形纹、尖角形纹，钲内有调音的柱状四根。⑦从器形与纹饰看，似有越文化的影响。

---

① 由中国艺术研究院音乐研究所测音。

② 中国科学院考古研究所．长沙发掘报告［M］．北京：科学出版社，1957：48、49.

③ 湖南省博物馆．长沙楚墓［J］．考古学报，1959（1）.

④ 由中国艺术研究院音乐研究所测音。

⑤ 湖南省文物考古研究所，慈利县文物保护管理研究所．湖南慈利石板村36号战国墓发掘简报［J］．文物，1990（10）.

⑥ 湖南省博物馆，张欣如．溆浦大江口镇战国巴人墓［M］．湖南考古辑刊：第1集．长沙：岳麓书社，1982.

⑦ 湖南省文物管理委员会．湖南首次发现战国时代的文化遗存［J］．文物参考资料，1958（1）.

铜铎 2件。一件出于浏阳纸背村[①]，另一件出于长沙黄泥坑20号墓[②]，钲身短小，甬为长方形，甚短。銎内原应装有木柄，并可安舌，振之发声，即“金口木舌”。这种“振铎”的图像，在长沙马王堆1号汉墓黑地彩绘棺头挡上保留了下来，一“怪神”双手举铎，且摇且舞，这是“铎舞”的生动形象。[③]

铜扁钟 2件。一件出于溆浦大江口古墓[④]，钟身扁薄，乳钉集中于钲的上半部，甬部顶端有一小横梁，可以系绳悬挂。另一件出于平江瓮江遗址，上有羽状纹。[⑤] 这类铜扁钟大量出于湘西地区，并延续至汉代，可能与巴文化有关。上述筒状钲、扁钟和平江的虎纹钲，虽然与巴、越有关，但只是在楚人统治下的保留有巴或越族文化影响的乐器。这说明楚人兼容并包，善于吸收其他民族的乐器来丰富自身的音乐文化。

铜錞于 1件。出于溆浦大江口战国墓中。[⑥]我国最早的錞于出于我国东部地区山东、安徽一带，年代可早到春秋中期。[⑦] 后来逐步西传。但在江南地区战国錞于也不多见。所见战国汉代錞于多出于龙山、保靖、花垣、泸溪、石门、大庸、慈利、靖县、会同等湘西、湘北地区，安化、桃江也有少量出土。其出土地区似与巴文化分布地区有相合之处，但在川东巴人统治的中心地区所出錞于甚少，因此錞于并非巴人的乐器，而应是居住在鄂西、湘西、黔东地区某一少数民族的乐器。童恩正

---

① 湖南省博物馆，熊传新. 湖南新发现的青铜器［M］//文物资料丛刊：第5集. 北京：文物出版社，1981.

② 湖南省博物馆. 长沙楚墓［J］. 考古学报，1959（1）.

③ 湖南省博物馆，中国科学院考古研究所. 长沙马王堆一号汉墓：上［M］. 北京：文物出版社，1973：16，图版18.

④⑥ 湖南省博物馆，张欣如. 溆浦大江口镇战国巴人墓［M］//湖南考古辑刊：第1集. 长沙：岳麓书社，1982.

⑤ 湖南省文物管理委员会. 湖南首次发现战国时代的文化遗存［J］. 文物参考资料，1958（1）.

⑦ 山东省文物考古研究所，沂水县文物管理站. 山东沂水刘家店子春秋墓发掘简报［J］. 文物，1984（9）.

认为錞于“是当地苗蛮系统民族所创造”，并“推测使用錞于的民族，可能属于其中之蜑”。并“应该属于楚文化的一部分”。[①]湖南省博物馆收集的一件环钮錞于（熊传新名“兽钮錞于”），口部内折 8 厘米，鼓部铸有一圈云雷纹，隧部有涡纹和云纹（图 5-10，1）；泸溪也出土一件，形制纹饰相同，年代在战国中晚期[②]；1956 年常德出土有一件虎钮錞于，虎钮较小，上铸云纹，器身刻有虎纹，鼓部铸一圈云纹（图 5-10，2）[③]，年代在战国晚期。这几件錞于中的云纹，与楚器纹饰相同或接近，应是受到楚文化影响下的产物。溆浦大江口战国墓中与虎钮錞于同出的就有典型的楚国陶器绳纹圜底罐和浅盘矮圈足豆，可见錞于与楚文化有着密切的关系。将其视为楚文化的一部分不无道理。在楚墓中出土的乐器中最多的是瑟。如长沙浏城桥 1 号墓出土有战国早期的 24 弦瑟，长 103.3 厘米（图 5-11）。[④] 战国中期的瑟出于 1980 年临澧九里 1 号墓，有长瑟、中瑟多具；长沙东门外曾出土瑟 2 件，长仅 1 米和

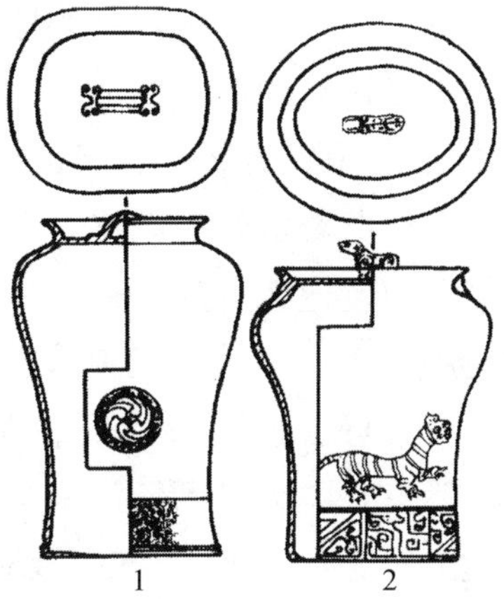

图 5-10　錞于示意图

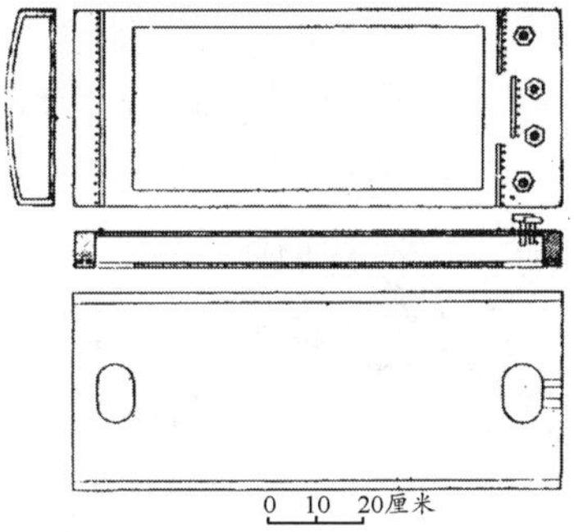

图 5-11　瑟示意图

平面（上）、剖面（中）、底部（下）

① 童恩正. 从出土文物看楚文化与南方诸民族的关系［M］//湖南考古辑刊：第 3 集. 长沙：岳麓书社，1986.

② 熊传新. 我国古代錞于概论［C］//中国考古学会第二次年会论文集. 北京：文物出版社，1982.

③ 熊传新. 湖南出土的古代錞于综述［J］. 考古与文物，1981（4）.

④ 湖南省博物馆. 长沙浏城桥一号墓［J］. 考古学报，1972（1）.

1.03 米[①]；长沙杨家湾 6 号墓出土有鼓瑟木俑 4 件，瑟为明器，其长度与木俑跽坐的高度接近[②]。长沙马王堆 1 号汉墓出土有完整的瑟 1 件，长 1.16 米，有 25 弦，弦、枘、弦柱及罗绮带缠弦等，一应俱全[③]，此瑟应仍保存着楚瑟的风格。马王堆 3 号汉墓也出瑟 1 件，同出的竹简"遣策"中就记载有楚竽、瑟，吹鼓者二人。可见楚瑟在西汉早期仍在继续使用。

琴与瑟是先秦最常用的两种弦乐器，《诗经·关雎》中是琴瑟并提。传说楚庄王非常喜听琴音[④]，《吕氏春秋·孝行览》讲到楚人"伯牙鼓琴"。但出土的楚琴却很少。江南楚地已出土楚琴 2 件。其中长沙五里牌邮电大楼 3 号墓出土的 1 件为十弦琴，长 79 厘米，由底和面两部分组成。[⑤] 另一件为七弦琴，已残破。[⑥] 长沙马王堆 3 号汉墓中也出土琴 1 件，长 82.4 厘米，为七弦琴[⑦]，其形状结构与楚琴相同，看来西汉早期，仍继承着楚琴在使用。

鼓是先秦时期的重要乐器之一，常见钟、鼓并用。江南地区出土的鼓有 11 件。战国早期的有长沙浏城桥 1 号墓出土的悬鼓 1 件、鼙鼓 1 件[⑧]，战国中期的有 1980 年临澧九里 1 号墓出土的双虎座双凤鸟鼓架及鼓 2 件[⑨]、鄂城百子畈 3、4 号墓各出土髹漆木雕双鸟鼓架和木鼓 1 件[⑩]，

① 见于《长沙古物闻见记》和《楚文物展览图录》。

② 湖南省文物管理委员会. 长沙杨家湾 M006 号墓清理简报 [J]. 文物参考资料，1954 (12).

③ 湖南省博物馆，中国科学院考古研究所. 长沙马王堆一号汉墓：上 [M]. 北京：文物出版社，1973：102-106.

④ 《艺文类聚》卷四十四。

⑤ 长沙市文物工作队. 长沙市五里牌战国木椁墓 [M] //湖南考古辑刊：第 1 集. 长沙：岳麓书社，1982.

⑥ 长沙市文物工作队发掘资料。

⑦ 湖南省博物馆，中国科学院考古研究所. 长沙马王堆二、三号汉墓发掘简报 [J]. 文物，1974 (7).

⑧ 湖南省博物馆. 长沙浏城桥一号墓 [J]. 考古学报，1972 (1).

⑨ 熊传新. 临澧九里一号墓的发掘 [N]. 湖南日报，1980-12-13.

⑩ 湖北省鄂城县博物馆. 鄂城楚墓 [J]. 考古学报，1983 (2).

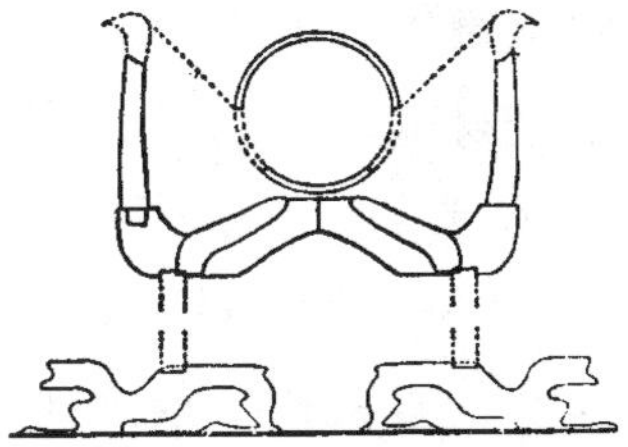

图 5-12 木双虎座双凤架鼓示意图

长沙子弹库 17 号墓出土髹漆木悬鼓 2 件①，同出有鸟的翅膀，看来也是鸟架鼓。战国晚期的鼓有鄂城钢铁厂 95 号墓出土的陶制双虎双凤鼓架，高 60.2 厘米，凤鸟原彩绘有羽毛，现已脱落，鼓为木制已腐朽，制作较为粗糙②；长沙杨家湾 6 号墓出土的击鼓木俑，双手扬枹，作欲击鼓之状，鼓为一圆形木饼，当是明器，共 2 件③，鄂城钢铁厂 4 号墓所出木双虎座双凤鸟鼓架及木鼓 1 件（图 5-12），年代已到战国末期，制作相当简陋④，说明到战国晚期，虎座鸟架鼓已经走向衰落。

笙，是楚国有名的乐器。《七国考・楚音乐》引《阙子》有“楚笙冠中国”之誉。但出土楚笙却很少。江南地区仅见长沙浏城桥 1 号墓出土有笙斗 2 件，用木雕制，斗作匏形，有孔两排，共计 10 孔，但未凿通，显然是明器。⑤ 楚的属国湖北随县曾国曾侯乙墓中出有笙 4 件，1 件为 14 管，两件为 12 管，另 1 件不明⑥，看来笙管之数，当时尚未一致。湖北江陵雨台山 394、140 号墓出土的两件笙的明器，都是 10 管⑦，与浏城桥所出相同，看来楚笙一般是 10 管。

竽，本来也是楚国的主要乐器之一。《楚辞・九歌・东皇太一》有“陈竽瑟兮浩倡”的记载。竽是五声之长，竽先则钟瑟皆随；竽倡则诸乐皆和，在奏乐时竽是必不可少的乐器，但在楚墓中却未见出土。楚之属

① 周世荣，文道义．57 长．子．17 号墓清理简报［J］．文物，1960（1）．

②④ 湖北省鄂城县博物馆．鄂城楚墓［J］．考古学报，1983（2）．

③ 湖南省文物管理委员会．长沙杨家湾 M006 号墓清理简报［J］．文物参考资料，1954（12）．

⑤ 湖南省博物馆．长沙浏城桥一号墓［J］．考古学报，1972（1）．

⑥ 湖北省博物馆．曾侯乙墓［M］．北京：文物出版社，1989：168．

⑦ 湖北省荆州地区博物馆．江陵雨台山楚墓［M］．北京：文物出版社，1984：105、107．

国曾国曾侯乙墓中出有 18 孔“笙”2 件，赵世纲认为是竽①；长沙马王堆 1 号汉墓出土的竽很完整，有 22 管②，马王堆 3 号汉墓出土竽 1 件，也是 22 管③，管中还有簧，当是实用乐器。同出之竹简“遣策”中记载有：“楚竽、瑟，吹鼓者二人”，此种 22 管的竽，当与楚竽无甚差异。

篪，也是楚人常用的乐器，《楚辞·九歌·东君》有“鸣𪛆兮吹竽”之句，𪛆即篪。江南楚墓中未见实物出土，长沙杨家湾 6 号墓中出土吹篪木俑一件，双手所持之篪，为竹管，中空，长 18 厘米，径约 1.3 厘米④，因是明器，没有孔，无法知其详情。湖北随县曾侯乙墓所出之篪 2 件和长沙马王堆 3 号汉墓所出之篪 2 件，大概与楚篪相近。前者分别长 29.3 厘米和 30.2 厘米，两端封闭，有 7 孔，吹孔 1，指孔 5，出音孔 1。吹孔和出音孔与指孔呈九十度角关系。⑤ 后者长 21.2 厘米和 24.6 厘米，只有一端封闭，吹孔紧靠封闭的一端，有指孔 6 个，吹孔与指孔也呈九十度角关系，指孔背面另有一孔。⑥这两种篪稍有区别，从马王堆汉墓所保留浓重的楚文化因素来看，推想以后者更接近楚篪。

长沙浏城桥 1 号墓中出土有一件木弯牛角形器，长 24.3 厘米，径 3.8 厘米，内中空，角外部近两端处有两个凸箍⑦，应为角质号角的明器。

《楚辞·九歌》中还有关于“参差”（排箫）等的记载，但江南楚墓中未见实物出土，当时是应该有这些乐器的。

上面对楚国江南地区的乐器作了简要的叙述，说明南楚地区的音乐文化是相当发达的。“沅、湘之间，其俗信鬼而好祀，其祠必作歌乐鼓

---

① 赵世纲. 楚国乐舞研究 [J]. 华夏考古，1990（4）.

② 湖南省博物馆，中国科学院考古研究所. 长沙马王堆一号汉墓：上 [M]. 北京：文物出版社，1973：106-108.

③⑥ 湖南省博物馆，中国科学院考古研究所. 长沙马王堆二、三号汉墓发掘简报 [J]. 文物，1974（7）.

④ 湖南省文物管理委员会. 长沙杨家湾 M006 号墓清理简报 [J]. 文物参考资料，1954（12）.

⑤ 湖北省博物馆. 曾侯乙墓：上 [M]. 北京：文物出版社，1989：174、175.

⑦ 湖南省博物馆. 长沙浏城桥一号墓 [J]. 考古学报，1972（1）.

舞，以乐诸神。”《楚辞·九歌·东皇太一》中所描述的祭神时的乐舞是十分热闹而美妙的。当时的“灵偃蹇兮姣服，芳菲菲兮满堂。五音纷兮繁会，君欣欣兮乐康”。灵巫穿着鲜美的服装，众乐师演奏着悦耳的乐曲，众人优美的舞姿，美妙的歌声，充满了殿堂，使太一之神也感到欢欣乐康。可是南楚地区这种丰富多彩的祀神歌舞，很难在出土文物中找到实物，但在长沙马王堆1号汉墓出土的黑地彩绘棺上的歌舞图像（图5-13）和歌

图5-13　长沙马王堆1号墓出土黑地彩绘棺头挡所绘舞蹈图像

采自湖南省博物馆等《长沙马王堆1号汉墓》(上)

舞木俑，留传下来了南楚地区歌舞的一些形象资料。黑地彩绘棺头挡右上角描画有一组“神仙对舞”，一怪神两手各执一朱色状物，反首张臂，动作潇洒；其后有一“仙人”挥动长袖，昂首健步，舞姿健美；稍下还

有一“怪神”双手持铎，且摇且跳，当时“铎舞”的姿态，能给人以美感。[①] 长沙五里牌 406 号墓出土的龙凤纹漆盾，很可能是楚国“万舞”的武器。[②] 马王堆 1 号汉墓中还出土有歌舞俑 8 件，其中舞俑 4 件，“面部丰腴，呈椭圆形，傅白粉，梳垂髻”，“头部和上半身稍向前倾，两膝略现弯曲”（图 5-14），这大概是在为轪侯宫廷中跳优雅的轻姿曼舞。歌俑 4 件，“席地而坐”，“面部丰腴，呈椭圆形，傅白粉。着菱纹罗绮长袍”（图 5-15）[③]，似在歌唱清脆悦耳的曲调。同墓出土的竹简“遣策”中记载：“楚歌者四人”，证明“楚歌”在西汉早期仍在流行。

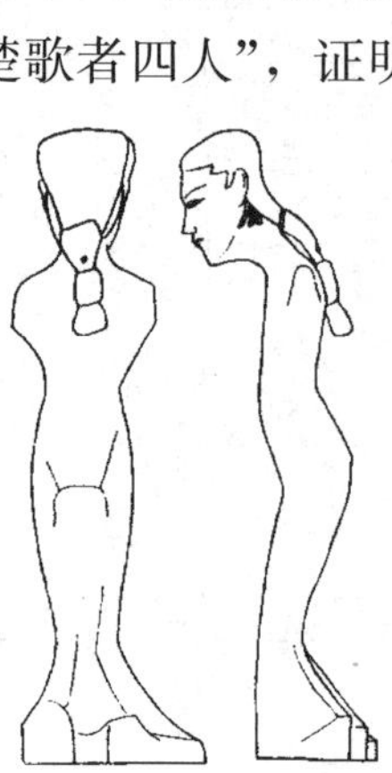

图 5-14　木舞俑示意图

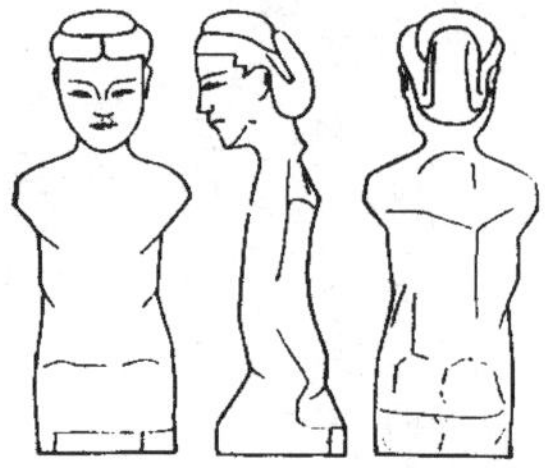

图 5-15　木歌俑示意图

三、绘画艺术

楚国绘画，大致可分为壁画、帛画和漆画三种。壁画只见文献记载，至今未发现实物。帛画遗物有三种。漆器虽出土不少，但属于绘画作品的并不多。

① 湖南省博物馆，中国科学院考古研究所．长沙马王堆一号汉墓：上［M］．北京：文物出版社，1973：16，图 18.

② 中国科学院考古研究所．长沙发掘报告［M］．北京：科学出版社，1957：图版 1、2、3，58.

③ 湖南省博物馆，中国科学院考古研究所．长沙马王堆一号汉墓：上［M］．北京：文物出版社，1973：97、98.

1. 帛画

三件作品都是长沙出土的。它们是《人物龙凤帛画》，《人物御龙帛画》和帛书四周的画像。

《人物龙凤帛画》和《人物御龙帛画》，都是用墨笔描绘，线条劲挺有力，并具有装饰趣味，造型也比较准确，它不仅刻画了生动的人物形象，还精心描绘了人物所处的环境。为了内容表现和形式塑造的需要，帛画还采用了不同的线描技法。如表现圆润的面部，就用匀细流畅的细线；画裙袍就用较粗长的线，以增强物体的质感；为了表现璎珞绦带迎风飘举，则用流动的曲线，使形象具有强烈的运动感。同时，对线的排列组织分布，也能随着形式所要求的气势来决定位置，如为了表现衣领和袖褶纹理，就重叠用线来加强层次感和绢绸的柔软感。由此可见，我国以线为主要造型手段的绘画技法，这时已日臻成熟。

帛画的布局，都是上轻下重，构图较为平稳。同时，宾主分明，画的主体是人物，并居于主要位置，而且形体高大，龙、凤、鱼等则居陪衬地位，虽与主体构成一定的关系，但形体略小，并布置在画面的两侧。为了使主题更加突出，又将人物的发髻和裙袍平涂浓墨或添加纹饰和线条，使人物形象在黑白对比中衬托得更鲜明醒目而稳重。

帛画上除绘有人物、龙、凤、鱼、鹤之外，还留有很大的空间。根据帛画内容分析，华盖上是天，龙舟下是水，但却是不着一笔的空白。为了突出某一主体，省略其他东西，留出大块空白，这正是中国画的特点之一；中国画十分注重虚实关系，即空白是虚，反之是实。虚从实而来，白从黑而来，虚与实，黑与白是辩证关系。因此，中国画既注意布实，同时又注意布虚。帛画的华盖和龙舟是实，天和水是虚，但虚不等于没有东西，只是不画而已，虚中有实，实中有虚，所谓“有露有藏”，“意到笔不到”，这正是中国画的重要表现方法。本来中国画的造型，不是据“实”而造，而是据“意”以造。他们是“想”着画，而不是看着画，是用“道”的观点去观察、审视宇宙万象，是“神游”着笔，主观性的东西要多得多，除了客观的物象外，还有一个主观的“意”。古代画家制作的契机是“道”，而非“物”。“物”只是入手的法门，“道”才是追求的终极。因此，画家想得多，画得少，观赏者看到的少，想到的多，也就是所谓虚实相生，从实中想到虚，从虚中看到实，从鱼可以联想到水，从华盖顶上可以看到天，这虚实相生的处理法则，对中国画家影响极深，时至今日，中国山水画处理天、云、水时，一般还是留一片空白，大师八大山人、齐白石画鱼虾也还是如此，从帛画的虚实关系的处理，可见其源流之长，影响之深远。

2. 帛书

近方形，中间有墨书文字，四周用墨线勾绘有各种图像，线内涂色，类似单线平涂，四角绘有树木，分青、赤、白、黑四种。所绘神怪，头、身、手、足俱全，但比例极不协调，手、足也多作鹰爪形，好似抽象派画家的作品。这些虚幻、怪异、荒诞的图像，从表现形式来看，有全身的、正面的、侧身的，四肢和躯体不全的，或用几种动物拼凑而成的。这显然都是属于想象中的或神话传说中的神怪。这充分反映当时楚国巫风之盛，说明这种原始社会的精神文化仍占有重要地位，原始巫术礼仪风俗还弥漫在社会之中。这种看来是落后现象的存在，刚好为楚艺术的发展准备了重要条件。一般来说，各国古代艺术的发展都离不开神话，马克思说："大家知道，希腊神话不只是希腊艺术的武库，而且是它的土壤。"① 楚国历代相传的丰富多彩的古代神话和崇巫重祀的风俗，正是产生南楚绘画艺术的土壤。本来古代的画家就兼有巫师的职能，巫师也兼有艺术家的技法，他除了以礼仪、以符咒服务于国君和社稷之外，还可通过艺术形式作用于人的精神。这幅画的绘画技巧虽很古朴，但它作为巫术的外衣，以它自身的魅力，负载着并装饰了巫术，使巫术实现了其实用的目的。同时巫术又作为艺术的寄生和内容，凭着它功利目的的驱使，又有力地刺激并大大地促进了楚国艺术的发展。

3. 漆画

楚国漆器工艺十分发达。近几十年来，仅湖南、湖北、河南等地就出土了大量的楚国漆器。随着当时社会的变革、经济的发展、审美观念的变

① 马克思恩格斯全集：第30卷［M］. 2版. 北京：人民出版社，1995：52.

化和人们日常生活的需要，漆器的造型也不断得到更新，装饰题材也日益丰富。由于装饰漆器的工具主要是毛笔，因此，画工们可充分发挥毛笔可圆转自如、长短随意，既可勾线，又可涂面的多方面功能，装饰纹样也就逐渐从传统的规整、方格图案，向以线面结合、方圆结合的纹样风格转化。同时还出现了以现实生活为题材的漆器绘画，如 1952 年长沙颜家岭 35 号墓出土的彩绘狩猎纹漆樽是最具有代表性的漆画。纹饰从上到下分成五组，一、三、五组用变形凤纹，左右连续装饰；二、四组描绘的是狩猎画面。在高不到 2 厘米，长 34 厘米的范围内，画家居然描绘出了一幅幅形象生动、热烈、紧张的狩猎场景（图 5-16）。无论从人、兽、禽的比例、动态、神情，前后关系的处理，真是下笔有神，一挥而就，做到了笔到、意到、情到，看那持械斗牛的勇士，猎犬捕鹿的紧张场景，双鹤争食的神情，……真是描绘得活灵活现。生活是创作的源泉，要深刻而又生动地描绘动物，准确地表现他们的神情，就必须熟悉他们的外表、性格和特征，这样才能找到最好的角度，最佳的位置，敏锐地抓住物象最具本质特征的瞬间的动态和神情。这正是由于画家身居山林密布、野兽众多的南楚，对狩猎生活、动物的特征和性格了如指掌，才能创作出这样高水平的绘画珍品。以现实生活为题材的漆画的出现，具有划时代的重要意义，从此为楚国漆画开创了一个工艺装饰应用人物绘画的新局面，并直接影响到汉画艺术的大发展。

图 5-16　狩猎纹漆卮展开图
李正光摹绘

第六章　南楚文化与周边文化的关系

第一节　南楚文化与中原文化的关系

楚的先祖来自中原地区。屈原自称："帝高阳之苗裔兮。"《史记·楚世家》说："楚之先祖出自帝颛顼高阳。高阳者，黄帝之孙，昌意之子也。高阳生称，称生卷章，卷章生重黎。重黎为帝喾高辛居火正，甚有功，能光融天下，帝喾命曰祝融。"这一记载，为新出土的包山楚简所证实。包山竹简中的《卜筮祭祷记录》中说："舉祷楚先老僮、祝融、媸酓"①，"老僮"即卷章。"媸酓"李学勤释鬻熊。②"鬻熊子事文王。"周原出土甲骨中有"楚子来告"的记载。③ 由这些文献记载和出土文物证明，楚与中原文化，特别是与周文化关系是十分密切的。从出土文物来看，商至西周早、中期的楚人的遗物，至今仍是一无所知。或者已有出土，但尚未认识。目前所知楚国最早的铜器是西周中晚期之际的 3 件"楚公冢"甬钟、1 件"楚公冢"戈和 1993 年山西曲沃北赵晋侯邦父墓中的 8 件楚公逆编钟。从 3 件铜甬钟的形制、文字、纹饰风格来看，与中原周文化同一时期的甬钟几乎没有什么差异。"楚公冢"这类三角援戈，也见于西周早期墓中。④ 至春秋早期，楚国的青铜工艺，仍属于中原周文化系统。从春秋中期以后，才显示出楚器物的特色，并对周围一些国家的

---

① 湖北省荆沙铁路考古队．包山楚简［M］．北京：文物出版社，1991：34．

② 李学勤．论包山简中一楚先祖名［J］．文物，1988（8）．

③ 陕西周原考古队．陕西岐山凤雏村发现周初甲骨文［J］．文物，1979（10）．

④ 陕西省博物馆，陕西省文物管理委员会．陕西岐山贺家村西周墓葬［J］．考古，1976（1）．

文化产生影响，包括对中原地区文化的影响。[1]

江南地区，在楚人进入之前，中原文化早已影响到这一地区。南方的“蛮夷”文化也有向北传播到中原地区的。至迟在商代中期，中原地区先进的青铜冶铸技术就已传入到湖南北部的石门皂市[2]，商代晚期的中原地区的“冈”氏族徽的铜器鼎、提梁卣、“戈”氏族徽的提梁卣及其他瓿、爵、觚、尊、刀等一大批青铜器传入江南[3]；江南的越式甬钟也在西周早期就已传入周人地区[4]。铜镈早在商代晚期至西周早、中期，已在江南地区流行，北方地区要到西周晚期才开始出现[5]，其间可能受到南方铜镈的影响。湘潭青山桥窖藏出土的商、西周尊、爵、觯、鼎等12件铜器，除Ⅱ式鼎外，其余都是由中原地区流传到南方的。[6] 春秋时期，中原文化已对江南的越文化产生重要影响。如岳阳[7]、湘潭[8]、衡阳出土的西周末至春秋的动物纹提梁卣，虽然纹饰中有浓厚的江南水乡动物的特色，但提梁卣的造型却是受到中原提梁卣的影响。资兴旧市春秋越墓中出土的竖穴土坑墓、铜鼎，鼎上的圆涡纹、夔龙纹及铜戈、铜矛、铜剑、双翼形铜镞、铜斧、玉玦等，都可以找到中原文化的因素或所受

---

① 刘彬徽．楚国青铜礼器初步研究［C］//中国考古学会第四次年会论文集．北京：文物出版社，1985.

② 高至喜．商文化不过长江辨——从考古发现看湖南的商代文化［J］．求索，1981（2）.

③ 高至喜．论中国南方出土的商代青铜器［C］//中国考古学会第七次年会论文集．北京：文物出版社，1992.

④ 高至喜．中国南方出土商周铜铙概论［M］//湖南考古辑刊：第2集．长沙：岳麓书社，1984.

⑤ 高至喜．论商周铜镈［M］//湖南考古辑刊：第3集．长沙：岳麓书社，1986.

⑥ 湖南省博物馆，袁家荣．湘潭青山桥窖藏商周青铜器［M］//湖南考古辑刊：第1集．长沙：岳麓书社，1982.

⑦ 岳阳市文物工作队．岳阳县筻口出土春秋人像动物纹青铜卣［M］//湖南博物馆文集．长沙：岳麓书社，1991.

⑧ 熊建华．湘潭县出土周代青铜提梁卣［M］//湖南考古辑刊：第4集．长沙：岳麓书社，1987.

中原文化的影响。[①] 湘潭古塘桥春秋越墓中所出鼎、斧、戈、钾的中原文化因素也相当鲜明。[②]

由上述文献记载和出土文物说明了两个问题：一是楚人的先祖来自中原地区，其文化的主源属华夏文化；二是在楚人入主江南地区之前，中原文化早已传入江南地区，并已产生重要的影响。因此，在江南楚文化中包含有许多中原文化的因素是很自然的。如澧县文家山、周家坟山、周家湾、黄泥岗等地西周晚期至春秋早期的楚人遗址中出土的遗物如鬲、盂（或名盆）、豆、罐[③]，在陕西沣镐遗址[④]和遗址内张家坡西周墓地[⑤]中较晚的陶器也是以鬲、盂、豆、罐为基本组合，虽然在器形上稍有差异，但这些楚器所受周文化的影响是明显的。澧县丁家岗春秋中期小型楚墓中出土的陶器是鬲、盂、罐、鼎、豆[⑥]，与洛阳中州路春秋早、中期墓中的陶器组合是鬲、盆（即盂）、罐、鼎、豆、罐的组合也大体相同[⑦]。岳阳筻口春秋中期后段楚贵族墓中的铜礼器为鼎、簠、盏、盉、盘、匜[⑧]，与中原地区同一时期墓葬中的铜礼器组合为鼎、簋、舟、盘、匜[⑨]，也有不少相同之处，如都是“由盛牲器、食器、酒器（或盛水器）、盥

① 郭学仁．资兴旧市春秋墓的中原文化因素浅析［M］//湖南博物馆文集．长沙：岳麓书社，1991.

② 湖南省博物馆．湖南衡阳、湘潭发现春秋墓葬［J］．考古，1978（5）.

③ 湖南省文物考古研究所，何介钧．湖南澧县商周时期古遗址调查与探掘［M］//湖南考古辑刊：第4集．长沙：岳麓书社，1987.

④ 中国大百科全书考古学［M］．北京：中国大百科全书出版社，1986：126.

⑤ 中国社会科学院考古研究所沣西发掘队．1967年长安张家坡西周墓葬的发掘［J］．考古学报，1980（4）.

⑥ 湖南省博物馆．澧县东田丁家岗新石器时代遗址［M］//湖南考古辑刊：第1辑．长沙：岳麓书社，1982.

⑦ 中国科学院考古研究所．洛阳中州路（西工段）［M］．北京：科学出版社，1959：141、142.

⑧ 岳阳市文物工作队发掘资料，1987年曾在湖南省博物馆展出。

⑨ 高明．中原地区东周时代青铜礼器研究（上）［J］．考古与文物，1981（2）.

器四种不同用途的器物组成”[①]，当然，也有差异，如楚人以簠代簋，有缶有盏而无舟，已表现出楚文化的特点。自春秋中、晚期以来，楚国发展异常迅速，楚文化的自身特点也愈来愈多，中原文化对楚文化特别是对江南楚文化的影响趋小。相反，楚文化对中原文化的影响有所加强。长沙浏城桥战国初的1号墓中出土有8件带扉棱的小陶鬲[②]，就是模仿中原地区的蹄足式铜鬲[③]。同墓所出陶方壶仿自铜方壶，也是先由中原地区传入楚地（如淅川下寺1号楚墓所出）再带入江南的。鄂城百子畈战国中期的4、5号墓中的陶高足小壶（原报告名“高把壶形器”）[④]，就是由中原地区传入楚地的。如河北易县燕下都东斗城29号战国早期墓中出土高足小壶3件（原报告名“Ⅱ式豆”）[⑤]；山东曲阜鲁国故城乙组墓中的54号和3号墓中出有高足小壶[⑥]；北京怀柔城北15座战国墓中出有高足小壶30件[⑦]，北京地区的这些高足小壶的年代为战国早、中期，而在楚地则出现较晚，最早的在战国中期，看来，这类高足小壶应是由北向南流传的。江南楚地的高足小壶以鄂城战国晚期楚墓中出土最多，溆浦马田坪乡山门垅35号墓[⑧]和益阳羊舞岭19号墓[⑨]

---

① 刘彬徽. 楚国青铜礼器初步研究［C］//中国考古学会第四次年会论文集. 北京：文物出版社，1985.

② 湖南省博物馆. 长沙浏城桥一号墓［J］. 考古学报，1972（1）.

③ 刘建国. 论楚鬲文化特征的两重性——兼及楚文化与中原文化的关系［J］. 中原文物，1989（4）.

④ 湖北省鄂城县博物馆. 鄂城楚墓［J］. 考古学报，1983（2）.

⑤ 河北省文化局文物工作队. 1964—1965年燕下都墓葬发掘报告［J］. 考古，1965（11）.

⑥ 山东省文物考古研究所. 曲阜鲁国故城［M］. 济南：齐鲁书社，1982：143、144、图版72.

⑦ 北京市文物工作队. 北京怀柔城北东周两汉墓葬［J］. 考古，1962（5）：224，图版1，5，图版2，3.

⑧ 湖南省博物馆. 湖南溆浦马田坪战国、西汉墓［M］//文物资料丛刊：第10集. 北京：文物出版社，1987. 原报告名Ⅴ式豆。

⑨ 湖南益阳地区文物工作队. 益阳楚墓［J］. 考古学报，1985（1）. 原报告名Ⅶ式豆。

等战国晚期楚墓中也有出土，但为数很少，在淮阳、长丰等地也有所见①。可见高足小壶是在战国中期由北方地区传入楚地的，战国晚期流行，并曾影响到江南地区。

中原地区战国中期的器物传入江南的还有 1974 年出于衡阳唐家山 2 号墓的“三十三年大梁左库”铜戈，铸于魏惠王三十三年（前 338）②，从同出的陶鼎蹄足较矮，壶作盘口看，应是战国晚期楚墓，此戈可能是楚魏战争中楚人的战利品。

战国晚期从中原地区传入江南楚地的器物较多，秦器有岳阳城陵矶出土的二十年相邦冉铜戈，内上刻铭三行，李学勤释为：“廿年，相邦冉造，西工师□，丞畟（?），隶臣□。”相邦“冉”即魏冉，“西”即陇西郡的西县，戈铸于秦昭王二十年，即公元前 287 年。③ 这是江南地区见到的最早的一件纪年秦器。20 世纪 30 年代，长沙穿眼塘楚墓出土有一件二十九年漆樽，下有三个蹄形铜足，上饰错银云纹，樽身在黑漆地上朱绘几何纹，樽底刻铭四行为：“二十九年，大（太）后詹事，丞向，右工师象，工大人臺。”铭左朱书一“長”字。裘锡圭认为铭文为秦国文字。“二十九年”应为秦昭王二十九年。即公元前 278 年，此时秦的统治尚未到达长沙。裘锡圭还认为铭文中的“太后”是秦昭王之母宣太后，是楚人，入秦后她仍与楚国有一定的联系。④ 李学勤认为樽上的“长”字系长沙之省，是漆樽的置用地点，是秦国工匠的杰出产品。⑤ 此樽的出土，说明战国晚期秦与南楚之间的联系。1965 年长沙九尾冲 12 号墓中出土有一件典型的秦式宽弦纹铜镜，与此镜同出的是仿铜陶礼器鼎、敦、壶 4 套和长胡三穿云纹铜戈、环形铜砝码、双凸箍铜剑等典型的楚

① 高至喜．论战国晚期楚墓［J］．东南文化，1990（4）．

② 单先进，冯玉辉．衡阳市发现战国纪年铭文铜戈［J］．考古，1977（5）．

③ 李学勤．湖南战国兵器铭文选释［M］//古文字研究：第 12 辑．北京：中华书局，1985．

④ 裘锡圭．从马王堆一号汉墓“遣册”谈关于古隶的一些问题［J］．考古，1974（1）．

⑤ 李学勤．论美澳收藏的几件商周文物［J］．文物，1979（12）．

式器物①，说明此墓为楚墓，这也反映了秦占领长沙之前就有秦器传入南楚地区。

韩国的兵器是很有名的。不但有“强弓劲弩”，而且剑戟亦甚坚利。② 在江南楚墓中韩国兵器有多件出土，如长沙柳家大山 11 号墓中出土有“郑左库”铜戈，援长 14.2 厘米，内长 9.5 厘米，胡长 12.2 厘米，内三面有刃③，与新郑所出Ⅱ式戈相似④，与此戈同出的还有鸟形铜戈籥和铜戈镈。溆浦马田坪山门垅 41 号墓出土有“郑生库”铜戈，长胡三穿，内三面有刃，援长 14.4 厘米，内长 8.3 厘米⑤，形式与新郑出土的Ⅱ式戈相似。古丈白鹤湾 28 号墓出土有“五年桐丘”铜戈，长胡三穿，内三面有刃，援长 15.7 厘米，内长 8.9 厘米，胡长 8.2 厘米，内上刻有铭文两行共 11 字⑥，黄盛璋释为：“五年桐丘命（令）脩、工师章（龙）、冶金（?）”，考证为战国晚期韩国兵器⑦是正确的。

古郑邑原在陕西华县境内的咸林，后迁河南新郑县，新邑始称“郑”，公元前 375 年郑为韩所灭，但古籍仍多称韩为“郑”，上述两戈铭中的“郑”即是指韩新都新郑。⑧长沙所出“郑左库”戈、溆浦所出“郑生库”戈及古丈所出“五年桐丘”戈，均与新郑所出“郑左库”矛、“郑生库”戈等的字体风格和戈的形制很相似，说明这几件铜戈应都是来自韩国，年代当在战国后期。溆浦马田坪山门垅 41 号墓与郑生库戈同出的仿铜陶礼器，浅腹较高蹄足的鼎、高 S 钮的敦、高圈足的壶是战国晚期前段的风格，说明韩国的“郑生库”戈铸成后不久就传入了楚地江南。

---

① 高至喜. 论湖南秦墓［J］. 文博，1990（1）.

② 战国策［M］. 上海：上海古籍出版社，1985.

③ 湖南省博物馆. 长沙柳家大山古墓葬清理简报［J］. 文物，1960（3）.

④⑧ 郝本性. 新郑“郑韩故城”发现一批战国兵器［J］. 文物，1972（10）.

⑤ 湖南省博物馆. 湖南溆浦马田坪战国、西汉墓［M］//文物资料丛刊：第 10 集. 北京：文物出版社，1987.

⑥ 湖南省博物馆，湘西土家族苗族自治州文物工作队. 古丈白鹤湾楚墓［J］. 考古学报，1986（3）.

⑦ 黄盛璋. 新出五年桐丘戈及其相关古城问题［J］. 考古，1987（12）.

上面列举了中原文化对南楚文化的影响，以及中原地区的铜镜和兵器传入楚地江南的例证。南楚文化对中原文化也有影响，最显著的一例就是四山纹铜镜传入了燕国。20 世纪 30 年代末，河北易县曾出土一些小型山字纹镜的陶范，目前见于著录的有三种：第一种是圆钮座四山镜；第二种是方钮座，钮座每边伸出一叶，靠边缘各山字之间还有一叶，四个山字的底边与方钮座的四角正对①；第三种是：方钮座，四山字的底与方钮座各边平行，在钮座四角和四山之间各有一叶，共八叶②。这些镜范均系采集品，缺乏地层证据。燕下都约创建于燕昭王时期（前 311—前 279），已发掘的第 22 号遗址出土遗物的年代在战国晚期③，看来这些四山镜陶范的年代约在公元前 3 世纪。易县燕下都虽有四山镜陶范出土，却在燕国范围内从未见有四山纹铜镜出土，可能是因为在此开始铸造四山纹镜不久，燕国就被灭亡了。出土四山纹镜最多的地区是楚地湖南，数以百计。有学者认为易县所出四山镜范纹饰“是易县特有的镜类”，或认为其纹饰与湖南所出四山铜镜纹饰有所区别，并论证湖南楚墓所出四山镜不是河北易县所铸，而应是本地区铸造的④，这一结论是正确的，但所列举的差异，并不都符合实际，即与易县燕下都所出三种四山镜范纹饰相同的铜镜在湖南均有出土。如第一种圆钮座四山镜，见于古丈白鹤湾 38 号墓⑤，只是钮座周边少四片小叶，但这种小叶是湖南楚镜中最常见的纹饰之一；第二种方钮座，八叶，四个山字的底边与钮座四角正对的铜镜，见于 1953 年长沙月亮山 46 号墓⑥，1953 年长沙月亮山 3 号

---

① 梁上椿. 岩窟藏镜［M］. 影印本. 北京：大业印刷局育华印刷所，1940—1942：图 13、14、15.

② 中国历史博物馆考古组. 燕下都城址调查报告［J］. 考古，1962（1）.

③ 河北省文化局文物工作队. 燕下都第 22 号遗址发掘报告［J］. 考古，1965（11）.

④ 孔祥星，刘一曼. 中国古代铜镜［M］. 北京：文物出版社，1988：33、34.

⑤ 湖南省博物馆，湘西土家族苗族自治州文物工作队. 古丈白鹤湾楚墓［J］. 考古学报，1986（3）.

⑥ 湖南省博物馆，湘西土家族苗族自治州文物工作队. 长沙楚墓［J］. 考古学报，1959（1）：图版 7，1.

墓及 1957 年长沙东塘楚墓和树木岭 1 号墓出土的四山镜，也是山字底边与钮座四角正对，只是钮座每边没有伸出小叶①。至于第三种八叶四山纹，山字底边与方钮座每边平行的铜镜，在湖南地区出土就更多了，如 1964 年长沙九尾冲 5 号墓②，1954 年长沙仰天湖 25 号墓所出③都是。四山纹铜镜在湖南开始铸造的时间在战国早期④，比易县的四山镜范的年代要早得多。由上述事实说明，易县燕下都的四山镜范应是受到南楚地区四山铜镜的影响而出现的。可能是燕国仿制这种江南楚地的四山镜不久，燕国就被秦国灭亡了，所以在燕国铸制的四山镜甚少，至今尚未见出土。

第二节　南楚文化与巴、蜀、濮文化的关系

巴、蜀曾是我国西南地区重要的诸侯国，在跟随周武王伐纣的八族人中就有蜀人。西周时期巴和楚均为周的南土，如《左传·昭公九年》载："武王克商，……巴、濮、楚、邓，吾南土也。"春秋时期，巴、楚之间数相攻伐，后来巴已沦为楚国的附庸。公元前 676 年，"巴人叛楚而伐那处"（《左传·庄公十八年》）。"那处"在楚郢都以北。公元前 477 年，"巴人伐楚，围鄾"（《左传·哀公十八年》）。鄾，在今湖北襄阳旧城东北二十里。⑤ 看来，春秋时期巴楚之间的互相攻伐或"巴人从楚师"，均在江北；江南的楚人，这一时期尚未与巴人直接接触。至目前为止，在江南地区已发现的春秋时期的楚的遗址和墓葬中，未见巴人的遗物，正与文献记载相合。

战国时期，楚、巴、蜀之间的关系较为密切，并与楚的江南地区发

---

① 高至喜. 论楚镜［J］. 文物，1991（5）：44，图 7，出土地点应与图 8 对换；湖南省博物馆. 长沙树木岭战国墓阿弥岭西汉墓［J］. 考古，1984（9）.

②④ 高至喜. 论楚镜［J］. 文物，1991（5）.

③ 湖南省博物馆. 湖南出土铜镜图录［M］. 北京：文物出版社，1960：图 13.

⑤ 杨伯峻. 春秋左传注［M］. 北京：中华书局，1981：1713.

生了相当密切的关系。如《史记·楚世家》说："蜀伐楚，取兹方，于是楚为扞关以拒之。"据唐人张守节《正义》：《古今地名》云："荆州松滋古鸠兹地，即楚兹方是也"。松滋已紧靠湘北。《战国策·燕策二》记载，"苏代约燕王曰：'楚得枳而国亡。'""枳"即今四川之涪陵县。《华阳国志·巴志》说巴的"先王陵墓多在枳"。枳被楚人占领后，当有不少巴人流入楚地和湘西地区。唐人梁载言《十道志》说："楚子灭巴，巴氏兄弟五人流入黔中，汉有天下名曰酉、辰、巫、武，沅等五溪，各为一溪之长，故号五溪（蛮）。"由考古发现证明，战国时期确有不少巴人"流入黔中"，湘西、湘北地区曾出土有大量巴人遗物，甚至在益阳、长沙等湘中地区的楚墓中亦有巴人遗物出土。兹将江南地区已发现的较重要的巴人遗物，列举于后：

（1）古丈白鹤湾战国楚墓中出土巴式柳叶形铜剑、双环钮矛、肖形虎印、及巴式陶器深腹圈足簋形器等。①

（2）溆浦马田坪发掘有"巴人墓"8座②，在这8座战国墓中出土楚器不少，虽不能认定这些墓全是"巴人墓"，但出土有不少巴式器物则是事实，如有柳叶形剑与四川宝轮院③所出类同，特别是83号墓所出铜剑的剑镡（原名格）上铸有人首和两虎身组成的图像、有典型的巴式长颈球腹凸圜底陶壶等。1980年溆浦大江口镇一座战国墓中出有青铜器虎钮錞于、铜钲（原报告名"铎"），扁身铜钟等与巴文化有关的器物。④ 马田坪乡高低村7号墓也出柳叶形剑。⑤

---

① 湖南省博物馆，湘西土家族苗族自治州文物工作队．古丈白鹤湾楚墓［J］．考古学报，1986（3）；吴铭生．湖南东周时期土著文化与楚文化的关系［J］．江汉考古，1989（4）．

② 湖南省博物馆．湖南溆浦马田坪战国西汉墓发掘报告［M］//湖南考古辑刊：第2集．长沙：岳麓书社，1984．

③ 四川省博物馆．四川船棺葬发掘报告［M］．北京：文物出版社，1960．

④ 湖南省博物馆，张欣如．溆浦大江口镇战国巴人墓［M］//湖南考古辑刊：第1集．长沙：岳麓书社，1982．

⑤ 怀化地区文物工作队．溆浦县高低村春秋战国墓清理简报［M］//湖南考古辑刊：第5集．长沙：岳麓书社，1989．

（3）1978 年慈利蒋家坪出土虎钮錞 1 件，通高 52.6 厘米①；1979 年城关镇西北的化子坡出土虎钮錞 1 件②，年代均属战国。

（4）石门出土錞于较多，仅新关镇熊家岗一处窖藏就出土虎钮錞于 15 件，除一件五铢线纹錞于外，其余均属战国时代。③

（5）1958 年常德德山 26 号墓出土有一件铜戈，为长胡三穿，援较宽，棱脊不明显，胡部两面有铭文和太阳状符号（图 6-1），与四川冬笋坝 4 号墓出土的戈形制相似，太阳状符号也常见于巴蜀铜兵器上，熊传新认为是巴人遗物。④ 1978 年常德县黄土店贺家农场出土虎头形铜钺 1 件，通长 10.1 厘米⑤，也具巴式风格。

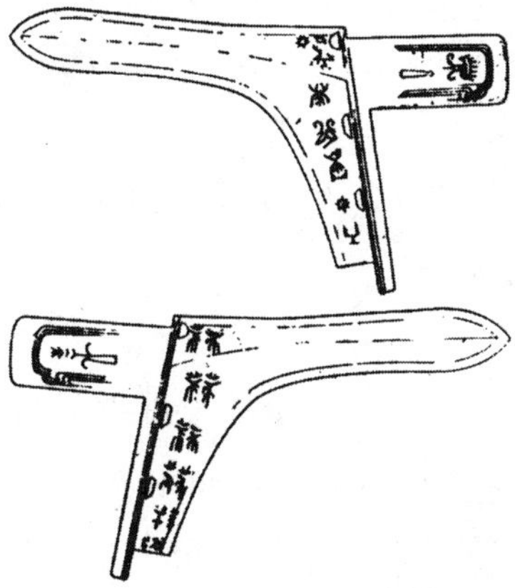

图 6-1　“棘”字铜戈示意图
采自湖南省博物馆《湖南常德德山楚墓发掘报告》

图 6-2　虎兽决斗纹铜戈示意图

（6）1985 年桃源县三汊港乡三元村 1 号楚墓中出土铜戈 1 件，长胡三穿，援较宽，援部两面均铸“虎兽决斗纹饰”（图 6-2），报告执笔者

①④⑤　熊传新．湖南发现的古代巴人遗物［M］//文物资料丛刊：第 7 集．北京：文物出版社，1983．

②③　龙西斌，高中晓．石门、慈利出土錞于简介［M］//湖南考古辑刊：第 3 集．长沙：岳麓书社，1986．

称为“巴式虎纹戈”。[①]

（7）1979年益阳天成垸2号墓（顺序号为1号）出土肖形虎印2枚，与四川冬笋坝50号墓所出巴式肖形印风格相同。[②] 1985年益阳资江机器厂78号墓出土铜戈一件，为长胡三穿，宽援，援上铸虎形图案，胡部有铭文，不识。[③] 其形制及援部纹饰与桃源三元村1号墓所出铜戈相似，也是巴式戈。

（8）1957年长沙烈士公园3号墓出土有一件长胡三穿铜戈，胡部两面有铭文和巴式符号，其风格与常德德山26号墓所出巴式铜戈相似，也可视为巴式铜戈。[④]

在长沙废铜仓库内曾拣选出巴蜀式铜戈一件，近栏处铸一猛虎，戈援脊部上方铸有铭文一行11字，李学勤释为：“俶（偲）命曰：献与楚君监王孙袖”，俶，是人名，王孙袖是楚国的王族，受命监管归属于楚的巴蜀人。俶是巴人之长，铸作了这件铜戈献给王孙袖。[⑤] 此戈形制与四川郫县红光公社、万县新田公社所出铜戈接近，是典型的巴蜀式戈，却铸有古汉字，反映了战国时期楚与巴蜀的关系。

在湘西北地区发现的汉代錞于更多。

上述巴人遗物的发现，说明战国时期确有不少巴人流入湘西、湘北地区，并有少数巴人的兵器和肖形虎印流入湘中地区。进一步分析这些巴式器物，发现凡墓葬中出土的巴式器物基本上是战国中晚期的。除古丈白鹤湾出巴式剑和肖形虎印的17号和31号墓年代较早外，其余都属战国中期偏晚或战国晚期。常德德山26号墓伴出有高蹄足的“正易”铜

---

① 常德地区文物工作队．桃源三元村一号楚墓［M］//湖南考古辑刊：第4集．长沙：岳麓书社，1987.

② 湖南省益阳地区文物工作队．益阳楚墓［J］．考古学报，1985（1）.

③ 盛定国．益阳楚墓出土的“巴式”铜戈［M］//湖南考古辑刊：第4集．长沙：岳麓书社，1987.

④ 周世荣．长沙烈士公园清理的战国墓葬［J］．考古通讯，1958（6）.

⑤ 李学勤．湖南战国兵器铭文选释［M］//古文字研究：第12辑．北京：中华书局，1985.

鼎，原报告定为战国中期，由“正易”铜鼎看，已接近战国晚期；涂浦马田坪 64、83、121 号出巴式器物的墓，都属“战国中期或偏晚期的墓葬”；桃源三元村 1 号墓也属“战国中期偏晚”；长沙烈士公园 3 号墓所出之细长颈云纹提梁铜壶，多见于战国晚期楚墓，其年代大概也在战国中晚期之际。这些巴式器物，多与楚器共存。由上述巴式器物的年代，说明巴人大量流入湘西、湘北的时间，正好与公元前 316 年秦灭蜀及“楚得枳”和“楚子灭巴”的时间大体相合。“楚得枳”和“楚子灭巴”的具体年代不知，但“楚得枳而国亡”的所谓“国亡”是指公元前 278 年秦将白起拔郢、楚国迁都陈这两件事，那么“楚得枳”之年当在此之前，且距此年不久。看来巴人大量地进入湘西、湘北地区也就应在战国中期偏晚和战国晚期前段这段时期之间。

濮，原是江汉地区一个古老的土著民族。早在周武王伐纣的军队中就有濮人。武王克商后，濮同巴、楚、邓都是周朝的“南土”。春秋初年，楚国向南开拓疆土，首先就是征服濮人，《国语·郑语》载“楚蚡冒（前 757 年—前 741 年）于是乎始启濮”。《史记·楚世家》说楚武王时（前 740 年—前 690 年）“始开濮地而有之”，这时楚已占领了濮人的大片土地，因而有大量濮人被迫南迁，一部分进入黔中一带。另一部分濮人则迁徙至西南四川、云南、贵州等省，与当地土著民族混合，至战国西汉时期的滇文化，即是濮僚文化的代表。《左传·文公十六年》载：“庸人帅群蛮以叛楚。麇人率百濮聚于选，将伐楚。”“选”在湖北枝江县境。可见春秋时期长江以南确有“百濮”居住，并有一部分濮人应已进入湘西北地区。可是进入湘西北的濮人的文化是什么样子？以何种器物为其代表，长期以来无从知晓。近几年来，在湘西北地区发现有一种宽镡（原名“格”）短剑和“蛇头形”短剑，有学者认为这是濮人的遗物。①的确这类短剑既不见于楚，也不同于巴，而和滇文化和夜郎文化中的某些剑却有类似之处，应是濮人的产物。此外，还有一种多环钮的铜矛，也可能是濮人的兵器。

---

① 何介钧，郑元日．湘西、湘西北地区新被认识的一种青铜文化（待刊）．

目前已见于报道的这类濮人遗物有：

（1）1973 年和 1976 年，保靖四方城先后出土有宽镡（过去名“格”）短剑 5 件（图 6-3）。有 4 件剑茎与镡分铸套合，完整的长 25.2 厘米、29 厘米。镡上纹饰有云雷纹、细腰形纹、同心圆纹、菱形纹、矩纹等。另一件剑茎与镡合铸，长 34 厘米，茎和镡上饰云雷纹、三角形纹、米字形纹等，与这些短剑同出的还有四山纹铜镜、铜戈等①，时代约在战国中期。

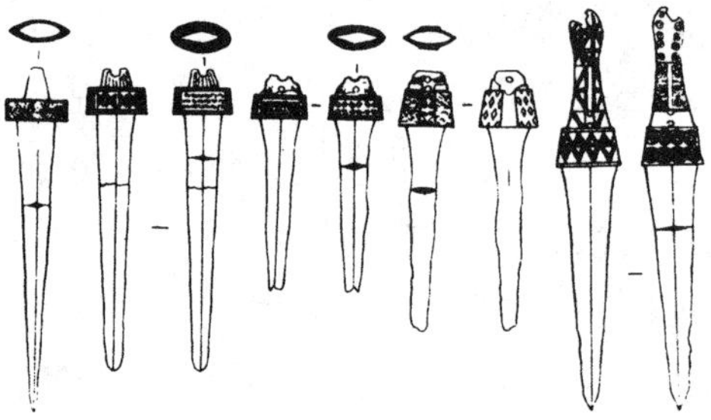

图 6-3　短剑示意图

采自刘长治《湘西保靖发现几件青铜短剑》

（2）1981 年慈利官地 5 号墓出土扁茎无首短剑 1 件，长 33.2 厘米，剑镡作“扁箍状”，一面饰重圈纹，另一面饰云纹，同出的有卷沿鼓腹平底陶壶，属战国早期楚墓。②

（3）1982 年辰溪城郊米家滩出土宽镡短剑 1 件，柄、镡部铸云纹、雷纹和水波纹。③ 米家滩 13 号墓还出土柄作蛇头形的短剑 1 件。④

---

① 刘长治．湘西保靖县发现几件青铜短剑［M］//湖南考古辑刊：第 5 集．长沙：岳麓书社，1989.

② 高中晓，袁家荣．湖南慈利官地战国墓［M］//湖南考古辑刊：第 2 集．长沙：岳麓书社，1984.

③ 陈启家，舒向今，向开旺．湘西辰溪，溆浦发现的青铜剑［M］//湖南考古辑刊：第 2 集．长沙：岳麓书社，1984.

④ 怀化地区文物工作队．米家滩战国墓发掘简报［M］//湖南考古辑刊：第 4 集．长沙：岳麓书社，1987．简报中只见短剑的器物图，未作文字描述，墓葬登记表中也未作登记。

（4）1982 年溆浦马田坪出土宽镡短剑 1 件，柄和镡部铸有云雷纹、圆圈纹、米字纹、水波纹。①

（5）1986 年临澧太山庙 5 号、19 号、23 号墓各出 1 件宽镡短剑（原报告名“匕首”），5 号墓所出铜剑为扁茎有穿，镡上饰规矩纹和三角形纹，残长 17 厘米（图 6-4，2）；19 号墓所出剑茎上有数道线形细棱，镡上饰同心圆纹，稍残，长 22.4 厘米（图 6-4，3）；23 号墓所出剑首椭圆，饰细密的回纹，间以三角带纹，茎作束腰状，镡上饰回纹和细腰纹，细方格纹，通长 31.6 厘米图 6-4，1）。② 除 19 号墓仅出一件短剑外，5 号墓中伴出有楚墓中常见的陶器钵、豆、罐；23 号墓中也出楚式陶豆、壶多件。墓的年代在战国早、中期。

（6）1983 年常德县官山 2 号墓出土宽镡短剑一件，扁茎一穿，镡上铸细点纹和同心圆纹，通长 21.5 厘米。此墓除出短剑外，未见其他随葬品，但此墓为带墓道长方形竖穴土坑，属楚墓形制，时代在战国中期。③

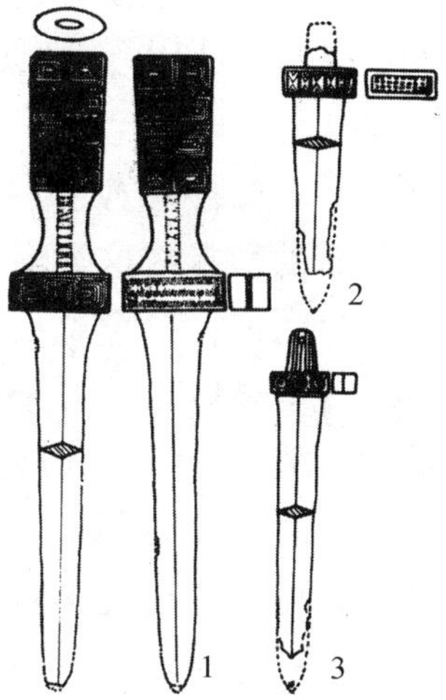

图 6-4　铜剑示意图

（7）1978 年益阳新桥河 5 号和 16 号墓各出土宽镡短剑 1 件。5 号墓所出为扁茎一穿，镡上铸不规则花纹，残长 28.8 厘米，同墓还出圆骹铜矛 1 件；16 号墓中伴出陶器有鼎、敦、豆各 1 件，不明陶器 2 件④，都是战国中期楚墓。

（8）湖南省博物馆收藏短剑 2 件，一件出自保靖四方城，茎上饰圆圈纹、曲折纹，镡上

---

① 陈启家，舒向今，向开旺．湘西辰溪，溆浦发现的青铜剑［M］//湖南考古辑刊：第 2 集．长沙：岳麓书社，1984．

② 湖南省文物考古研究所，常德地区文物工作队．临澧太山庙楚墓［M］//湖南文物：第 3 辑．长沙：湖南大学出版社，1988．

③ 湖南省常德地区文物工作队．常德县官山战国墓清理简报［J］．考古，1985（12）．

④ 湖南省博物馆，益阳县文化馆．湖南益阳战国两汉墓［J］．考古学报，1981（4）．

饰双线三角形纹；另一件出土地点不明，茎和镡上铸漩涡纹、云纹。

在湖南古丈、溆浦、安江、益阳等地楚墓中出土有几件多环耳的铜矛，如古丈白鹤湾3号、47号楚墓各出土1件六环耳铜矛（Ⅳ式），矛身较短，有血槽两道，与矛同出的有陶器鼎、敦、壶等典型的楚器，时代在战国中期①；溆浦马田坪25号、124号楚墓中各出土多环耳铜矛（Ⅲ式）1件②（正文中说多环耳的Ⅲ式铜矛有3件，但查墓葬登记表仅有2件）；安江白虎脑也出土1件③；益阳县新桥山3号、10号楚墓各出土八环耳铜矛1件，形制短小，全长仅12厘米，伴出的随葬品有鼎、豆，或鼎、豆、壶、盒等陶器和铜剑、铜戈等楚式器物④。这类铜矛共计7件，虽然都出自楚墓，但又与常见的楚式铜矛风格明显不同，在巴人的铜兵器中也没有这类铜矛（只有四环耳的矛），但在云南晋宁石寨山20座古墓中却出土类似的多环耳铜矛7件，原报告定为Ⅳ式矛，计3号墓出2件，6号、7号、10号墓各出1件，13号墓出2件，矛较瘦长，在骹部均饰环耳八个。⑤

有的学者将这类多环耳铜矛视为巴文化遗物⑥，其实很可能是属于濮文化的遗物。童恩正认为："战国西汉时，濮僚系统文化最有代表意义的发现就是以云南晋宁石寨山古墓群为代表的滇文化。"⑦ 晋宁石寨山古墓中所出八环耳铜矛应是原有濮人兵器的流传。

上述濮族铜剑、铜矛的时代都属于战国早中期，而没有战国晚期的器物，可能是迁徙至湘西、湘北的濮族人，经过数百年的与楚人杂居，

---

①⑥ 湖南省博物馆，湘西土家族苗族自治州文物工作队．古丈白鹤湾楚墓［J］．考古学报，1986（3）．

② 湖南省博物馆．湖南溆浦马田坪战国西汉墓发掘报告［M］//湖南考古辑刊：第2集．长沙：岳麓书社，1984．

③ 湖南省博物馆发掘资料。

④ 湖南省博物馆，益阳县文物馆．湖南益阳战国两汉墓［J］．考古学报，1981（4）．

⑤ 云南省博物馆．云南晋宁石寨山古墓群发掘报告［M］．北京：文物出版社，1959：38、39，图版25，7．

⑦ 童恩正．从出土文物看楚文化与南方诸民族的关系［M］//湖南考古辑刊：第3集．长沙：岳麓书社，1986．

濮族文化已经与楚文化融合，而失去了本民族传统文化特色。

目前由于受资料的限制，至今对濮文化的认识还是非常肤浅的，特别是对濮人使用的陶器仍一无所知，铜器也应不止短剑、多环耳铜矛这两种，并还会有其他物质文化遗存，这些均尚有待今后继续深入开展调查发掘和分析研究工作，以便进一步把在江汉地区和湘西北地区生存数百年之久的濮族的青铜文化清理出来。

第三节　南楚文化与越文化的关系

越在商周时期是我国南方地区分布甚广的民族，有“百越”之称。《汉书·地理志》颜师古注引臣瓒曰：“自交趾至会稽七八千里，百越杂处，各有种姓。”史籍记载的越人系统的部落和国家的名称有杨越、干越、于越、瓯越、闽越、东越、南越、西瓯、骆越，等等。

按《竹书纪年》周穆王三十七年记载：“大起九师，东至于九江，驾鼋鼍以为梁，遂伐越至于纡。”这个“九江”即“庐山寻阳之九江也”。在黄石大冶地区，在西周时期的以刻槽足鬲、带耳甗、长方形镂孔豆等为代表的文化，是古越族文化。① 这为《竹书纪年》的记载找到了物证。

《吕氏春秋·恃君览》还说，“扬汉之南，百越之际，敝凯、诸夫、风余靡之地，缚娄、阳禺、驩兜之国多无君。”上述记载说明，在西周时期，鄂东南、赣西一带的土著居民都是越人。出土遗物说明，商周时期湖南的湘水流域和资水中下游地区也是百越民族聚居之地。② 也就是说，当楚人进入江南之前，这里的大部分地区原来都是百越人的天下。楚人从春秋开始逐渐南下，原有的越人有的被迫迁移，大多数仍与楚人共处。楚人的到来，必然带来先进的楚文化，大大加快了江南开发的进程。同时也会受到越文化的影响，丰富南楚文化的内涵。

从目前已发掘的楚墓和楚遗址中，发现了相当多的越文化因素。主

---

① 黄石市博物馆，张潮．古越族文化初探［J］．江汉考古，1984（4）．

② 吴铭生．湖南东周时期土著文化与楚文化的关系［J］．江汉考古，1989（4）．

要包括有：

印纹硬陶器，是越文化中最具代表性的因素。在楚人进入湘水流域之前，这里发现的商至春秋时期的越文化遗址中，印纹硬陶占了很大的比重，有的占绝对优势，如零陵菱角塘西周遗址①，衡阳周子头西周至春秋遗址②。楚人进入之后，印纹硬陶的数量明显减少，但有的仍有相当数量。在遗址中的有：如湘阴河市古罗城春秋遗址，楚文化系统的灰陶和红陶占了绝大部分，而硬陶仅占 0.4%③；平江瓮江战国楚文化遗址中，出土陶片 30 块，其中米字纹印纹硬陶片占 6 块④；长沙五一广场发现 4 口战国水井，只见楚式陶器鬲、钵、豆、罐等，未见报道印纹硬陶器⑤。在江南楚墓中出土的印纹硬陶器，因地区而异，在湘水上游地区较多，湘水中、下游较少；资水中、下游尚未见印纹硬陶。资兴旧市 80 座战国墓中有 38 座出土有瓮、罐、碗、杯、盂、小盒、瓿、提桶等硬陶和印纹硬陶器，印纹有米字形纹、小方格纹、席纹、叶脉纹；刻划纹有弦纹、水波纹、瓦纹，以及篦纹等，都是典型的越式陶器，和常见的越式陶器上的纹饰。这里是楚、越文化长期共存的一处典型的墓地⑥；在衡阳楚墓中也出壶、瓿，罐等印纹硬陶；郴州⑦、耒阳⑧、永州⑨等地楚墓中都出土有相当数量的印纹硬陶。长沙紧靠城区的楚墓，出土的印纹硬陶极少，

---

① 周世荣．湖南零陵菱角塘古遗址调查与清理［J］．考古，1965（9）．

② 衡阳市博物馆．衡阳市周子头遗址发掘简报［M］//湖南考古辑刊：第 3 集．长沙：岳麓书社，1986．

③ 湖南省文物管理委员会．湖南湘阴古罗城的调查及试掘［J］．考古通讯，1958（2）．

④ 湖南省文物管理委员会．湖南省首次发现战国时代的文化遗存［J］．文物参考资料，1958（1）．

⑤ 黄纲正，吴铭生．战国长沙楚城初论［M］//楚文化研究论集：第 2 集．武汉：湖北人民出版社，1991．

⑥ 湖南省博物馆．湖南资兴旧市战国墓［J］．考古学报，1983（1）．

⑦ 郴州地区文物工作队．湖南郴州东周墓发掘简报［J］．文物，1990（10）．

⑧ 湖南省博物馆，耒阳县文化局．耒阳春秋、战国墓［J］．文物，1985（6）．

⑨ 零陵地区文物工作队．永州市鹞子岭战国墓发掘简报［M］//湖南考古辑刊：第 4 集．长沙：岳麓书社，1987．

仅见早期楚墓中有个别的带薄釉印方格纹的深腹硬陶罐，但在距城区东仅5千米的张公岭战国墓地，却出土有较多的印纹硬陶罐，上印几何纹，或在肩部贴S形耳，或刻划竖线纹①，这些均是典型的越式陶器。汨罗的战国楚墓中未见印纹硬陶②。上述出土遗物情况说明，印纹硬陶在楚人统治早的地区较少，而在统治较晚的地区保存较多；在楚人统治的中心地区很少，而在边陲之地保留较多；楚人最初统治的阶段较多，而统治较久时期之后则较少。

越式铜鼎是越文化中很具特色的铜器之一。在江南楚墓中也常有出土。出土最多的是资兴旧市，在80座战国墓中有40座墓中出越式铜鼎42件③，耒阳石油站2件④，永州鹞子岭2件⑤，衡阳苗圃1件⑥、长沙301、323、207号墓各1件⑦、留芳岭3号墓1件⑧、树木岭1号墓1件⑨、黄泥坑5号墓1件⑩、湘乡五里桥1号墓3件及何家湾3号墓1件⑪、汨罗汨罗山72号墓2件⑫、益阳天成垸1号墓1件⑬、鄂城百子畈3号墓1件⑭，共计61件。以上都属战国时期。春秋晚期楚墓中的越式

① 黄纲正．长沙楚墓文化因素试析［C］．中国考古学会第七次年会论文．

②⑫ 湖南省博物馆．汨罗县东周、秦、西汉、南朝墓发掘报告［M］//湖南考古辑刊：第3集．长沙：岳麓书社，1986．

③ 湖南省博物馆．湖南资兴旧市战国墓［J］．考古学报，1983（1）．

④ 湖南省博物馆，耒阳县文化局．耒阳春秋、战国墓［J］．文物，1985（6）．

⑤ 零陵地区文物工作队．永州市鹞子岭战国墓发掘简报［M］//湖南考古辑刊：第4集．长沙：岳麓书社，1987．

⑥ 衡阳市博物馆．衡阳市苗圃五马归槽茅坪古墓发掘简报［J］．考古，1984（10）．

⑦ 中国科学院考古研究所．长沙发掘报告［M］．北京：科学出版社，1957：38、39．

⑧ 长沙市文物工作队．长沙留芳岭战国墓发掘简报［M］//湖南文物：第1辑．长沙：湖南大学出版社，1986．

⑨ 湖南省博物馆．长沙树木岭战国墓阿弥岭西汉墓［J］．考古，1984（9）．

⑩ 湖南省博物馆．长沙楚墓［J］．考古学报，1959（1）．

⑪ 湘乡县博物馆．湘乡县五里桥、何家湾古墓葬发掘简报［M］//湖南考古辑刊：第3集．长沙：岳麓书社，1986．

⑬ 湖南省益阳地区文物工作队．益阳楚墓［J］．考古学报，1985（1）．

⑭ 湖北省鄂城县博物馆．鄂城楚墓［J］．考古学报，1983（2）．

鼎只见于湘乡何家湾1号墓3件。①

上述楚墓中的越式铜鼎，或受到越文化影响的鼎，我们大体可将其分为五式。

Ⅰ式 为立式牛角状耳，有扁平盖，浅腹，平底，下有三只瘦长外撇的足，盖上饰满S形纹、菱形纹等，共3件，仅见于湘乡何家湾1号墓（图6-5）。

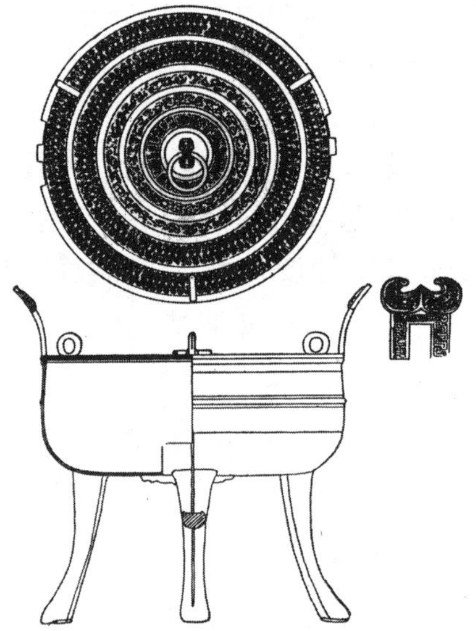

图6-5 Ⅰ式越式铜鼎示意图

采自湘乡县博物馆《湘乡县五里桥、何家湾古墓葬发掘简报》

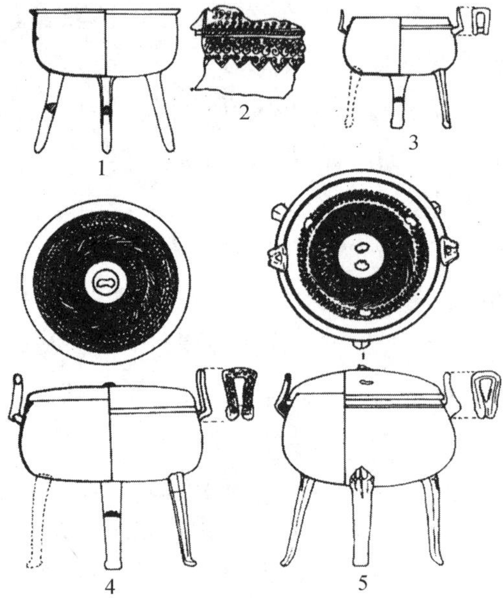

图6-6 越式铜鼎示意图

1、2. Ⅱ式鼎及残片　湘乡五里桥1号墓出土

3、4. Ⅲ式鼎　资兴旧市326、125号墓出土

5. Ⅲ式鼎　长沙识字岭301号墓出土

1、2采自湘乡博物馆《湘乡五里桥、何家湾古墓葬发掘简报》；3、4采自湖南省博物馆《湖南资兴旧市战国墓》；5采自中国科学院考古研究所《长沙发掘报告》

Ⅱ式 无耳，口外折，浅腹，底近平，三只瘦长的足外撇，断面作圆角三角形，有的饰S形纹和卷云纹，共4件，湘乡五里桥1号墓出3

① 湘乡县博物馆. 湘乡县五里桥、何家湾古墓葬发掘简报［M］//湖南考古辑刊：第3集. 长沙：岳麓书社，1986.

件（图 6-6，1、2），何家湾 3 号墓出 1 件。年代在战国早期。

Ⅲ式　敛口，附耳近环，腹下部较大，底近平，三足瘦长，有的足尖外侈，有的有盖，饰 S 形纹和绹纹。此式鼎最多，如汨罗汨罗山、长沙树木岭（图 6-6，3）、留芳岭、识字岭 301 号墓（图 6-6，5）、益阳天成垸、耒阳石油站、永州鹞子岭（图 6-7，3）、资兴旧市（Ⅰ、Ⅱ式铜鼎）（图 6-6，4）等所出越式鼎均属此式。时代约在战国早、中期。

Ⅳ式　敛口，腹较浅，足特瘦长而弧曲外撇，仅 1 件，见于长沙黄泥坑 5 号墓（图 6-7，1）。时代在战国中期。

Ⅴ式　有盖，附耳作长方形，有的饰有云纹，腹较深，圜底，蹄足较矮。见于益阳赫山庙 22 号墓（图 6-7，4）和资兴旧市 234 号墓（图 6-7，2）。年代在战国中期。

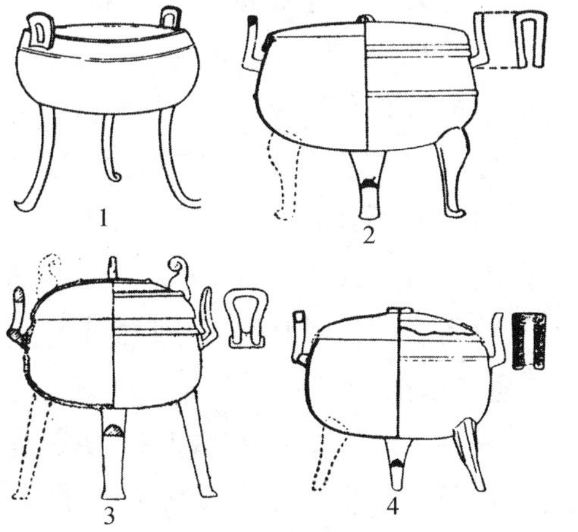

图 6-7　越式铜鼎示意图

1. Ⅳ式鼎　2. Ⅴ式鼎　3. Ⅳ式鼎　4. Ⅴ式鼎

1 采自熊传新、吴铭生：《湖南古越族青铜器概论》；2 采自湖南省博物馆《湖南资兴旧市战国墓》；3 采自零陵地区文物工作队《永州市鹞子岭战国墓发掘简报》；4 采自湖南省益阳地区文物工作队《益阳楚墓》

上述五种型式的越式铜鼎，均出于楚墓，或是在楚人统治范围之内的越人墓中。其中的Ⅰ式鼎，立耳上部有一对牛角状装饰，形制、纹饰特殊，在其他越人地区未见，当是楚人进入湘中地区之前的本地越族人的产品。Ⅱ式鼎无耳，形制也特殊，但时间已到战国初期，当是楚人占领湘中地区之后越人的产品，似乎尚未受到楚文化的影响。Ⅲ式鼎分布甚广，时代已到战国早、中期。形制已有变化，如出现附耳，近长方形，有的有盖，盖上的纹饰中除S形纹外，还有简化的重环纹（如汨罗汨罗山M72：1)，永州鹞子岭20号墓之铜鼎，上有一楚式陶盖，并有三个敦足式钮，这些应是在楚人统治范围之内的越人受到楚文化影响而铸制的。Ⅳ式鼎甚少，其产生的情况，可能与Ⅲ式鼎相似。Ⅱ式鼎楚越文化因素兼有，是楚越两种文化因素相结合的产物。

铜刮刀是越文化中又一种具有鲜明地方特色的工具。因为南方产竹，竹器曾在人们日常生活用具中占有重要地位；商周时期人们的衣着原料主要是麻布。铜刮刀就是适用加工竹器和劈麻的需要而产生的。根据目前发现的资料，最早的刮刀出土于湖南宁乡黄材商代晚期后段的遗存中，形制短小，长仅6—6.2厘米，有椭圆形銎孔以安柄。① 其次是湖南资兴旧市春秋早期越人墓中的5件铜刮刀，椭圆形銎孔消失，已与后世流行的刮刀很接近。② 之后刮刀在百越地区广为流行。楚人占领江南之后，迅速地吸收了越文化中这一适用的工具。楚墓中出土的铜刮刀最早的见于湘乡韶山灌区红仑上3号、10号、16号墓，后两座墓中出有早期楚墓中的常见的陶鬲、陶豆等器③，时代可早到春秋晚期。铁刮刀最早的见于长沙杨家山65号墓（原报告名“削”），长17.5厘米④和长沙龙洞坡826号墓中，长19.3厘米⑤，时代约在春秋末期。都是仿照铜刮刀制成的。战国初的铜刮刀有湘乡五里桥1号墓中出土的1件，断面作人字形，

① 高至喜．刮刀起源小议［N］．中国文物报，1989-10-27：3.

② 湖南省博物馆．资兴旧市春秋墓［M］//湖南考古辑刊：第1集．长沙：岳麓书社，1982.

③ 湖南省博物馆．湖南韶山灌区湘乡东周墓清理简报［J］．文物，1977（3).

④ 长沙铁路车站建设工程文物发掘队．长沙新发现春秋晚期的钢剑和铁器［J］．文物，1978（10).

⑤ 顾铁符．夕阳刍稿［M］．北京：紫禁城出版社，1988：80.

长 8.2 厘米[①]；资兴旧市战国早中期墓中出土铜刮刀 3 件，铁刮刀 2 件[②]；长沙刘城桥战国初期的 1 号楚国贵族墓中也出有铜刮刀 3 件（原报告名“削”），正面铸有一“王”字，有一件装有木柄，垫有小木片，夹住缠线后可供刮削之用[③]。战国中晚期的铜或铁刮刀仍有出土，如《长沙楚墓》一文中就发表有刮刀（原报告名“削形器”）5 件，而以铁刮刀较常见。[④]

图 6-8　春秋人像动物纹提梁卣上的 S 形纹

在纹饰方面，楚人主要是接受中原地区流行的蟠螭纹、蟠虺纹、龙凤纹、绹纹等，而吸收越人的纹饰不多。楚器中的 S 形纹，则是来自越文化。越器中的 S 形纹最早见于临武出土的一件西周晚期的云纹甬钟上[⑤]和西周末期至春秋前期的两件青铜动物纹提梁卣上。临武甬钟的钲间布满 S 形纹，篆间云纹作横 S 状；动物纹提梁卣一件出于湘潭县荆州乡金棋村，卣的腹上部的双蛇作横 S 状[⑥]；另一件提梁卣出于岳阳筻口

① 湘乡县博物馆．湘乡县五里桥、何家湾古墓葬发掘简报［M］//湖南考古辑刊：第 3 集．长沙：岳麓书社，1986.

② 湖南省博物馆．湖南资兴旧市战国墓［J］．考古学报，1983（1）.

③ 湖南省博物馆．长沙浏城桥一号墓［J］．考古学报，1972（1）.

④ 湖南省博物馆．长沙楚墓［J］．考古学报，1959（1）.

⑤ 高至喜．湖南省博物馆藏西周青铜乐器［M］//湖南考古辑刊：第 2 集．长沙：岳麓书社，1986.

⑥ 熊建华．湘潭县出土周代青铜提梁卣［M］//湖南考古辑刊：第 4 集．长沙：岳麓书社，1987.

凤形嘴，卣的腹部有多组作S状的蛇纹（图6-8）[①]；湘乡何家湾1号墓出土的牛角状耳越式鼎盖上饰满密集的S形纹[②]。而楚器中S形纹的出现在春秋晚期。如淅川下寺10号墓的铜尊缶（M10：47）盖上、铜敦（M10：46）器身腹部都有细密的反S形纹。[③] 下寺10号墓的年代在春秋晚期后段，说明下寺楚器中S形纹的出现，应是受到江南越文化中S形纹的影响。

图6-9 “越王州勾”铜剑镡（格）部铭文拓片

上面提到的越式器物或越文化因素，都是江南本地越文化的流传和影响。吴越地区的器物在江南楚墓中也有较多的发现。其中较重要的有：益阳赫山庙4号墓的“越王州勾”铜剑（图6-9）[④]；长沙近郊曾出土有一件铸有鸟篆“戉王”铭文的铜矛[⑤]；益阳羊舞岭砖瓦厂4号墓出土有通体饰暗斑菱形纹的宽叶铜矛（图6-10）[⑥]，都是典型的越式铜矛。这些兵器的来源有多种可能性，如购买、馈赠、在战争中缴获等。长沙黄泥

---

① 岳阳市文物工作队，岳阳县文物管理所．岳阳县筻口出土春秋人像动物纹青铜卣［M］//湖南博物馆文集．长沙：岳麓书社，1991.

② 湘乡县博物馆．湘乡县五里桥、何家湾古墓葬发掘简报［M］//湖南考古辑刊：第3集．长沙：岳麓书社，1986.

③ 河南省文物研究所，河南省丹江库区考古发掘队，淅川县博物馆．淅川下寺春秋楚墓［M］．北京：文物出版社，1991：254、256.

④ 湖南省博物馆《历史文物陈列》战国室。

⑤ 周世荣．湖南楚墓出土古文字丛考［M］//湖南考古辑刊：第1集．长沙：岳麓书社，1982.

⑥ 益阳地区文物工作队．益阳羊舞岭战国东汉墓清理简报［M］//湖南考古辑刊：第2集．长沙：岳麓书社，1984.

坑5号墓中出土有一件刻纹铜匜①，匜的形制和鱼、鸟、波折纹、树、人物等纹饰，与吴地的铜匜相同②，说明此匜应是吴国的产品。看来吴越地区与江南楚文化也有较为密切的联系。

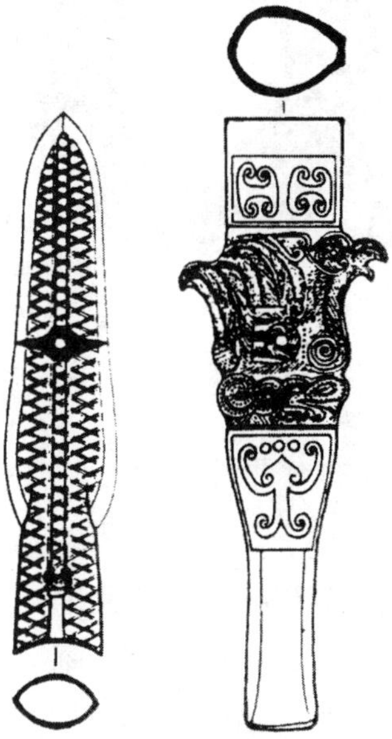

图 6-10　铜矛及矛镦示意图

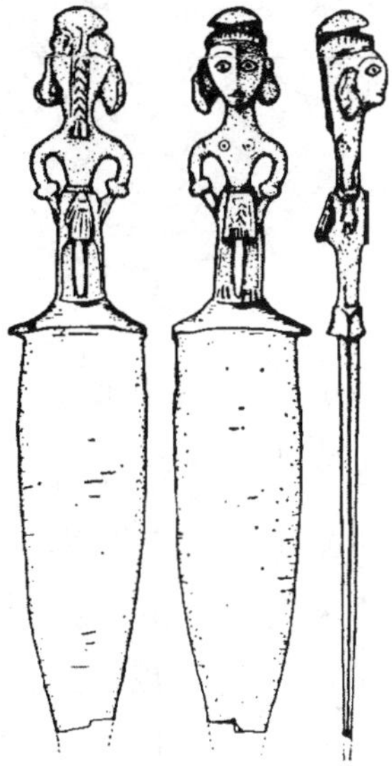

图 6-11　骆越族人形柄铜匕首示意图

江南楚地的玻璃器，最初很可能是由吴越地区传入的。目前我国最早的玻璃器都出在春秋晚期的吴越地区或吴、越的兵器上，如河南固始侯古堆1号吴墓的蜻蜓眼玻璃珠、吴王夫差铜剑镡上所嵌玻璃，越王勾践剑镡上嵌的玻璃等。③ 而楚国的玻璃器出现较晚。如果把其附庸国曾国曾侯乙墓中蜻蜓眼式的玻璃珠算上，也只在战国早期。上述嵌在吴越兵器上的玻璃片和固始侯古堆与曾侯乙墓中出土的蜻蜓眼式的玻璃珠都是由西方传入的钠钙玻璃器。④ 看来楚国早期的玻璃器是经由吴越传入

① 湖南省博物馆．长沙楚墓［J］．考古学报，1959（1）．

② 刘建国．春秋刻纹铜器初论［J］．东南文化，1988（5）．

③④ 高至喜．论我国春秋战国的玻璃器及有关问题［J］．文物，1985（12）．

的可能性大。大概直到战国早中期之际，楚国才有自制的铅钡玻璃。

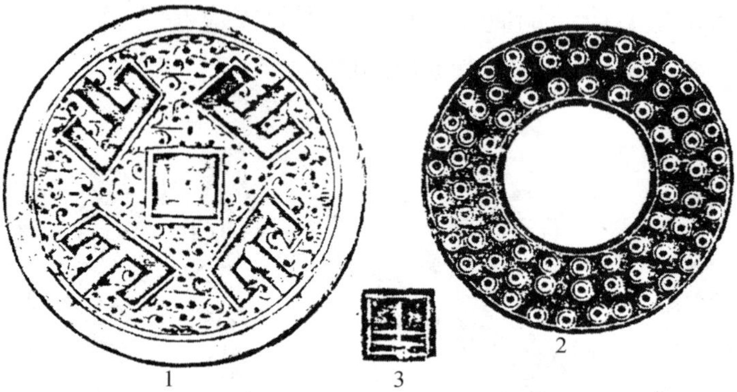

图 6-12　铜镜和玉璧拓本及印章

1. 羽状纹地四山纹铜镜　2. 玉璧　3. 印章

由骆越和南越地区传入江南楚地的器物有两件值得注意。一是长沙树木岭 1 号墓出土的人形柄钢匕首（图 6-11）[①]，同类的器物见于东山文化中，是由骆越地区传入长沙的。在这座墓中同出有越式铜鼎、羽状纹地四山纹铜镜（图 6-12，1），圈点纹玉璧（图 6-12，2），刻“士”字的玉印（图 6-12，3）和一件铜矛，却未见楚墓中最常见的仿铜陶礼器，因此，原报告作者认定这是古越族人的墓葬[②]，是有道理的。检查益阳、长沙、资兴等地出越式铜鼎的战国墓，只有极少数几座是与典型的楚式日用陶器或仿铜陶礼器鼎、敦、壶同出，其余多与越式印纹硬陶或其他越式器物同出，也有与巴式肖形印和瓶状陶壶共存的。因而说明这些墓的墓主人大多数是越人。看来越人与楚人的融合，经过了一个较漫长的过程，特别是在较边远的地区是如此。

另一件是 1975 年出于长沙五里牌南塘冲 15 号墓中的黄褐釉硬陶带宽鋬的三足小口阔底罐，高 10.3 厘米，口径 4.3 厘米，底径 8.7 厘米。

---

① 湖南省博物馆. 长沙树木岭战国墓阿弥岭西汉墓 [J]. 考古，1984 (9).

② 广东省文物管理委员会，中央美术学院美术史理论系. 广东增城、始兴的战国遗址 [J]. 考古，1964 (3).

器身划线条纹。与此相似的硬陶器见于广东增城西瓜岭①和始兴白石坪山战国遗址中。如增城西瓜岭遗址中的陶器都属于几何印纹硬陶系统，刻划纹中有“条形纹”，釉有“黄褐”色，器形中的坛类为“直口，鼓腹、圜底，双板大耳，三个矮弯足”，这些与长沙南塘冲15号墓中的小口底大宽板耳陶罐相比较，均极相似；唯一不同之处，后者仅有一个宽板耳，与始兴白石坪山的“带短三足和双板大耳”的坛也甚相似，特别是宽鋬耳的形状和安装部位完全一致。而这类划纹硬陶罐与楚文化中的陶器风格迥异，这件褐釉小口阔底三足小罐应是来自南越地区。由此可以说明战国时期不但有楚国的铁器、铜器等输往南越地区，也有硬陶器运至南楚的长沙等地。

① 莫稚. 广东始兴白石坪山战国遗址［J］. 考古，1963（4）.

第七章　南楚文化对秦和汉文化的影响

第一节　江南秦墓中的楚文化因素

江南地区，何时被秦占领，学术界认识很不一致。一说认为秦在白起拔郢前后，“攻取了楚的黔中、巫郡和江南之地，设黔中郡”，并说“大概在设黔中郡后不久，长沙即入为秦地”。[①] 第二说认为战国晚期后段湖南地区仍归楚所统辖，这有一大批战国晚期后段的楚墓为证[②]，甚至在湘北的大庸，还发现了一大批可确认为战国末年的楚墓[③]。在鄂东南也发现有一批战国晚期后段的楚墓。[④] 由此说明，秦统治江南的时间甚短，总共不到 20 年时间。[⑤] 加上秦灭楚后，又把主要兵力用于对付湖南以南和以东的越人。因此，在江南地区已发现的典型秦墓不多，可以确认为秦墓的，也仍保留有不少楚文化因素，甚至在秦人统治下的原楚人墓葬，一时还难以分辨出来。[⑥] 现就已经认定的秦墓中，可以找到众多的楚文化因素。

---

① 楚文化考古大事记［M］. 北京：文物出版社，1984：序言 11.

② 高至喜. 再论湖南楚墓的分期与年代［M］//楚文化研究论集：第 1 集. 武汉：荆楚书社，1987.

③ 贺刚. 论湖南秦墓、秦代墓与秦文化因素［M］//湖南考古辑刊：第 5 集. 长沙：岳麓书社，1989.

④ 湖北鄂城县博物馆. 鄂城楚墓［J］. 考古学报，1983（2）.

⑤⑥ 高至喜. 论湖南秦墓［J］. 文博，1990（1）.

目前所知的江南秦墓主要的有：

（1）溆浦马田坪 24 号墓。[①]

（2）溆浦丰收 7、8、9、10、11、14、15、17 号墓。[②]

（3）大庸三角坪 14、68、160 号墓。[③]

（4）1978 年古丈白鹤湾 1 座。[④]

（5）汨罗永青 36 号墓。[⑤]

（6）长沙桐梓坡 26、42、48、50、71 号墓[⑥]；南塘冲 13 号墓[⑦]；1956 年烈士公园 18 号墓[⑧]；1957 年左家塘 1 号墓。[⑨]

（7）湖北鄂城钢厂 74、119 号墓。[⑩]

在上述的 20 余座秦墓中，不论是从葬制方面，还是从随葬器物来看，其中的楚文化因素是相当明显的。

首先从葬制来看，江南地区绝大部分秦墓都是竖穴土坑墓，与楚墓无异。战国中期在秦国兴起的洞室墓，江南地区仅有 1956 年长沙烈士公园 18 号墓 1 座，其他秦墓基本上仍保留楚国的葬制。如 1978 年溆浦马田坪 24 号墓、1957 年长沙左家塘皮件厂 1 号墓，1983 年汨罗永青村 36 号墓、长沙桐梓坡 26、42、50、71 号墓，鄂城钢厂 74、119 号墓等秦墓，都是长方形竖穴土坑墓或带斜坡墓道，棺椁用材和结构等，都与楚

---

① 湖南省博物馆. 湖南溆浦马田坪战国西汉发掘报告［M］//湖南考古辑刊：第 2 集. 长沙：岳麓书社，1984.

② 怀化地区文物工作队，溆浦县文化局. 溆浦县中林、丰收楚、秦、西汉墓清理简报［M］//湖南博物馆文集. 长沙：岳麓书社，1991.

③④ 贺刚. 论湖南秦墓、秦代墓与秦文化因素［M］//湖南考古辑刊：第 5 集. 长沙：岳麓书社，1989.

⑤ 湖南省博物馆. 汨罗县东周、秦、西汉、南朝墓发掘报告［M］//湖南考古辑刊：第 3 集. 长沙：岳麓书社，1986.

⑥⑦ 高至喜. 论湖南秦墓［J］. 文博，1990（1）.

⑧ 罗敦静. 河南长沙发现战国和六朝的洞室墓［J］. 考古通讯，1958（2）.

⑨ 湖南省文物管理委员会. 长沙左家塘秦代木椁墓清理简报［J］. 考古，1959（9）.

⑩ 湖北省鄂城县博物馆. 鄂城楚墓［J］. 考古学报，1983（2）.

墓相同。如长沙左家塘秦墓为一带斜坡道的长方形竖穴土坑墓，墓底有10—20厘米厚的“白膏泥”，棺椁用楠木做成，一棺一椁，棺的两侧有左右两个边箱，这些完全是楚制。填土也多用纯净的网纹红土，或用“白膏泥”封密棺椁，仍是楚风，只有少数墓的填土拌有地表黄土，才在填土方面开始有所变化。墓葬方向仍是东西向居多，这也是江南楚墓风尚。

在随葬物品方面，楚器占了相当大的比重。如陶器组合，仍以鼎、盒、壶（或钫）为主。鼎、盒、壶（或钫）的陶器组合，已在战国晚期前段楚墓中出现，如江陵雨台山555号墓即是。① 战国晚期后段流行，如河南淮阳②、安徽长丰③、江苏无锡④、上海嘉定⑤等地的战国晚期后段楚墓均有鼎、盒、壶（或钫）组合，江南地区的鄂城、长沙等地更多。说明以鼎、盒、壶（或钫）为组合的墓并非都是秦墓，而有相当多的一部分为楚墓，是江南秦墓继承了楚墓的传统。而在秦人的老家陕西等地秦墓中流行的模型明器灶（釜、甑）、仓及瓮，茧形器等却在江南秦墓中罕见。

江南秦墓中的楚器，除了陶器组合鼎、盒、壶（或钫）之外，还有敦、高足小壶、匜、勺等。敦约兴起于春秋中晚期之际，是战国楚墓的主要随葬器物之一，在长沙等地特别盛行，是楚国特有的器形。但到战国晚期中段开始衰落，到战国晚期晚段陶盒流行，敦已迅速减少，除个别边远地区外，至秦代已经绝迹。但在溆浦马田坪的几座战国末期至秦代的秦墓中尚有陶敦存在，甚至有陶敦在出陶蒜头壶、釜、甑的典型秦

① 湖北省荆州地区博物馆. 江陵雨台山楚墓［M］. 北京：文物出版社，1984：139、144.

② 河南省文物研究所，周口地区文化局文物科. 河南淮阳马鞍冢楚墓发掘简报［J］. 文物，1984（10）.

③ 安徽省文物工作队. 安徽长丰杨公发掘九座战国墓［M］//考古学集刊：第2集.

④ 谢春祝. 无锡施墩第五号墓［J］. 文物参考资料，1956（6）.

⑤ 孙维昌. 上海发现一座战国——汉初时代墓葬［J］. 文物，1959（12）.

墓中出土。[①]

高足小壶在战国早、中期已流行于我国北方地区。大约到战国中期，高足小壶，才传至楚地，盛于战国晚期，江南地区以鄂城地区较为流行，益阳、溆浦只有个别高足小壶出土。鄂城钢厂 119 号秦墓中仍出有两件假圈高足小壶，这应是对原有楚俗的继承。

江南秦墓中出土的铜器，其中有较多的楚器或保留着楚的风格，如兵器中的铜剑、戈、矛及戈镈、戈籥等。溆浦马田坪 24 号墓出土的双凸箍实茎钢剑[②]，汨罗水青村 36 号墓的铜矛[③]完全是楚式兵器。后一座墓中所出铜戈、戈籥、戈镈也都保持着楚的风格，特别是戈镈中部的鸟形装饰和云纹，以及铜鸟形戈籥的使用[④]，更是流行于南楚地区的楚器。铜镜在江南楚地甚为流行，秦墓中仍有较多的楚镜出土，如鄂城钢厂 74 号秦墓所出羽状纹地四叶纹铜镜就是楚镜[⑤]；长沙西郊桐梓坡 71 号墓所出云雷纹地龙凤纹铜镜，基本上仍是战国晚期的楚镜风格。

玉器和玻璃器在江南秦墓中常有出土，如鄂城钢厂 74 号墓、溆浦马田坪 24 号墓、长沙桐梓坡 71 号墓的涡纹玉璧都见于楚墓；长沙左家塘 1 号墓所出谷纹玉璧、云纹和谷纹玉剑首、云纹玉剑珥[⑥]，其器形、纹饰也都在楚墓中较为常见。特别是谷纹玻璃璧是南楚地区的特产，在汨罗永青村 36 号秦墓中也有出土，也出于头部[⑦]，原来也应是作为棺的头挡装饰，与楚的风俗完全相同。

此外，还有长沙左家塘 1 号墓所出凹字形铁口锄、木俑，鄂城钢厂

---

① 怀化地区文物工作队，溆浦县文化局．溆浦县中林、丰收楚、秦、西汉墓清理简报［M］//湖南博物馆文集．长沙：岳麓书社，1991.

② 湖南省博物馆．湖南溆浦马田坪战国西汉墓发掘报告［M］//湖南考古辑刊：第 2 集．长沙：岳麓书社，1984.

③④⑦ 湖南省博物馆．汨罗县东周、秦、西汉、南朝墓发掘报告［M］//湖南考古辑刊：第 3 集．长沙：岳麓书社，1986.

⑤ 长沙市文物工作队．长沙西郊桐梓坡汉墓［J］．考古学报，1986（1）.

⑥ 湖南省文物管理委员会．长沙左家塘秦代木椁墓清理简报［J］．考古，1959（9）.

74号墓所出漆樽底部安三个铜蹄足和所绘菱形纹等，都与楚器风格相同。

上面只列举了部分秦墓中的楚墓风格和楚式器物，其实还有相当一部分秦人统治时期的楚人墓葬，基本上都是楚墓风格，而很少甚至没有秦文化的影响，我们目前还难以将其分辨出来。为什么湖南秦墓中有如此众多的楚文化因素呢？我们分析其主要原因应是秦对江南特别是对湖南统治的时间不长和统治不严所致。秦人占领黔中地区的时间较早，但占领鄂东南、益阳、长沙等地的时间很晚，大概已接近秦灭楚之年。秦灭楚之后，把主要力量投入到进军岭南，《淮南子·人间训》载：秦始皇“使尉屠睢发卒五十万，为五军，一军塞镡城之岭，一军守九疑之塞，一军处番禺之都，一军守南野之界，一军结余干之水。三年不解甲弛弩，使监禄无以转饷。又以卒凿渠而通粮道，以与越人战，杀西呕君译吁宋。而越人皆入丛薄中，与禽兽处，莫肯为秦虏。相置桀骏以为将，而夜攻秦人，大破之，杀尉屠睢，伏尸流血数十万，乃发适戍以备之”。“镡城之岭”是今之越城岭；“九疑之塞”即今之萌渚岭[①]；“番禺之都”即今之广州；“南野”即今赣州地区；“余干”即今之余干县，包括上饶地区的部分县[②]。秦始皇灭楚以后，把其主要力量用在对付江南以南和以东地区的越人，自然对江南广大地区的统治力量就不多了。在秦统治江南期间，当地的居民绝大部分仍是楚人，而楚人又顽强地保持着本民族的传统风俗，因而他们的墓葬形制和随葬器物基本上仍保存着楚人的那一套，故墓中很少甚至没有秦文化因素。这也是难以将一部分秦统治时期的楚人墓葬分辨出来的原因。

---

① 岑仲勉．评《秦代初平南越考》［M］//中外史地考证．1962.

② 李科友．东周时期江西地区的楚文化及其有关问题［C］//中国考古学会第二次年会论文集．北京：文物出版社，1982：57.

第二节　长沙西汉早期墓中的楚文化因素

秦统治江南地区的时间很短，前后不过 20 来年。在秦统治江南期间，秦对原来的楚文化触动不大，楚人对秦的统治又强烈不满，有“楚虽三户，亡秦必楚”之谚，在秦统治江南时期，楚人对秦文化抵制的激烈程度可想而知。正因为秦文化对江南地区的影响不大，所以在西汉早期，江南地区特别是湖南地区仍保留着浓重的楚文化因素，这可以从大量西汉早期墓中反映出来。

江南地区的西汉早期墓，在长沙地区发掘最多，且发现不少高级贵族的大型墓葬，出土文物极为丰富，墓中保存的楚文化因素也最多。可以从长沙地区的西汉早期墓葬来看楚文化的延续和影响。现主要从葬制、随葬器物两个方面进行分析。

一、葬制

葬制最能反映一个民族的特点。楚人是继承着商和周人的用土坑和木棺（有的有椁）的方式埋葬死者。所见到的长沙地区的西汉早期墓均是这类葬制。

1. 墓坑

长沙西汉早期的小型墓为长方形竖穴，大中型墓则多为带墓道有台阶的长方形土坑。这些均与长沙战国楚墓的墓坑形制相同。不同点是楚墓的墓道多数朝东，而西汉早期墓的墓道多数位于北边；楚墓墓坑多为长方形，而西汉早期墓的墓坑接近方形，区别仅此而已。填土亦相类似。长沙楚墓流行用“白膏泥”放置在木椁周围用以防腐，这在西汉早期仍然盛行。如马王堆三座汉墓中使用了大量的白膏泥，最厚处达 1.3 米。[①] 汉景

---

① 湖南省博物馆，中国科学院考古研究所. 长沙马王堆一号汉墓［M］. 北京：文物出版社，1973：5.

帝到汉武帝初年的咸嘉湖曹娎墓中仍有 0.3—0.7 米厚的白膏泥保护着木椁。① 不过到汉代，白膏泥的使用技术已有所改进，即在木椁四周上下先放大量木炭②，再把调成糨糊状的白膏泥浇在木炭层外面，由木炭吸收白膏泥中的水分，使白膏泥在木椁之外能形成一个密闭性能更好的整体。只有承继着楚人在防腐上的先进技术，并加以改进提高，才有尸体保存特别完好的马王堆 1 号汉墓的奇迹出现。

2. **棺椁**

长沙西汉早期墓保存棺椁的不多，从棺椁保存完好的马王堆 1、3 号墓看，仍然是“井椁”，有三至四层套棺，棺室四周有四个边箱，棺椁用套榫结构，不用栓钉，棺作长方形盒状，髹漆，内红外黑，有的漆绘花纹，这些均是楚人葬俗。楚地流行的笭床（即垫尸用的雕花木板），竟然在西汉景帝至武帝初年的吴氏长沙王后曹娎墓中仍然保存着，该墓棺内出土了一件雕刻“云纹拱璧”的笭床。③ 其他椁板上铺竹席、葬式、尸体装殓等都与楚墓葬制一脉相承。为简明起见，现将马王堆 1、3 号汉墓与楚墓葬制列表（表 7-1）比较如下。

此外，马王堆 2、3 号汉墓的斜坡墓道两旁，均有两个“偶人”跪坐，头插鹿角，偶人用木块和草绳制作，外敷草泥土。偶人的设置应是用以镇墓辟邪，保护死者。这正是由江陵、长沙、临澧、信阳等地楚墓中常见的那种“镇墓兽”发展演变而来。战国早中期的镇墓兽形象，较为复杂，头部似兽，头插鹿角，双目圆大，口吐长舌，有的两爪持蛇作吞食状，双尾外卷，到战国晚期的镇墓兽渐趋简化，趋向拟人化，到汉初已演变为“偶人”，但头上的鹿角仍然保存，不同的是，放置地点已从墓室边箱移至墓道两旁，作用仍然相同。这种“偶人”是从楚国的镇墓兽演变而来是十分明显的。

---

①③ 长沙市文化局文物组．长沙咸家湖西汉曹娎墓［J］．文物，1979（3）．

② 湖南省博物馆，中国科学院考古研究所．长沙马王堆一号汉墓［M］．北京：文物出版社，1973：5．

表 7-1　马王堆 1、3 号汉墓与楚墓葬制对照表

顺序号	内容	马王堆 1、3 号汉墓	楚墓
1	封土	半球形封土堆	大中型墓有半球形封土堆
2	墓室	长方形竖穴土坑，有台阶	长方形竖穴土坑，大中型墓有台阶
3	墓道	斜坡墓道	斜坡墓道
4	填土	主要为原坑的网纹红土	原坑网纹红土①
5	木椁	用套榫结构，不用栓钉，有四个边箱	临澧九里大墓用套榫结构，不用栓钉，有四个边箱②
6	木棺	长方形盒状，髹漆，内红外黑	长沙、湘乡、九里楚墓木棺大部分为长方形盒状，髹漆，内红外黑③
7	竹席	木椁上均铺竹席，其中 3 号墓椁上铺整块竹席	1979 年临澧九里 1 号墓木椁上铺整块竹席④
8	葬式	仰身直肢	长沙左家公山 15 号墓、杨家湾 6 号墓的尸体均为仰身直肢⑤
9	装殓	1 号墓女尸目上有“幎目”，两手各握一香囊，尸体用丝麻衣衾约 20 层包裹，再捆 9 道丝带	江陵马山 1 号墓死者面部有“幎目”，双手各握长条状绢团，手脚用丝带系住，尸体用 17 件衣衾包裹，再用 9 道丝带捆扎⑥

① 高至喜．湖南古代墓葬概况［J］．文物，1960（3）．
② 熊传新．临澧九里一号楚墓发掘简报（待刊）．
③ 湖南省博物馆．湖南湘乡牛形山一、二号大型战国木椁墓［M］//文物资料丛刊：第 3 集．北京：文物出版社，1980．
④ 湖南省博物馆．临澧九里楚墓发掘报告［M］//湖南考古辑刊：第 3 集．长沙：岳麓书社，1986．
⑤ 湖南省文物管理委员会．长沙出土的三座大型木椁墓［J］．考古学报，1957（1）．
⑥ 湖北省荆州地区博物馆．江陵马山一号楚墓［M］．北京：文物出版社，1985：11-18．

二、随葬器物

1. 器物组合

陶器组合在墓葬中既是年代早晚的重要标志，也是当时葬俗和等级的集中表现。长沙西汉早期墓中的陶器组合，基本上承袭了战国晚期后段楚墓的那一套器物组合，即鼎、盒、壶、钫，或加熏炉。如长沙西汉早期墓的陶器组合中，除鼎受秦和中原地区文化的影响变为矮蹄足之外，其余盒、壶、钫等，基本上仍是战国晚期后段楚墓中的那种器形，有的稍有变化而已，这是有大量考古发掘资料可以证实的。如马王堆 1、3 号汉墓随葬物中的漆器有盒、钫、盘、匜、勺，还有卮、耳杯、奁、案、屏风等，这些器形均见于楚墓。马王堆汉墓中的陶器有鼎、盒、钫、鐎壶、薰炉，这些也常见于战国晚期楚墓之中。

古代墓葬中用鼎的多少，是墓主人等级地位高低的标志。从考古发现的资料看，战国时楚国大体上也是采用中原地区的爵秩，即“诸侯七鼎，大夫五，元士三也”（其中上士可能是四鼎、中士三鼎、下士二鼎，庶人一鼎）。[①] 马王堆 1 号墓的墓主人是长沙国丞相轪侯利苍之妻，也应属“诸侯”一级，可使用七鼎，该墓出土七个漆鼎，正相符合。七鼎本应是铜鼎，由于汉文帝曾下诏“不得以金银铜锡为饰”（《史记·孝文本纪》），故改用漆鼎。

铜镜是长沙战国楚墓中最常见的随葬品之一。长沙西汉早期墓中不但常常可以看到从战国时期流传下来的楚式镜，如纯地纹镜、羽状纹地四山纹镜、云纹地龙凤纹镜及镂空钮蟠龙纹镜等，而且在西汉早期铸制的铜镜，也仍保存着楚式镜的风格，如马王堆 1、3 号汉墓中出土的两面铜镜，仍是三弦小钮，圆钮座，窄卷边，身薄，镜面平，完全是楚镜风格，主纹为蟠龙纹（有的名蟠螭纹），实际上仍是楚地最流行的龙纹的变形。

---

① 高至喜．从湖南楚墓看楚国的葬制［M］//湖南考古辑刊：第 4 集．长沙：岳麓书社，1987.

2. 兵器

西汉早期墓中出土的兵器，如《长沙发掘报告》中发表有27座西汉早期墓，无一件兵器。长沙西汉早期的大型墓中有兵器随葬，但大多数是明器。马王堆3号墓中出土有剑、戈、矛、弩、箭、矢箙、弓、兵器架等38件①，几乎全是明器，如剑、戈矛、弩机、镞等均是牛角或象牙制成的，这是在特定的历史条件下形成的，因为当时汉文帝下了“不得用金银铜锡”随葬，“以示敦朴”的诏书，但从其形制、种类看，基本上仍是楚兵器的那一套，除兵器架在长沙楚墓中未见外，其余均是对楚兵器的继承，或有所发展。所不同之处，仅是剑更长（长达1.40米），弩机已有廓，弓较粗大，剑鞘变得瘦长而已。

3. 漆木竹器

长沙楚墓中出土的漆木竹器较多，且具特点。长沙西汉早期墓中出土漆木竹器更多，尤以马王堆汉墓中所出极为丰富。就漆器而言，从器形、纹饰、技法和颜色等来看，都明显地承继着楚漆器的风格。如楚漆器中的圆耳耳杯、奁盒、卮、几、盘及葬具漆棺等，在马王堆汉墓中仍是随葬漆器中的主要器形，不过品种更多而已。楚漆器在绘画方面有单线、平涂和堆漆等方法，到西汉早期漆器的绘画方法仍然如此，如在长沙出土楚器中的狩猎纹樽（出自1952年长沙颜家岭35号墓）和龙凤纹盾（出自五里牌406号墓）就是采用堆漆方法绘制的，使所绘动物更加形象生动，质感更强，这一技法在马王堆1号汉墓的黑地彩绘棺上的彩漆画中表现得十分突出。长沙楚漆器上的纹饰以龙纹、凤纹、云纹、菱形纹、花叶纹及其他动物纹为主②，而这些纹饰正是马王堆汉墓出土漆器上常见的纹饰，不过有的纹饰有一些变化或者新增加了一些花纹罢了。楚漆器上所用颜色主要是对比强烈的红、黑、黄、金诸色，汉初漆器上所用颜色仍以朱、黑、黄为主，新增加有白、绿等色。调漆的颜色均是

① 高至喜. 兵器和驻军图［N］. 湖南日报，1974-11-10.

② 吴铭生. 长沙楚墓出土的漆器［J］. 文物参考资料，1957（7）.

矿物颜料。长沙西汉早期墓中出土的大量木俑、梳、篦、竹笥等，也都是长沙楚墓中常见之物，如那木俑的形象、衣着，梳篦的形状，竹笥的编织方法（人字纹）都如出一辙。

4. **乐器**

马王堆1、3号墓中所出琴、瑟、竽等可以代表西汉早期的乐器。1、3号墓中出有25弦的瑟，22管的竽，3号墓还出有七弦琴，这些均是楚国的传统乐器。瑟在湖南长沙、临澧、湖北江陵和河南信阳的楚墓中多次出土，连弦数、形制均与楚瑟一致。1980年长沙五里牌邮电局3号战国晚期楚墓出土有一件髹漆木琴，长79厘米，由底和面两部分组成，与马王堆3号汉墓所出琴的大小形状，几无二致。《楚辞·九歌·东皇太一》有“陈竽瑟兮浩倡”，《招魂》有“竽瑟狂会”之句，可见竽、瑟是楚国的主要乐器。只有竹笛和竽律管尚未见于楚墓。

5. **服饰**

马王堆1、3号汉墓中出土的服饰甚多，其中有丝绵袍12件，单衣3件。12件绵袍中有直裾袍3件，曲裾袍9件；3件单衣中有直裾衣1件，曲裾衣2件。穿在女尸身上的衣袍11件，能看清式样的5件衣袍均为曲裾。湖北江陵马山1号战国中晚期之交的楚墓中出土有丝绵袍8件，单衣3件，夹衣1件，均为交领、右衽、直裾①，与马王堆1号汉墓中的4件直裾衣袍形制相同，可证这些直裾衣袍当为楚服。马王堆1号汉墓中出土的11件曲裾衣袍（女尸身上穿的曲裾袍未计在内），大体也可以认定为楚服。我们虽然没有在楚墓中看到出土的曲裾衣袍，但在众多的楚国木俑身上却可以看到。如1951年长沙406号楚墓中出土的Ⅰ式木俑11件，用墨绘出的衣服为交领、右衽、曲裾，领、袖、裾等边缘均缝有“锦缘”②，这与马王堆1号汉墓中出土的曲裾衣袍形制相同。长沙仰天

---

① 湖北省荆州地区博物馆．江陵马山一号楚墓［M］．北京：文物出版社，1985：20-23．

② 中国科学院考古研究所．长沙发掘报告［M］．北京：科学出版社，1957：图版28，1-4．

湖 25 号楚墓出土的木俑，所绘衣服也是曲裾式衣袍，领、袖、裾、襟等处均有“锦缘”。[①] 看来这类曲裾衣袍也是楚服，至少是流行于南楚地区的楚服。马王堆 3 号汉墓出土的“遣册”竹简上载有“美人四人，二人楚服，二人汉服”，从而证明汉初的楚服仍相当流行。

考古发现证明，战国时楚人用以制作衣袍服饰的面料有绢、纱、罗、绮、绦、组及刺绣[②]，这些均见于马王堆汉墓，只有起绒锦等少数几种是汉代兴起的品种。因此，由马王堆汉墓中出土的丝织品证明，汉初长沙地区的丝织业是对楚国丝织业的继承和发展。

6. 货币

长沙西汉早期墓中最引人注目的楚文化因素是货币。楚国使用的主要货币是“郢称”（有的释“郢爰”）金版和铜贝（又名蚁鼻钱、鬼脸钱）。其中的金版，在楚被秦灭亡之后仍在长沙地区流行了一段较长的时期。因为在长沙地区的大量西汉早期墓中出土有“郢称”泥版（用陶土做成，火候极低，故叫泥版）[③]，这当是仿照“郢称”金版制作的专用于随葬的明器。楚国货币金版上的文字，历来多释“郢爰”（还有“陈爰”等），而林巳奈夫、安志敏、俞伟超等则主张释“郢称”，这是有道理的，因为汉初的泥版上清清楚楚地印着“郢称”二字，可为佐证。在长沙西楚早期墓中还出土有印“金”“两”“黄金”“鄢”“吴国酉郢”“赐上金称于郢”[④] 等泥版，应也是金版的明器，并可说是在“郢称”金版基础上的演变和发展，但其所受楚金版的影响则是十分明显的。

7. 文化艺术

西汉早期墓中出土的有关文化艺术方面的文物，其中楚文化的因素更为明显。如马王堆 1、3 号汉墓中出土的帛书、帛画、简牍，数量很多，研究价值极高，是我国考古史上罕见的重大发现。3 号墓中出土的

---

① 湖南省文物管理委员会．长沙仰天湖第 25 号木椁墓［J］．考古学报，1957（2）．

② 熊传新．楚国的丝织业［J］．江汉论坛，1982（8）．

③ 安志敏．金版与金饼［J］．考古学报，1973（2）．

④ 湖南省博物馆．湖南省文物图录［M］．长沙：湖南人民出版社，1964：图版 81．

帛书有 28 件，计 12 万多字。李学勤先生对这些帛书中的楚文化因素作过精辟的论述。[①] 现将其要点摘录如下。

“马王堆帛书中能推定作者地望的，大都是楚人的著作。”“帛书《易传》与楚有关是无疑的。”“《老子》的作者是楚人。”“《老子》乙本帛书，以《黄帝书》与《老子》并列，实际是黄老学派的经典。”“帛书《黄》《老》卷子的发现，证明战国到汉初盛行的黄老之学，其来源出于楚国。”

“《老子》甲本卷后佚书中的《伊尹·九主》，也是黄老学派的重要著作。”“它和上述《黄帝书》一样，文字有与楚人著作《鹖冠子》接近之处。”

“帛书中属于数术一类的《天文气象杂占》，以象征十四个国的云气开首，而把‘楚云’排在第一，自是战国时代楚人的口吻。”

“秦代写本《篆书阴阳五行》，文字含有大量楚国古文的成分。例如卷中‘称’字的写法，就和楚国‘郢称’金币（旧释郢爰）的‘称’完全相同。”“这位抄写者显然是还未能熟练掌握秦朝法定统一字体的楚人。”

“《相马经》……篇中作借喻用的山水名，如江水、汉水等，均显示出楚国的特色。其为楚人手笔，当无疑义。”

“属于方技的医书一类的《五十二病方》，肯定也是楚人的著作。”“《五十二病方》所载药物，有时特别注出荆楚地区的土名，如‘牝痔’章第一方说：‘青蒿者，荆名曰萩；䕡者，荆名曰卢茹。’这就把著者的乡里地区明显地反映出来了。”

“《五十二病方》和《养生方》等帛书医书，经常用‘知’字表示疾病的痊可，这是楚人的方言，见于《方言》一书。”

“《胎产书》则可以从语汇方面证明出于楚人。”“《杂疗方》的地方特色尤为浓重。”“《杂疗方》的一篇咒语也提到，‘蜮’生于‘荆南’。”“《导引图》卷前的《却谷食气》篇……也应出于楚人之手。”总之，马王堆帛书的内容“代表了自战国至汉初楚文化的传统，是楚文化的光辉结晶”。

---

① 李学勤. 新出土简帛与楚文化［M］//楚文化新探. 武汉：湖北人民出版社，1981：33-39.

马王堆1、3号汉墓中各出土有一幅T形帛画，出土时平放在内棺盖上，顶部有竹竿和丝带可以悬挂。帛画上部画的是天上的星象，中部画的是墓主人准备升天及祭祀场面，下部画的是水府图形。根据帛画内容，是为死者引魂升天的“铭旌”。这种礼俗应来源于楚国，如1973年长沙子弹库1号战国楚墓的椁盖板和外棺中间的隔板上也平放有一幅人物御龙帛画，上有竹竿可以悬挂，其内容是墓主人乘龙舟升天①；还有长沙陈家大山出土的战国人物龙凤帛画②、江陵马山1号楚墓棺盖板上的小帛画③（后者还有竹竿可将帛画张举悬挂），都是为死者引魂升天的“铭旌”。这些与马王堆汉墓所出T形帛画用途完全相同，只是马王堆汉墓所出T形帛画更大、内容更丰富罢了。

马王堆1号汉墓T形帛画上的很多内容，可以在《楚辞》中找到渊源。如帛画上部右边有九个太阳和扶桑树，在《楚辞・远游》有“朝濯发于汤谷兮，夕晞余身九阳”之句；帛画上部左边有新月、玉兔、蟾蜍，在《楚辞・天问》就有“夜光何德，死则又育？厥利维何，而顾菟在腹”之语；帛画上部中间有人首蛇身像，多数学者认为即“烛龙”，这在《楚辞・天问》中也有记载：“日安不到，烛龙何照”，有学者认为“烛龙”照天门的神话在楚地是很流行的。帛画上部的最下面有“天门”，门柱上伏着小豹，这在《楚辞・招魂》中也有：“虎豹九关，啄害下人些”之语。王逸注曰：“言天门凡有九重，使神豹执其关闭。”这守天门的神豹，无疑也是来自楚国的神话。帛画的下部有两只大龟，龟背上各蹲一鸱鸟，中间有一裸体巨人托举着“大地”，这些内容正好可以在《楚辞・天问》中找到解释。“鸱龟曳衔，鲧何听焉？顺欲成功，帝何刑焉？”大龟上蹲着的鸱鸟，正是“鸱龟”，龟口中衔着一枝芝草状植物，正是“曳衔”，裸体巨人那就可能是“鲧”了。

---

① 湖南省博物馆．新发现的长沙战国楚墓帛画［J］．文物，1973（7）．

② 熊传新．对照新旧摹本谈楚国人物龙凤帛画［J］．江汉论坛，1981（1）．

③ 湖北省荆州地区博物馆．江陵马山一号楚墓［M］．北京：文物出版社，1985：9．

马王堆1号汉墓的黑地彩绘棺的盖板上，绘有鹫觅蛇、衔蛇图，侧板上有怪兽操蛇、吞蛇的图画，似是表现对蛇的防御。这类操蛇、吞蛇的图像在出土楚文物中曾多次见到。如长沙楚墓中出土有鹫践蛇的木雕像①，长沙出土的楚帛书四周《月忌》中的“荃司冬”的神像口中衔蛇②，信阳长台关楚墓出土的大镇墓兽两手共操一蛇自口中通过③。可见马王堆黑地漆绘棺的御蛇图像与楚文物中的践跎、衔蛇图像是一脉相承的。

黑地彩绘棺的绘画中有一种长角怪兽多见，有学者认为这种怪兽即“土伯”，画中内容多为土伯打鬼题材④，而“土伯”的最早记载见于《楚辞·招魂》：“魂兮归来，君无下此幽都些！土伯九约，其角觺觺些”。怪兽的角特长而锐利，真是“其角觺觺”。可见黑地彩绘棺中的绘画题材，多与楚的风俗有关。

此外，还可以从长沙西汉早期墓中出土的铁器、玉器、玻璃器等器物中看到楚文化的传统和影响。楚国在钢铁的冶炼铸造方面处于领先地位。楚国最流行的铁工具有凹字形铁口锄及铁夯锤，马王堆汉墓中均有出土。马王堆汉墓出土的两件铁臿⑤，两侧平直，而不像楚国的铁口锄那样两刃向外伸出，容易折断，这是一种改进，但也是从楚国的铁口锄直接发展而来的，这也是显而易见的。长沙西汉早期墓中出土的谷粒纹、云纹璧和玻璃璧，以及玻璃剑首、剑珥等很难与同类楚器区别开来，有的恐怕就是从战国时期流传下来的。

诸如此类的例子还可以举出一些。为了节省篇幅，不一一列举。由上述事例，已经足够说明楚文化在长沙地区对西汉早期墓葬的广泛而深

---

①④　孙作云. 马王堆一号汉墓漆棺画考释［J］. 考古，1973（4）.

②　蔡季襄. 晚周缯书考证［M］. 石印本，1944.

③　河南省文物研究所. 信阳楚墓［M］. 北京：文物出版社，1986.

⑤　湖南省博物馆，中国科学院考古研究所. 长沙马王堆一号汉墓：上［M］. 北京：文物出版社，1973：5；长沙马王堆二、三号汉墓发掘简报［J］. 文物，1974（7）：图版4.

刻的影响。

西汉早期：江南地区特别是长沙一带是保存楚文化最多的地区之一。分析其原因，可能有三条：

（1）秦占领长沙的时间很短（仅十几年，不到二十年），而原有的楚文化根深蒂固。

（2）长沙国在西汉初期的统治者大多是楚地人，他们的传统习俗难改。在楚汉之战中，刘邦战胜项羽建立了汉王朝。刘邦是楚人（江苏沛县），他登台后，自然要恢复一些楚文化的传统。刘邦于公元前202年封吴芮为长沙王。吴芮在秦时为“番阳令”，“甚得江湖间民心”，“及项羽相王，以芮率百越佐诸侯”[①]，可见吴芮是习惯于南方越和楚的一套生活习俗的，并数代相传而未改。长沙国丞相利苍，看来也是南方人，《汉书·高惠高后文功臣表》中，在平皋炀侯刘它栏内记载：“功比轪侯”，研究者认为利苍与平皋侯可能有相似的经历。[②] 刘它即项它，是项羽的从兄子，原系项羽的大将，可能是后来归附刘邦立了大功，故受封。而项羽“家世楚将”，是原楚地“下相人”，即今安徽省凤阳县境内。由此看来，利苍可能原来也是项羽的部将，后来归附刘邦，立功受封，那么他与楚的关系也是十分密切的。因而吴芮（及其子孙）及利苍等统治下的长沙地区和他们的家族墓葬之内，保存着强烈的楚文化因素，便不足为奇了。

（3）楚文化有很高的水平，具有强大的生命力。直到汉武帝时期，融合吸收中华各民族（包括楚和秦）的优秀文化而形成的当时水平最高的、更加光辉灿烂的汉代文化风行全国，长沙地区汉墓中的楚文化特点才不那么突出，并逐步地融合到汉代文化之中了。

---

① 汉书·韩彭英卢吴传［M］. 北京：中华书局，1962：1894.

② 朱桂昌. “功比轪侯”解［J］. 历史研究，1978（5）.